丛书名题签：陈炜湛

作者简介

魏乐平

中山大学民族学博士，华南农业大学艺术学院副教授、硕士生导师，主要研究方向为民俗文化研究、数字媒体艺术。主持教育部人文社科研究课题"图像与隐喻：滇西北多民族地区天主教堂壁画的视觉人类学研究"、广东省社科类社会组织课题"综观经济理论与广东文化产业创新"等多项。出版译著《陈年老窖：法国西南葡萄酒业合作社的民族志》，参与编写《滇池草海西岸八村调查报告》，发表《文化交融与历史建构：茨中天主教堂的建筑与装饰艺术》等多篇论文。

本书得到

2014 年教育部人文社会科学基金项目"图像与隐喻：
滇西北多民族地区天主教堂壁画的视觉人类学研究"资助

青藏高原东部边缘民族多样性研究

何国强　总主编

国家出版基金项目
NATIONAL PUBLICATION FOUNDATION

记忆整合

དན་སྟོང་ཀུན་འདུས།

滇西北藏族村庄
民族志研究

魏乐平　著

暨南大学出版社
JINAN UNIVERSITY PRESS

中国·广州

图书在版编目（CIP）数据

记忆整合：滇西北藏族村庄民族志研究/魏乐平著 . —广州：暨南大学出版社，2022.7

（青藏高原东部边缘民族多样性研究/何国强总主编）

ISBN 978 - 7 - 5668 - 3339 - 6

Ⅰ. ①记…　Ⅱ. ①魏…　Ⅲ. ①乡村—藏族—民族志—云南　Ⅳ. ①K281.4

中国版本图书馆 CIP 数据核字（2022）第 021609 号

记忆整合：滇西北藏族村庄民族志研究
JIYI ZHENGHE：DIANXIBEI ZANGZU CUNZHUANG MINZUZHI YANJIU
著　者：魏乐平

出 版 人：张晋升
责任编辑：黄圣英　王莎莎
责任校对：林　琼　孙劭贤
责任印制：周一丹　郑玉婷

出版发行：暨南大学出版社（511443）
电　　话：总编室（8620）37332601
　　　　　营销部（8620）37332680　37332681　37332682　37332683
传　　真：（8620）37332660（办公室）　37332684（营销部）
网　　址：http：//www.jnupress.com
排　　版：广州市天河星辰文化发展部照排中心
印　　刷：深圳市新联美术印刷有限公司
开　　本：787mm×1092mm　1/16
印　　张：20
字　　数：348 千
版　　次：2022 年 7 月第 1 版
印　　次：2022 年 7 月第 1 次
定　　价：93.00 元

（暨大版图书如有印装质量问题，请与出版社总编室联系调换）

总　序

文化是人类适应环境的基本方式。藏族与睦邻的纳西、门巴、珞巴、独龙等民族共同适应青藏高原的大环境和各自区域的小环境，创造了特定的文化。自 1996 年始，本人在川、滇、藏交界区调研民族文化，起初独自一人，后来带学生奔波，前后指导了 20 多篇学位论文。我把学生带到边陲，避免在东部扎堆，完成学术接力，为他们夯实发展的基础，不少人毕业后申请课题、发表论著，我自己也在积累经验，不断追求新目标，把研究范围扩大到川、青、藏交界区。

最近数年间，我组织调研、汇集书稿。2013 年，推出"芜野东南的民族"丛书第一系列 7 册[①]，分简体字和繁体字两个版本；2016 年，推出第二系列 4 册，为简体字版本。两个系列约 400 万字，展示了喜马拉雅与横断山区的绚丽文化。然而，一套丛书的容量有限。专家诚恳地建议我们做下去。我们也想做下去，就继续调研、总结经验[②]、坚持写作。在国家出版基金管理委员会的支持、主管部门的关怀以及暨南大学出版社的组织安排下，"青藏高原东部边缘民族多样性研究"丛书终于落地生根。可以说以上成果为"守正创新"[③]劲风所赐，使我们得以回报社会各界的支持。

多年的栉风沐雨带来满目的春华秋实，因此不能不提到作者们付出的心血。静态地看，有三套丛书的储量。动态地看，知识向四面八方传递不可计量。犹如向湖心抛入巨石，起初引起水波，继而泛起涟漪，很长时间，水面不平静，每位作者的故事还在演绎：调查中的实在品质，如耐心记录、细致观察，获得原始资料的喜悦，以及发现问题、精巧构思、层层铺垫，形成厚实的民族志，里面有对社会结构的描绘，有对动力因素的探索，力

[①] 简体版获第四届中国大学出版社图书奖优秀学术著作一等奖，并引出 3 篇论文评价，即黄淑娉《论青藏高原东部和东南部民族研究的推陈出新》[《青海民族大学学报（社会科学版）》2014 年第 2 期]、徐诗荣和嵇春霞《原生态画卷：青藏高原东南部的民族文化——评"芜野东南的民族"丛书》（《出版发行研究》2014 年第 8 期）、胡鸿保《"芜野东南的民族"丛书赞》（《共识》2014 秋刊）。对此网络媒介也有报道。

[②] 参见何国强：《我们是怎么申请到这个项目的》，载《书里书外》，中山大学出版社，2014 年。

[③] 朱侠：《坚持守正创新，勇担使命任务》，国家出版基金网站，2020 年 1 月 15 日，https：//www. npf. org. cn/detail. html？id＝1962&categoryId＝26。

图使民族映像清晰化，谋求历史逻辑统一。这就是研究西藏所需要的不怕吃苦、执着干练的科学精神，不仅要有勤奋坚韧的品格，还需要友情与互助。除了作者自身的因素和亲友的鼓励，其他因素，包括编辑的专业素养、调查地友好人士的支持，也值得珍惜、怀念。

本套丛书当中，有的是在博士学位论文基础上的再研究，有的是专题写作。坎坷的研究经历使我们深切地感到，一本书要能接地气，讲真话，不经过艰辛的精神劳动就不可能诞生，学术水平的高低不仅是社会环境的造就——与政治经济、理论方法及时代需求有关，也是作者本人的造诣——与研究者的主观努力分不开。整套丛书至少有三个令人鼓舞的闪光点：

1. 坚持实证研究，奉献一手资料和田野感悟

19 世纪中叶，国际学界开始涉足青藏高原东部地区。中华人民共和国成立后，分别于 20 世纪 50 年代、80 年代和 90 年代组队到该地区进行民族识别和社会历史调查，丰富了《民族问题五种丛书》的内容。新资料、新方法打开了人们的眼界，但是带着旧思维看问题的境外人士仍不在少数。改革开放以后，至今川、滇、藏与川、青、藏两个交界区某些地方依然谢绝外籍人士，收集资料的重任落到国内学者身上，我就是在这种情形下进藏的。环顾四周，当年的同道已不知所向，幸好凝聚了一批新生力量，绳锯木断、水滴石穿，不言放弃。通过田野调查获得的原始资料和珍稀感受为写作提供了优质素材，这使本套丛书能够以真实性塑造科学性，以学术性深化思想性，达到材料翔实、学理坚固、观点新颖、描述全面。

2. 体现人类学知识的应用与普及

最近 20 年来，国家加大了对人文与社会科学的投入，各门学科取得长足的发展，这是毫无疑问的。然而伴随着专利、论文数量的增长，一些不尽如人意的事情也出现了：文章浅尝辄止，漫然下笔的多，周密论证的少，还有重复研究等浪费资源的现象。人类学倾向微观考察，对充实中观、引导宏观有所作为，中山大学自从复办人类学系以来，格勒率先走上青藏高原，紧跟着就是我们的团队。

本套丛书是西藏研究的新产品。作者们博采众长，引入相关概念，借助人类学理论方法的指导凝视问题，通盘考虑，揭示内涵。虽然各册研究目标不一，但是在弄清事实、逻辑排比、分析综合、评判断义，以及疏密叙述等项上一起用力，展示自己的德、才、学、识。有些问题提出来亟待深化，如应该如何凸显民族志对于区域文化研究的重要作用，应该如何发

挥民族志的特长，等等。

目前，理论与实际脱节的现象正在转变，自发的、自觉的研究队伍扩大了，这是对我们已经做出努力的积极回应，也是"青藏高原东部边缘民族多样性研究"丛书充满生命力的证据。这项研究继续向纵深发展，必然要求研究者保持多读书、尚调查、勤思考、免空谈的学风。

3. 突出出版界和人文与社会科学界的精诚合作

本套丛书凸显了一个浅显的道理：多年积累的田野资料不会自动转化为社会公认的产品，需要紧扣"民族特色"提炼选题，科学搭配，形成整体效应。所以丛书各册保持自身特色，如文化源流、田野实践、社会分工与异化劳动、传统生计、地方与国家、不同资源的合理利用、小民族大跨越等，同时贯穿了再造区域民族志的主旋律。一句话，把各册放在青藏高原东部民族多样性的大题目下合成整体色彩，依靠国家出版基金的扶持，实现"好纱织好布""好料做好菜"的目标，达到"雪中送炭""锦上添花"的双重效果，对出版人与研究者都是双赢。

总之，本套丛书具有继往开来、别开生面的寓意，弥补了同类作品的某些不足，激励着新人奔向祖国最需要的地方，关注各民族在历史上与现实中与自然、社会发生关系的过程，推动顶层设计，产出有效政策，建设西南边陲。当然，我们也应清醒地看到本套丛书的不足，保持虚心接受意见、不断追求高品质的诚恳态度。

古文字学家陈炜湛教授乃治学、书艺两全的专家，一向支持我的田野研究，多次题写书名给予奖掖。为了表达对本套丛书作者实地研究西藏的钦佩，肯定编辑人员的辛勤劳动，陈教授特用甲骨文和金文写成书名。看到丛书名十五字，字体淳厚中正、古意盎然，我由衷感激。

何国强

2022 年 2 月
于中山大学康乐园榕树头

前　言

在村庄或族群的发展变迁中，集体记忆和族群认同起着什么样的作用？这是一个历来受到人类学与社会学等学界密切关注的学术话题。作为有着悠久民族交往历史的滇西北多民族地区，一直是多宗教信仰、多民族频繁互动的特殊地带，原住民的集体记忆和族群认同有着丰富而又复杂的发展历程。这些地区的村庄远离中原权力操控，与世相对隔绝，大多表现为一个村庄多种宗教并存、多个民族共处。这种滇西北地区多民族村庄的独特现象，在远古传统和近代文化等外力的交织与作用下，呈现出更为复杂多元的局面，为现代人类学、民族学的研究提供了一个极具代表性的范本。

本书主要通过对滇西北地区多民族村庄展开民族志研究，揭示这一地区具有不同历史渊源、不同文化背景和宗教身份的社会群体在文化交融与历史建构过程中和睦相处的基因，展示滇西北地区多民族村庄普遍具有的权力、组织、信仰等对边远少数民族地区社会变迁所起的作用，为我国今后了解多民族聚居地区的发展以及维系少数民族地区的社会和谐稳定建言献策。

作为教育部人文社会科学基金的支持项目，在研究多民族村庄生计模式、社会组织与文化符号系统变迁的基础上，本书特别对滇西北多民族地区天主教堂艺术展开了深入研究，其中包括借助图像学对滇西北多民族地区天主教堂壁画的布局、表现手法、人物处理、风格等方面展开研究，尤其从视觉人类学角度探究蕴含在教堂壁画背后的宗教意义和文化信息，并阐释教堂壁画的图案构成和文化意义。2014 年以来，笔者利用每年的寒暑假先后深入滇西北多民族地区的多个村庄展开田野调查，坚持人类学传统研究范式——参与观察，并运用社会学和艺术学等研究方法，对当地村落的生计模式、社会组织与文化符号系统的变迁进行了考察。对蕴含在生计模式、社会组织、婚姻制度、文化表征与宗教信仰等方面的族群记忆进行研究，尝试找出不同宗教信仰或不同民族在集体记忆、族群认同以及文化变迁三方面的关联，并试图回答下列问题：滇西北地区多民族村庄在族群互动中有着怎样的族群记忆？记忆如何维系、整合集体认同？村庄各族群如何利用记忆与认同来维系自身的传统与谋求新的发展？

本书的研究内容一共分为十章，分别从历史概况、生计模式、婚姻制度、社会组织、风俗文化与宗教信仰六个不同层面展开讨论。本书的研究对象为滇西北三江流域一带的多民族村庄。为了更好地展开横向比较，选取了云南省三个分别以藏族、怒族与纳西族为主的村庄作为典型展开分析。它们是以纳西族与藏族为代表的迪庆藏族自治州德钦县燕门乡茨中村，以傈僳族①与藏族为代表的迪庆藏族自治州维西傈僳族自治县白济汛乡的小维西村，以怒族与藏族为代表的怒江傈僳族自治州贡山独龙族怒族自治县丙中洛镇的白汉洛村，以此作为具体案例展开论述。

（1）滇西北多民族地区的历史概况。滇西北多民族地区位于云南西北部与西藏交接的边缘，其群体以藏族、怒族、纳西族文化为主体，兼收并蓄了白族、傈僳族和汉族等外来文化，是活跃于藏彝走廊中的藏、羌民族交接地带的典型群体。它既是迪庆高原各民族文化叠加、相互融合的产物，也是滇西北各族人民相互融合的结晶。从远古走到今天，滇西北多民族地区几度变迁，数易其主，先后经历了远古的羌人迁徙，唐代吐蕃的南下统治，元代蒙古的扶植安抚，明代丽江纳西族木氏土司的统治，乃至清代西藏地方势力的重返迪庆等历程，沉淀着各个年代带来的文化印记。本书第二章通过对滇西北少数民族地区各种文献的梳理，向读者展现包括自然地理和人文地理环境、区域范围、村民来历和构成等基本情况。

（2）滇西北地区多民族村庄的生计模式。滇西北地区多民族村庄的生计模式源于古代氏羌部落。历史上不断南迁的羌人进入滇西北与当地原住民相融合，藏族先民由此开始了游牧生计，并且造就了今天由游牧、农耕与狩猎、马帮从商等多元生计模式构成的复合型生计模式。村民长期在高原放牧过程中获得的宝贵记忆，是经过几千年集体智慧积累形成的财富，蕴含在游牧、农耕中的传统记忆，不但是滇西北多民族地区长期积累起来的地方性生产知识，同时还是村民获取自然资源、维持生态环境的重要手段，更是滇西北地区各种传统文化艺术的创作来源。

（3）滇西北地区多民族村庄的婚姻制度。滇西北地区多民族村庄婚姻制度中的"复合婚姻"具有多种模式，并对管理生产、传承知识与规范社会等方面起到一定作用。在婚姻方面，滇西北多民族地区的家庭模式、多偶制婚姻，以及当地多偶制婚姻逐渐被一夫一妻的现代婚姻所取代，说明

---

① 傈僳族最早见于唐朝时期，樊绰《蛮书》中称之为"栗粟"。德钦一带傈僳族和彝族、纳西族在族源上关系密切，明代仍把傈僳看作是"罗罗"（彝族）分支，明《景泰云南图经志书》曾载："栗粟者，亦罗罗之别种也。"

这些多民族村庄的婚姻制度是一个复杂的、与周边环境相互影响的文化系统。其婚姻制度与生计模式的变迁有密切关联,与历次重大的移民事件、多次主要的文化传播也有关联。滇西北多民族地区多元化的婚姻状态与家庭模式,不完全是孤立的少数民族习俗,而是适应当地生态、历史与现实而产生的综合性文化系统。滇西北地区多民族村庄所出现的多元化婚姻状态与家庭模式,也不是孤立的典型藏族聚居地习俗的简单延续,而是适应了当地生态、历史与现实所产生的综合性文化调适。多元化的婚姻状态与家庭模式既符合当地传统规范,也适应藏族聚居地的文化机制,体现了族群记忆与传统文化或外来文化的适应。

(4)滇西北地区多民族村庄的社会组织。自古以来,滇西北多民族地区远离国家权力的控制,主要通过当地传统民间组织对村务进行管理控制。与东巴教、藏传佛教中的噶玛噶举派有着密切渊源的"老民组织"一直是当地主要的管理机构。在外来文化的影响下,属卡①组织、天主教会、保甲、村委会等各种本地与外来组织形式先后进入茨中村,与原有的老民组织相互配合,参与管理村庄各种事务,并逐渐形成了老民组织、村委会与天主教等多个组织并存的局面。这些组织相继更替,在不同历史时期担任不同职能,并呈现出组织权力随社会变迁而相应更替的情况。滇西北多民族地区天主教群体借助本土化,与纳西族、藏族等共同构成"复合组织"维系并整合各个组织之间的联系,共同推动了滇西北多民族地区政治、经济、文化的发展。特别是天主教进入滇西北多民族地区后,天主教的本土化,使得天主教组织在面对宗教、政治与文化等方面不断冲突的同时,对维系村务、保持族群认同、促进经济发展起着主要作用。

(5)滇西北地区多民族村庄的风俗文化。本书第七章主要从饮食、服饰、婚礼与葬礼等多维角度对滇西北地区多民族村庄保存的风俗文化展开研究,包括对当地传统服饰、狩猎方式、酿酒技艺等展开细致的描述,特别是对当地独特的高原葡萄酒制作工艺展开细致研究,力求展现滇西北地区多民族村庄丰富多彩的风俗文化,并探究其延续至今的原因与其中的奥秘。

(6)滇西北地区多民族村庄的宗教信仰。由于滇西北地区多民族村庄

---

① 属卡是藏族社会的基层组织,它本是迪庆藏族社会古老村社的遗留。属卡制度起源于原始的氏族组织瓦解之后,是在以地缘为基础的村社基础上形成的。见王恒杰:《迪庆藏族社会史》,北京:中国藏学出版社,1995年,第111页;章忠云:《藏族志 聆听乡音:云南藏族的生活与文化》,昆明:云南大学出版社,2006年,第43页。

各个少数民族间的长期交往与融合，各个村庄均保留了各民族的宗教与信仰，包括东巴教、藏传佛教以及古老的苯教等多种宗教的建筑艺术、装饰艺术、祭祀仪式和神话传说。这些文化象征体系融合与维系了当地原始宗教与后来天主教本土化等宗教信仰的文化变迁。本书第八、九章主要讨论以下几点：第一，梳理当地复杂的多元文化背景。重点研究滇西北多民族地区的原始信仰文化、宗教起源与文化特征。重点分析云南省三个村寨，分别为德钦县茨中村（纳西族与藏族）、维西县小维西村（傈僳族与藏族）与贡山县白汉洛村（怒族与藏族），详细盘点这些村寨的宗教信仰与传统文化特征。第二，理清多元文化背景下天主教文化本土化情况。根据历史文献、访谈资料和实地观察，了解天主教教堂建筑、教堂壁画与当地传统文化交融与发展的过程，发现并剖析隐藏在象征符号深处的文化意义。第三，对三个坐落在不同少数民族村庄的天主教堂艺术展开研究，针对教堂壁画的布局位置、主题、人物特征、绘制技法与色彩运用等方面展开细致分析，并同时研究壁画的涂料成分与绘制方法。第四，对四个天主教堂的壁画作横向对比研究，重点分析天主教文化与本村寨传统文化的关联；把滇西北天主教堂壁画与西方天主教堂壁画作纵向研究，重点分析这些教堂壁画所发生的变化，并探究其原因。

总体而言，本书旨在探讨记忆、认同与文化整合的有关问题，主要讨论滇西北地区多民族村庄的记忆与认同是如何在国家权力、民间权力与资本权力的博弈中部分消亡与部分得到弘扬的。首先，交代清末进入滇西北多民族地区时，天主教如何消解与当地东巴教、藏传佛教的冲突。通过大量的访谈和历史照片，讨论以往瑞士天主教与法国天主教在滇西北多民族地区传教的成败，以此来分析文化融合与历史建构的作用。其次，借助滇西北多民族地区从种植农作物转为经营经济作物——葡萄的过程，从国家权力和资本权力出发，结合社区发展与文化再建构等相关理论，探讨当地是如何从一个藏族村庄建构为一个以天主教为主的村庄的。最后，有针对性地提出当地原住民到底是谁的问题。在参与滇西北旅游村的开发过程中，原住民与天主教如何以组织为主导，借助政府、商业公司扶助参与旅游开发的新模式，构建出当地天主教文化。

记忆是一个族群保存历史、保持自我传统的手段；族群内部的个人记忆、历史记忆，是强化历史、维系认同的工具。记忆与认同对族群保持原有文化，发展当地的政治、经济、文化起着重要作用。滇西北地区多民族村庄的集体记忆，包含了本土传统文化与天主教文化等，它们不但成为当地宝贵的非物质文化遗产，而且给村民自身带来了丰厚的旅游收益。面对周边一系列的社会变革，滇西北多民族地区村民自觉投入到这个新的文化共同体中，共同维系着天主教文化。纵观近一百年来滇西北多民族地区少数民族村庄的文化变迁，其速度之快、变迁之彻底均为云南其他地区族群所不及。当传统记忆与认同在面对汹涌而来的外来文化冲击时，当地村民既有被动接受的无奈，更有主动接受的欣然。滇西北多民族地区少数民族村庄族群的记忆与文化变迁，揭示了自然、文化与社会三者间的互动关系，也指出了滇西北地区多民族村庄的文化变迁与经济发展的动力来源。

魏乐平

2022 年 2 月于华南农业大学茶山苑

目　录
Contents

记忆整合
滇西北藏族村庄民族志研究

第一章 导 论

第一节 问题的提出

一、研究缘起

2008 年 7 月，出于博士学位论文选题论证的需要，笔者随导师首次踏上云南省滇西北三江流域一带开展田野调查，并且寻找具有代表性的调查点。在初步调查中发现，滇西北三江流域位于云南西北部，南接丽江、北连西藏，不少村庄一直是多民族频繁交往之地，也是滇藏线上的古老茶马古道驿站。

这个有着悠久民族交往历史的滇西北多民族地区，一直是多宗教信仰、多民族频繁互动的特殊地带。这些地区的村庄远离中原权力操控，呈现出多种宗教并存（如藏传佛教、天主教、东巴教等）、多个民族共处（如藏族、纳西族、傈僳族、白族、汉族等）的典型现象。滇西北地区多民族村庄的这种独特现象，在近代文化外力作用与古老文化相互交织下，呈现出更为多元化与各种生计并存的局面，为现代人类学、民族学的研究提供了一个极具代表性的范本。

滇西北高原峡谷的垂直气候导致当地生物丰富多样，形成以半农半牧为主、兼营马帮等商业的多元生计模式。自古以来，滇西北多民族地区独特的自然地理环境、民族迁徙经历、多种宗教影响，使当地形成了独具个性的文化。特别是该地区特殊的高山峡谷地形、古老的茶马贸易，以及东巴教、藏传佛教与天主教的互动，使当地形成多样的生产技术和社会风貌。从古代纳西族部落到现今藏族部落，从传统社会到现代农村，茨中村保留了丰富的历史文化资源，展现了生态环境、生计与文化等变量相互作用的结果，表明了生计模式既是人类对繁杂生态环境的调适，也是内外文化融合的结果。早在一千多年前，滇西北多民族地区就已经是藏族、纳西族、白族与傈僳族等多民族争夺的要地。特别是一百多年前，西方天主教从法国、瑞士进入滇西北地区后，当地经济、组织与文化随之发生一系列更为明显的变化。为了更好地展开田野调查，经过对多个具有特色的民族村庄进行比较与分析，笔者决定选取云南省三个以藏族、怒族与纳西族为主的典型村庄展开调研，它们分别为德钦县茨中村（纳西族与藏族）、维西县小维西村（傈僳族与藏族）与贡山县白汉洛村（怒族与藏族），并对其中的具体案例展开论述，其中调查重点设置在德钦县茨中村。

滇西北地区多民族村庄具有悠久的多民族聚居历史。根据初步的户籍调查发现，多个古老族群都曾经落户茨中村，古宗（当地人习惯称德钦藏族为古宗）、摩些（当地人习惯称德钦纳西族为摩些）、傈僳族、白族等民族都曾在这个小村庄里留下众多的生计、礼仪等痕迹。当地多种原始宗教，如苯教、东巴教、藏传佛教等先后成为这些多民族村庄先民的精神支柱，也留下了丰富的游牧、狩猎与农耕文化。从目前这些村庄尚存的口传文化与周边几所藏传佛教喇嘛寺的壁画中，隐隐约约可见当年古人带来的游牧、狩猎文化。五百多年前，南诏后裔给滇西北地区多民族村庄带来了纳西族农耕生计。部分村庄例如茨中村，至今保留着完整的稻田灌溉系统、稻作文化和与之对应的东巴教。

在滇西北三江流域多民族地区调查期间，面对这些呈现出复杂多样的多民族特色的村庄，笔者禁不住自问：原住民从哪里来？他们有哪些原始的族群认同与族群记忆？他们后来是如何成为天主教群体的呢？这些原住民的后裔又是如何利用认同与记忆来整合自己的文化的呢？

笔者随后几年在滇西北多民族地区不同的村庄进行调查研究时发现，调查材料越多，带给自己的困惑也越大。特别是当笔者以纳西族、藏族、傈僳族和怒族混居的德钦县茨中村作为重点开展一年多的田野调查后，这种感觉越来越明显。

茨中村原来由纳西族占据主要地位，其村庄的生计模式、风俗文化与宗教信仰均表现为纳西族族群的典型特点，纳西族与东巴文化曾经一度在当地繁荣，但随后被藏族文化所逐渐取代，藏传佛教取代当地原始宗教而成为茨中村的主要宗教，后来又被外来的天主教所替代。19 世纪中后期，传教士余伯南、蒲德元二人首次率六户四川教徒进入茨中村旁三公里处的茨姑村，依靠收买土司，买地建起云南第一座天主教堂[①]；随后他们又在茨中村南部的六九村开办教会小学，利用向群众施舍和提供免费医疗等手段使群众入教。宣统元年至二年（1909—1910），天主教在茨中村筹建迪庆境内第二座天主教堂。一些外来贫民由于缺乏资金、没有政治地位，接受了传教士的恩惠与资助。借助资金积累、与本地联姻等方式，他们进入并且

---

① 黄举安：《云南德钦设治局社会调查报告》，德钦县志编纂委员会编：《德钦县志》，昆明：云南民族出版社，1997 年，第 360 - 380 页。

定居茨中村，逐渐形成今天三教并存、多个民族共处的局面。① 茨中村不但成为 20 世纪 30 年代英美军官、外国探险者的乐园，更成为澜沧江沿岸唯一吟唱天主圣歌的藏族村庄。

这些历时两千多年的多民族聚居村庄，包括东巴教与藏传佛教盛行的茨中村，其信仰居然在短短的一百多年间被摇着葡萄枝的法国传教士带来的天主教所取代。传教士没有带来太多资金，但却依靠赔款、买地、开学堂等发展当地经济，使茨中村、小维西村成为当地拥有上百名天主教徒的少数民族村庄。茨中村天主教堂成为天主教云南总铎区的主教堂，小维西村成为天主教徒培训本地神职人员的重要场所，白汉洛村成为怒江流域跨越澜沧江峡谷与西藏藏族的重要驿站。20 世纪 50 年代，滇西北多民族地区天主教一度陷入低谷，昔日号称"海外天国"的茨中村在神父被驱逐后，数十年来一直销声匿迹，小维西村更成为天主教传教士集体离开中国的主要见证。80 年代后期，滇西北多民族地区村民借助旅游开发、葡萄酒产业与药材种植等再度崛起，茨中村、小维西村与白汉洛村等几个村庄相继从原来单一的游牧农耕，逐渐开始成为以经济作物和旅游业为主的少数民族聚居村庄。

根据进一步调查资料分析，笔者发现滇西北多民族地区不同村庄的主要民族各有不同，这与当地的地理环境密切相关。例如：地处河谷与高原交界的茨中村，呈现的是典型的纳西族与藏族的混合体；地处山谷丘陵以傈僳族居多的小维西村所呈现的是傈僳族与藏族的混合体；地处怒江丛林深处的白汉洛村，呈现的是典型的怒族与藏族的混合体。由于这些地区所处的地理位置不同，因此进驻当地的少数民族相应有所变化。澜沧江峡谷两岸的河谷地带海拔在 2 000 米以下，大部分区域由纳西族等善于从事农耕种植的少数民族所进驻；在海拔约 3 000 米的一些坡地，大部分则由牧耕兼有的傈僳族居住；在海拔 4 000 米以上的那些高原地带，则由善于从事高原游牧的藏族族群所占有。根据不同的地理位置，采取不同的生计模式，根据不同传统文化对周边环境加以调适，是滇西北多民族地区普遍存在的特点之一，也是造就这些地区多民族聚居村庄呈现多元文化相互交织的主要原因。

此外，外来民族与外来文化对滇西北多民族地区的影响与作用也是不可忽视的。19 世纪初，法国天主教首次进入滇西北三江流域地区，给当地的村

---

① 见 2010 年茨中村天主教户籍及五户藏族天主教徒的家谱。

民带来了不可磨灭的认同与记忆。如今，滇西北多民族地区这些古老的村庄从游牧到农耕、再从农耕到多元经济并存的局面固然让人着迷，但是原始宗教、藏传佛教、东巴教与天主教在茨中村相继兴衰的过程更令人兴奋。藏族与纳西族混居的茨中村已经不再是昔日传教士眼里的藏族村庄。村民除了种植原有的青稞、水稻以外，还从法国引种酿酒葡萄；用于招待远方客人的既有青稞酒，又有葡萄酒；村庄四周一片藏传佛教念经声，而天主教堂内却是藏族教友的《圣经》诵读声。特别有意思的是，法国传教士在一百多年前带到茨中村的葡萄品种——"玫瑰蜜"，先后成为云南葡萄酒业三大集团——香格里拉酒业集团、云南红酒业集团公司和太阳魂酒业集团在媒体上竞相宣传的对象。茨中村天主教堂传教士的葡萄酒酿造技术先后成为迪庆州旅游文化的宣传品牌。其品牌效应连同藏族天主教徒的特殊性，给村民带来了丰厚的旅游收益。

2014 年，笔者的研究课题"图像与隐喻：滇西北多民族地区天主教堂壁画的视觉人类学研究"获得教育部文化艺术基金项目资助，遂决定把本书的写作主题重新确定为滇西北多民族地区的群体记忆与整合，重点对当地具有代表性的少数民族群体的记忆与认同加以研究，借助生计模式、社会组织和文化表征中集体记忆与族群认同在现代化影响下发展、消亡与重新整合的过程，试图从文化调适的角度探讨群体记忆的解构、建构与整合的过程，从而探索滇西北多民族地区在全球经济一体化之下的发展之路。基于以上的分析，笔者设想本书的研究重点：滇西北多民族地区天主教村庄的族群认同与记忆涵盖哪些内容？其族群记忆是如何消解、扬弃与整合的？导致这种记忆与认同改变的原因与动力是什么？

二、学术意义与研究价值

以上对于滇西北多民族地区族群记忆与认同的思考，是本研究的核心所在，也是需要细致阐述的具体内容。基于以上初步认识，笔者将茨中村、小维西村与白汉洛村三个滇西北有代表性的少数民族村庄作为切入点，从当地生计模式、社会组织、风俗文化等方面进行探讨，以揭示族群记忆与当地生态环境、政治经济和文化的关系。笔者认为本研究在学术意义、现实意义和社会意义等方面都有重要价值。首先，本研究从以下四个方面显示出独特的学术价值。

第一，从研究对象上，选取了族群记忆与认同作为研究主体，这是对传统人类学研究领域的一个继承与拓展。传统人类学对族群记忆研究不多，把族群记忆与一个具体的村庄结合起来研究则更为少见。本书通过对这个地区三个典型的少数民族村庄的族群认同展开研究，探讨当地族群如何维系自身认同，如何借助记忆维持族群认同以及如何发展经济等。例如，在外来文化的影响下，茨中村纳西族原住民先后经历了藏族文化、天主教文化、汉文化等变迁过程，其内在的族群记忆与认同蕴含在生计模式、婚姻家庭、组织关系与文化表征等因素中，在文化变迁中起到重要作用。这些因素对于研究族群记忆与政治、经济发展有着重要意义。

第二，从研究视角上，从记忆与认同入手分析多民族聚居村庄，有助于丰富人类学探究文化变迁的方法。茨中村、小维西村、白汉洛村等现存多种古老游牧、农耕文化，既有吐蕃游牧方式、南诏稻作文化，又有传教士带来的葡萄品种与现代园艺。族群认同与记忆，对于维系这些生计起到非常重要的作用，族群认同的变迁也与这些生计密切相关。随着现代化的发展，这些少数民族村庄原有的传统生计模式不断消减，经济作物种植、手工工艺与到外地打工成为村民相继追逐的新目标。研究族群认同变迁的内在动力、外部诱惑，以及民族文化多样性、少数民族国家话语博弈与互动，对于研究族群生计模式等具有重要的学术价值。

第三，从研究领域上，把记忆与认同的研究置于产业变迁的大背景下来思考，有助于反思村庄外部发展与国家政治互动的关系。本研究沿用前辈学者的研究方法，进一步扩大对人类学学科的研究，但笔者同时清楚地认识到，传统族群理论的研究方法越来越难以解释现代化进程带来的一系列巨变，特别是涉及全球化、现代化产生的新问题。茨中村地理位置虽然封闭，但内部族群关系却错综复杂，对外联系格外密切。作为联系丽江与西藏的茶马古道的中间驿站，茨中村从古至今与外界保持密切接触。一百多年前，传教士在澜沧江流域几番勘察，最终选择在德钦县唯一种植水稻的河谷地带建立云南教区主教堂；20世纪50年代传教士被驱逐出境后，神父沙维尔三次冒险进入茨中村、小维西村、白汉洛村看望村民，六十多岁的瑞士神父尼古拉也曾十次带领法国和瑞士学生回访茨中村。80年代后，茨中村与外界联系更为密切，从政治、经济到文化、贸易无不涉及。21世纪伊始，茶树、红豆杉、葡萄等经济作物先后被引进茨中村，云南红与香格里拉两个大的酒业集团高层多次造访茨中村，两大酒业广告多次提到百多年前茨中村天主教堂的传教士。把茨中村置于中国经济建设大场景下来分析，不但有利于最大限度地展现这个滇西北藏族村庄，而且可以更好地论述这个村庄在保持传统文化基础上借助吸收外来文化向现代化变迁的历程。

第四，从研究范式上，突破了以往族群问题研究的范式，采用田野调查、影视记录相结合的方式对宗教仪式、建筑图案等文化表征进行研究。以往人类学研究则大多采用文字描述、理论分析等传统手段来研究宗教仪式，对于文化表征、文化特征等研究多以文字解说，缺乏实证依据。本研究注重引入视觉人类学研究方法，充分运用传教士笔记、照片和人类学纪录片，除了生动形象地展现云南藏族聚居地民间信仰文化，还丰富了视觉人类学在民族志研究中的运用。

同时，本研究还有以下三个方面的社会意义。

第一，研究的紧迫性。德钦县、维西县、贡山县等地区近年来都参与到大力发展经济建设当中，德钦—维西公路拓宽和二级公路建设，澜沧江沿线多个水库建设，已经使流经滇西北三江流域一带的澜沧江水位大幅上升，大批农田将消失在水库淹没线下，缺乏保护的一批藏传佛教白塔、民间建筑即将失去原有风貌。随着施工人员与外地旅游人数不断增加，如不及时加以研究与保护，滇西北多民族聚居村庄部分古老传统与文化有可能消失殆尽。

第二，资料的价值性。国内像茨中村、小维西村和白汉洛村从以原住民为主的藏族、纳西族、怒族的聚居地发展为天主教重镇的村庄比较少见，加上当地原始宗教如苯教、藏传佛教的宁玛派与噶玛噶举派等保留为数不多，还有一百多年前从法国引种的葡萄品种"玫瑰蜜"在国外已绝种，传教士独特的葡萄种植和葡萄酒酿造工艺正面临消失，急需我们对这些宝贵的文化传统加以整理、保护。特别是近几年来人类学者在滇西北多民族地区田野调查期间获得的历史材料、专业录像、现场访谈，更需要及时加以保存分析，以便为今后滇西北多民族地区人类学研究提供宝贵的第一手材料。

第三，现实的指导意义。茨中天主教堂、小维西天主教堂与白汉洛天主教堂对于天主教在滇西北藏族聚居地传播有着重要意义。这几个教堂都相继被纳入重点宗教文化保护单位，茨中村已被列入云南省新农村建设与旅游开发并举的样板村。云南省两个大型葡萄酒生产商——香格里拉酒业集团与云南红酒业集团公司，相继借助茨中天主教堂文化推广自产的红酒品牌，甚至还生产出葡萄酒与青稞酒工艺合一的"藏密白酒"。研究茨中村、小维西村与白汉洛村的天主教文化如何被重新建构，特别是从典型的传统农牧业村庄发展为旅游村的过程，将为探索边远少数民族村庄未来发展提供一定的现实意义。

三、进入田野，寻觅一个典型的多民族聚居村庄

2008 年夏，笔者随同导师沿着三江流域一带寻觅适合开展博士研究的调查点，历经贡山县独龙江乡、德钦县燕门乡等地，沿途多民族聚居村庄生计模式、民族文化多样性吸引了笔者的注意。

调查中，首先映入眼帘的是茨中村著名的标志物——茨中天主教堂，这是一座中西合璧、藏传佛教与天主教文化相结合的天主教堂。上午九点钟，身着藏装的天主教村民纷纷步行到教堂参加弥撒，村民们在神父的带领下用藏文念诵天主教《圣经》，诵经声响彻澜沧江上空。教堂周边种满了葡萄树，几十位村民正紧张地修剪葡萄枝条。葡萄园四周环绕着一片片水稻田，十几位身着纳西族服装的男女村民正在灌满水的稻田里嫫秧。稻田岸边不远处的房屋大院内，几个身穿白族传统服饰的青年木匠手持刻刀和小铁锤在一块门板上雕刻精美的花纹。此时，正值太阳缓缓升起，那袅袅升起的炊烟下是辛勤的藏族女性在制作青稞酒。笔者将镜头由远拉近，几十头硕大的牦牛在悠闲地吃着牧草，大树下怒族男子在简陋的纺织机前用牦牛毛纺线编织怒毯，几个傈僳族男子正在给弓弩安装竹箭。透过清晰的相机镜头笔者对茨中村产生了深刻的第一印象——一个多民族与多元文化并存的村庄。

然而，这仅仅是茨中村的表面现象。随着调查的深入，笔者发现茨中村并不是简单的多民族聚居村。户口簿上所记录的茨中村有藏族、汉族、纳西族、傈僳族和白族五个民族，但实际上藏族人口最多，汉族次之，纳西族、傈僳族、白族皆较少。虽然纳西族在茨中村只占很少比例，但村里的女性村民服饰却与迪庆州其他藏族村庄不同：她们一般上身是纳西族打扮，下身却是藏族打扮。村民讲纳西话，甚至还保留许多纳西族传统习俗。这个村到底是纳西族村还是藏族村的问题一度让笔者十分困惑。

最吸引笔者注意的是村里唯一的一座天主教堂。茨中天主教堂远观为巴西利卡式教堂，坐西向东，整体上体现了巴西利卡式教堂与罗马式教堂相结合的特色。教堂正面入口为罗马拱券式门廊，上有三层中国式钟楼，钟楼顶层是四角瓦檐式亭阁，出檐深远，颇有唐宋之风。教堂屋面为单双坡混合状，用琉璃瓦覆盖，正脊处和整座教堂端部皆竖有十字架标记。中西合璧的天主教堂风格更让人感到其背后的故事。

笔者第一次到教堂时恰逢神父外出，迎接笔者的是燕门乡小学片区的退休教师刘文高。刘文高用一把厚重的青铜钥匙打开教堂第一道门，教堂

第二道门背后的法国哥特式建筑立刻把笔者的注意力紧紧吸引住。当茨中天主教堂的第二道门被打开时，一幅幅融合了法国天主教图案和白族风格的水墨壁画逐一展现在眼前。没想到笔者对滇西北多民族地区族群记忆与认同的人类学研究，就这样随着茨中天主教堂大门的推开而开始了。

第二节　关于记忆、认同与村庄研究的文献综述

滇西北地区多民族村庄普遍存在多元宗教并存、多个民族共处的特点。这些村庄往往是村庄外貌相似，然而语言不同、风俗各异。这种独特现象给笔者提出了一系列问题：这些地区的村庄为什么还保留如此众多的传统习俗与民间记忆？这些不同的民族记忆有什么作用？这些记忆是如何相互整合维系村庄的存在与发展的？

一、记忆与集体记忆

作为研究人类自我认知能力的学科之一，"记忆"这个关键词几乎涵盖了人类学涉及的各个领域。法国社会学家涂尔干认为，集体意识与记忆是"由社会成员在保持个性的同时，在交往中因共同利益、共同需求的共同价值评价等而形成的共有思想观念"[1]，共同记忆创造了一种凝聚感，形成集体意识，为共同体找到描述自己的理由。"集体欢腾"则是人类文化的温床，宗教自然诞生于集体欢腾之中。"集体思想具备这种效力，要创造一个观念的世界，并使经验现实的世界通过它发生变形，就必须得有一种智力的过度兴奋，而这种过度兴奋只有在社会中并通过社会才能实现。"[2] 不过，涂尔干对社会记忆的研究仅仅是一笔带过，只在纪念仪式的简短讨论中直接强调了记忆。他认为"集体欢腾"可以理解为人类在部落典礼、仪式舞蹈、节日狂欢中的"文化创造力"的基础。[3]

关于记忆载体，法国社会学家布尔迪厄较早把这个问题引入社会学研

---

① 刘少杰：《现代西方社会学理论》，长春：吉林大学出版社，1998年。
② ［法］爱弥尔·涂尔干著，渠东、汲喆译：《宗教生活的基本形式》，上海：上海人民出版社，2006年，第224页。
③ ［法］爱弥尔·涂尔干著，渠东、汲喆译：《宗教生活的基本形式》，上海：上海人民出版社，2006年，第224 – 226页。

究中。他首先探讨了身体记忆的问题，揭示父母的文化举止作为一种文化资本可以为子女所模仿而成为一种习性。美国社会学家、哲学家舒茨把生活历史的记忆看作人的"生平情境"，生平情境是社会记忆形成的背景，个人生活史是了解社会记忆的最好途径；法国历史学家莫里斯·哈布瓦赫在1925 年出版的《论集体记忆》中率先提出"集体记忆"这一概念，旨在强调群体的历史记忆是个体获得记忆的源泉。他认为记忆来源于生活经历，人们总是生活在集体中间，记忆并不会因为这些集体消失而消失。"一个特定社会群体之成员共享往事的过程和结果，保证集体记忆传承的条件是社会交往及群体意识需要提取该记忆的延续性。"[①] 哈布瓦赫把记忆分为三个层次，即个人记忆、集体记忆以及传统，他不仅承认社会记忆的重要性和物质性，而且坚持系统地关注记忆如何被社会所建构，所以更强调记忆的社会性。[②] 在哈布瓦赫看来，一个民族或一个社会的记忆是对过去的重构，"回忆都是为现在的需要服务的，因此也是断裂的"。在他看来，由于各个时代人群的信念、利益和追求不同，历史只拼合了在无数不同时刻和角度拍摄的即兴之景。

什么是记忆？社会如何保存和重现记忆？社会记忆是如何建立起来的？其又是如何重新整合的？

哈布瓦赫与康纳顿所属的两个不同学派展开了一系列的争论，也给人类学家带来了深刻思考：能否在田野调查中验证这两种不同的观点，从而对社会记忆的产生与作用作出更为准确的解释和判断？哈布瓦赫的"社会记忆"观点认为，社会记忆并不是简单地把现在与过去对接起来，而是根据现在对过去的需要重新对记忆加以重构。这种记忆是断裂的，也是人们按需建构的，因此带有强烈的功能主义意义。社会记忆与其说是基于过去，不如说是根据现在生产出来的。哈布瓦赫充分表明了"社会记忆"把过去当作表述人们当下情感的有用的资源，社会记忆就是一种表意主义。

人类的记忆是有意义的。研究记忆的重点主要集中在以下两个方面，即人们记住了什么、这是谁的记忆。根据以上分析可以知道记忆是有意义的，同时也是有目的的，甚至可以反映个体的身份。记忆的内容与个体的感觉、价值判断和语言表达相联系。社会学家认为，失去了记忆，也就失

---

① ［法］莫里斯·哈布瓦赫著，毕然、郭金华译：《论集体记忆》，上海：上海人民出版社，2002 年，第 335 页。

② ［法］莫里斯·哈布瓦赫著，毕然、郭金华译：《论集体记忆》，上海：上海人民出版社，2002 年，第 335 页。

去了个体身份的坐标。① 人类学家埃文思·普里查德曾对东非土著记忆作了细致研究，他认为非洲土著除了具有众多的传统记忆以外，还经常会有意识地"重构记忆"。他在《努尔人》中首次提出"结构性失忆"的概念，指出东非努尔族往往会忘却一些祖先记忆，但也会保留另外一些记忆，这种"重构记忆"的做法是功能性的。努尔人忘却记忆的行为与努尔人的家族发展、团体分化、相互争取利益密切相关。② 罗正副博士提出了"实践记忆"概念，进一步丰富了集体记忆对族群身份认同的作用。他认为记忆是一种集体社会行为，人们从社会中获得记忆，也在社会中拾回、重组这些记忆。每一种社会群体皆有其对应的集体记忆，群体借此记忆得以凝聚及延续。③ 不过康纳顿却认为，社会记忆是连续的，正如前后的社会结构之间有着继承性一样，记忆的现在与过去有着千丝万缕的联系。④ 人们不能选择过去，就像人不能选择自己的国家和自己的出身一样，也如同有着巨大惯性的列车，社会记忆沿着早已铺好的轨道向前飞奔。

在记忆载体的研究方面，法国学者诺拉进一步对传承文化记忆的载体作了详细分析，并把这些铭记着历史记忆的载体称为"记忆之场"。"这些场所是社会、民族、家庭、种族、政党寄放它们记忆内容的地方，是作为它们人格必要组成部分而可以找寻到它们记忆的地方，这些场所可以具有地名意义，如档案馆、图书馆和博物馆；也可以具有纪念性建筑的属性，如墓地或建筑物；也可以带有象征意义，如纪念性活动、朝圣活动、周年庆典或各种标志物；也具有功能属性，如教材、自传作品、协会等。这些场所都有它们的历史。"⑤ 记忆之场被划分为严格意义的纪念性标志和精神上的纪念性标志，城市、名胜、国歌、三色旗及历史事件等都成为纪念性标志。诺拉把记忆之场分为物质之场、功能之场、象征之场，其中物质之场包括雕像、纪念碑、博物馆等；功能之场包括退役军人会、同窗会等聚会以及教科书、词典、遗言等具备传承记忆功能的场；象征之场则是指宗教的或者政治意味的仪式、游行、丧葬仪式等。集体记忆借助记忆之场及其活动得以保存，记忆之场的"寄托之所"维系了群体的认同。⑥

根据上述学术观点对记忆的分析可知，社会记忆是"把现在与过去对

---

① 沈坚：《记忆与历史的博弈：法国记忆史的建构》，《中国社会科学》2010 年第 3 期。
② ［英］埃文思·普里查德著，褚建芳等译：《努尔人》，北京：华夏出版社，2002 年。
③ 罗正副：《实践记忆论》，《世界民族》2010 年第 2 期。
④ 孙峰：《从集体记忆到社会记忆》，华东师范大学硕士学位论文，2008 年。
⑤ 沈坚：《记忆与历史的博弈：法国记忆史的建构》，《中国社会科学》2010 年第 3 期。
⑥ 沈坚：《记忆与历史的博弈：法国记忆史的建构》，《中国社会科学》2010 年第 3 期。

接的工具",肩负着传递历史的使命。特别是苦难、战争和创伤会给人们带来极大的悲伤,人们一开始有意抑制和隐瞒这段痛苦的记忆,但随后会不断追忆,以便记忆这种"不愿意回忆的记忆"。同时,社会记忆又是"根据现在对过去的需要重新对记忆加以重构"。人们祈望挖掘记忆,把不同时代不断被重构的记忆与国家、政治联系起来塑造新的共同记忆。

综上所述,社会学关于族群关系的几种理论,给笔者进一步探讨滇西北地区多民族村庄各个族群关系相互冲突、相互融合的演变过程,特别是为后来这些地区天主教群体的产生和演变提供了有益的研究思路与理论基础。社会记忆只是对记忆研究的开始,主要在以下三个方面展开①:第一是社会记忆的概念问题②,第二是记忆的载体问题③,第三是记忆的应用问题④。饱含记忆与建构的人类记忆,不仅是了解历史发展的存储器,同时还是解读历史中文化建构的一把钥匙。福柯在权力与记忆研究方面更为独特,他认为记忆既是权力的载体,也是一种"反记忆"的工具。福柯首次提出了"反记忆"的概念,就是针对那些挑战主流记忆的记忆。福柯认为记忆是一种权力的表现,争夺记忆反映了一种权力关系,表达了人们对记忆的解释和支配,同时也反映了社会地位的差异。下层社会的各种集体记忆很难存活下去,它会受到来自统治阶层的压制。⑤ 因此,尽可能全面地还原传统的文化记忆,需要借助人类学的深度访谈,利用口述史、地方性知识、

① 高萍:《社会记忆理论研究综述》,《西北民族大学学报(哲学社会科学版)》2011 年第 3 期。

② 参见关于社会记忆概念的论述:[德]哈拉尔德·韦尔策编,季斌等译:《社会记忆:历史·回忆·传承》,北京:北京大学出版社,2007 年,代序第 6 页;孙德忠:《社会记忆论》,武汉:湖北人民出版社,2007 年,第 24、117 页;王明珂:《历史事实、历史记忆与历史心性》,《历史研究》2001 年第 5 期;王明珂:《羌在汉藏之间:川西羌族的历史人类学研究》,北京:中华书局,2008 年,第 17 页。

③ 参见关于社会记忆载体的论述:萧阿勤:《集体记忆理论的探讨:解剖者·拯救者与一种民主的观点》,《思与言》1997 年第 3 期;白子仙:《集体记忆理论经验研究的七个维度》,《经济研究导刊》2010 年第 6 期;JIN J. The temple of memories: power, and morality in a Chinese village. Stanford: Stanford University Press, 1996:15 – 17;孙德忠:《重视开展社会记忆问题研究》,《哲学动态》2003 年第 3 期;定宜庄、邵丹:《历史"事实"与多重性叙事——齐齐哈尔市富裕县三家子村调查报告》,《广西民族学院学报》2002 年第 2 期;赵世瑜:《小历史与大历史》,北京:生活·读书·新知三联书店,2006 年,第 73 页。

④ 参见关于社会记忆应用的论述:[英]巴特莱特:《记忆:一个实验的与社会的心理学研究》,杭州:浙江教育出版社,1998 年,第 401 页;纳日碧力戈:《各烟屯蓝靛瑶的信仰仪式、社会记忆和学者反思》,《云南大学学报》2000 年第 2 期;王汉生、刘亚秋:《社会记忆及其建构——一项关于知青集体记忆的研究》,《社会》2006 年第 3 期;郭于华:《心灵的集体化——陕北骥村农业合作化的女性记忆》,《中国社会科学》2003 年第 4 期;钟年:《社会记忆与族群认同——从〈评皇券牒〉看瑶族的族群意识》,《广西民族学院学报》2000 年第 4 期。

⑤ 郭景萍:《社会记忆:一种社会再生产的情感力量》,《学习与实践》2006 年第 10 期。

阐释学等方法对社会记忆展开"深描",才能比较好地揭示出隐藏在众多真假记忆背后的真相。

二、族群记忆与认同

虽然记忆早已成为社会学者关注的话题,但直到 A. 柯恩提出族群记忆与群体认同具有"象征召唤力并且能够产生一定政治功能的效果"前,记忆的研究一直没有与族群认同关联起来。柯恩于 1969 年发表的《非洲都市中的风俗与政治》一文首次提出了族群认同理论工具论。柯恩提出族群认同在本质上是一种政治现象,它具有象征召唤力并且能够产生一定政治功能的效果。族群强调传统文化,是因为传统文化能唤起成员的记忆,调动族群成员的内聚力,从而把群体成员组织起来获得一定的利益。美国人类学家格尔茨开创"深度描写研究方法"后,提倡用"地方性知识"等历史记忆来开展社区研究。这标志着记忆研究真正进入了人类学研究的视野,并且逐渐与族群认同联系起来。[①] 格尔茨认为,族群认同主要来自根基情感的记忆。族群的这种根基情感来自亲属传承而得到的"既定资赋"。一个人生长在一个群体中,他因此得到一些既定的血缘、语言、宗教、风俗习惯,凭借着这些历史记忆,他与群体中其他成员由一种根基性联系凝聚在一起。[②]

在现实世界中,认同与边界并不是简单地根据血缘、地缘和风俗习惯等族群记忆来划分,族群认同与边界往往交叉融合,难以区分。挪威人类学家费雷德里克·巴特 1969 年发表的《族群与边界》一文指出了前人对族群边界的划分局限于从血缘、地缘和风俗习惯来展开研究的不足,认为跨地域族群流动仍然保持原有认同,意味着族群边界依然存在。巴特借助对民族志的研究指出,族群认同是在互动中自我认定的,最重要的记忆包含在主要的文化特征内部,认同是与边界相联系的。其族群边界理论的主要观点有三:第一,族群是根据族群成员出身和背景来推测归属的;第二,族群认同和边界取决于不同价值取向的人群互动,特别是各种不同的组织和结构互动;第三,族群认同与社会互动中重要的文化差异有关联。[③] 支持巴特的学者普遍认为,族群边界和内涵既可以由语言、种族和文化等"共

---

① [美] 克利福德·格尔茨著,韩莉译:《文化的解释》,南京:译林出版社,1999 年。
② [美] 克利福德·格尔茨著,韩莉译:《文化的解释》,南京:译林出版社,1999 年。
③ 庄孔韶:《人类学通论》,太原:山西教育出版社,2002 年,第 345 页。

同特征"构成,也可以通过"社会性因素"形成的"历史记忆"来构成。

巴特特别指出,族群除了是一种文化承载单位,还是一种继承了历史记忆的社会组织。一个群体可以通过强调特定的文化特征来限定族群的"边界"以排斥他人,从而在激烈的资源竞争中取得胜利。在这种框架下,"族群并不是在地域、经济和社会隔绝状态下形成的文化承载和区分单位,而是一种人们在社会交往互动中生成的社会关系或组织"①。巴特的研究方法,为研究滇西北多民族地区的认同与记忆提供了理论基础。台湾学者王明珂结合中华民族演变过程,将社会记忆、集体记忆和历史记忆的具体分析运用于中华民族的形成与发展,并展开了深入探讨。他认为,"社会记忆"是指社会中保存、流传的共同记忆;"集体记忆"是社会成员间共同分享的共同记忆,影响范围较小;"历史记忆"则是被社会所认可的集体记忆,是以历史形态流传的大众记忆。② 王明珂在研究汉、藏关系时还认为,羌族的历史心性在很多文化特征上具有汉族与藏族之间的过渡模式,作为一个群体,羌族族群认同存在很大的模糊性与流动性。他在《羌在汉藏之间:川西羌族的历史人类学研究》一书中说明,正是族群认同的建构符合国内历史记忆的需要,羌族历史在近代才得以重新加工、生产以形成新的"历史心性"。③

在长期田野调查基础上,美国康奈尔大学国际研究院教授本尼迪克特·安德森提出了"想象的共同体"的观点。他认为,民族只是一种想象的共同体。它是想象的,但是相互联结的意象却存活于每一位成员心中,民族的想象能唤起人们一种强烈的历史使命感,使其成员前赴后继为之献身。"民族想象"的形成,是因为民族的历史记忆是全体团结的纽带。定宜庄、胡鸿保在《浅论福建满族的民族意识》中借助对闽南女真后裔口述史的相关研究,证明这些福建女真后裔在汉族群体中仍然保持原有的满族女真文化,满族记忆一直深刻印记在这些满族后人心中。"人们普遍认为金代女真人早已融入汉族之中,而今天在中原也的确很难再找到,远处闽南的这支女真后裔,却在历经磨劫的六七百年之后,仍完好地保存着满族族谱、文物,保存着如此强烈的民族意识,实在是个值得思考的问题。"④

除了文化记忆以外,少数民族传统记忆与作物种植研究方面也以崭新

---

① 王明珂:《华夏边缘:历史记忆与族群认同》,北京:社会科学文献出版社,2006 年,第 16 页。
② 王明珂:《华夏边缘:历史记忆与族群认同》,北京:社会科学文献出版社,2006 年,第 16 页。
③ 王明珂:《羌在汉藏之间:川西羌族的历史人类学研究》,北京:中华书局,2008 年。
④ 定宜庄、胡鸿保:《浅论福建满族的民族意识》,《中央民族学院学报》1993 年第 1 期。

的视角展示出传统记忆与少数民族作物种植的关系。美国人类学家格尔茨从政治角度，解读19世纪荷兰政府引导爪哇土著种植甘蔗产生"农业内卷"所带来的失败，并据此提出了著名的"农业内卷"概念。格尔茨对爪哇地区从传统水稻种植转为甘蔗种植的现象进行了深入研究，发现当地原来从事水稻耕作的土著农民放弃了原有水稻种植和稻作文化，在荷兰政府倡导下大量种植甘蔗，结果不但没有给村民带来收入增加，反而使村民收入减少。台湾学者黄应贵对台湾布农人作物变迁作了深入研究，探讨了当地土著从刀耕火种到水稻耕作、茶树种植，再到日据时期种植经济作物一系列变化过程中传统记忆与维系当地种植的关系。黄应贵借助布农人对作物选择的做法，探讨了当地人观、土地或空间、知识等传统记忆对开展农业生产、分配与交易、消费等方面的经济活动的作用。[1] Michael R. Dove 也对传统作物种植与当地文化变迁进行了深入研究，他认为印度尼西亚婆罗洲橡胶种植业与刀耕火种农业并非对立的种植产业，相反可以成为相辅相成的共存农业。Michael R. Dove 研究视角独特，对印度尼西亚婆罗洲橡胶种植业与刀耕火种农业相互间的融合进行比较后指出，当代土著借助各种传统记忆手段，利用刀耕火种的水稻种植，不但缓解了橡胶种植造成的土地和劳动力紧缺，而且在传统记忆与现代文明的交互作用下，水稻种植与橡胶种植呈现相互促进的发展态势。

国内关于传统记忆对少数民族地区经济发展的影响也有相当多的研究成果。研究刀耕火种的生态学家尹绍亭认为，刀耕火种的传统文化与欠发达地区的生产力发展水平密切相关。落后地区保持传统农耕，包括刀耕火种等传统技术，比盲目推广现代经济作物种植的农耕更加有现实意义。尹绍亭认为：粗放比集约省力，粗放耕作所需工数不到集约耕作的一半，省力的优越性是十分突出的。粗放比集约产量高，在正常的情况下，滇南传统粗放的懒活地的陆稻产量一般亩产为600斤左右，有的甚至达到800~900斤。近年来改种杂交稻，产量大部分上升到600~700斤，也不比山地民族粗放的懒活地高多少。[2] 特别是，在现代种植业引入少数民族地区后造成土地劣化、劳动力紧张，而传统农耕往往可以起到一定的缓解作用。罗康隆等也认为，农业经济包含了狩猎—采集经济、斯威顿耕作经济、畜牧经济和农业经济四大类型及各类型中的多种经济样式……这些经济类型无

---

① 黄应贵：《作物、经济与社会：东埔社布农人的例子》，《广西民族学院学报（哲学社会科学版）》2005年第6期。

② 尹绍亭：《云南刀耕火种研究》，昆明：云南人民出版社，1991年。

论是放置在某种历史顺序的时间链条中，还是把它们置于同一时间的空间上，都可以被视为人类在具体情境中对自然与社会的适应和创造。它们的这种选择与建立，依存于自然，和谐于自然，与自然结成了一种互惠的关系。[①]

前人以上的研究，给滇西北地区多民族村庄的传统记忆与族群认同提供了多维度的视角。本书尝试以经典的人类学理论，结合结构马克思主义理论作为基本的分析工具，以"大散居、小聚居"的滇西北地区多民族村庄作为研究对象，对存在于物质、组织与文化三个层面的族群记忆展开分析，[②] 重点考察蕴藏在生计模式、婚姻家庭、社会组织与文化表征当中的各种族群记忆，并阐述这些记忆在族群认同的形成、维持与变迁中所起的作用。

三、村庄族群研究范式

滇西北多民族地区由众多各具特色的少数民族村庄构成，如何对当地族群的记忆与认同开展研究呢？在数年的田野调查中，不时有学者提醒笔者：族群的记忆与认同研究范围过于宽泛，采取几个典型村庄深入研究再进行比较才会有效。是的，滇西北地区少数民族村庄范围虽小，却具备极为丰富而又详细的研究素材。对于小村庄的研究，只要做得细致深入，完全可以展现一个大社会所存在的问题。

19 世纪英国浪漫诗人威廉·布莱克说过："从一粒沙看到一个世界，从一朵花看到一个天堂。"这首诗浅而易见地说明人类在某种程度上是具备以小见大能力的。早期的人类学者曾经对非洲、太平洋地区多个小村庄土著展开过一系列的研究，可惜的是这些研究一度被认为，"作者借助一粒沙子研究整个世界，或是用他自身的隐喻说，通过一滴水研究整个海洋"是不太可能的。

然而，在对茨中村、小维西村与白汉洛村等多民族村庄开展人类学研

---

① 罗康隆、黄贻修：《发展与代价——中国少数民族发展问题研究》，北京：民族出版社，2006 年，第 277－279 页。

② 结构马克思主义者认为，结构马克思主义的一大优点就在于，在其理论框架中，所有事物都有自己的位置。为了避免将物质关系与"意识形态"视为对立层面进行考察，结构马克思主义者构建了一个新模式，把这两个"层面"通过"社会—政治—经济"这个核心相互关联起来。他们把亲属、世系、婚姻、交换等因素纳入对政治和经济关系的考察中，其直接效果就是展现了特定个案的社会过程之丰富和复杂的图景。参见庄孔韶：《人类学经典导读》，北京：中国人民大学出版社，2008 年，第 630－631 页。

究前，笔者也觉得从小村庄认识一个大社会不太容易。不过在历经数年的研究后，笔者觉得从"小村庄"中认识"大社会"完全有可能，而且颇有必要。众多的人类学民族志的研究成果说明从"小村庄"中认识"大社会"不但必要，而且可行。早年费孝通先生的研究就是一个公认的成功案例，随后一大批中外学者的研究也证明了上述观点。

费孝通通过对中国江村一个小村庄的研究，提出了中国乡村未来必然从农业化走向现代化的发展道路。正如作者所说："我亲自看到这个村子在半个世纪里的巨大变化。江村的变化，总的来说反映了全国农村所走过的道路，而且在一定程度上还可以说它代表了中国农村现代化的先进模式。"[①]随后有林耀华的《金翼——中国家族制度的社会学研究》对福建一个村落社区宗族关系的追踪研究，[②] 萧凤霞运用国家与民族理论对村落社区的阐释，[③] 周大鸣对潮州村庄在现代化影响下向乡村都市化发展的追踪调查研究，[④] 葛学博曾提出人类学家在小社区研究时应主要关注小村庄的代表性问题。王铭铭也在一系列文章中强调研究小村庄的意义，他认为，麻雀虽小五脏俱全，小村庄关系复杂，反而更能说明"小地方与大社会的问题"。

尽管在 20 世纪 80 年代人们对在小型村庄开展族群认同的人类学研究提出众多疑问，但王铭铭等通过自己翔实的案例说明小村庄反映大社会具有一定的现实意义，徐杰舜等对华南汉民族族群的互动与认同进行系列研究，周大鸣、黎熙元、李亦园等人的研究还对港澳台族群来源现状进行分析，[⑤]还有一些较为特殊的研究方法，如定宜庄、胡鸿保等人利用族群口述史对女真族群保持原有文化与认同进行研究，都为笔者在滇西北多民族地区开展族群记忆与认同的研究提供了思路范本。

在如何深化小村庄研究的问题上，费孝通在《个人、群体、社会——一生学术历程的自我思考》一文中曾经说道："把社区的经济发展看成是社区整体发展中的一个主要方面，并和其人文地理及历史条件密切联系起来，进行分析。我看到在不同条件下社区发展所走的路子不同，于是我又应用比较观点分出不同模式，并提出'多种模式，因地制宜，随机应变，不失

---

① 费孝通：《费孝通学术论著自选集》，北京：北京师范学院出版社，1992 年，第 102 页。

② 林耀华：《金翼——中国家族制度的社会学研究》，北京：生活·读书·新知三联书店，1989 年。

③ SIU H F. Agent and victims in south China：accomplices in rural revolution . New Haven：Yale University Press，1989.

④ 周大鸣：《凤凰村的变迁》，北京：社会科学文献出版社，2006 年。

⑤ 参见周大鸣、黎熙元、李亦园等人的研究，以及马曼丽、周建新、李成武等人的研究。

时机'的发展方针。更从城乡结合的基础上升到经济区域的概念，逐步看到整个中国发展过程中形成的区位格局。这种社区研究是以农民自己创造的社会结构为出发点，分析这种结构形成的过程，它所具有的特点，并看出其发展的前景。"① 刘豪兴在《费孝通江村研究 50 年》一文中也说："费孝通的方法之一是以小见大，以微见著。他首先把认识农村社会作为认识中国社会的基础，然后选取不同类型的农村社区进行解剖，加以比较，达到对农村社会的一般认识，由此再演绎到对中国社会的一般认识。"② 王铭铭更是肯定从"小村庄"中可以认识一个"大社会"这一观点，并举出了一些海外人类学家根据村落的调查或资料的分析概括中国乡村社会的特征和说明小地方与大社会的联系的例子。③

尽管《江村经济》在社会学研究方面得到学者的普遍认同，但因其缺乏对人的细致描写使之略显不足。费孝通先生也承认自己的"小村庄"研究倾向于拉德克利夫·布朗的侧重考察社会整体，但对文化及其情感在维系社会整体运作中的作用研究尚有不足。他说："回顾我这六十年的研究成果总起来看还是没有摆脱'见社会不见人'的缺点。我着眼于发展的模式，但没有充分注意具体的人在发展中是怎样思想、怎样感觉、怎样打算……他们的思想和感情、忧虑和满足、追求和希望都没有说清楚，原因是我的注意力还是在社会变化而忽视了相应的人的变化。"④

前人对族群记忆与文化变迁方面的研究，展现了人类学在记忆领域不凡的历程。记忆与文化变迁的研究，在取向上经历了经验主义、实证主义、实用主义等学术思潮，在研究方法上涉及原生论、工具论、国家意识形态论等具体论述，在研究变量上涉及环境、经济、政治与文化等具体参数，在写作范式上经历了民族志研究、社会学以及村庄史、口述史等模式。前人的研究，为滇西北多民族地区少数民族村庄的研究工作提供了极为丰富的理论研究视角，以及内涵丰富、翔实的参考依据。基于以上分析，本研究设想以云南西北部多民族地区（分别以藏族、纳西族和怒族为主）的三个少数民族村庄族群为对象，以这些村庄的族群记忆与认同研究为切入点，通过对族群记忆与文化变迁的关系和作用展开研究，探究其文化变迁的动

① 费孝通：《乡土中国　生育制度》，北京：北京大学出版社，1998 年，第 344 页。
② 刘豪兴：《费孝通江村研究 50 年》，《社会学研究》1989 年第 3 期。
③ 王铭铭：《社会人类学与中国社会研究》，北京：生活·读书·新知三联书店，1997 年，第 21 页。
④ 费孝通：《乡土中国　生育制度》，北京：北京大学出版社，1998 年，第 344 页。

力与成因。

在研究"小村庄"的基础上还可以发现，国内外针对云南藏族村庄的人类学研究成果并不多见，这种情况在一定程度上反映了在云南藏族聚居地开展研究的艰难，同时也反映了云南藏族聚居地的研究尚有许多不足。例如，中国藏族研究主要聚焦于西藏、青海、四川、甘肃与云南五个地区，滇西北地区多民族村庄研究在五个藏族聚居地中成果最少，甚至先后跑遍了中国藏族聚居地各个角落的日本著名藏学家中根千枝女士也承认自己直到 1991 年才知道云南也有藏族，并亲临考察。① 本书选取迪庆藏族自治州德钦县作为研究点，主要基于目前对云南藏族的研究比较少，而当地材料比较丰富，以求在滇西北地区多民族村庄的民族志研究上有所突破。

检索大量的文献后发现，滇西北三江流域的少数民族地区曾经吸引过一批人类学者参与经济发展与人文保护等方面的研究。云南省社科院研究员郭家骥的《发展的反思——澜沧江流域少数民族变迁的人类学研究》，借助比较分析的方法，对澜沧江上、中、下游几个具有典型特点的村庄作了坚实的田野调查。作者利用主持澜沧江流域民族文化、生态环境与可持续发展的研究等项目的机会，认为："澜沧江流域具有云南各民族大杂居、小聚居的分布特点，对一些重大问题的研究必然涉及多个民族和多个区域；即便是专门研究一个民族，要获得全面的认识和把握……必须依靠多点民族志材料的支撑，才能获得全面而正确的认识。"② 该书对澜沧江上游几个村庄，包括明永、雨崩两个藏族村庄农牧商传统记忆与族群认同的关系加以研究，结合近期澜沧江中游水电建设对移民生活、澜沧江下游稻作文化带来的影响与变迁对照分析，说明现代化对传统记忆与村庄认同的改变和影响。

云南省社科院藏族学者章忠云在其著作中运用民族志手法，细致地描绘了茨中村、明永村和阔机片村三个藏族村落的民间传统与生活模式，借助这些村庄所保持的农耕、游牧与祭祀活动等传统记忆的详细描述，说明民间记忆是维系藏族传统、维系生存，同时还是谋求旅游经济发展的重要手段。③ 章忠云自幼在迪庆高原的茨中村长大，对迪庆藏族十分熟悉。经过

---

① 王晓松：《迪庆藏族历史文化简述》，《西藏研究》1993 年第 4 期。

② 郭家骥：《发展的反思——澜沧江流域少数民族变迁的人类学研究》，昆明：云南人民出版社，2008 年。

③ 章忠云：《藏族志 聆听乡音：云南藏族的生活与文化》，昆明：云南大学出版社，2006 年，第 32 页。

对三个不同藏族村庄的人类学调查，她认为：云南藏族的社会生活、生活方式、传统文化等"云南藏族传统文化中的许多东西，在1978年国家政策放宽之后，迅速回到了过去。这里'回到了过去'指的是在形式上回到了过去，并不是一成不变地回到了过去。实质上它既包含了一体化文化时代的某些内容，又体现了改革开放以后云南藏族传统文化与社会经济的发展有着密切的关系"①。"云南藏族传统婚姻仪式的恢复，不但体现了婚姻的风俗习惯，更为重要的是体现出了传统文化在人际关系、社会互助中所扮演的重要角色和需求。""家长会制度的恢复，使国家农村体制中乡、行政村、村民小组的行政管理真正落到了实处。""复兴传统文化成为经济持续发展的重要资源。特别是旅游业的兴起，给自然、缓慢复兴的传统文化注入了强效剂，为了满足游客的需求，不但个人对传统文化进行挖掘和重建，而且政府部门也加入到复兴、宣传、重建传统文化的行列。"章忠云认为，云南藏族有一个重要特点，就是十分注重保持传统的记忆与族群认同，把传统记忆与经济发展联系起来，甚至"复兴传统文化成为经济持续发展的重要资源"②。

云南省社科院研究员郭净的博士学位论文《卡瓦格博澜沧江峡谷的藏族——历史传统中的空间文化》，以滇西北藏族对卡瓦格博神山的信仰为研究对象，从当地人如何保护传统记忆、传统信仰的方向切入，通过探讨云南藏族族群记忆、民间信仰与自然的关系，说明迪庆藏族一直以来借助民间传统与民间记忆，维护自然资源与保持文化传统的过程。在前人对藏族婚姻制度研究的基础上，中山大学人类学系王天玉的博士学位论文《论多偶婚制度下藏族妇女的角色与地位：以滇西北德钦县尼村为例》对滇西北藏族女性群体，以及保留这类婚姻形态的藏族多偶现象作了细致研究。王天玉的论文展示出滇西北藏族女性群体在以往特殊的婚姻形态中所扮演的角色，并且对这些女性的传统记忆作了深度回放，体现了当地社会与文化所占据的有利地位。他认为藏族女性原有许多的多偶制记忆，是藏族多偶制家庭存在的动因之一。更值得一提的是王明珂对羌族"历史记忆"的历史人类学研究，他从历史记忆与族群边缘形成的视角分析中国人认同的本质，借助族群认同理论探究了族群内部对资源的竞争与配置。王明珂指出，

---

① 章忠云：《藏族志 聆听乡音：云南藏族的生活与文化》，昆明：云南大学出版社，2006年，第361－363页。

② 章忠云：《藏族志 聆听乡音：云南藏族的生活与文化》，昆明：云南大学出版社，2006年，第366－367页。

认同对族群"中心"和"边缘"的形成与变迁有着重要作用。他对当代汉、羌、藏之间的族群关系提出一种新的历史人类学诠释，认为除了传统的根基性或工具性之外，"复合作用力说"对考察族群认同如政治、社会和文化变迁复合因素有较大帮助。[①] 王明珂的研究为本书研究族群认同对经济资源的竞争与政治资源的获取等方面的论述提供了坚实而有力的理论依据。

笔者经过初步的村庄调查发现，滇西北有众多的多民族村庄，少数民族特色明显，历史积淀深厚，均有深入开展人类学调查的学术价值。经过走访与比较三江流域一带几个村庄后，笔者认为，分别以藏族、纳西族和怒族为主的小维西村、茨中村和白汉洛村，普遍存在深厚的历史渊源与民族记忆，是开展当地族群记忆与认同研究的重要对象。

综上所述，族群记忆与认同是各民族生存与发展的根基，它把各民族与自然环境整合在一起，同时提供了一套自身的文化价值观，起到了推动各民族发展和塑造国家权力的作用。根据数年来的观察，滇西北多民族地区包括澜沧江流域的藏族、纳西族、白族等地区的发展，不少是利用当地民族的记忆与认同来实现的，其中包括茨中村、小维西村、白汉洛村近期的建设与发展。深入分析认同、文化与国家话语三者对少数民族地区发展的关系，成为本书需要深入阐述的必不可少的重点。

四、地方史志与档案资料

在搜集当地历史资料方面，为了更好地开展茨中村族群认同与族群边界问题的研究，笔者前期做了一系列文献资料的收集整理工作。但是，由于茨中村地处边远地区，相关资料匮乏，不少资料都由藏文书写，就连传教士保留的笔记也是用法文书写的，因此，给资料收集与整理带来了许多困难。除了在中山大学图书馆、云南民族大学图书馆、德钦县图书馆等地查找文献资料外，笔者还三次进入香格里拉市、德钦县和维西县档案馆对相关文献进行检索，特别是对茨中村传教士保留的图片资料、土改前的历史资料，以及天主教堂保存的珍贵文物进行了记录。

这些资料主要包括滇西北藏族聚居地各种文献，如民国时期、中华人民共和国成立后撰写的地方志、民族志、游记、考察报告、档案资料、调查材料和传教士留给村民的照片、经书等。笔者利用在高校从事影像研究与教学的优势，拍摄了一大批关于藏族、纳西族婚礼、葬礼等活动的录像、

---

① 王明珂：《华夏边缘：历史记忆与族群认同》，北京：社会科学文献出版社，2006年，第33页。

照片和人类学纪录片，对大理天主教百岁修女、十次到访茨中天主教堂的天主教神父、早期著名的藏族马帮商人后裔、前期教案中被杀传教士保镖后人、德钦县藏传佛教寺庙喇嘛、纳西族东巴等进行了个人专访。除此之外，在四年来的调查中，笔者曾五次进入茨中村调查，先后做了四十万字的实地田野调查笔记和近五十小时的专业录音，丰富的现场采访为本书写作提供了翔实的田野调查素材。同时，笔者还阅读了大量有关云南藏族的典籍文献，如近代较有研究价值的《阿墩子志》①、《云南德钦设治局社会调查报告》②、《云南阿敦行政区地志资料》③、《新纂云南通志》④、《中国西南古纳西王国》（云南大学历史系油印翻译本）、《德钦县志》⑤、《迪庆年鉴2001》⑥、《迪庆藏族自治州志》⑦。

在阅读典籍文献基础上，笔者还阅读了大量关于云南藏族的汇编资料，如《维西文史资料》《康区藏族社会历史调查资料辑要》《云南阿敦行政区地志资料》。《维西文史资料》由维西傈僳族自治县委员会文史资料研究委员会编印，共八辑，第一辑将唐至清代有关维西的散乱历史材料集合起来，分门别类编排；第二辑至第八辑为维西文史工作者从民族学角度撰写的专题文章，主要收集迪庆州维西县与德钦县藏族、纳西族、傈僳族混居地区政治、经济、组织、文化等方面的田野调查研究成果，从多个视角记录与描述了辖区内藏族、纳西族、傈僳族等多个民族语言、服饰、饮食、喜丧、乐舞等生活习俗。王恒杰由中国藏学出版社出版的《迪庆藏族社会史》，是近代对迪庆地区社会历史集大成的著作。在研究迪庆藏族历史基础上，该书作者多次实地考察云南省迪庆藏族自治州中甸（今香格里拉市）、德钦、维西三县，认为："迪庆藏族社会自古以来就具有自己的特点，即在社会经济结构与文化上既保有居于青藏高原上藏族的特点，同时由于其地处高原边缘……因而又渗透着内地经济与文化的影响。"⑧云南藏族与周边民族在经济与文化等方面相互融合，形成了不同于一般藏族聚居地的政治和文化

① 王沛霖：《滇边要路略》（线装手抄本），民国元年至五年（1912—1916）。

② 黄举安：《云南德钦设治局社会调查报告》，德钦县志编纂委员会编：《德钦县志》，昆明：云南民族出版社，1997年，第360－380页。

③ 《云南阿敦行政区地志资料》（1919年抄本），云南省图书馆藏。

④ 周钟岳等编纂：《新纂云南通志》，昆明：云南人民出版社，2007年。

⑤ 德钦县志编纂委员会编：《德钦县志》，昆明：云南民族出版社，1997年。

⑥ 《迪庆年鉴》编辑部：《迪庆年鉴2001》，昆明：云南美术出版社，2001年。

⑦ 迪庆藏族自治州地方志编纂委员会编：《迪庆藏族自治州志》，昆明：云南民族出版社，2003年。

⑧ 王恒杰：《迪庆藏族社会史》，北京：中国藏学出版社，1995年，第1页。

特点，其结果导致迪庆藏族既有典型特点，又不同于四川、青海地区的藏族社会，也不同于西藏的藏族社会。王恒杰多次进入迪庆各乡镇继续调查，查阅了文书和档案，包括正史、实录及明清档案、方志稿本、土司家谱、契约、电报、手稿、诉状。虽然其著作中部分材料尚需考证，但全书资料丰富，具有较高的参考价值。

1986 年出版的《中央访问团第二分团云南民族情况汇集》，是 1950 年 8 月至 1951 年 5 月中央访问团第二分团到云南省香格里拉地区进行社会、历史调查后出版的。该书中涉及的中甸县情况、中甸县人民团体简况等，是中华人民共和国成立后迪庆境内历史见证的翔实资料，特别是德钦县概况一文对当地藏族、纳西族作了更为精细的描述与评价。本书所采用的人口档案、"文化大革命"历史材料，内容包括《1962 年茨中村分配逐户登记表》《中共德钦燕门区各乡土改材料记录本》《县检查团燕门乡分团关于检查评比、学习理论、整风报告》《燕门公社整党整风总结报告》等，均为笔者近年在德钦县档案馆、香格里拉市档案馆和维西县档案馆调查所获得的第一手资料。

第三节　研究方法与本书结构

滇西北地区多民族村庄地处澜沧江峡谷西岸，青藏高原横断山脉东部边缘，自古以来是中原与藏族聚居地政治、军事、文化与贸易的重要交会点。这里一直是藏族、纳西族与傈僳族等多个族群的生产与社会活动相互交融、族群之间长期交往与联姻之地。这里山高路远，远离中原控制，各个族群的边界模糊。19 世纪以来，随着外来宗教进入、国家意识形态与全球化影响，当地藏族、纳西族等族群关系开始相继发生变化。特别是近期滇西北大开发带来公路、水电站建设与旅游等项目，给这些与世交往不多的少数民族地区带来了一系列的影响，使当地藏族、纳西族对本民族的认同有了一定的加深。尽管当地文化变迁日益加剧，但藏族、纳西族的历史记忆与族群认同仍然深深地烙印在民众心中，并且与外来天主教融为一体。这种本土文化的建构与解构、对外来文化排拒与接受的过程，展现了云南藏族地区自身文化传承与建构的过程。研究边远村庄接受外来文化，应对国家意识形态、全球经济一体化与文化多元化环境变迁的策略，对于研究少数民族族群及其发展之路，有着较为重要的意义。

本书力求通过大量田野调查与文献研究的事实来证明，导致茨中村藏族、纳西族族群边界模糊不清，而且族群认同趋向于钟摆模式效应是多种因素合力作用产生的结果。首先，生态环境与族群来源是当地族群认同的主要原因。藏族、纳西族族群对自身文化的维护，体现了其族群认同主要来自本族群的归属认同。当地尚存的丰富的原始仪式、古老神话故事、民间传说等验证了这一事实。其次，周边民族交往互动、技术进步与外来势力干预，是形成认同的次要原因。族群随着互动场域变化不断调整自身身份来获取经济、政治利益的过程，是对这一次要原因的反映。当地生计模式改变、村民多次变换族姓、青年人追求公务员职位等体现了利益追逐过程。再次，在国家话语、全球化等影响下，藏族、纳西族族群认同与变迁也是与外部环境相协调、与国家话语相适应的结果。茶叶、红豆杉、葡萄种植产业变迁，村庄管理组织变化，教堂成为当地非物质文化保护单位，政府建立天主教村落等都体现了国家话语权。最后，笔者对村庄从藏族认同向天主教认同的变化过程展开研究。拥有两千多年历史的藏传佛教村庄，在短短一百多年间就被远在西欧的外来天主教所取代。天主教不但成为当地宗教，同时还强烈影响当地生计模式、组织制度与意识形态。凌驾于藏族、纳西族族群之上的天主教，的确在许多方面给茨中村带来了切实利益。它不但成为茨中人新的心灵追求，也给他们带来了物质、精神上的享受。因此，在分析生计、组织与文化符号等的基础上，笔者对与茨中族群认同相关联的内在因素、外在因素以及其他环境因素进行综合解剖，把当地呈现的文化变迁具象层层剥开，揭示了导致传统认同消解与新的认同建构的内在动力。

本书试图厘清当地族群认同、记忆与发展三者之间的联系，并依次展开论述：第一，滇西北多民族村庄族群的来历，他们有着怎样的认同？第二，滇西北多民族村庄中，藏族、纳西族、傈僳族等主要族群的记忆是什么？他们如何利用记忆来维系认同与文化整合？第三，现代化环境下这些族群如何利用传统记忆与群体认同来维持生计、发展新的产业？

本书从滇西北多民族地区几个村庄历史上发生的四次重大事件入手，说明外界给这些村庄族群的历史记忆与身份认同带来的变化。首先，滇西北一带部分村庄纳西族族群文化源于古羌人的南下。古羌人是今天茨中藏族、纳西族等民族的祖先，早期羌人带来的游牧生计至今依然可以在茨中村找到痕迹。其次，这些村庄还受吐蕃带来的吐蕃文化影响。唐朝时期汉藏之间开通了茶马古道，藏族马帮通商贸易带动了茨中各种产业发展，也产生了一定的经济制度，于是就有了依据交易制度而生的各种产业，譬如客栈、经纪人等。吐蕃与南诏的战事进一步带动了政治、经济与文化的发展。藏族生计与藏传佛教等先后进入茨中，并得到蓬勃发展。最后，天主教传播与汉人入藏进一步给当地族群带来了经济与文化上的冲击，如19世纪中后期天主教开始进入云南德钦，传教士率先在茨中村附近的茨姑村建立了云南地区第一座天主教堂，其后将天主教文化传播到了小维西村、白汉洛村、秋那桶村等地。中华人民共和国成立后，天主教群体虽数次经受外界冲击，但仍然保留并衍生下来。天主教徒举行弥撒所用的葡萄被赋予了新的文化意义后，迅速取代了原来根植于当地的东巴教文化和藏传佛教文化，并且逐渐成为这些少数民族村庄新的文化象征。尽管中原对滇西北一带少数民族村庄的影响日益加强，特别是土地改革、社会主义改造、"文化大革命"、现代化与西部大开发的相继影响，但是滇西北少数民族地区包括藏族、傈僳族与纳西族等族群维稳的需要，更导致政府迫切期望改善村民生活条件，以维护滇藏边远地区的稳定。2008年以后，连接中原与滇西北地区的几条主要公路如维德公路沿线相继动工，村民在改革开放的热潮影响下产生了强烈的摆脱贫困的愿望，云南红酒企业与政府共谋在德钦地区大力实现葡萄种植产业化。以上的社会变革进一步证明了这一点。

一、研究方法

在研究方法上，本书主要采用文化人类学研究的视角，既注重文献资料调查认证，又关注点面结合的村落田野调查，力图展示当地族群面貌的全景。笔者运用观察法、泛文化比较法展开这一研究，在收集大量文献资料的基础上，通过实地调查、个案研究来验证资料，将参与观察、深度访谈与历史材料、田野个案结合起来分析，全景式地展现茨中村的文化变迁。具体研究方法如下：

（1）从研究对象来看，研究滇西北地区多民族村庄族群关系，首先意味着这是以"族群"为中心展开的研究。本书从记忆与认同角度切入，既有数据分析、图表研究，又有深度访谈与图像解释。本书主要采用族群记忆与族群认同理论，结合解释学和文化人类学来阐述村庄文化变迁与发展历程。在调查中，主位、客位同时进行，调查者先运用专业知识对当地情况展开分析研究，多以中立的立场了解当地情况，然后以当地人眼光去观察、思考现象背后的问题。深度访谈是人类学研究的重要工具，也是本研究在家庭、宗教、文化三大主题研究中所采用的主要方法。通过大量的家庭访谈，了解藏族村民对云南藏族婚姻多偶制的看法、对宗教的认识与取向，为课题研究提供更客观、更准确的分析材料。

（2）从人类学传统来看，除了注重传统人类学研究方法外，研究过程还注重不断反思传统人类学研究方法，尝试建立笔者和研究对象之间的真实联系，以加强对调查资料的解读与事实的内涵分析。20世纪60年代后期，人类学田野调查和民族志均被指责为殖民主义的代言工具，人类学学者开始对原来的田野调查方法提出反思，这种反思导致了民族志写作方法的转向。格尔茨提出直接民族志描述转为阐释性人类学的深描。他在印度尼西亚研究斗鸡案例的时候指出，人类学研究需要深入分析、在现场解读真相。克利福德也说："格尔茨向读者宣称了他在现场，然后又从文本中消失了。"① 马库斯提出用"合作的民族志"来归纳这种方法的优点，建议我们与研究对象建立平等合作关系，让读者看到的不只是作者精心布置的研究现场，而且是一个比较完整真实的面貌。② 基于以上思考，本书在婚姻、组织与社会记忆三章中采取直接对话的方式进行描述，把更多空间留给读者去思考、去体会、去把握。③

（3）从区域文化角度来看，既对某一个村庄内部进行细致分析，又对几个不同少数民族的村庄进行横向比较，再对村庄与外界的关联展开更广阔的研究，力求从不同区域范围、不同人所处位置对事物作出不同看法，展开详细分析。美国学者韩丁在中国农村纪实小说《翻身——中国一个村庄的革命纪实》④ 中借助对参与土改的各种不同人员的描述与分析，详细地记录下这场轰轰烈烈的群众运动，如实反映出在土改中所遇到的问题和干部所犯下的错误，成为今天国际上分析中国革命的经典之作。本书大量采用深度访谈的目的，在于探究少数民族地区不同村庄、不同话语、不同个体表达背后的意义，从而更好地把握滇西北地区多民族村庄原住民对当地历史、文化与宗教信仰的真实看法。

---

① CLIFFORD J. Power and dialogue in ethnography：marcel Griaule's initiation//STOCKING G W. Observers observed：essay on ethnographic fieldwork. Madison：University of Wisconsin Press，1983.

② ［美］詹姆斯·克利福德，乔治·E. 马库斯编，高丙中、吴晓黎、李霞等译：《写文化——民族志的诗学与政治学》，北京：商务印书馆，2006年。

③ 参见第五章《婚姻家庭》、第六章《社会组织》、第八章《宗教信仰与集体记忆》等相关内容。

④ ［美］韩丁著，韩倞等译：《翻身——中国一个村庄的革命纪实》，北京：北京出版社，1980年。

马林诺夫斯基与布朗在民族志研究范式方面曾经展开过一系列的理论争锋。布朗认为民族志研究应以理性为主，而马林诺夫斯基则认为田野调查需要更多地揉进人的情感。20 世纪三四十年代，中国人类学前辈远赴重洋学习西方人类学，带回了人类学的民族志撰写模式。这种以细致描述为主的写作范式，随之成为中国一代代人类学者的传统。但是，中国文化如此丰富多彩，单一的描述性写作是否显得言不达意、单调乏味？笔者不由产生这种疑问，并尝试着借助部分口述史来写作滇西北地区多民族村庄的民族志。

传统的人类学写作一直被看作是人类学研究的最好方法，因为展现生活与人文历史一直是人类学观察与访谈的长处。庄孔韶说："由于人类学家在田野调查中获得大量第一手资料，几十年间人们一直认为这样的写实作品是可以信赖的。"① 格尔茨也指出："大量具体文化细节的罗列已成为撰写文本的主要方式，在这种文本中，真实性似乎是存在的。"不过格尔茨注意到，仅仅用明细的描写并不能给读者带来新意。为了更好地运用"深描"方法进行研究，格尔茨提出了民族志写作的新概念："人类学家能吸引我们的地方，不在于他们描述的事实，也不在于他们论证的理论，而在于他们能使我们相信，他们所言正是他们洞悉了另外一种生活方式的研究结果。"② 作者应该通过某种方式，包括对口述史及其意义的描述，真正描述出"到过那里"的结果，并"对我们讲述那幕后发生的奇迹，这就是写作的落笔之处"。③ 回望近代，美国学者韩丁在 20 世纪 50 年代创作的中国农村纪实小说《翻身——中国一个村庄的革命纪实》，以村民与土改干部之间的详细对话，呈现出当时土改过程中各种力量的对抗与消减，深刻地揭示了中国农村改革的艰难历程与最终获得成功的深刻原因。④ 《林村的故事：一九四九年后的中国农村变革》采用以人物生命史为主线的文学手法，描写了一个群体的命运，借助福建厦门林村党支部书记叶文德充满戏剧性的个人史，展现出一幅幅穿越时空的生活情境。其著作通过叶文德的言行来展现内心

---

① 庄孔韶：《人类学通论》，太原：山西教育出版社，2002 年，第 517 页。

② GEERTZ C. Works and lives：the anthropologist as author. Stanford：Stanford University Press，1988.

③ GEERTZ C. Works and lives：the anthropologist as author. Stanford：Stanford University Press，1988.

④ ［美］韩丁著，韩倞等译：《翻身——中国一个村庄的革命纪实》，北京：北京出版社，1980 年。

情感与思绪，折射出当时林村的风貌和中国社会的变化。① 从村庄研究入手的人类学民族志写作方法得到国内外研究中国问题学者的首肯，也成为笔者期望尽可能展现滇西北多民族地区田野调查成果的最好方法。

1986 年，克利福德和马库斯出版了著名的论文集《写文化——民族志的诗学与政治学》，进一步探究了传统人类学写作的不足，并提出对原住民地区人类学写作的"真实性"问题的反思。其研究随之引起了国内外学者的重视。克利福德和马库斯认为，民族志从来就是一种文化的创作，而不是文化的表述；所有的真实都是被建构的，最简单的文化表述都是有意识的创作。最好的民族志文本都是由一系列经过选择的真实组成的，而民族志的真实从来就是不完的、局部的。人类学写作在本质上是文学的，而非传统上所认为的科学。② 马库斯对传统人类学写作的批评，进一步引起笔者的思考：以什么样的笔调来描述茨中村？是沿着传统的模式撰写"整体的文化"，还是以一种新方法和新笔调并运用影视人类学和口述史等现代工具去"讲述那幕后发生的奇迹"？

在滇西北地区多民族村庄调查期间，笔者发现视觉人类学记录手段对记录滇西北多民族地区有着重要的优势。随后在包括茨中村、小维西村和白汉洛村几个村庄与多个重要采访对象展开深度访谈时，笔者都采取了影视与录音等现代手段加以记录，包括大理天主教百岁修女、茨中村八十多岁的天主教徒、香格里拉白水台的纳西族老人和马帮商人后代等，都作了较为详细的专访，并且录制了近五十小时的现场录音、编写了四十万字的调查笔记。与此同时，笔者还在艺术学院数码影像专业几位本科生的协助下，拍摄了二十多个小时的人类学纪录片，力求从参与者的角度去深入挖掘茨中村村民对记忆和认同的内在感受，展现他们对历史的追忆和对茨中村文化变迁的真实体会。其中，传教士管家肖国恩的儿子、八十多岁的老教友肖杰一的口述资料就达四万多字。这些丰富的口述史比较全面地还原了茨中村从中华人民共和国成立前到改革开放的历史，再现了村民对历史变迁的真实看法。滇西北地区多民族村庄村民的话语不但真实地反映了当地族群对自身民族认同与集体记忆的深刻认识，还为今后进一步开展滇西北多民族地区人类学研究提供了具有一定研究价值的第一手素材。

---

① 黄树民著，素兰、纳日碧力戈译：《林村的故事：一九四九年后的中国农村变革》，北京：生活·读书·新知三联书店，1997 年。
② 徐鲁亚：《神话与传说——论人类学文化撰写范式的演变》，中央民族大学博士学位论文，2003 年。

二、本书结构

基于以上的思考，在研究方法上，笔者认为，除了应延续人类学深厚的民族志写作方法以外，还有意识地添加了目前在国内人类学书籍中运用不多的口述史研究方法，特别是多采用直接引用的方法，记录下村民和干部的对话，让读者思考和分析话语背后的深刻含义。本书总体框架由历史概况、生计模式、婚姻制度、社会组织、风俗文化与宗教信仰六部分构成，第一章为导论部分，第二章至第四章详细地阐述了滇西北多民族地区几个村庄的历史与生计模式，第五章至第九章集中讨论了当地婚姻制度、组织与文化表征等现象，最后一章为本书总结。

本书是根据笔者就读于中山大学时的博士学位论文改写而成，全书基本结构作了适当调整并增加了部分新的内容，力求通过滇西北多民族村庄的点点滴滴来了解其中的发展脉络，以使读者进一步认识与驾驭人类社会发展的基本规律。

第二章　滇西北地区多民族村庄概况

本书所述的滇西北多民族地区，在行政区划上属云南省迪庆藏族自治州的德钦县（见图2-1）、维西傈僳族自治县，以及怒江傈僳族自治州贡山独龙族怒族自治县管辖。德钦县原称阿墩子（今指县内的升平镇），是云南省西北部多民族聚居地，主要有藏族、纳西族、傈僳族、普米族等。藏族族群主要分布在德钦县城及燕门乡、云岭乡，纳西族与傈僳族族群主要分布在维西县的巴迪乡、小维西村，怒族与藏族族群主要分布在贡山县澜沧江两岸的秋那桶村、白汉洛村。

图2-1　德钦县典型地貌

滇西北多民族地区一直是藏族与纳西族混居、族群交往频繁的区域。这些村庄既是澜沧江峡谷多民族聚居地，同时又是藏族和纳西族发生冲突与融合的交界地，原住民与周边多个少数民族聚居地区的其他民族在生产、交换、嫁娶方面往来密切，逐渐形成了"你中有我、我中有你"的族群边界模糊局面。滇西北多民族地区方圆数百平方公里区域内的生态、人文以及历史材料之丰富，是国内其他地区无法相媲美的，是值得深入开展研究的人文宝库。

第一节　滇西北地区地理概况

滇西北多民族地区众多的村庄坐落在澜沧江梅里大峡谷的深处，面对汹涌澎湃的澜沧江河流，背靠被称为众神山之祖的卡瓦格博雪山和碧罗雪山。发源于青藏高原的澜沧江沿横断山脉磅礴而下，夏季波涛汹涌，冬季湛蓝清澈。远在唐代，吐蕃王朝就曾派兵在此囤粮驻守，与南诏国联手抗击大唐帝国，藏族与纳西族先民在澜沧江边的维西县架设了我国最早的铁索桥（见图2-2），吐蕃马匹和南诏国物资往来于西藏与滇西北地区之间，促进了滇藏民族的

图2-2　20世纪30年代的传教士用溜索越过芒康河流

文化交流与融合，也留下了不少当年吐蕃驻兵与马帮商人的后裔。

澜沧江梅里大峡谷中段有一条连接西藏与云南的茶马古道。几百年前，源于西藏的藏传佛教借助这条古道传入了云南藏族聚居地，卡瓦格博雪山因此成为这里藏族村民终生守望的神山。自唐代始，苯教和藏传佛教一直是藏族同胞的主要宗教信仰。清初，西方国家的不少传教士竭力在西藏传播天主教，结果都以失败而告终。晚清时期，传教士沿着澜沧江在西藏边缘地带开辟天主教传播根据地，先后在如今的西藏芒康县盐井和云南省迪庆藏族自治州德钦县茨中、茨姑、巴东以及贡山县等地建起了天主教堂。

在传教士的影响下，滇西北多民族地区部分村庄的少数民族放弃了原有的原始宗教如藏传佛教、东巴教等而改信天主教，形成了我国多民族聚居区独特的天主教与本地原始宗教和谐并存的文化现象。本章将论述焦点放在滇西北多民族地区几个重要的少数民族村庄，借助当地深厚的历史故事、独特的自然环境，以及复杂的人群分布，描绘出滇西北地区高原峡谷内这些多民族村庄的独特概貌，并由此阐述少数民族地区记忆与认同的故事。

一、藏彝走廊

滇藏贸易的交通要道沿江横穿茨中村，历史上古羌南下、吐蕃东扩、南诏北上都曾利用这条通道，给这里带来了早期的生计萌芽。从宏观地理位置来看，滇西北地区多民族村庄大多位于藏彝走廊的西南部。费孝通先生于1980年前后提出："我们以康定为中心，向东和向南大体上画出了一条走廊。把这条走廊中一向存在着的语言和历史上的疑难问题，一旦串联起来，有点像下围棋，一子相连，全盘皆活。这条走廊正处于彝藏之间……"[1] 这些村庄所处位置不但是众多民族南来北往、迁徙流动的路线，而且是西北与西南各民族相互往来的重要通道（见图2－3）。费孝通先生将其称为"藏彝走廊"，得到海内外学界的普遍认可。[2] 陶云逵在1939年写成《碧罗雪山之栗粟族》一文，曾谈到该区域特点：

> 怒江，澜沧江，对于东往西，或西往东的交通上是一种阻碍，但是自北往南，或自南往北，未尝不是一条天成的大道，因为虽然不能行舟，但是沿河而行的便利是很引诱人的。设如我们很笼统地叙述夹着这两条河的山脉形式和方向，则高黎贡山、碧罗雪山以及云斑雪山三者山脉，也多是自北而南的。这种形式，在交通方向上的便利与阻碍，和前述的河流是一样，就是便于南北，而碍于东西。[3]

---

① 费孝通：《关于我国民族的识别问题》，《中国社会科学》1980年第1期。
② 石硕：《藏彝走廊：一个独具价值的民族区域——论费孝通先生提出的"藏彝走廊"概念与区域》，《藏彝走廊：历史与文化》，成都：四川人民出版社，2005年，第13－31页。
③ 陶云逵：《碧罗雪山之栗粟族》，台湾历史语言研究所集刊编辑委员会编：《历史语言研究所集刊》（影印版），北京：中华书局，1987年，第332－334页。

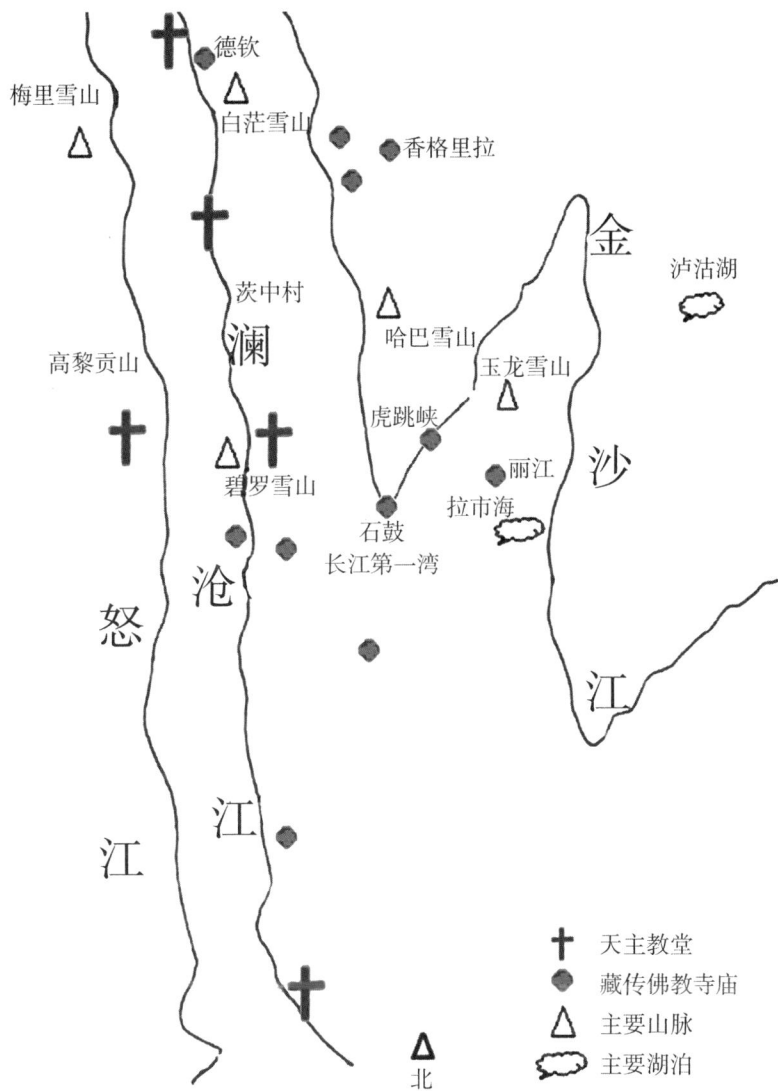

图 2-3　藏彝走廊区域天主教堂与藏传佛教寺庙的分布

　　清康熙、雍正时期，藏彝走廊南北纵道之间的联系十分频繁。中华人民共和国成立后，天主教充分利用这种传统"走廊"地理特点在藏族聚居地传教布道。从藏彝走廊的民族分布看，北部主要是藏族、羌族的分布区域，东北边缘地带则分布着部分羌族。[①] 由于地理位置和民族迁徙等原因，藏彝走廊的西南部包括德钦等地主要分布着藏族与纳西族。

---

　　①　任乃强：《羌族源流探索》，重庆：重庆出版社，1984年。

二、高山峡谷

滇西北地区多民族村庄大部分地处三江流域，具有横断山脉垂直地表和印度洋暖湿气流共同营造的特色：高山峡谷，寒暑分明，素有"一山分四季，十里不同天"之说。同一坐标因高度不同而呈现不同气候、植被，周边植被随海拔高度和气候的变化而变化，南亚热带、中亚热带、暖温带、中温带、寒带等各种气候并存。

这一带属川滇藏交界处，是地质学上的"三江褶皱带"，位于我国西南部横断山①腹地。横断山区有广义和狭义之分，狭义的横断山区是指怒江、澜沧江和金沙江之间的高山峡谷区。广义的横断山区，是指狭义基础上加上东北与东南两个地区：东北地区位于金沙江以东至大渡河、岷江之间，称为"川西高原"；东南地区位于怒江以东至元江之间。若用经纬度表示，广义的横断山区则大致位于东经97°～103°与北纬23°～33°之间。在远古时期，坚硬的印度洋板块向东北漂移，持续地撞击及插入欧亚板块。在东西方向的挤压应力作用下，撞击处断断续续地导致褶皱和隆起，长期的夷平作用使之形成复杂地貌，乃至现在还可以看到山脉及河流沿着断裂带和低凹褶皱带发育的现象。

"两山之间必有川，两川之间必有山"，正是对本区地貌特征的精彩概述。高原山脉是这里的主要地貌特征。西藏境内的伯舒拉岭、他念他翁山和宁静山（芒康山）在进入当地后分别被称为高黎贡山、怒山（碧罗雪山）和云岭。这一带地势北高南低，北部平均海拔5 200米左右，南部则在4 000米上下。山势陡峻，河谷深邃，不少山峰终年积雪，分布着规模不大的现代高山冰川。② 其中，位于德钦县境内的卡瓦格博山海拔为6 740米，是藏族聚居地八大神山③之首，至今仍无人到过其峰巅。在这些峻峭重叠的峰峦之间，怒江、澜沧江、金沙江三江在高山峻岭间穿越而过，形成"两山夹一川，两川夹一山"的壮丽奇观。④ 从高空向下俯瞰，三江与座座高山组成了两个凹凸相间的巨大"川"字。⑤ 在这里，河床深邃，山高谷幽，危岸耸立，河流奔腾咆哮，

---

① 张荣祖、郑度、杨勤业等：《横断山区自然地理》，北京：科学出版社，1997年，第5页。

② 王天玺：《西藏今昔》，济南：山东大学出版社，1988年，第7页。

③ 藏族聚居地八大神山分别为：苯日神山、墨尔多神山、卡瓦格博神山、阿尼玛卿山、冈仁波齐山、尕朵觉沃山、雅拉香波神山、喜马拉雅山。

④ 于希谦、于希贤：《云南，人与自然和谐共处的人间乐园》，昆明：云南教育出版社，2001年，第81页。

⑤ 杨桦：《穿行在神奇的"三江并流"区》，《中国西部》2004年第5期。

河岸垂直壁立，水中怒石激荡，真是"水无不怒石，山有欲飞峰"①。

在三江大峡谷的某些地段，由于山高谷深，若站在江边看蓝天，不过是一条狭长的缝隙，故有"望天一条线，望地一条沟，山鹰飞不过，猴子也发愁"之说。其中澜沧江峡谷海拔高差达千米，素有"东方大峡谷"之美誉。

针对这种复杂多变的生态环境，有学者指出："人类面对生存环境的多样性，必然造就出人类千姿百态的生计方式，使人类在资源利用上呈现出千姿百态的资源价值取向和千差万别的利用方式及利用层次。"② 滇西北地区多民族村庄生计模式的形成与变迁，是当地村民对自然环境作出的适应性选择，由此折射出滇西北地区多民族村庄生计模式的发展轨迹。

三、高原古宗

中华民国以前，今云南迪庆藏族被称为"古宗"。当地土著原以游牧经济为主，后来改为农耕稻作。茨中村的生计模式先后经历了游牧、半农半牧、现代经济作物等不同发展阶段。三江流域的多民族村庄在"天苍苍，野茫茫，风吹草低见牛羊"的环境中培养起来的"麦菽文化"，远远不同于居住在丽江一带摩些即纳西族的"稻黍文化"。

吐蕃王朝建立以前，三江流域西北端的迪庆属"西康、西藏地方，旧为羌人分据之地"③。1437 年木氏土司与吐蕃展开争夺并控制维西、迪庆，攻占滇西北地区后，木氏土司对云南藏族聚居地各地实行军政合一治理模式。军事上，采用"屠其民，而徙摩些戍焉"④；经济上，占据要塞、建立庄园、屯兵移民，实行军屯；精神上，将东巴教与藏传佛教相结合稳定政权。村民逐渐开始种植青稞、蚕豆、荞麦、玉米，在平缓的坝地引取高山泉水灌溉农田种植水稻。这种现象在海拔较低的一些多民族村庄逐渐增多，尤其以位于海拔 1 200 多米的茨中村更为明显（见图 2-4）。据介绍，目前保留较为完整的茨中村水稻田为明朝木氏屯兵保留的农田，村民通常称之为"铁锅田"。"铁锅田"的历史可以追溯到木天王时期，经过几百年耕作，水田

① 黄光成：《澜沧江怒江传》，保定：河北大学出版社，2004 年，第 65 页。
② 罗康隆：《论民族生计方式与生存环境的关系》，《中央民族大学学报（哲学社会科学版）》2004 年第 5 期。
③ 任乃强：《康藏史地大纲》，拉萨：西藏古籍出版社，2000 年，第 1 页。
④ （清）余庆远：《维西见闻纪》，方国瑜主编：《云南史料丛刊·卷十二》，昆明：云南大学出版社，2001 年，第 58 页。

却滴水不漏，一次灌满水后能维持一周。茨中村的村名来源于纳西语——"茨中"，原意为"六个小湖"。村民说，远古时候茨中有六口水塘。这些传说反映了茨中村当时蓄水甚多、稻作颇丰的情况。

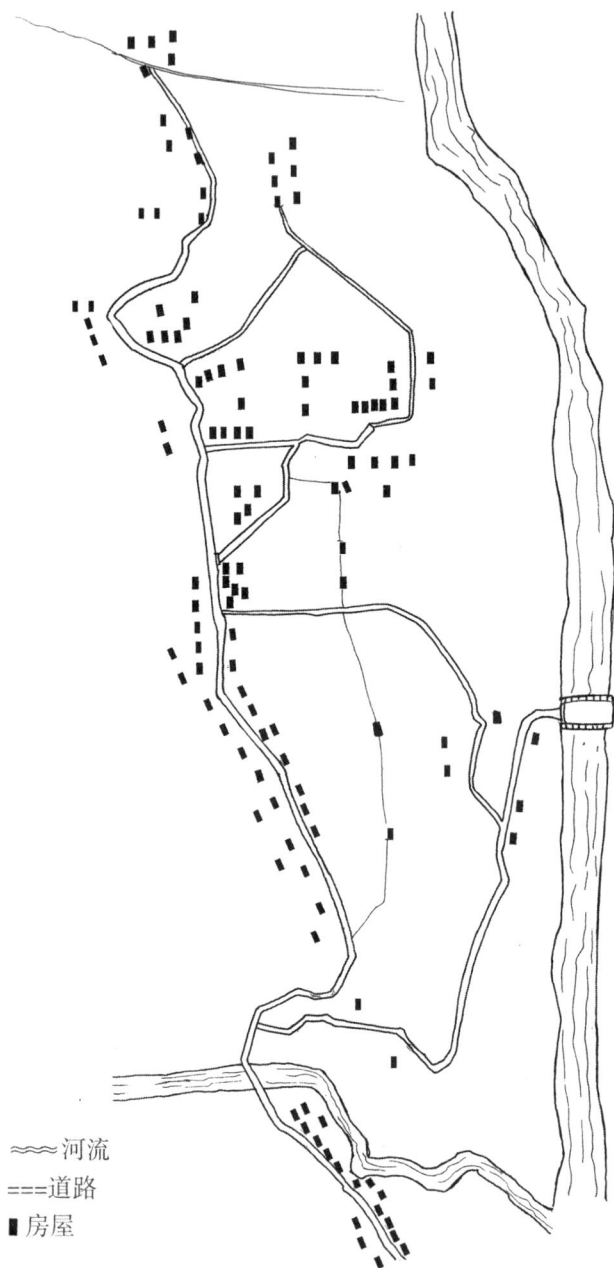

〰〰河流
＝＝＝道路
▮房屋

图2-4 茨中村庄结构图

　　日本学者诹访哲郎曾对纳西族神话《创世纪》进行研究。他指出，早期纳西族的农耕与游牧两种生计经历了一系列冲突才趋于融合，"农耕民集团与游牧民集团融合，具有十分明显的意在维持农耕文化与游牧文化要素间平衡的企图"[①]。他还认为，纳西族的游牧文化和农耕文化经历一系列的冲突以后，必将走向融合，并逐渐走向农耕发展之路，最终形成半农半牧局面。诹访哲郎对神话的研究表明，当时茨中的古人既保留原来"随水草而移"的游牧生活，又开始放弃原来的生计，采取农耕、狩猎与游牧相结合的混合式生计，并逐渐形成半农半牧的生计特点。

　　唐宋以后，位于西藏与云南的茶马古道中间的部分多民族村庄逐渐成为重要贸易中心，当地村民也开始从事马帮运输等业。纳西族东巴经《多格绍》唱道："藏族聪本马帮九兄弟，赶着九十九个驮子来。"[②] 唐人樊绰的《蛮书》也曾记录："大羊多从西羌铁桥接吐蕃界三千二千口将来博易。"[③] 《河赕贾客谣》说："冬时欲归来，高黎共上雪。秋夏欲归来，无那穿赕热。春时欲归来，平中络赂绝。"[④] 这些文献生动地描述了唐朝下关白族商贾与德钦藏族经商途中"冬受贡山雪风之寒，夏熬芒市酷热之苦"的情形。从以上文献来看，当时滇西北多民族地区不少村庄所从事的滇藏贸易已具备一定规模。

　　茨中村融入滇藏民间商贸活动有着悠久的历史。清雍正初年，中甸在改土归流后进一步成为滇藏民间商贸交流的重要中转站。乾隆年间，中甸正式立市后，"中甸集镇，商人云集，贸易畅通，进出康藏的货物荟萃于此。滇商带来的货物主要有茶叶、粮食、红糖、火腿、铜器和铁器等，藏商带来的货物主要是羊毛、牛马羊、兽皮、药材和毛织品"。茨中村旁边连接德钦—维西的茶马古道不但是西藏与丽江运输茶、盐、皮货、铜等重要物资的通道，同时还是两地政治、文化交流的重要通道。茨中村位于卡瓦格博转山线路旁，每年不少香客沿着卡瓦格博转山路线进入茨中村，从而带动村民从事客栈、山货交易等行业。

　　19世纪60年代法国传教士开始进入滇西北地区。余伯南、蒲德元二人带领六户四川教徒奉命前来，他们广交朋友，馈赠礼物，开办学校，给人

　　① ［日］诹访哲郎：《从创世神话看纳西族的游牧民性与农耕民性》，郭大烈、杨世光主编：《东巴文化论》，昆明：云南人民出版社，1991年，第457页。
　　② 和志武：《东巴经典选译》，昆明：云南人民出版社，1994年，第49页。
　　③ （唐）樊绰撰，向达校注：《蛮书·卷七·云南管内物产》，北京：中华书局，1962年，第204页。
　　④ （唐）樊绰撰，向达校注：《蛮书·卷二·山川江源》，北京：中华书局，1962年，第41页。

治病，进行传教活动。① 据说，他们用两包烟草"购买"了茨中村三公里外茨姑村的一块地皮。传教士兴建了滇西北境内第一座天主教堂，即茨姑天主教堂。② 随后顾德尔、丁盛荣等传教士沿金沙江、怒江南下进入云南，策划建立了西藏教区所辖的"云南总铎区"，作为向西藏传教的一个据点。随后滇西北传教士与当地藏传佛教徒发生激烈矛盾，包括茨姑天主教堂在内的多个天主教堂被毁。教案发生后天主教由此吸取教训，开始一系列天主教本土化的策略，以缓和与当地藏传佛教的冲突。19 世纪末，传教士彭茂德、彭茂美两人在茨姑天主教堂附近建造茨中天主教堂，引入葡萄、蚕桑等经济作物促进当地经济发展。20 世纪初，传教士在云南藏族聚居地逐步发展了一些信徒，借助推广科学种植技术，③ 在德钦的巴东、茨姑，维西的小维西等地发展天主教，并且辅导修女、教友学习科学知识和推广先进的养殖技术。

　　20 世纪 30 年代，不少汉族民众因战乱与生活所迫而迁徙到滇西北多民族地区居住，这些移民大多数是大理、丽江等地的居民。他们一般都是手工艺匠人。这些外来匠人具有一定的手工技艺，因而得到当地村民的认可而定居于这些多民族地区的村庄并成为移民。当初，这些移民既不是藏传佛教徒，也不是天主教徒，甚至荒唐地捕捉被当地民众认为是神雕的秃鹫来果腹。茨中村的天主教徒经常提起，茨中村在龙巴西卡一带至今还有人捕捉藏族称为神雕的秃鹫。据村民回忆："以前在这个地方有大量的秃鹫，这些秃鹫经常盘旋在很高的山场，专门捕捉秃鹫的猎人可以靠销售秃鹫的肉、内脏、皮毛等赚钱谋生。我们四川人知道秃鹫全身都是宝，肠肚主要治疗胃病，秃鹫肉可以治风湿，它的皮毛可以做大衣。特别是它的翅膀，长长的羽毛可以用来做扇子。据说一只成年秃鹫体重可以达到二十多公斤。有时候一次就可以捕捉四五十只。"④

　　在吐蕃、南诏等古国文化的影响下，茨中村逐渐从原来的采集游牧发展为半农半牧等生计模式。随后的对外贸易与传教士引进的外来文化进一

---

① 迪庆藏族自治州民族宗教事务委员会编：《迪庆州宗教志》，北京：中国藏学出版社，1994年，第 187 页。

② 关于茨姑天主教堂的兴建时间，文献记载不一，1862 年、1864 年、1866 年皆有记载。参见刘鼎寅、韩军学：《云南天主史》，昆明：云南大学出版社，2005 年，第 107 页；迪庆藏族自治州民族宗教事务委员会编：《迪庆州宗教志》，北京：中国藏学出版社，1994 年，第 192 页。

③ 黄举安：《云南德钦设治局社会调查报告》，德钦县志编纂委员会编：《德钦县志》，昆明：云南民族出版社，1997 年。

④ 肖杰一，茨中村，2010 年。

步丰富了当地的生计模式，最终形成农、牧、商三业并举的产业结构。这个滇西北古老的藏族村落，充分利用当地垂直气候分异带来的生物多样性，形成了半农半牧、经商贸易并存的生计模式。

第二节　历史记忆

来到茨中村，笔者走访了多个有代表性的普通村民家庭，发现这个村庄与迪庆州其他村庄有明显不同。藏族男村民穿着一般，女村民穿着服饰却颇有特色，通常上身是纳西族打扮，下身却是典型的藏族服饰，这种纳西族和藏族混合装束令人十分困惑。随着调查的深入，笔者的疑惑越来越多。村民们对藏族认同的热情并没有笔者想象的那么高。表面上茨中藏族与迪庆州一般藏族没有区别，但不少村民却说自己是纳西族，信仰的是东巴教。更为奇怪的是，一些村民进入天主教堂时却展现出对天主教的炽热情感。

经过笔者对文献与访谈资料的分析研究才明白，茨中村民的身份有着与众不同的特殊性。从唐代以来，茨中村的历史大致可以用四个时期来描述：第一是吐蕃与南诏相冲突的唐宋时期，第二是纳西文化初步确立的元明时期，第三是外来天主教文化进入的清朝时期，第四是汉文化进入迪庆藏族聚居地的近现代时期。

一、史前文化：民族迁徙与文化交融

由于有关茨中村的史前资料不足，茨中远古研究只能借助迪庆藏族聚居地考古资料来分析。迪庆藏族地区迄今为止出土的石器时代文物，主要以维西县戈登、中甸、小中甸区的石器为代表，当地所发现的石器时代文物和铜石或青铜并用时代的古墓证明，这些地区从新石器时代起已经有人类活动的痕迹。戈登村遗址内出土有木炭屑、石刀、磨光骨管和骨凿、石镞、石针、石器残片、夹砂灰陶器柄、网坠。研究认为，石刀是用于作物收割的，石镞等是狩猎工具，网坠是用于设网拦鱼的，骨器是用于一般家庭副业的，显然当地已经利用多种手段谋生。[1] 四川大学中国藏学研究所教

---

① 王恒杰：《云南藏族社会史》，北京：中国藏学出版社，1995年，第13-16页。

授石硕从考古角度对藏彝走廊地区新石器时代文化的基本特征作了大致描述,他认为藏彝走廊地区的新石器文化系统与甘青地区有一定联系。① 1974年至1987年,迪庆先后在德钦县永芝、纳古、石底和中甸县尼西等地发现多处古墓。位于德钦县城西北约七十公里处的纳古石棺墓群是在1977年被发现和进行清理的,出土的殉葬品有青铜矛、短剑、圆形饰牌、铜镯、绿松石珠、海贝、陶器等。陶器为夹砂灰陶,火候不高,造型有单耳罐、双耳罐、钵等。② 纳古墓葬主人有用宝物陪葬的痕迹,迪庆藏族聚居地尚存的一些葬俗特点也说明此与甘青地区传统相关。迪庆及西藏察隅县察瓦龙一带的藏族老人说,死者口含宝物是为了在阴间支付沿途资费。

2009年在茨中村的访谈口述记录证实,茨中村藏族仍然保存这种习俗。茨中村少年六一的爷爷阿杜2003年过世,村里请来了喇嘛算出丧的日子。六一说:"爷爷入棺前先要给他洗干净身子。女人都不准在场,是舅舅给他洗的。洗完身子后给他穿上寿衣。寿衣款式是仿古的,爷爷穿上以后就像公子哥一样好看。爷爷嘴巴里含着铜钱、玛瑙、红糖,头上戴着西瓜帽。接着,我们全家人要守三天灵,防止黑猫从棺材上面跳过去。村里人都说如果黑猫跳过棺材,会给死者和家人带来晦气,所以我们一直守了三天三夜不让黑猫来。下葬时,大人在村子旁边的坟地内挖了一个土坑,把爷爷埋在奶奶棺材的旁边。"③ 从考古材料和现存习俗大致可以看出,迪庆古羌人及其后裔既有不同于古滇人的文化,又与内地各民族在经济、文化上有着密切联系。迪庆既是多民族迁徙的通道,也是多元文化交融的地区。

二、唐宋时期:吐蕃东进与滇藏通道

唐初,青藏高原的吐蕃王朝势力东进,逐步控制迪庆地区,并在丽江的塔城设立了神川都督府。作为从中甸进入丽江必经之路的关卡之一,德钦县自然成为新兴的吐蕃政权、唐王朝和雄踞西南的南诏政权之间相继控制的军事要塞。随着吐蕃与南诏双方军队及其眷属的迁入,藏族与纳西族逐步成为迪庆的主体民族。

---

① 石硕:《藏彝走廊地区新石器文化的区域类型及其与甘青地区的联系》,《中华文化论坛》2006年第2期;王文光、翟国强:《试论中国西南新石器文化的地位》,《云南民族大学学报(哲学社会科学版)》2006年第5期。

② 张新宁:《云南德钦县纳古石棺墓》,《考古》1983年第3期;王恒杰:《云南藏族社会史》,北京:中国藏学出版社,1995年,第13-16页。

③ 六一,茨中村,2009年8月。

从 7 世纪到 9 世纪，吐蕃、唐王朝和南诏政权之间形成长期的军事较量，三方角色数次转换，各方势力此消彼长。三方的战乱给迪庆带来了无尽的苦难，同时造成了大规模的民族迁徙与文化、经济交流。吐蕃对外作战往往伴随着民族迁徙。史载，吐蕃"出师必发豪室，皆以奴从，平居散处耕牧"[1]。由于以部族为单位的吐蕃军队既是军事组织，又是生产单位，所以吐蕃每次对外作战实际上都会有民族迁徙，同时将高原农牧业、水利和冶炼技术传入滇西北地区。唐朝与吐蕃长期的拉锯争夺，更使得藏彝走廊地区的大小部落难以独善其身，无不被卷入其中，族群互动更加频繁而剧烈。[2] 云南的农业与其他技术也由此开始相继传入吐蕃。唐蕃互市的另一种贸易形式就是在边界地区开展交易。唐玄宗开元年间"吐蕃遣其相论尚它碑入见，请于赤岭为互市"[3]。

吐蕃王朝崩溃后，不少原吐蕃东部疆域内的移民部落、驻军及随军奴隶并未返回吐蕃本土，而是向藏彝走廊扩散，与当地部族杂处，相互依存，融合发展。始于 10 世纪后半期的佛教复兴，使得藏彝走廊原吐蕃统治区与卫藏地区在宗教、文化、经济上的联系得到进一步加强，并在 11—12 世纪基本完成"蕃化"[4]。这些地区的居民逐渐在宗教信仰上同西藏地区的居民融为一体，在文化上则表现出浓厚的"蕃"的特征，故被宋人视为"吐蕃遗种"[5]。由此造成迪庆一带藏族古宗的起源。伴随吐蕃部落社会制度的逐步稳固，迪庆地区典型的管理制度——"属卡"开始成为当地主要的社会组织与管理方式。

三、元明时期：藏纳混战与族群互动

明洪武三十年（1397），为了更好地控制作为交通和战略要冲的滇西北地区，阻止吐蕃势力南下，明王朝大力扶植与中央政府关系密切的丽江木氏土司来管理滇西北地区，特别是用来节制藏族势力的南下，遂将丽江府

---

[1] （宋）欧阳修、宋祁撰，王小甫等标点：《新唐书·卷二一六下·吐蕃下》，长春：吉林人民出版社，1995 年，第 4416 页。

[2] 曾现江：《吐蕃东渐与藏彝走廊的族群互动及族群分布格局演变》，《西藏大学学报》2010 年第 4 期。

[3] （宋）司马光著，胡三省音注：《资治通鉴·卷二二三·玄宗开元十九年》，北京：中华书局，1956 年，第 6796 页。

[4] 曾现江：《吐蕃东渐与藏彝走廊的族群互动及族群分布格局演变》，《西藏大学学报》2010 年第 4 期。

[5] 石硕：《试论康区藏族的形成及其特点》，《西南民族学院学报（哲学社会科学版）》1993 年第 2 期。

改为"丽江军民府",在军事上赋予更大的权力,对藏族聚居地实行"因其旧而理其民"政策,"顺而抚之"。在朝廷的认可之下,木氏继而出兵迪庆,并与当地藏族发生激烈争夺。16世纪初期,木氏土司基本上控制了迪庆地区,势力扩张到了四川的理塘、巴塘和西藏的芒康及昌都等地区。明崇祯十二年(1639)蒙古和硕特部首领固始汗派兵南下,击败木氏土司,云南藏族聚居地又成为和硕特部的势力范围。随着木氏土司对云南藏族聚居地的征伐,明代云南藏族实行军政合一统治制度以便完全控制占领地。清人余庆远在《维西见闻纪》中对当时迪庆境内的藏族进行了详细描述:

> 古宗,即吐蕃旧民也。有二种,皆无姓氏,近城及其宗、喇普,明木氏屠未尽者,散处于摩些之间,谓之摩些古宗。奔子栏、阿墩子者,谓之臭古宗。语言虽同,习俗性情迥别。[①]

这篇撰写于清乾隆三十五年(1770)的文章记述了迪庆境内的风土人情,展现了迪庆藏民的特点:吐蕃的"旧民",明代木氏土司北进迪庆所"屠未尽者",这部分藏民已经与当时被称为"摩些"的纳西族融合,成为"摩些古宗",不过还保留着相对传统的生活方式和独特的高原性格。出生于迪庆的藏族学者章忠云于2006年在德钦县茨中村进行了三年田野调查。她在《藏族志 聆听乡音:云南藏族的生活与文化》中描绘了当时村民回顾纳西祖先的情形:"像今天德钦的茨中村,那个时候就是木氏土司的一个移民点,今天茨中的许多老人在讲述他们祖先故事的时候,都会讲到木氏土司与藏兵打仗时,他们的祖先来到该地定居的事,并且现在还有许多人会讲纳西话。"[②]

许多文献资料显示,这一时期的云南藏族被称为"古宗"或"估宗"。[③] 至于迪庆的藏族古宗,据当时到过滇西北考察的徐霞客称:"其(指丽江地区)北即为古宗。"[④] 明代的云南方志亦称:"在云南铁桥之北,一

---

① (清)余庆远:《维西见闻纪》,方国瑜主编:《云南史料丛刊·卷十二》,昆明:云南大学出版社,2001年,第62页。

② 章忠云:《藏族志 聆听乡音:云南藏族的生活与文化》,昆明:云南大学出版社,2006年,第19页。

③ (明)刘文征撰,古永继校点,王云、尤中审订:《滇志·卷三十三》,昆明:云南教育出版社,1991年,第1085页;(清)范承勋、吴自肃纂修:(康熙)《云南通志》,北京图书馆古籍出版编辑组:《北京图书馆古籍珍本丛刊(44)史部·地理类·卷七》,北京:书目文献出版社,1998年,第146页。

④ (明)徐弘祖:《徐霞客游记》,扬州:江苏广陵古籍刻印社,1991年,第134、376页。

名古宗。"① 就连维西天主教堂神父施光荣回忆传教士对迪庆古宗的描述时
也写道："对于澜沧江谷地的本地建筑来说，没有任何建筑能与天主教堂相
比。当时这一带的房屋低矮，大部分是干泥墙，屋顶用雪松板拼成。主要
居民大部分属于低下阶级的村民，大部分是从事狩猎的傈僳族，还有不少
为迁徙来的汉人，其他衣衫破烂的人有纳西族、怒族等。当地也有不少藏
族，当地人称这些藏族人为臭古宗，意思是这些藏族人是当地土著。天主
教神父承认，在维西传教是极为困难的，当时的维西仅有八十名天主教徒。
当地人民表面上对传教士还算客气，但背后称他们为洋鬼子。"② 由此可见，
迪庆藏族主要以牧放牦牛和羊为生，还伴有农业种植。在迪庆高海拔"雨少
而只有雪"的环境下，藏族民众已能于春天化雪之后种上荞麦、稗子、燕
麦、青稞发展农业，也从事狩猎以获取肉类、毛皮与药材对外交换。他们
用牦牛绒及羊毛来捻线织毹氇，用青稞和燕麦酿制酒浆，还用各种兽皮揉
制皮革、藏靴。

　　在四年的田野调查期间，笔者先后对茨中村周边几个多民族群居村庄
开展了比较细致的考察，发现澜沧江流域的这些村庄不同程度地保存了史
料所描绘的状况。除茨中村保留了相当多的藏族与纳西族交往与冲突的历
史外，白汉洛村、小维西村都各自在当地怒族、傈僳族原住民的基础上保
留了与随后到来的藏族、汉族等民族冲突与交融的历史印记。特别是在茨
中村南部的维西县攀天阁乡更为明显，这个只有几百人的多民族乡，至今
还保留着三个区别甚为明显的典型民族村，村里分别居住着以藏族、纳西
族和傈僳族为主的村民。通过这些比较独立的村庄，可以依稀看到旧时迪
庆藏族、纳西族与傈僳族三个不同族群的旧貌，如攀天阁乡的过麻上社是
纳西族聚居地，村民善于种植高秆水稻青米与红米，节日时村民表演的纳
西族歌舞中模仿羊咩声的喉颤音与丽江纳西族极为相似。工农村则是典型
的藏族村庄，村民普遍认为自己的祖先是明朝从青海迁徙过来的，大部分
的村民善于打青稞、捻羊毛。③

四、清朝晚期：迪庆归滇与改土归流

　　明朝末年，迪庆藏族聚居地爆发农民起义，木氏土司政权逐步衰败，

　　① （明）刘文征撰，古永继校点，王云、尤中审订：《滇志·卷三十三》，昆明：云南教育出
版社，1991 年，第 1085 页。
　　② 冉光荣：《天主教"西康教区"述论》，《康定民族师专学报》1987 年第 2 期。
　　③ 田野调查材料，2011 年 8 月。

中央政权对云南掌控失效。西藏地方政权与青海和硕特蒙古势力开始逐步渗入迪庆藏族聚居地。1644 年清军入关并占领云南，逐步废除迪庆木氏土司政权，改由西藏地方管辖。清康熙十三年（1674）吴三桂反清，为争取西藏和青海地方政权支持，遂将迪庆划入西藏。随后，清廷先后两次出兵西藏平定青海和硕特部叛乱，并将迪庆再次掌控在手中。综上所述，迪庆藏族聚居地曾经数度由中央王朝下属的藏、滇地方政府分别管辖。

迪庆归滇之后，雍正五年（1727）云南实行改土归流，建维西厅（含阿墩子），归鹤庆府管辖，设通判治理，并在中甸实行土流并存的特殊政策。原来由西藏地方委任的神翁在委派流官主持全境政务的同时，土司员额不变，改迪巴为土守备（俗称"营官"），辅佐流官施政；神翁改为土千总（藏语称"诺碑"），原来的五个宗卡改称五境；德奔改称土把总，管理原来十六个德卡地面。土司下设土千总二人，土把总（藏语称"得碑"）二人，土目二十九人，共土官三十六人治其地。迪庆境内共设二关十哨十汛七十二塘，分防驻守。[①] 迪庆逐步开始融入国家中央政权管辖体系，对土地的管理也开始改革。原来土司土官世袭的领地开始细分，除自己经营的一部分外，土司将其余分给下一级头人，头人又分给农奴，农奴向土司头人承担实物地租和徭役。[②] 德钦民间各个村庄的基层组织被称为"属卡"。属卡成员不是普通的村民，而是农庄奴隶。每个属卡由两个以上自然村组成，有独立固定的土地、山林、草场、牧场，属卡与属卡之间的界线非常清楚。[③]

中华民国四年（1915），成立德钦县，设置阿墩子委员会；中华民国二十一年（1932），改设阿墩子设治局；中华民国二十四年（1935），设德钦设治局，辖燕门乡、云岭乡、佛山乡和升平镇，此时茨中村纳入德钦县燕门乡。直至 1949 年，迪庆各属卡还保留着辖区地域及山林界址记录，各属卡地域内的所有场所都受传统习惯法——《古例》的保护，属卡的正户称为"迪卡"，迪卡在属卡内享有份地，可以在所属属卡所有牧场放牧、割草、砍柴。[④] 目前，茨中村发生的重要事件均由年老村民讨论决定处置办

---

① 云南省历史研究所编：《清实录：有关云南史料汇编·卷一》，昆明：云南人民出版社，1984 年，第 239 页。

② 章忠云：《藏族志 聆听乡音：云南藏族的生活与文化》，昆明：云南大学出版社，2006 年，第 32 页。

③ 王恒杰：《云南藏族社会史》，北京：中国藏学出版社，1995 年，第 112 页。

④ 章忠云：《藏族志 聆听乡音：云南藏族的生活与文化》，昆明：云南大学出版社，2006 年，第 32 页。

法，这在一定程度上反映了属卡制度的保留与延续。①

在天主教传播方面，19 世纪 60 年代德钦县茨姑村建立茨姑天主教堂，该教堂一度成为当时天主教西藏教区属下云南总铎区主教堂。② 此后，传教士与当地藏传佛教、纳西东巴教冲突不断。1905 年阿墩子、打箭炉（今康定）、贡山一带爆发喇嘛与民众捣毁教堂、杀死传教士及三次反洋教运动，即"维西教案""打箭炉教案"和"白汉洛教案"。在"维西教案"中，愤怒的民众烧毁了澜沧江、怒江流域的十多所教堂，其中就包括茨姑天主教堂。③ 传教士从这三次教案中共获赔款白银十五万两，并据此在离茨姑村不远的茨中村新建教堂，新建的茨中天主教堂遂成为天主教西藏教区属下云南总铎区主教堂。

五、20 世纪 50 年代至今：中央集权与改革开放

1950 年 5 月，中国人民解放军第二野战军到达滇西北地区，中甸县和噶丹松赞林的宗教上层人士，以及德钦设治局及头人组织的迎军代表团来到鹤庆、邓川迎接解放军。5 月 20 日，在升平镇召开德钦和平解放庆祝大会。中共丽江地委派出的随军代表接管德钦县参议会和设治局，建立县级人民政权机构——德钦县设治局，隶属丽江地区专员公署。"为了稳定国内的形势，1951 年前后茨中村天主教神父全部被驱逐，传教士经过茨中到达维西，通过其他途经离开迪庆。传教士来不及带走的相关图书和其他物品被德钦公安局全部没收，茨中天主教堂用作茨中完小的教室得以保存。"④ 1951 年德钦县实行县级藏族自治，1957 年 9 月 13 日迪庆成立藏族自治州。1951 年邻近地区进行土地改革，对藏族聚居地群众影响很大。为了保持云南藏族聚居地的稳定，党和政府作出了"迪庆少数民族地区不减租、不退押、不斗争的决定"，积极而稳妥地指导云南藏族聚居地——迪庆的土地改革工作。⑤

在谈起自己的亲身经历时，当年参加土改工作后留在燕门乡政府工作的老干部王庭佑说：1957 年 2 月至 1958 年 6 月在以藏族为主的民族杂居区中甸的金江区和维西四区、五区进行土改试点，以"和平赎买"的方式进

---

① 具体参见第六章红豆杉事件、天主教修女驱逐事件等。

② 德钦县志编纂委员会编：《德钦县志》，昆明：云南民族出版社，1997 年。

③ 刘鼎寅、韩军学：《维西教案与藏族人民的反侵略斗争》，《云南社会科学》1990 年第 5 期。

④ 和强，云南省丽江市，2009 年 7 月。

⑤ 和强，云南省丽江市，2009 年 7 月。

行和平协商，取消封建领主经济制度，在藏族居住区中甸、德钦，则经历了"边平息叛乱，边改革"的曲折的土地改革过程。[1]"1956 年 6 月德钦县土匪叛乱，叛军到处向解放军开枪。云岭附近的几个村庄，包括红坡村在内的土匪打死、打伤了一些战士。10 月德钦县佛山、盐井、羊拉的解放军驻军开始与土匪武装展开激烈战斗，这些战役一直打到 1958 年。"[2] 王庭佑还说："当时我们边打土匪边土改，八年土地改革后才搞平反。1958 年全县土地改革时，反动派比较多的村子包括尼通对面的村子，一边反对土地改革一边派土匪来打我们。国民党原军长李弥逃跑到缅甸后，也跑回云南支持了这次叛乱。1957 年解放军在昌都以北的几个藏族聚居地与叛军交战，盐井、佛山，还有甘塔喇嘛寺的土匪还在顽抗。西藏叛乱一直到 60 年代才结束。"[3] 土改末期的茨中村并不平静。1954 年镇压反革命期间，这里的土改和镇压地主富农（包括茨中村伙头）等运动仍在继续。七十多岁的和士贵回忆道："土改时期的茨中村一片混乱。20 世纪 50 年代镇压反革命时杀了三个人，是在江边错杀的。首先杀掉我大叔吉格，他是保镖，还有一个是达哇，最后是和世英的父亲，也就是我爷爷……当时，工作队不准杀人，不准开枪。他们动手的时候，工作组已经在江边用溜索溜过来。一边过来，一边喊着不准动手，但是执行的人听到声音马上就开枪了。工作组过来以后马上就批评了开枪的人，把当时开枪的联防队队员送到监狱。这些人当中，包括几个茨中村人和巴东村人，名字现在想不起来了。"

迪庆州在 1958 年开展互助合作化运动，先后建立了 300 多个高级农业合作社。合作社由 40 户人家组成，大约 200 人。在人民公社时期，迪庆藏族聚居地的合作社遂改为人民公社。根据中央对藏族聚居地管理的政策，人民公社与封建领主、地主、富农展开谈判，通过协商，把牲畜交给公社经营。具体措施是牧场使用的工具、饲料等均由牧主负责，最后用分红的办法将领主的工具、牲口发放给合作社农户，合作社七成，牧主三成。通过和平改造和国家扶持，迪庆藏族聚居地的合作社得到发展，部分畜牧业通过和平赎买的方式实现了集体所有，生产得到一定的发展。1958 年后期，迪庆藏族聚居地开始"大跃进"，严重影响了云南藏族聚居地正在有序开展的生产生活，国民经济严重失调。那时，茨中村在生产队长带领下搞起了"大锅饭""共产风"。不少村民对当时闹粮荒的情况记忆深刻。和士贵回忆说："'大跃进'就是人

---

① 王庭佑，燕门乡政府，2009 年 8 月。
② 肖杰一，茨中村，2009 年 8 月。
③ 王庭佑，燕门乡政府，2009 年 8 月。

民公社化时期的产物，那时候吃大锅饭，一个村子同吃一锅饭，公社食堂就安排在中社农民保罗的家里。当时的茨中缺粮食，有的人饿得不行了，抓了一把生苞谷吃，吃完了还要被批斗。要知道，这些人都是有自尊的，因此有的人寻了短见。三年困难时期，情况尤为严重……"①

20世纪80年代，德钦县先后尝试种植多种经济作物，但是大部分都以失败告终。茨中村推行茶叶种植，村民在最好的水稻田里种上茶树，由于没有做好市场调查，导致茶叶产供销脱节，茶叶大量堆积无法卖出。90年代，德钦县政府与中介公司合作，鼓励德钦县村民依照合同种植红豆杉树苗，不少刚富起来的村民加入了这一种植计划。后来，由于收购公司卷款逃走，红豆杉收购成为泡影，给村民心理上带来极大的伤害。2000年，德钦县开始发展企业经营，共有国有企业14个、集体企业62个、个体私营企业429个，工业总产值达2.8亿元，产业经济得到进一步发展。香格里拉·藏秘酒厂的"干白""干红"两种葡萄酒供不应求。2011年，德钦县对于产业结构调整提出了新的思路，要大力发展养殖业和种植业以带动其他产业。德钦县政府计划在保持农村人口数量基础上，引导旅游业、城镇规划与农业发展同步进行。

滇西北地区大部分多民族村庄都经历过多元化经济发展阶段，与荷兰政府19世纪引导爪哇农民"改稻种蔗"以发展当地经济的情况十分相似。善于从文化现象的内部展开"深描"分析的美国人类学家格尔茨，曾经从政治角度去解读荷兰政府这种"农业内卷"② 所带来的文化变迁。格尔茨分析当地多元化经济发展现象后指出，多元化产业发展是边缘地区的发展出路。德钦高原可耕土地本来就极为稀缺，随着人口增加、土地肥力下降，高原可灌溉土地不断减少，的确给当地政府带来了经济发展和政治维稳的一系列难题。滇西北地区多民族村庄发展经济作物种植和旅游业的趋势及其效益充分证明，这是当地政府和人民摆脱困境、谋求发展的正确道路。

---

① 和士贵，茨中村，2009年8月。

② GEERTZ C. Agricultural involution：the process of ecological change in Indonesia. Berkeley：University of California Press，1963.

第三节　小　结

本章对茨中村藏族与纳西族作了简单介绍。茨中村以藏族、怒族、纳西族文化为主体，兼收并蓄了白族、傈僳族和汉族文化，其村民是活跃于藏彝走廊的藏、羌民族交接地带的典型群体。

从远古走到今天，迪庆高原的隶属关系几度变迁，数易其主。茨中村先后经历了远古的羌人迁徙、唐代吐蕃的南下统治、元代蒙古的扶植安抚、明代丽江纳西族木氏土司的统治，乃至清代西藏地方势力的重返迪庆等历程，小小的村庄沉淀着各个时期留下的文化印记。国民党政府对云南藏族、傈僳族与怒族等地区实施控制、欺压。中华人民共和国成立后，滇西北多民族地区才把握机会，借助一系列党的方针政策改变了自身命运。

滇西北地区多民族村庄处于茶马古道交通要塞，这种特殊的地理位置，使得当地村民深受藏族、纳西族、傈僳族与怒族等文化辐射影响的同时，也受到来自周边各种文化的冲击与挤压。处于河谷低海拔地区的纳西族受丽江、大理汉族聚居区汉文化影响较深，主要表现在传统水稻种植等方面。茨中村高海拔地区的游牧藏族则更多地受盐井、德钦等地藏文化的影响，其游牧生活方式也与这些高原地区的风俗习惯甚为相似。台湾学者王明珂曾经描述过此类情形。他指出，不同地区的"羌民"在"羌族"语言、生活习俗与宗教信仰上存在较大的差异。由于地域因素的影响，居住在东南方的族群容易受汉文化影响，居住在西北方的族群容易受藏文化的影响。[1]

为了更好地展开对茨中村记忆与认同的研究，必须对茨中村的游牧生计模式展开调查，以探究茨中村从游牧生计向半农半牧生计、农牧商多元生计发展的原因。

---

[1]　王明珂：《羌在汉藏之间：川西羌族的历史人类学研究》，北京：中华书局，2008 年，第278 页。

第三章　牧业生计与传统记忆

　　滇西北多民族地区的游牧生计模式源于古代氐羌部落。[①] 历史上不断南迁的羌人进入滇西北地区与当地原住民相融合，逐渐成为滇西北多民族地区先民，并且很早就开始了游牧生计。这些村庄至今保留了众多的民间生计技能，包括牧群季节放牧、草场利用和猛兽防护等方面的经验。在长期的游牧生计中，这些村庄逐渐养成了一系列生产活动技术技能，包括草场空间利用、男女分工、谋生策略等，以适应高原游牧环境。

　　在传统游牧社会中，游牧知识是游牧民生活的重要组成部分，它虽没有形成具体制度，但游牧技术知识与当地社会文化、社会习俗是紧密联系在一起的。游牧生态知识既是游牧知识体系中重要的技术内容，同时也是藏族游牧民维系自己族群认同、延续祖先信仰的精神寄托。近年来，滇西北地区多民族村庄的游牧生计逐渐受到了国家政策约束与市场的引导，村民从事游牧活动越来越少，但它仍然是滇西北多民族地区重要的生计之一。

　　本章主要从高原游牧与营地建造、高原狩猎与马帮贸易、游牧业变迁三个方面对游牧生计展开讨论。通过对具体的游牧技术与各种记忆进行分析，探讨蕴含在游牧生计中的游牧记忆与族群认同的作用。本章特别指出，滇西北多民族地区为了适应滇西北多元的地理环境与社会变迁，原来的游牧生计发生了较大改变，逐渐形成了半农半牧与商业并举的生计模式。在此过程中，村民对祖先留下的游牧记忆与游牧知识依然非常重视，他们采用口头说唱、神话传说等各种方式将这些宝贵的知识传授给后代。滇西北多民族地区游牧民熟练掌握的这些游牧知识，对于发展生产和维持生存起着重要作用，他们在长期与牲畜及牧草接触中所获得的宝贵经验，是经过几千年生产实践，运用集体智慧积累起来的财富，也是这些地区传统文化的直接源泉。

---

　　① 尤中：《中国西南民族史》，昆明：云南人民出版社，1985 年，第 9 页。

第一节　游牧生计

据文献记载，7 世纪吐蕃南下与唐朝争夺云南洱海地区，大批吐蕃人家眷随军迁入滇西北地区，与当地人群逐步融合形成今天的云南藏族，并且带来了游牧生计。[①] 同时，相当一部分纳西族兵民也随着南诏与吐蕃多次交锋而滞留茨中。这些先民被认为是云南藏族的重要分支——古宗。清人余庆远在《维西见闻纪》中把这些藏族与纳西族混合民族描述为新的藏族群体"古宗"。余庆远写道："古宗……垦山地，种青稞麦黍，炒为面，畜牛羊取酥，嗜茶，食则箕踞于地，木豆盛面，釜烹浓茶，入酥酪，和炒面，指搦而食之，曰'糌粑'，餐只拳大一团。延客，置酒盈樽，自酌尽醉，牛羊肉及酥食不尽，以衣裹去，食毕，手脂腻悉揩于衣，无贵贱，皆然，其人率膻秽不可近，臭古宗所由名欤。"[②]

茨中藏族形成后，为了充分利用当地自然环境，原来单一的游牧活动逐渐变为半农半牧生产方式。从事游牧与农耕的双方逐渐形成你中有我、我中有你的局面，吐蕃后裔与纳西族后裔逐渐融为一体，共同承担农、牧、商生计。

在保留自身半农半牧的基础上，茨中村村民还不断吸收其他不同族群生计优势，以充分利用自然资源。他们在农闲时也从事一定的手工业和商业活动，"古宗……习勤苦，善治生，甚灵慧。耕耘之暇，则行货为商，所制鋈银、铁器精工，虽华人亦不能为"[③]。随着滇、藏、印茶马古道的开通与汉藏"茶马互市"的开辟，茨中藏族更是投身于德钦至维西通道的商贸活动中，其经济结构中的商业成分进一步得到加强。[④] 茨中村民从单一游牧业到半农半牧，再从半农半牧到农业、牧业与商业并举，体现了茨中村人对民族传统的坚定延续，同时也是多元地理环境使然与多族群交往的结果。

[①]　尤中：《中国西南民族史》，昆明：云南人民出版社，1985 年，第 275 页。

[②]　（清）余庆远：《维西见闻纪》，方国瑜主编：《云南史料丛刊·卷十二》，昆明：云南大学出版社，2001 年，第 7 - 8 页。

[③]　（清）余庆远：《维西见闻纪》，方国瑜主编：《云南史料丛刊·卷十二》，昆明：云南大学出版社，2001 年，第 8 页。

[④]　木霁弘等：《滇藏川大三角文化探秘》，昆明：云南大学出版社，1992 年，第 240 - 253 页。

一、传统的游牧

早期生活于黄河上游甘青高原一带的氐羌，是一个古老的部落氏族，主要以游牧生计方式为业。滇西北多数民族都与它有极其密切的关系，《后汉书·西羌传》载：羌人"所居无常，依随水草，地少五谷，以产牧为业"。《说文解字》曰："羌，西戎牧羊人也，从人从羊，羊亦声。"①《风俗通义校释》也说："羌本西戎卑贱者也，主牧羊，故羌字从羊从人，因以为号。"②考古资料进一步证实了迪庆藏族与甘青高原族群迁徙密切相关，迪庆州永芝、石底、尼西、小中甸的遗址和古墓出土的文物都证实，这里早有牧猎生计存在。不过有学者对此曾提出疑问：今天生活在迪庆高原上的藏族，是否就是古羌人分支后裔的一部分？他们为何还保留原始的游牧生计与游牧文化记忆？笔者将从田野调查的材料方面入手，展现迪庆高原多种传统的游牧生计，以探究游牧文化和祖先记忆得以延续的原因。

茨中藏族在迪庆已经居住了上千年。在长期的生产、生活过程中，他们逐渐建立了一套与周围环境相适应的独特的文化认知体系。这一认知体系既是他们对周围环境及其资源的了解，也是他们认识自然、改造自然的实践总结。笔者在调查中发现，该地区不同的藏民对自己所处环境都有独特的理解，并由此形成了一种古老的传统。对于卡瓦格博地区藏族处理其与周围环境的关系，云南学者郭净在他的博士学位论文中采用空间划分方法作了细致分析。他认为，对事物的命名按性质可以分作两类：一类是对土地和房子的命名，另一类是"自然物"（包括山石、树林、水流等）的命名。这些名称的含义，前者绝大多数是世俗的，后者几乎都是神圣的，在两种名称之间有着人为的分界。③ 根据这种分类可知，茨中村村民在处理与周围环境的关系时，依据"内部空间"和"外部空间"两个部分来从事生活与生计活动，并由此发展出一整套相关的信仰理念和行为方式。④

与川、滇、藏交界地带的藏族一样，茨中藏族把生计活动大致分为两大部分，一部分是居于低海拔坝地的农民从事农耕生计，另一部分则是生活在海拔较高的高原牧民从事游牧生计。在农民和牧民这两大群体之外，还有一些从事手工业、商贸等其他职业的人们，三者之间体现了明确的社

---

① （东汉）许慎撰，（宋）徐铉校定：《说文解字》，北京：中华书局，2004 年。
② （东汉）应劭撰，吴树平校释：《风俗通义校释》，天津：天津人民出版社，1980 年。
③ 郭净：《卡瓦格博澜沧江峡谷的藏族》，云南大学博士学位论文，2001 年，第 171 页。
④ 郭净：《卡瓦格博澜沧江峡谷的藏族》，云南大学博士学位论文，2001 年，第 171 页。

会分工。不同生计空间、不同族群形成专门分工，纳西族村民常年从事农耕细作，藏族村民有的从事高原放牧，有的外出经商。其生计模式基本符合威斯勒所谓"植被的分布状况决定食草动物的分布，而后者又决定着食肉动物分布"的观点，也符合克罗伯从自然植被区域理解文化变迁过程的观点。

表 3-1　茨中村族群空间占用表①

放牧地海拔高度	参与村民的民族	生计方式	获取物资
4 000 米以上	藏族	高原放牧	酥油、肉类
2 000～4 000 米	藏族、傈僳族	采集	浆果、药材、猎物
		游牧、放牧	酥油、肉类
1 000～2 000 米	纳西族	农耕、圈养	大米、肉类
	藏族、纳西族、傈僳族	半农半牧	大米、肉类
		现代园艺	葡萄、核桃、蔬菜

　　茨中村对游牧生计的空间划分仍然按照周边藏族的分类方法，把村庄与高原分为"内部"与"外部"两个部分。"内部"空间的基本要素乃是土地和房屋，拥有"房名"的家庭和土地是构成其社会"内部"空间的核心，而分布在此之外的山地和森林以及更广阔的地方则构成了完整的"外部"空间。根据不同海拔高度，分出放牧、游牧、农耕三个不同用途的生计空间。村民在海拔 1 000 米左右区域从事稻作农耕，在海拔 2 000 米左右区域从事半农半牧，在海拔 3 000 米以上的高原牧场采取游牧方式放养牦牛、犏牛等。对于不同海拔高度所形成的不同利用区域、等级关系，他们以一套游牧习俗和制度与之对应。萨林斯对非洲狩猎采集经济研究后认为，非洲土著的狩猎采集生计模式并不简单，它是一个循环利用的游动体系，有利于维持自然环境恢复与生产循环。② 茨中村牧民对高原生计空间的划分与对不同海拔高度草场的利用，充分反映了当地村民对以往游牧知识与传统记

　　① 第二章、第三章的数据于 2009 年至 2012 年在茨中村收集整理而成，是与中国农业大学社会学系合作调研项目"云南少数民族生产模式评估研究项目"资料之一，阶段性成果发表于《西藏大学学报（社会科学版）》和《云南经济探索》两本 CSCI 期刊。中国农业大学社会学系本科生孙忱协助收集 2012 年茨中村村中社数据；图表由暨南大学经济学硕士生罗光帆协助制作，广东省委党校经济学教授杨劲参与分析。谨在此表示感谢。

　　② ［美］马歇尔·萨林斯著，张经纬等译：《石器时代的经济学》，北京：生活·读书·新知三联书店，2009 年，第 42 页。

忆的运用。

茨中的游牧生计保留了原始牧业的转场特征。每年6月,高原草场气温升高,雨水充沛,春草萌芽,茨中藏族将犏牛、牦牛赶至海拔2000~3500米的温带草场放牧,并搭建简易板房居住看守。藏民依靠收集牧业产品(如酥油、奶渣、毛皮等)作为游牧生计的主要经济来源。8月以后高原气温升高,草地逐渐向高原雪线返青,村民将不太耐寒的犏牛保留在温带牧场继续放养,把耐寒的牦牛迁往海拔4000米以上的寒带草场放牧。10月隆冬时节,高原牧场青草枯萎,茨中藏族将原来放牧在海拔4000米以上的牦牛迁往海拔1500米以下的热带牧场和村落牛圈过冬。

表3-2 茨中村全年干湿季分布表

时间	放牧地海拔(米)	放牧地点	放养方式	放养品种	干湿季
6—7月	2000	游牧营地	坝地放养	牦牛、犏牛、黄牛	湿季
8—9月	3000	游牧营地	坝地放养	牦牛、犏牛、黄牛	湿季
10月	3500~4500	高原营地	高原放养	牦牛、犏牛	湿季
11—次年2月	1000	返回村庄	圈养	牦牛、犏牛、黄牛	干季
次年3—5月	1000~2000	游牧营地	坝地放养	牦牛、犏牛、黄牛	湿季

村民解释说,逐草而牧是茨中藏族古来的传统,它可以充分利用迪庆高原独特的自然气候带来牧草相继返青的特点。每头牛所需草场15亩左右,随着低海拔营地的牧草消耗殆尽,高地寒带牧场牧草开始萌发,不少虫草和野山菌也纷纷破土,村民带着牦牛每隔一个月就向更高海拔的营地进发。牦牛吃到新鲜牧草和药材后长膘快,酥油色泽金黄,销售价格是河谷饲养的牦牛和犏牛所产酥油的两倍。

茨中村村民根据不同季节采用三种不同放养方式。第一种是高原放养,第二种是坝地放养,第三种是圈养。高原放养是一种比较复杂的放牧方式,需要在海拔3500米以上牧场进行。在该区域放养周期比较长,生活艰难,故牧人大部分都是中青年男子。茨中村至今保留一个传统,青少年男子必须独自在高原牧场锻炼三个月才能成为合格男子。牧人在三个月的游牧期间会有不少收获,山下村民会定期向他们提供补给,并将他们获得的酥油、奶渣、药材、猎物等带回村里。经过三个月的高山放养,牧人在10月底将牲畜带回山下。由于牲畜在山上吃的是新鲜牧草,其中含有虫草等药材,牲畜长膘快、毛色鲜亮。基于此,牲畜的主人一般都会拿出部分酥油送给

在山上辛苦了三个月的牧人作为酬谢。

茨中村高原放牧，一般在每年的 6 月 20 日上山，于 9 月 20 日下山，为期三个月。放养的品种一般为牦牛、犏牛和黄牛。牦牛体格较大，习惯在海拔 4 000 米以上高寒地区，不适应低海拔地区。茨中藏族饲养牦牛主要是为了获取酥油与肉类。高原放牧需要根据牧草情况不断迁徙，6 月牛群在低海拔处放养，7 月牧草返青后则逐渐向高海拔地带迁徙。牧人一般都有固定的窝棚，原来营地窝棚被废弃后，必须在新营地建立窝棚或借用其他牧人留下的窝棚居住。

高原放牧通常由几户村民以换工方式自由组合，经集体商议后由一位村民负责放养。放养牧群大小根据放养人体力而定，数量一般在三十头牛左右。由于每天清晨和傍晚都要挤奶，如果没有及时挤奶，奶牛就会感到不舒服，直接影响以后的产奶量，因此高原放牧劳动强度相当大。村民告诉笔者，牧人在不同海拔高度要不停转场游牧，奶牛只有吃到新鲜牧草，才能生产更多优质酥油。根据颜色和季节，成品酥油价格分为三个档次：10 月下山前牦牛所产的酥油颜色金黄、味道浓烈，价格最高，每斤约为三十元；6 月牦牛刚上山还来不及吃嫩草，所产酥油较次、颜色淡黄、味道较差，每斤二十元左右；圈养牦牛多吃干草，酥油白色、没有味道，每斤只有十五元。村民们说，只有饲养在高山牧场的牦牛产出的酥油才最好，因为高原牦牛不停转场，一直在吃新鲜牧草，偶尔还可吃到虫草等药材。高山放牧所获得的畜牧产品除肉制品外还有三样：一是酥油，平均一头牛每天产三两酥油；二是奶渣，提取酥油后的奶渣放在竹子编成的架子上用火烤干；三是奶水，一斤牛奶过滤酥油后只剩下三杯奶水，营养成分很低，村民偶尔会带少量奶水下山作为饮料。

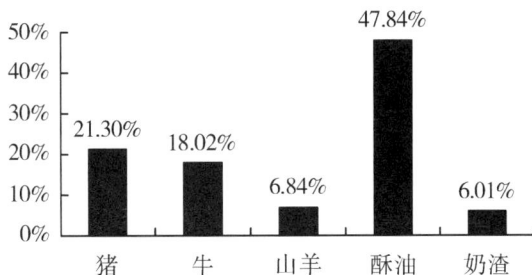

图 3 – 1　茨中村畜牧产品收入统计分析图

二、牧场营地生活

茨中村高原牧场距离茨中村大约一天路程，从海拔2 000米到4 200米共有五个牧场营地，每个营地都建有各个家族的简陋窝棚。[1] 笔者在2011年8月专门到茨中村高原牧场体验了三天的放牧生活。从低海拔营地到高海拔营地一共访问了四户正在放牧的茨中村牧民。杨四斤是燕门乡巴东村人，三十五岁，出生时体重只有四市斤，故取名四斤。为了看护这群由几户村民合伙委托放养的三十多头牦牛，杨四斤已经在2 500米的高原牧场独自生活了三个多月。他将一棵千年古树底部挖空作为屋顶，两侧树干作为墙壁，修建了一个只有十平方米的木楞房。窝棚内备有各种必用品，如牙刷、藏刀、锅和奶桶等。窝棚外大菜园里种着许多椰树和白菜，二十多只走地鸡、三头小牛在窝棚附近游走，三头中型藏猪和两只巨大的藏獒在门口。[2] 杨四斤说：

> 放牧生活十分艰苦。高原牧场经常下雨，牧人必须冒着大雨在户外给奶牛挤奶。二十多头奶牛的挤奶工作必须在一小时内完成，否则，奶牛就会带着当天的奶跑掉，所以非常累。公牛和小牛为一群，一个月只需要照看一次。奶牛必须特别关照。所有的奶牛要单独放在一个牛群，经常喂热水、盐巴、炒面和麦子粉。下雨时，高原牧场气温陡降，产奶的奶牛要用热水拌上盐和饲料喂养，才能保持奶牛体能。如果遇到奶牛产仔，牧人的工作更多。小牛出生后通常20～30天戒奶，牧人经常要用嘴咬碎白菜和苞谷，掰开小牛嘴巴给小牛喂饲料。[3]

这些举动看上去不可思议，但实际上是村民本土知识与当地生态系统相适应的具体表现，集中体现了当地原住民对生存环境的深刻认识。斯科特曾经说过，原住民的记忆与知识有一定的具体逻辑，他们借此记住这些植物的种植或动物的饲养方法并与外部环境相适应。斯科特还说，原住民的知识从来不是静止的，他们总是根据时代的变迁，采取各种不同的实践

---

[1] 根据实地调查，茨中村高原牧场营地海拔高度分别为2 000米、2 500米、2 800米、3 500米、4 200米。

[2] 田野调查材料，2011年8月。

[3] 杨四斤，茨中村高原牧场，2011年8月。

来积累原始记忆，从而不断丰富和扩大自身的知识体系。美国人类学家格尔茨在爪哇、巴厘岛和摩洛哥对土著展开细致的研究后指出，边缘地区的土著有自身独立的知识体系和民间记忆，保留着各种各样在课本和词典中出现的本土知识和传统记忆。格尔茨认为，虽然这些记忆并没有形成完整的体系，但对当地土著来说已经是一套完备的知识体系。①

《维西见闻纪》曾经对迪庆高原牧民生活进行详细描述："摩些……元籍丽江。明土知府木氏攻取吐蕃六村、康普、叶枝、其宗、喇普地，屠其民，徙摩些戍之，后渐繁衍，依山而居，覆板为屋，檐仅容人……男女老幼率喜佩刀为饰，不呈醶泽，衣至敝不浣，数日不沐，经年不浴。"②茨中村高原牧场营地建造的窝棚与余庆远在《维西见闻纪》中所述"依山而居，覆板为屋，檐仅容人"十分相似，估计这是余庆远徒步越过碧罗雪山看到沿途这些高原牧场营地后所作的细致描写，所指并非维西一带藏族村民日常居住的藏屋，而是驻扎在高原营地的石屋窝棚。由于夏季放牧的牦牛随牧草生长而迁徙，这些营地不可能作为永久居住地，所以一般都是由石块、木片和其他简陋的高原材料建造而成，笔者在碧罗雪山高原牧场所拍摄的照片与《维西见闻纪》十分一致。调查发现，村民采用的游牧方式与余庆远在《维西见闻纪》所描述的特点也非常吻合。不过，迪庆高原放牧营地与西藏高原牧场不同，茨中村村民大部分是纳西族，他们建造营地并不采用藏族惯用的牦牛帐篷，而是采用石块与木片建造，这是茨中纳西族村民利用与傈僳族、怒族长期交往而习得的依山傍水、利用当地原料建造营地的本领。

2011 年 8 月，笔者随茨中村藏族牧民阿都前往碧罗雪山海拔 4 400 米的高原牧场考察。沿途经过了伐木区、原始森林、高原牧场，深深地体会到了滇西北多民族地区高原放牧生计的艰辛，也证实了当地藏族男性在高原放牧的艰难与危险。（见图 3－2）

---

① ［美］克利福德·格尔茨著，王海龙、张佳瑄译：《地方性知识——阐释人类学论文集》，北京：中央编译出版社，2000 年，第 76 页。

② （清）余庆远：《维西见闻纪》，方国瑜主编：《云南史料丛刊·卷十二》，昆明：云南大学出版社，2001 年。

图 3 - 2 四个不同海拔高原牧场的营地窝棚

滇西北多民族地区的游牧传统有着诉说不尽的故事和令人难忘的传统记忆。高原牧场酥油的制作与河谷地段酥油的制作方法不同，显得十分复杂。老猎人谢和佑制作的酥油在茨中村最出名，他把自己制作的秘方透露给笔者时说："酥油制作比较复杂。牛奶挤下来以后要放一两天，要有一个合适的浓度，太热、太冷都不行，酥油浓度达不到。酥油是液体变固体、固体再变成液体后才能被食用的，变成固体的时候摔到墙上都不烂，但是倒到锅里就融了。冲奶的时候若太冷就要用火烤，一直加热到筷子比较容易搅动为止。"[1]然而，要获得上好的酥油，对于高原牧场的牧民来说并不容易，除了要抵抗高原恶劣环境带来的严寒、疾病等威胁外，还要面对高原放牧时户外黑熊、野狗等猛兽袭击。2010 年夏季，碧罗雪山两侧的村庄连续受到黑熊袭击，包括贡山一带的怒族村庄与燕门乡一带的茨中村。茨中村多位守营牧民受到黑熊袭击，七头犏牛和一头牦牛在高原牧场被咬死。长生家一头四五百斤的犏牛在 7 月 20 日被咬死，犏牛的身体几乎被黑熊吃光，只剩下一副骨架。[2] 长生在回忆当时的情况时说："我有三头牛，其中一头九岁的奶牛被带到高山牧

---

[1] 谢和佑，茨中村，2011 年 2 月。

[2] 长生，茨中村，2011 年 2 月。

场放养。中午时候，一个替我看管犏牛的村民跑回来告诉我说，两只大黑熊杀死了我的犏牛。当我赶到时，内脏全部被吃空了，只剩下一副犏牛躯体。"长生随即上山，借用一个司机的手机拍了十几张照片送到林管所验证。由于牧场离村子比较远，加上天气炎热，犏牛尸体开始腐烂根本无法带下山食用。

被害的犏牛本来拿到农贸市场估计可以卖到 2 000 元，但林管所只能赔偿长生经济损失 1 000 元。长生说："黑熊一般第二天晚上还会到原地吃剩肉，如果想捕杀黑熊，完全可以在原地等待捕杀。保护野生动物管理部门规定，村民不得随意杀死野生动物，所以我们只能按照法律程序向林管所申请补偿。黑熊很危险，村民在野外遇到黑熊时，要向高处攀爬求生。饥饿的黑熊下山很快，跑山路比猎人快得多。"

长生回忆几年前上山寻找牛群时与黑熊相遇的情形，时至今日仍心有余悸。他说，当时双方面对面只有百米左右，不过黑熊并未追赶长生，而是转身跑上山去了。这是一次非常惊险的经历。由于近期澜沧江沿线建筑新公路大量使用炸药，猛烈的爆炸声把大部分小动物惊吓得纷纷离开原始森林。黑熊能够捕获的猎物不断减少，造成伤人伤牛事件不断发生。村民说："袭击牛群时，黑熊往往是两三头同时行动。一头黑熊是吃不掉牛的，两三头一起就可把牛吃掉。它们把牛拖到隐蔽地方吃，一头几百斤的牛被吃得只剩下一点骨头。前几年，黑熊是不太吃牛的，但是最近却变得专门偷吃牛了。维西县几个傈僳族村庄遭受黑熊的危害更加严重，平均每年都有几十头牛被黑熊吃掉。不知道什么原因，最近很多黑熊都跑到茨中村这里来了。"对于三江流域一带黑熊袭击牛群的问题，茨中村老一辈村民曹嘎正这样解释：

黑熊是被贡山的傈僳族赶过来的。他们鸣枪或者放鞭炮把黑熊吓过来。今年还不多，茨中村有三头牛被咬死了。2009 年，茨中村被吃掉了十多头牛。2008 年有十头牛被吃掉，我家一只很大的犏牛不见了，还有我们上面那家的两头小犏牛也被吃掉了。2007 年以后到处修公路、放炸药，以后黑熊下山危害村民就越来越多了。今年黑熊就提前下山行动了。

国家规定不能打死或打伤黑熊。如果我们的牛被黑熊吃了连骨头都找不到，那就没有补偿。如果别人捡到了牛骨头，就可以拿到八十元的补助，但是我没有捡到，所以没有补偿。他们曾经调查过，维西那里的人拿到钱了，国家补给50%。我家邻居有一头母牛，去年拴在下面那个地方被老熊咬死了，才补了 1 000 多元钱。①

黑熊、野狗等猛兽出没无常，给滇西北少数民族地区多个村庄的放牧生计带来了巨大威胁。2011 年 8 月 28 日，茨中村藏族村民农布跑来对笔者说，他家一头黄牛又被黑熊咬伤，希望我们帮他拍摄录像向林管所索赔。农布谈起黑熊扑杀黄牛的惊险场面时深有感触：

> 我当时并没有在场，是我姐夫何建才在牧场放牛的时候看见的。8 月 26 日那天晚上，他在牧场窝棚旁边睡觉时，黑熊出来后碰到我那只母牛，后来就把它撵到 150 米远的地方然后咬住了它。我姐夫当时住在窝棚里面，我的牛放在他那里。他听到牛的叫声，然后就跑出来看。这时牛和黑熊正在撕扯，牛想跑但是跑不了，牛的腿部被咬了一口。后来黑熊扑在牛的背上，咬住了它的胸部。姐夫一个人不敢到黑熊身边去，因为那正是黑熊发威的时候。这个时候出去对牧民很危险，黑熊随时会放弃牲口跑来咬人。
>
> 姐夫回到屋里拿来充电手电筒一照，黑熊就跑了。那黑熊比我的牛矮一点，但是相当粗壮，可能有两三百公斤吧。我的牛也有两百公斤左右。昨天我放了些草药在它胸部的伤口处，还打了消炎针。牛背被黑熊抓了五个很深的爪印，伤口流了很多血，现在已经止住血了。我当时从高原牧场牵着受伤的牛慢慢往回走，走了两天才回到山下家里。
>
> 黑熊力气很大，很容易就能把牛拖走。它会下到苞谷地里吃苞谷，那时候它就不伤害牲口了。它下山以后，我们这里什么成熟了它就吃什么，比如水果、苞谷之类。在水果或者其他粮食没有成熟的情况下，它找不到吃的才伤害牲口。以前的黑熊怕火、怕炮仗。现在黑熊不怕炮仗了，因为它已经听惯。我们现在只好丢炸药。开始一两次它会害怕，但是炸药用多了，黑熊也就不会害怕了。②

---

① 曹嘎正，茨中村高原牧场低海拔营地，2011 年 8 月。
② 农布，茨中村，2011 年 8 月。

农布把受伤的黄牛从山上牵回茨中村整整花了两天时间，因为黄牛受伤行动缓慢，他们一边走一边歇，农布回忆道：

> 找到黄牛后，我把草药从伤口塞入牛的胸腔里面。因为天气炎热，要把伤口里的血水引出来，所以不能用线缝合伤口。经过打消炎针、吃消炎药，黄牛目前已经恢复正常，但还露出受惊吓的眼神。折断肋骨处尖尖突起，没有办法接上，以后只能是这样维持下去了。受伤的牛一般没有赔偿，死去的牛才有二三百元赔偿，而且要半年甚至一年才到账。

> 黑熊那么多，村民损失很大。去年被咬死三十多头牛，今年又有十多头。牛死了卖不出去，也吃不成，牧民损失很大。

村民反映说，被选拔上山的牧民在物质上没有太多的补偿，因此人们对在高原放牧的牧民表示较高的敬意，除了一些物质奖励外，人们还格外尊敬他，自愿为他种田。茨中男子都以曾经有在高山牧场放牧的经历为荣。高原放牧特别需要毅力，因此是锻炼青少年的好机会。茨中村藏族青年徐永平，时年二十六岁，是茨中村独自在高原牧场放牧最年轻的藏族青年。徐永平说，从小就开始到高原牧场放牧的原因主要是家庭困难。他谈起几年前在高原牧场放牧的艰辛经历，十分感慨地描述当时的情景：

> 在高原牧场生活很艰苦。午饭、晚饭都要自己做，每天下午三点要烧热水给牛喝。如天气太冷，牛喝不下冷水，就要灌给它们喝。正常情况下，四十头牛一天要用四十多桶水。奶牛喝的水里要加盐。刚刚给奶牛添完水，自己又要做饭吃。吃完了稍休息一下，接着又要挤奶。一头牛一般可以挤出六碗到八碗奶，挤好以后就倒到一只大桶里。

> 第二天天刚亮又要把挤好的奶倒到一只木桶里，一桶满了就要马上舂，否则，酥油的质量就不好了。从早到晚不停地干，昨晚挤的奶今天早上舂。挤出的奶不能马上舂，必须等一天才舂，这样会有比较多的酥油。牛奶凝固后，要马上用木头棍子来舂，每次连续舂600次。舂奶的时候还要不停地加开水。晚上挤一次奶大概有十五斤，可以做成1.5斤左右酥油。

> 多数牧民舂300次就可以让酥油浮上来，接着就是搅拌奶渣。

搅拌奶渣的工具也是一根木棍。准备一只大碗,旁边放一口锅,用一根木棍在里面搅,搅一下加一些奶渣再搅,这样新旧奶渣就结在一起了。然后倒入冷水,片刻奶渣就浮起来了。将浮起的奶渣倒进一个过滤器中过滤,再把滤下的奶渣拿来烤,烤干了才收起来。成品奶渣每斤大概可以卖十五元。提取酥油和奶渣后,剩下的水用来喂牛。这种清水喝起来是酸酸的,不好喝。牧场工作很辛苦,许多男人都不愿意干。特别是晚上,周围黑乎乎的,什么也看不见,有时奶牛晚上不回来,牧民无论多累都要去森林把牛找回来,很危险。我只读了三年书,在牧场干了七年。我第一次去的地方是低海拔的营地,在那里住了一个月。在高原牧场放牧,一般6月上山,7月到9月住在山上,10月中旬下山回村。回村时用骡子把牧场的酥油、奶渣和其他物品带回来。①

除高原放牧外,茨中村村民还在海拔比较低的河谷与坡地放养一些不太适应高原气候的黄牛与犏牛。这些牛与平常村里圈养的牛不同,它们从小由村民喂养,对村民有很深的感情与依赖性。坝地放养的牛群离家后,一般三四天就会自动回家。如

图3-3 碧罗雪山3 000米海拔的高原放牧营地

果户主不在,牛就会在户外不停地叫唤,直到邻居或者户主把它拉回牛圈。除了精心喂养牦牛,村民平日对体弱的小牛、生病的牛也格外照顾,主要是喂酒糟、米糠,有时也会喂剁碎的鸡肉和红糖。茨中村高原牧场位于阿杜白丁山,从茨中村到碧罗雪山垭口,面积达几千亩。(见图3-3)每年5月高原的牧草返青,人们先把牛羊赶到低海拔、牧草旺盛的地方放养一个月,再到高一点的营地放养一个月,从低处到高处,又从高处到低处,来回迁徙。村民从5月上山到10月下山,从事放牧的人不固定。茨中村村民

---

① 徐永平,茨中村,2010年9月。

在高原牧场不建房子，只搭临时的营地棚子。

每到全村集中放养牛群的早上，整个村庄就会沸腾起来，人们的吆喝声、牛群的叫声响个不停。在把牛群赶往坝地放养前，村民都要配药杀灭牛虱。杀虫药通常为三十克敌百虫，用净水溶解后再混合一些食用油涂抹在牛的身上。各家各户把涂抹好杀虫药的牛集中起来，陆续赶往牧场。在牧场放牧的村民大部分都是 15～25 岁的青年男子，通常用三个小时就可以到达海拔较低的牧场。前往河谷坝地的黄牛一般由青年女性负责，她们两三个人结伴同行，一路有说有笑，十分热闹。

茨中村立体气候的地理环境给牛群放养提供了良好条件。耕牛是犁田的劳力。每年 2 月到 6 月，村民采用"二牛抬杠"的办法犁田，包括水稻田、苞谷地。耕牛还提供大量肉类，牦牛、犏牛和黄牛都是茨中村村民喜欢的肉食。犏牛一般重 500～850 斤，每斤价格 8～12 元不等。茨中犏牛还提供大量鲜奶和酥油。茨中村村民有饮用酸奶的习惯，对于劳累一天的村民来说，能够喝上一碗酸奶是十分满足的事情。茨中村藏族村民不习惯种蔬菜，维生素的获得只能靠这些奶渣和酥油。村民饮用酥油茶常把奶渣放在里面补充因常年食肉所缺乏的维生素。牧场火塘上都放有一张用树藤编织的大网，奶渣放在上面长年累月地用火烘烤。遇上过路的商人，牧人就委托他们把奶渣带到山下售卖。

三、牧业生计分析

茨中村似乎每个家庭都从事半农半牧生计，故很难分清藏族家庭与纳西族家庭从事各类生计的收入来源。但是经过仔细观察后，不但可以发现两个族群对牧业的经营方式不同，而且在收入上也存在很大差别，特别是在一些需要专业技术的生计方面，村民的掌握程度有别，带来的收入也随之拉开。就酥油生产来说，藏族牧民会把牦牛带到高原牧场放牧，因为他们习惯艰苦的高原生活。高原放牧的牦牛能吃到新鲜牧草，故酥油产量高、色彩鲜艳，价格也比低海拔放牧所获的酥油要高。此外，酥油制作十分关键，奶水的温度、舂奶的次数、挤奶的频率等若控制得好，就能产出高质量的酥油。因此，纳西族与藏族村民虽然都饲养了相似的牛群，但牧业收入却有相当大的差距。在正常情况下，具备良好身体素质和丰富游牧经验的藏族牧民自然比纳西族牧民能创造更多的牧业收入。

表3-3 茨中村畜牧业、种植业与务工三者生计统计表

月份	畜牧业	传统农作物种植	经济作物种植	务工
1月	畜牧圈养	点种黄豆、红豆	葡萄剪枝，打农药	休息
2月	畜牧圈养	种洋芋	施肥（土地肥）	休息
3月	畜牧圈养	种白菜、萝卜，收桃子	葡萄剪枝，摘葡萄叶子	休息
4月	坝地放牧	撒谷种（4月25日）	葡萄剪枝，第二、三道固定	打工
5月	坝地放牧	收大麦、小麦（5月25日）	葡萄剪枝	打工
6月	坝地放牧	插秧、薅秧，点种黄豆、蚕豆、大白豆（6月6日）	葡萄剪枝，每周撒一次药	打工
7月	高原放养黄牛、犏牛	放田水，薅秧，收洋芋	葡萄剪枝，每周撒一次药	打工
8月	高原放养黄牛、犏牛	收黄豆	收葡萄（8月28日）	打工
9月	高原放养黄牛、犏牛	收玉米、大白豆	酿酒，销售葡萄和葡萄酒	打工
10月	高原牦牛下山	收玉米、稻谷，备冬草，翻地，碾大米	休息	打工
11月	畜牧圈养	撒大麦、小麦种子，放水到麦田，准备肥料，耙松毛，砍柴	休息	打工
12月	畜牧圈养	点种青稞、柿子、黄果、白菜、葱、萝卜，种核桃、桃子、苹果、梨子	休息	休息

表3-4 茨中村男女分工情况表

项目	男性	男女	女性	备注
牧业	高原放牧牛群，挤奶、舂奶、制作酥油、阉割、配种、宰牲畜	牛群坝地放牧与村庄圈养，挤奶、舂奶、制作酥油	养鸡、养猪、管理幼崽	高原放牧一般为单身一人在山上生存三个月，多为男性

（续上表）

项目	男性	男女	女性	备注
农业	青稞翻地，葡萄种植	水稻中耕、收割，葡萄撒药、施肥、修枝条	育秧、薅秧，点种青稞、玉米	
采集狩猎	掏蜂窝，高原砍伐木料，捕猎小动物	松茸采集	花椒采集，一般的野生菌采集	松茸采集的季节性强、利润高，需男女村民同时外出
小宗家庭生产	葡萄酒酿造，编织羊毛毯，藏族氆氇，藏屋设计，雕刻窗花，家具木工，捕鱼，狩猎	修路、砍柴	青稞酒酿造，割猪草，喂养牲口	男性从事衣服、氆氇织造，建造藏屋与家具制作，多为白族、纳西族传入
大宗经济生产	从事马帮贸易，当养路工、修路工、货车司机、小客车司机、木工、泥水匠	建造新房，当餐饮店厨师等	客栈管理，洗衣做饭，刺绣，当司机助理	个别富裕家庭出资40万元购置货车，雇请司机参与营运
家庭管理	购置电器、汽车、大宗家庭食品、大牲畜	冲墙、修房	照看幼童，洗衣做饭	

如表3-4所示，在茨中村各家庭中，男性承担游牧生计中最重的劳作，女性则多数从事较轻的家务活。所谓"女主内，男主外"的分工倾向，反映了游牧生计的延续。从茨中村男女分工情况表中可以看出，男女分工既是对藏族传统的延续，又是对周边少数民族传统的吸纳：

第一，高原放牧与转场是茨中村男子首要的工作，也是村里少年被认可为成年男子的成年礼。由于高原放牧任务艰巨，所以这项工作无一例外均由男子来承担。男子必须独自完成搭建窝棚、修建牛圈、屠宰牲畜、救治受伤牛羊等任务。高原气候复杂，晚上常常下大雨，气温持续在15℃左右，牧民往往容易生病，所以凡是去高原放牧的人都要带上足够的衣服、食品，并由牦牛驮上山。带上山的物品主要有大米、肉干、青菜、盐巴、饲料，以及衣物和铺盖。去过高原牧场的村民都说，如果没有带上足够的御寒衣物，又遇到寒冷天气，独自在高原牧场生活就非常艰苦了。

　　第二，高原牧民还需具备独立处理突发事件的能力。首先是在高海拔地带独立生存的能力。在海拔3 000米以上，常有黑熊、豹子、野猪等大型动物出没，拥有强悍的体魄与精准的判断力才可以逃避猛兽袭击。其次是在高海拔地带任何事情都可能发生，为了寻找丢失的牲畜，往往要翻山越岭跋涉几天几夜。最后，若遇到受伤、生病等重大情况而无法返回村庄，牧民只能等待过路村民或商人给予救援。所有这些，都注定高原放牧只能由男性来承担。

　　第三，许多非藏族传统的技术工种也由男性承担。青年男性一般从事酿造葡萄酒、编织羊毛毯、设计藏屋、雕刻窗花、捕鱼狩猎等生产活动。女性的工作大部分在室内或住房附近完成，主要承担一些简单的工种，如做饭、背水、洗衣服、带小孩、喂牲口、挤牛奶，以及照看幼小牛崽等。相对于粗犷的藏族男性，藏族女性强调的是耐力与细心。在平坝牧区，虽然没有高原牧区的危险与艰苦，但无论是喂牲口、捡牛粪，还是在野外采集菌子和花椒都需要耐力与细心。背水、洗衣、做饭、酿制青稞酒和打酥油茶等农事亦然，因此，茨中村大部分女性都乐于承担这些工作。她们认为承担轻松的农活，不但不会被别人歧视，反而更加符合迪庆藏族女性的特点，因为茨中村女性不但拥有迪庆藏族彪悍的血统，更糅合了纳西族女性勤劳的天性。

　　值得注意的是，在藏族与纳西族聚居村，男女谋生手段上不但有区别，有时还存在与汉族男女分工相反的状况。藏族男性善于用牦牛毛纺线，用毛线编织毛毯（见图3-4），纳西族女性乐于从事马帮运输与贸易。王明达、张锡禄在《马帮文化》一书中，专门介绍了一位行走滇西北茶马古道的女马锅头阿十妹。阿十妹曾经是一位替马帮作人力运输的"背脚"，后来依靠聪明与才干在赶马途

图3-4　藏族男子编织毛毯

中不断结识沿途的马锅头和生意人，从一匹骡马发展为几十人的马帮。[①] 这些情况一方面反映了茨中村各族人民对原有生计的传承，另一方面也反映了他们对外来生计的接受与利用。

第二节　牧业生计的补充

在农闲时节茨中村村民素有经商获利的习惯，他们中的相当一部分人是从西藏等地迁入茨中村的前马帮成员，很早就开始从事马帮生计。古老的纳西族东巴经《多格绍》，对这些由迪庆藏族和纳西族共同组成的马帮有着具体的描述。《多格绍》写道："藏族聪本马帮九兄弟，赶着九十九个驮子来。"[②] 唐代樊绰说："冬时欲归来，高黎共上雪。秋夏欲归来，无那穿赕热。春时欲归来，平中络赂绝。"[③]《云南志》载："高黎贡山本名昆仑岗，夷语讹也。在永昌西腾冲东。蒙氏时异牟寻封为西岳。东临古穷甸江，即今潞西也。有瘴毒，夏秋不可行。西即麓川江。以麻索为桥。山上下各五七十里。山顶天霁时见吐蕃雪山。马行者自晨至午才到山顶，炊憩而下，徒步止宿于上。"[④]许多文献资料都生动地描述了由当地藏族与纳西族共同组成的德钦马帮"冬受贡山雪风之寒，夏熬芒市酷热之苦"，从而获取微薄收入的艰难情境。

唐宋以后，德钦成为云南重要的商品贸易中心，进一步带动茨中村马帮贸易的发展。云南和西藏的货物沿着维西—德钦茶马古道流入各地商贸集市，茨中村不但是茶、盐、铜等重要物资的运输通道，同时也是两地政治、经济、文化、军事的连接通道。迪庆州藏族香客每年都要前往卡瓦格博神山朝拜，必须途经茨中、日米，这就使茨中村村民有了开展山货交易和客栈服务的机会。茶马古道将茨中村与巴迪乡、燕门乡联结在一起，成为西藏到丽江的重要贸易中转站。据王明达、张锡禄在《马帮文化》中考证，清末途经德钦的路线主要有两条："其中昆明和西康巴安间，共计1 742公里，中经丽江、维西、阿墩子等重要站口，马帮需走43 日。滇西入西康

---

① 王明达、张锡禄：《马帮文化》，昆明：云南人民出版社，1993 年，第 133 页。
② 和志武：《东巴经典选译》，昆明：云南人民出版社，1994 年，第 49 页。
③ （唐）樊绰撰，向达校注：《蛮书·河赕贾客谣》，北京：中华书局，1962 年。
④ （明正德）《云南志·卷十三·金齿军民指挥使司·山川》。

驿站，还有由丽江经永宁、木里至康定之线，计程 18 日。由丽江经中甸至理化之线，计程 20 日。由丽江经中甸、德荣至巴安之线，计程 25 日。从巴安西北行经昌都、太昭可入西藏。"[1]

千百年来马帮并没有在滇西北运输线上被淘汰，其根本原因是滇西北地区高原道路艰险，关隘处狭窄。"进入迪庆的第一道关口——十二栏杆，虽号称'省道'，却是'悬崖峭壁，插入天空……岩腰际，迂回而过，凡十二曲折'，路宽不过三尺余，甚至只尺余，'行人至此，莫不股栗心悸，既不敢俯视涧底，尤不敢仰望岩巅，屏息敛气，鱼贯而行'。"[2]《迪庆藏族自治州概况》对此描述更为准确："澜沧江穿行于高山峻岭之中，天为山欺，水求石放，江流汹涌湍急，涛声哗哗震耳。江上悬挂两根溜索，除渡人外，有时每日过溜进出西藏的骡马达三百余匹，亦不乏人马落入江中，能有几活。"[3]

德钦藏族马帮主要充当着云南至西藏的主要运输者的角色。在滇西北，许多险窄得难以通过的商道，常常依靠马帮的马驮和人背来运输。在马过不去的地方靠人背，在马驮货物超负荷时，也由人来协助马匹运送。马帮运输不但把滇、川、藏三地紧密联系在一起，同时也为茨中藏族在游牧空闲之余从事商业与运输业提供了机会。

滇西北多民族地区村民游牧生计的变迁，反映了他们在保留传统生计模式基础上积极接纳外来文化的态势。游牧生计的高风险，的确给村民带来了较大的生存威胁。为了减少风险，村民采取半农半牧与茶马古道商贾贸易并举的方式作为游牧生计的补充，是滇西北多民族地区村民对当地生态环境的一种调适。以滇西北地区典型的多民族村庄茨中村为例分析可知，当地牧业收入的比例并不高，劳务收入远远超出农业和牧业两种生计的收入，其主要原因有以下几点：

第一，游牧生计的风险与其他生计模式的诱惑。调查发现，茨中村几乎每户都经营牧业，但牲口数量不多，畜牧业占家庭总收入的比例也不高。表面上看，家庭拥有的牲畜量越多，牧业收入就会越有保障，但实际上并不如此。茨中村的家庭人数超过四人以后，人均拥有的牲畜量反而有下降趋势，这反映出村民不愿意冒险从事牧业的心态。村民说游牧生计风

---

[1] 王明达、张锡禄：《马帮文化》，昆明：云南人民出版社，1993 年，第 52 – 53 页。

[2]《迪庆藏族自治州概况》编写组：《迪庆藏族自治州概况》，昆明：云南民族出版社，1986 年，第 152 – 153 页。

[3]《迪庆藏族自治州概况》编写组：《迪庆藏族自治州概况》，昆明：云南民族出版社，1986 年，第 152 – 153 页。

险大、收益低，加上近期黑熊出没多给牛群带来伤害，还有赔偿工作不够到位，这都影响了村民继续从事牧业的积极性。茨中村虽然有着悠久的游牧历史，但当地气候变化、野兽袭击和疾病传播，往往会给以从事游牧生计为主的家庭带来意想不到的损失。特别是近期澜沧江水电站建设、维西—德钦公路建设打破了昔日的平静，爆破声驱赶了村庄附近山林的野生动物，导致某些猛兽觅食困难，黑熊多次下山扑杀牦牛和滋扰村民就是例证。加之，野生动物保护条例赔偿标准未能紧跟经济发展水平，无法使受害村民及时得到赔偿，使村民相继放弃坚持已久的游牧生计。此外，近期国家实行退耕还林补贴政策，对经济作物种植和圈养家禽给予优惠，也促使许多村民转向更稳定的经济作物种植和家畜家禽饲养，特别是连接维西、德钦的公路扩建后，众多游客选择汽车、摩托车等现代交通工具来此旅游，进一步削弱了当地的游牧生计。

第二，农、牧、商三业发展比例不均衡。茨中村村民的劳务收入最高，牧业次之，农业收入最低。导致这种情况的原因有三：①茨中村的人均占地面积决定了无法发展农业。目前茨中村人均耕地面积为0.83亩，农业种植除了满足口粮外，几乎没有余粮可以出售，故农业收入最低。②茨中村牧业收入略高，但村民不愿意大力发展牧业。茨中村高原牧场人均草场面积约为十亩。按一头牛占有五亩草场来计算，如果完全利用牧场，收入将会增加更多，但是牧业风险高导致村民不愿意发展牧业。③近期急剧发展的旅游业与公路、水电站的建设使暂住人员不断增加，吸引众多村民从事客栈、导游、商品贸易等行业。茨中村已从农牧业为主，逐渐向发展第三产业过渡。

第三，教师与公务员比例逐渐增加。茨中村教师与公务员在滇西北地区多民族村庄中所占比例较高，也是导致这个村庄第三产业收入较高的主要原因。据德钦县宗教事务办公室介绍，茨中天主教堂是天主教西藏教区属下云南总铎区主教堂。19世纪初，传教士就在茨中村建立教会小学，向教友子女传授各种科学知识，因此村民普遍热衷于学习文化知识、从事教师与公务员等工作。特别是近期德钦县对公务员与教师收入给予50%的额外补贴，更加吸引了青年村民放弃传统牧业转而从事公务员与教师等第三产业。

第四，传统男女分工意识的影响。以家庭为经济单位的茨中村村民，基本上遵循性别来实行劳动分工。以往男性村民一般在高海拔牧区从事畜牧业，女性则主要从事低海拔地区的畜牧圈养与农耕作业，兼顾家务劳动与照看子女。随着外地打工收入与本地农牧业收入差距不断扩大，男性村民不断从原来的牧业劳动转向外出务工，女性村民则转向公务员、教师等职业，由此进一步提高了茨中村第三产业收入。茨中藏族的生计变迁具有明显的选择性和主动性，体现了村民对外部环境的调适。

第三节　小　结

通过本章的分析可知，游牧生计是滇西北多民族村庄古老的生计模式，涉及的空间几乎包括河谷、坡地与高原牧场等雪线以下的大部分区域。滇西北多民族地区村民游牧生计的变迁，一方面反映了他们在保留传统生计模式基础上积极接纳外来文化的态势，另一方面从中可以看出当地生计模式从游牧到半牧半耕，再到牧耕与商业相结合的变迁过程。特别是从事半农半牧基础上经营商业的运作模式，反映了滇西北地区多民族村庄的村民借助自给自足的生计活动，实现了产品在各个产业间的流动，丰富了人们的物质生活，并达到了以少换多、趋利避害的功利性目的。

游牧生计的高收益与高风险，给村民生存带来的较大威胁，迫使村民另辟多种生计。为了减少风险，村民采取半农半牧与茶马古道商贾贸易并举的方式作为游牧生计的补充，是滇西北多民族地区村民对当地生态环境的一种调适。滇西北多元的生计模式成为滇西北地区多民族村庄的深刻集体记忆，并且在利用高原自然资源、维护生态环境中发挥着重要作用。

滇西北多民族地区游牧生计的变化历程同时还反映了科学技术的进步与国家政策的导向。可以说，滇西北地区多民族村庄从游牧到半农半牧，再向农、牧、商综合发展，既是外来文化因素的影响，也是村民自发实现资源最优配置的结果。

第四章 农业生计与传统记忆

从游牧生计一路走来的茨中村，除了保持原有的高原游牧生计外，还积极拓展以农耕为主的生计模式。村民在河谷、坝地种植水稻、青稞、小麦和玉米，在坡地兼营葡萄、核桃和花椒。茨中村的农耕模式先后经历了游耕、刀耕火种、水稻种植和经济作物种植四个发展阶段，这说明，农耕生计与技术进步、文化变迁有着密切联系。

云南地处高原地区，山高林密，交通闭塞，经济发展落后。直至20世纪五六十年代，许多地区还在从事刀耕火种旱地轮作。[①] 但是今天，半农半牧逐渐成为当地主要的生产方式，除了给农业生计提供充足的畜力外，还提供了持续不断的肥力，对于维护当地生态环境起到了良好作用。同时，在半农半牧的基础上，勤劳的茨中村人还积极引进经济作物作为新的经济增长手段。茨中村最早种植的经济作物是19世纪传教士带来的法国波尔多"玫瑰蜜"葡萄。此外，20世纪50年代中期起，滇西北等地也曾在各级政府的大力推动下发展过一些经济作物，尝试种植茶叶、红豆杉、葡萄等，但均未形成一定规模。改革开放后，政府牵头、企业开路，帮助茨中村成功地发展起了葡萄种植业，并取得了较好的经济效益。

今天，茨中村初步形成游牧与农耕并存、传统作物与经济作物共同发展的复合式生计局面，这种现象在滇西北藏族聚居地并不多见，其演变历程值得我们深入研究。茨中村农业生计变迁是传统记忆与现代观念相互融合的结果，集中反映了技术进步与国家导向对当地农业生计变迁的影响。为了解剖茨中村这只"麻雀"，以了解中国农业的发展历史，笔者不仅在一些古农书和地方志上探索，还特别到民间、田野去寻找答案。在茨中村的田野调查中，笔者先后访问了数位在茨中村种植过古老作物的老农，发现了该地还有一些在其他地方难以见到的水稻品种，如青米、红米等。村民介绍的玉米、水稻种植方式，既新鲜离奇又不乏其运作的合理性，在经典农业史书中难以寻觅踪迹。因此，笔者决定对茨中村的传统农业进行深入探究。

---

① 宋恩常：《云南少数民族的刀耕火种农业》，《史前研究》1985年第4期，第38－44页。

第一节　从游牧到游耕

据传，在吐蕃王朝建立以前，德钦县曾隶属于"白狼国"，即所谓"西康、西藏地方，旧为羌人分据之地"①。迪庆戈登、永芝、石底、尼西等古墓群及其青铜文化特点证实，这些地区在远古时期就存在采集与农耕等生计活动。茨中村从游牧向农耕转变主要是因为面临人均土地面积压力。随着其他民族的不断迁入，茨中村人均占地面积日益减少，加之高原草场退化，能够维持畜牧生存的草场面积今不如昔，直接导致传统生计逐渐从游牧向农耕发展。茨中先民有的延续了"随水草而移"的游牧生活，有的则渐渐放弃游牧生计而改为农耕生计，在保留原有生计模式基础上积极与当地民族融合，吸收其他民族生产技术，逐渐形成"古宗"农耕的特点。木氏土司沿澜沧江攻占德钦县后，对控制的地区实行军屯，经济上建立庄园，屯兵移民，鼓励在当地推广纳西族农耕生计文化，进一步促进茨中村生计模式从游牧向游耕发展。伴随茶马古道与汉藏贸易发展，茨中村少数民族间的联系日益密切，部分游牧生计逐渐被农耕生计所取代，生计模式呈现多元化趋势。

一、刀耕火种

茨中村处于青藏高原东南部，横断山脉在此与喜马拉雅山脉相接，形成高山纵贯、峡谷幽深的山系与河流。春夏季节，印度洋的季风裹挟着大量海洋湿气沿澜沧江—湄公河北上，形成了三条降水带；冬季，碧罗雪山和怒山阻挡着北方南下寒流，造就了这一带显现出"夏日谷地绿水婉蜒，冬日山峰白雪皑皑"的奇特景象。澜沧江沿岸，常年降雨量在 1 500 ~ 3 000 毫米之间。与村庄处于同一纬度的高山峡谷垂直地带性分异巨大，土壤、气候、植被差异十分明显：高寒带灌木草甸带、温带针阔叶混交林带、暖温带落叶阔叶林带、亚热带常绿阔叶林带，河谷两岸有刺灌丛带依次分布，表现出热带、温带、寒带等各种气候特征，为茨中村农业生计多元化的形成提供了难得的自然环境。

---

① 任乃强：《康藏史地大纲》，拉萨：西藏藏文古籍出版社，2000 年，第 1 页。

茨中村早期农耕以傈僳族的旱地游耕为代表。据史书记载，明代云南傈僳族已经在迪庆一带开始了狩猎、采集和刀耕火种等生计。嘉靖年间杨慎编纂的《南诏野史》下卷《南诏各种蛮夷》记载了清代傈僳族的生活状况："力些，即傈僳，衣麻披毡，岩居穴处，利刀毒弩，刻不离身，登山捷若猿猱。以土和蜂蜜充饥，得野兽即生食。"[①]这表明，14—16世纪傈僳族还处于游猎和采集经济阶段。这些以游猎与采集为主、兼营刀耕火种的傈僳族创造了当地刀耕火种式的原始农耕文化。

《维西见闻纪》对澜沧江一带先民的原始农业描述得更为细致：傈僳族"喜居悬岩绝顶，恳（垦）山而种，地瘠则去之，迁徙不常，刈获则多酿为酒，昼夜沉酗，数日尽之，粒食罄，遂执劲弩药矢猎，登危峰石壁，疾走如狡兔，妇从之亦然"[②]。和锡光："狸苏，即《通志》所称之傈僳也。居于金沙江畔之峻岭崇峰间，种荞麦为食，织麻缕以为衣。喜猎，射则必中。性狡悍，好杀戮，惟敬畏摩些头目。"[③] 以上这些细致的描写充分说明，迪庆高原（旧时称为中甸）先民面临对猎物的需求增长和狩猎水平不高的矛盾，从原来肉食、采集为主变迁为旱地农耕的过程。他们"喜居悬岩绝顶，恳（垦）山而种，地瘠则去之"，"迁徙不常，刈获则多酿为酒，昼夜沉酗"，说明当时已经从游猎发展为部分游耕，但游耕带来的产品剩余并不多，短短几天就消耗殆尽。

随着生产工具与技术的不断发展，茨中村村民逐渐改变了原来以采集、游猎迁徙为主的生产方式，出现了游牧生计与游耕农业相结合方式的萌芽，摆脱了原始生计不能解决温饱问题的困境。但他们"善弩""喜猎""迁徙"的特点始终未变，刀耕火种仍然是茨中村先民的主要耕作方式，种植玉米、荞麦、洋芋等作物仍然是这些傈僳族"恳（垦）山而种，地瘠则去之，迁徙不常"的主要选择。但是，对于这些原始生计模式，我国的农业古籍却很少提及。英国一位研究中国农业史的学者曾写道："中国几千年的封建社会，积累了非常丰富的农业生产经验和农业科学知识，正是这样杰出的农业系统哺育了灿烂的中国古代文化，为什么中国的史书尽管浩如烟海却对农业科学几乎全不提及。"[④] 法国的昆虫学家法布尔也说："历史赞美把人们

---

① （明）杨慎编纂：《南诏野史·下卷·南诏各种蛮夷》。

② （清）余庆远：《维西见闻纪》，方国瑜主编：《云南史料丛刊·卷十二》，昆明：云南大学出版社，2001年。

③ 和锡光：《中甸县志稿·种人》。

④ 游修龄：《农史研究文集》，北京：中国农业出版社，1999年，第198页。

引向死亡的战场，却不屑于讲述使人们赖以生存的农田；历史清楚知道皇帝私生子的名字，却不能告诉我们麦子是从哪里来的。就是人类的愚蠢之处。"① 根据田野调查中村民的回忆，刀耕火种是茨中村最早的游耕方式。曹嘎正说："村民首先选择一块以前没有种植过作物的荒地，当杂草长得茂盛时就用火焚烧。整个小队的男子全部参加，周边先挖好一道防火线以防火势蔓延。女子也要在附近守候，以防止浓烟带走细小火种引起火灾。点火前，村民要集中举行祭祀山神的仪式，祈求神灵保佑作物丰收。烧过的土地等于加施了一次草木灰，可以在一个月后种植玉米。"② 尽管目前茨中村生计模式逐渐发生改变，但大部分村民仍然保留着从事游耕农作的记忆。

刀耕火种是茨中村村民为了生存，对当地水源缺乏、土地贫瘠的自然环境的被迫适应。澜沧江沿岸从维西到德钦一带，以往曾是吐蕃、南诏和唐王朝逐鹿之地。"摩些蛮，亦乌蛮种类也。铁桥上下及大婆、小婆、三探览（均在今丽江市境内）、昆池（今盐源）等川，皆其世居之地也。"③ 茨中农耕与摩些先民游走山林、游耕垦荒的特性密切相关。当时这些祖先工具简陋，以砍刀、木棒为主，依靠玉米、荞麦、稗子、旱谷轮歇耕作，后来才逐渐演变为水稻、青稞与小麦并重的定耕农业。

茨中村一带的土壤情况也决定了村民必须采用多种耕作方式才能获得较高产出。德钦藏族聚居地属于垂直气候，适合水稻种植的土壤大部分分布于海拔 2 500 米以下的河谷地带。这些上等耕地开发利用较早，土壤熟化程度高，灌溉条件优良，作物一般一年两熟，适合种水稻、小麦、玉米、蚕豆等作物，亩产可以达到 600～700 斤，因此这些作物成为善于精耕细作的纳西族村民的首选。对于那些分布于海拔 2 500～3 800 米的山坡地，虽然土壤有机质含量较高，但土层浅薄，土壤熟化程度低，一般适合粗放方式，种植青稞、小麦和玉米，亩产一般在 400 斤以下。自然地貌与土壤质量，决定村民要根据不同地域，采取不同耕作方式来种植不同作物。（见表 4 - 1）

---

① 游修龄：《农史研究文集》，北京：中国农业出版社，1999 年，第 198 页。
② 曹嘎正，茨中村，2010 年。
③ （唐）樊绰撰，向达校注：《蛮书·卷四》，北京：中华书局，1962 年。

表 4 - 1　德钦县土壤等级分布表

土地级别	分布位置	土壤类型	面积（亩）	占耕地面积比例（%）
一级	云岭乡的斯农、荣中、日嘴等村，奔子栏乡	褐土、水稻土分布于海拔 2 500 米以下河谷地带，为上等耕地，开发利用较早，土壤熟化程度高，人口稠密，水肥气热条件优良，一般一年两熟，种小麦、玉米、蚕豆等作物，亩产 600～700 斤	12 760	15.95
二级	燕门乡，奔子栏乡，佛山乡，云岭乡的热水塘、佳碧、果念、红坡、永支等村	褐土、棕褐土、黄壤、冲积土、紫色土，水肥气热条件较好，土壤养分中等，一年两熟，种小麦、玉米、豆类，亩产350～450 斤	54 660	68.31
三级	奔子栏乡、佛山乡、羊拉乡	水肥条件较好，有机质含量较高，热量资源不足，一年两熟或两年三熟，种小麦、玉米、青稞等，亩产 200～300 斤	9 685	12.10
四级	升平镇、佛山乡、羊拉乡	分布于海拔 3 600～3 800 米的山区，土壤有机质含量较高，但土层浅薄，土壤熟化程度低，耕作粗放，一年一熟，以种青稞、小麦为主，亩产 300 斤以下，畜牧业比重大	2 912	3.64

资料来源：根据云南社科院郭净提供的《德钦土壤》（德钦县农牧局土壤普查办公室，1988 年）第 75 - 77 页资料制表。

二、多民族地区种植业的特点

对于地广人稀的地区来说，传统刀耕火种的粗放农业的产出并不低。虽然茨中村刀耕火种的经济效益和生态效益已经是一个历史概念，但是相较于今天的精耕细作而言仍然给我们留下了思考。（见表 4 - 2）

表 4 - 2　茨中村干湿季农业活动与节庆活动表

干湿季	时间	农业活动	节庆活动
湿季	1 月	点种黄豆、红豆，葡萄剪枝，打农药	敬山神、土地神、火神，跳锅庄舞
	2 月	种洋芋，葡萄剪枝	祭祖、春游、泡温泉
	3 月	种白菜，葡萄剪枝，收桃子	
	4 月	撒谷种（4 月 25 日），葡萄剪枝	
	5 月	收大麦、小麦（5 月 25 日），葡萄剪枝	
	6 月	插秧、薅秧，点种黄豆、蚕豆、大白豆，葡萄剪枝	
干季	7 月	放田水，薅秧，收洋芋	
	8 月	收葡萄（8 月 28 日），收黄豆，高原牧场黄牛、犏牛下山	中秋节，"圣母升天"节
	9 月	收玉米、大白豆	
	10 月	收玉米，高原牦牛下山，收稻谷，碾大米，备冬草，翻地	
	11 月	撒大麦、小麦种子，放水到麦田	
	12 月	点种青稞、柿子、黄果、萝卜，种核桃、桃子、苹果、梨子	

　　不少人类学者都曾经对土著或少数民族的种植业进行过细致的研究，马格林也曾经对美洲土著人的作物种植展开了极为详细的研究。他指出，当地土著种植玉米运用的是本土知识，这种包含生产技能的本土知识没有书本记载加以传播，只是通过土著本身的实践体验和口头面授来传承。马格林发现，美洲土著对各种自然现象的观测十分细致。他们没有历书，却借助口传文化与象征图案给后代保存了许多种植物的经验；他们没有文字记载，却知道播种玉米的时间，即在橡树叶长到松鼠耳朵大时则可播种。在与自然的长期相处中，土著千方百计把与自己生存密切相关的各种知识保存下来。马格林还特别指出，土著积累了几千年的本土知识，是使农业生产持续发展的最重要保障。保持当地的多元文化，对于维系当地生态平

衡和经济持续发展，有着非常重要的现实意义。①

中山大学人类学系的麻国庆也在研究蒙古族牧民时指出，要把牧民对生态适应的民间知识作为一种知识体系加以研究。他认为，在近代社会发展过程中，民间知识体系仍然存在，并且展现出独特的合理成分。麻国庆认为探究民间知识体系与现代知识体系的最佳结合点是今后研究的重点。②中山大学陈祥军博士也专门在其博士学位论文《游牧知识与草原生态——以阿勒泰富蕴哈萨克游牧民为例》中，对阿勒泰富蕴哈萨克游牧民的知识体系作了细致的研究。他指出，在"立足自身文化传统和本土知识体系"前提下，游牧社会的发展应找到科学知识与游牧知识的最佳结合点来发展生产。他列举了详细的事例来说明牧民对草原环境知识、草原利用知识和草原转场知识的保护与维系，强调文化传统和本土知识体系是阻止破坏草原生态环境行为的持久力量。③

本土农耕记忆体现了一个民族对生存环境的深刻认识，也反映出人类学研究必须尊重当地人的本土知识，用当地人的本土观去认识和了解他们的传统记忆和知识体系。2011 年 4 月，茨中村全村 90% 的葡萄患上霜霉病，大批葡萄花芽纷纷落地。面对全年葡萄失收的困境，全村农户不约而同地采取套种方法，在葡萄地补种玉米，有的还间种其他蔬菜、豆类等作物以挽回损失。在《玉米与资本主义——一个实现了全球霸权的植物杂种的故事》中，墨西哥学者阿图洛·瓦尔曼也曾经提到玉米是解决欧洲夏季粮食短缺的"及时雨"。他写道："仲夏后通常是饥荒的季节，而玉米恰好在这个时段成熟，以往循环往复、年复一年的粮食时而泛滥时而短缺的恶性循环现象也消失了。"④玉米也由此获得"灾难时期的生命线"称号，并且被冠以"穷人食物"的美称。茨中村在葡萄歉收时采取补种玉米的做法，与早期欧洲饥荒时采取玉米救灾的情形一样，是茨中村人在面对自然灾害时对外来作物、外来经验的吸纳。碧罗雪山东西两麓一共有四种不同的玉米种植方法，是战胜自然灾害的聪明之举，反映了不同族群各自对不同生计模式的运用。

---

① 许宝强：《发展的幻象》，北京：中央编译出版社，2001 年，第 323 页。
② 麻国庆：《走进他者的世界》，北京：学苑出版社，2001 年，第 190 页。
③ 陈祥军：《游牧知识与草原生态——以阿勒泰富蕴哈萨克游牧民为例》，中山大学博士学位论文，2010 年。
④ ［墨西哥］阿图洛·瓦尔曼：《玉米与资本主义——一个实现了全球霸权的植物杂种的故事》，上海：华东师范大学出版社，2005 年，第 112 页。

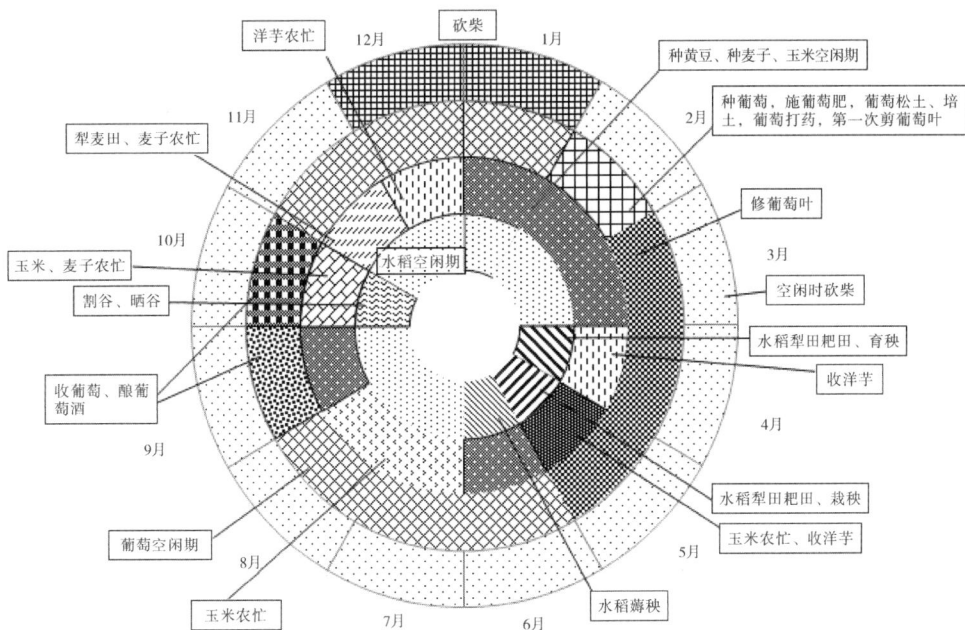

图 4 - 1　茨中村全年生计情况图

第二节　定耕农业

一、复合农耕

　　茨中村农耕是一种典型的混合型农耕。它以纳西族的精细农耕为主，兼顾旱作、畜牧等多元化经营，图尔德将这种混合型经营理解为耕作制度与自然环境之间的适应。他指出，应把分析生产技术与环境之间的关系作为文化生态学研究方法的第一步，与此同时，必须充分考虑耕作制度与自然环境之间的辩证关系。早期茨中村村民兼备北方畜牧和南方农业的特点，《蛮书》卷四曰："土多牛羊，一家即有羊群。……俗好饮酒歌舞。"[1] 这说明迪庆高原的先民不但畜牧业比较发达，而且农业也有一定程度的发展，

---

　　① （唐）樊绰撰，向达校注：《蛮书·卷四》，北京：中华书局，1962 年。

能提供一定数量的粮食用来酿酒。徐霞客所述的云南坝区耕作方式"其地田亩，三年种禾一番。本年种禾，次年即种豆菜之类，第三年则停而不种。又次年，乃复种"，这种耕作方法在茨中村的农耕中得到广泛应用。

茨中村村民把立体农业方式作为生计，是适应当地环境与气候及充分利用自然资源的最好体现。村民依照海拔高度把生计分为不同空间：海拔1 000~1 500米为传统农业范围；海拔1 500~2 500米为旱地农业和经济作物种植范围；低海拔的坝子或河谷地带以水稻种植为主；高回报的坡地主要种植耐寒耐旱、生长期较短的小麦、荞麦、燕麦、青稞、豌豆、蚕豆、玉米；旱地、山地附近兼种葡萄、核桃、栗子。于是，当地形成了不同海拔高度种植不同作物的生计布局。其原因比较复杂，既有气候因素，也有土壤因素。就土壤方面而言，茨中村低海拔地区的土壤多为褐土、棕褐土、黄壤、冲积土、紫色土，水利条件较好，土壤养分中等，一年两熟，适合种植水稻、小麦、玉米、豆类；高海拔地区土壤的有机质含量较高，但土层浅薄，土壤熟化程度低，耕作粗放，一年一熟，适合种植青稞、经济作物和各种树木。

二、青稞种植

青稞，藏语叫"耐"，按颜色可分为白青稞、黑青稞、蓝青稞、紫青稞、褐青稞，按麦芒状况可分为长芒青稞、短芒青稞、钩芒青稞、无芒青稞，按生长期又可分为冬青稞、春青稞或早熟青稞、中熟青稞、晚熟青稞。青稞是大麦的一种，籽实没有外壳，所以称为"稞大麦""米大麦"，是滇西北地区各民族普遍种植的农作物，约占粮食产量的25%。茨中村收获的青稞和玉米总共占粮食产量的80%。青稞秆比较长，名叫"散巴"，是很好的饲料。每年农历三月初五，茨中村村民开始播种青稞，一般有两种方法，即传统的点播法与简易的点撒法。播种一般由女性负责，她们通常站成一排点播青稞。点播的青稞出苗后成束状。除了点播之外，还有一种简单的方法，就是点、撒混合使用。点撒法速度较快，先在犁沟里撒一遍种子，犁过整平土地之后，再在上面点播一遍，这样可以多出苗。由于近年来务工青年多，中老年人体力较弱，加上种青稞收入低，所以耕作粗放，青稞往往长在没有耙好的土地上。

青稞做成的糌粑和青酒是茨中村岁时节庆、婚丧嫁娶、修房造屋、祈祷神灵的必需品。据传，藏族的祖先按佛祖的指点结为夫妻，其后代因林中果实枯竭而食不果腹。观世音菩萨不忍目睹，从须弥山上取出五谷撒向人间，将藏族祖先从饥饿中拯救出来。早在 1 500 年前吐蕃第九代国王布德贡杰施政时期，苯教就诱导农人绕田地转圈祈求丰收。《唐书·吐蕃传》载："其俗以麦熟为岁首。"据此可以推测，以前藏族的年终节庆就是现在麦熟时的望果节。

三、水稻种植

茨中村的稻田犹如丽江农田一般，"坞盘水曲，田畴环焉"①，是当地村民经过长期的生产实践而形成的适应当地高寒山区的耕作制度。每块田边都有一条水沟，既可排涝和引灌，每年还可取一次沟底肥，作为农田的重要肥源。稻谷品种有麻线、青米（纳西族发音 Cumi）、红米（纳西族发音 Simi）、鼠牙、香谷、长脚等。在德钦县的茨中村和维西县的攀天阁乡、三坝乡的白水台这些位于海拔 2 000 米左右的村庄，都曾种植过红米稻谷。

村民说，从清代以来，茨中农田水利已经有一定规模，并形成利用高原泉水灌溉稻田的灌溉网络。茨中村附近有龙甲龙巴、通古龙巴、龙干龙巴三条河流。通古龙巴为茨中村寨提供了充足的生产、生活用水。夏季，茨中村因种植水稻需要大量用水，所以还要再引龙甲龙巴的河水，以弥补通古龙巴的供水不足。这样，既可保障全村农田灌溉和生活用水，还可给水磨坊供水磨米磨面。茨中村大部分高产水稻种植在地势平坦、水源充足的河谷地带。春天稻耕季节，这里随处可见"二牛抬杠"的传统耕作景象，偶尔还可以看到手扶拖拉机；八九月份水稻成熟季节到处弥漫着稻花香，层层梯田展现出美丽的田园风光，使许多游客流连忘返。种植红米的稻田位于海拔较高的地方，一般利用山泉进行灌溉。山泉温度低，通常只有12℃，村民在稻田入口处专门种植耐寒稗子，以提高山泉温度。稗子田一般位于稻田入口处，面积约四十平方米。山泉水经稗子田时受到阳光照射和地表传热，水温略微升高，避免了低温对水稻的影响。用来调节水温的稗子，收成后可作为猪和牛的饲料。借助稗子田调节水温，使茨中高原水稻品种保留至今。

早期纳西族人到茨中村的历史一直可以追溯到木天王时期。村民常说，茨中村被称为"铁锅田"的水稻田，是明朝木氏屯兵遗留下来的农田。纳西族后裔、燕门片区小学校长刘文高说："茨中村名源于纳西语，

---

① （明）徐弘祖著，褚绍唐、吴应寿整理：《徐霞客游记》，上海：上海古籍出版社，1987年，第 869 页。

'茨'为村庄之意，'中'为数字六。旧时该村管辖六个自然村，茨中村因此得名。也有村民说，茨中的村名来源于当时的六个小湖，故取名为茨中。古老的传说反映了当时茨中村蓄水甚丰、稻作颇多的情况。茨中村至今保留着完善的水利灌溉系统，还拥有大面积的水稻农田。"许多村民认为，茨中天主教堂对面的一片水稻田是最古老的水稻田。这些稻田的底部铺满了石块，滴水不漏，每次灌溉的水能保持一周不干涸，种植青米与红米的产量特别高。两位经常在澜沧江沿线收集野生药材的傈僳族人，向笔者介绍了茨中一带水稻种植的情况：

> 现在种植的水稻主要是引进来的两个新品种。一个叫大白谷，高度大概有1.3米，谷子容易打下来。刚刚推广时觉得好吃，现在生活水平提高了就不觉得好吃了。还有一个是长粒香，现在大部分种这个新品种，吃起来软一点，产量差不多，一亩可以产800～1 000斤。茨中村传统的水稻品种也有两个。红米产量低，一亩600斤。还有一个叫一棵苗，栽的时候是一株，后来慢慢发展到好几株，亩产800斤左右。红米现在只有在维西县的几个村子才产。维西县的攀天阁、塔城有个别村也产红米，但是目前栽得不多。红米虽然好吃，但产量不高，所以慢慢被淘汰掉了。

云南省是一个多民族的省份，高山峡谷垂直气候分布多样，至今还保存着1 000多个水稻品种，其中能够种植在海拔2 500米以上的水稻有860多种。云南省迪庆州德钦县的茨中村、维西县的攀天阁乡等这些位于海拔2 000米左右的山区，都曾经种植过一定数量的红米品种。但是，由于气候改变，加上政府大力推广高产新品种，不少地区的传统水稻品种逐渐消失，蕴藏在这些民间作物中的传统记忆与传统文化也随之消失。茨中村就是其中一个典型的案例。茨中村原来是德钦县唯一能够在迪庆高原种植水稻的藏族村庄，过去不少马帮经过茨中村，都要从茨中村购买一些在藏族聚居地罕见的稻米带回家里，以示当地稻米的珍贵。

虽然大部分传统水稻品种已经消失，但茨中村至今还保留了少量红米（是目前种植在高山地区才能生长的红米品种），村民称之为"西米"。这些红米品种产量比较低，平均每亩只产400～600斤。由于其抗倒伏能力强，口感柔软，有一定的香味，因此少数村民还种植一些供自己食用。刘文高校长对茨中村的水稻种植十分熟悉，对早期纳西族种植的"青米"

和"红米"两个水稻品种感情很深。他曾经对纳西族常用于祭祀仪式的这两个本地水稻品种作过详细比较。刘文高说：

> 茨中村的纳西族对本地的水稻有着很深的感情。从历史上说，有纳西族的地方就有种田的习惯。当年木天王沿着澜沧江去西边攻打吐蕃时，带着兵沿途在有坝子和水源的地方开辟梯田种植水稻。种出了谷子以后，有些纳西族士兵就留在那些地方繁衍下来了，包括茨中村附近的几个村子。茨中村以前种植的谷子主要有两种，一种是红米，纳西语叫"西米"，这种谷子比较独特，适合在海拔2 000 米的地方生长。另一种是青米，纳西语叫"初米"，是一种青色的大米，属于禾苗一米左右的高秆品种。它的颗粒很大，约为现在谷子的两倍。
>
> 我小时候家里是种这些谷子的，现在科学种田了，就把它改良掉了。澜沧江西边的日米村（那里海拔2 500 米左右），还剩下一块谷田，专门种这种老谷种，所以这种软米还找得到。以前一亩地产500～600 斤，现在推广种植的新品种亩产最少都是 900 斤。虽然现在的大米产量高，但不好吃，主要是因为经过改良后，生长周期比较短。以前谷子从插秧到收获要 4～5 个月，现在比以前缩短了 20～30 天。粮食在地里生长的时间越长，它的口感就越好。①

第三节　经济作物

一、经济作物的探索

早在 20 世纪 30 年代，滇西北一带就开始尝试种植经济作物。时任西康视察员的任乃强在 1929 年 9 月的报告中提到，道孚县"农人不知耕耨除草施肥之法，惟知下种与收获而已。地内石砾叠积，野草丛生，不顾也；沿

---

① 刘文高，茨中村，2010 年。

河各坝，皆年一收，高地及泰宁，间年一收"①。他指出："此县产业有可改善者三事：第一为治果园，如梨、胡桃、葡萄、苹果等类，以瞻化地候土宜言，并极相宜。目前瞻化竟无果种，此可叹也，第二为牧羊业，第三为增加农产品。"20世纪40年代，张印堂的《宁青经济地理之基础与问题》详细阐述了云南西北部经济地理的三个基础和发展经济建设存在的五个困难，并指出开发云南必须在当地地理基础上制订计划。针对云南独特的地理状况，他认为适宜种植的经济作物有四类：一是种植甘蔗，可以榨糖；二是种植橡胶和咖啡，以解决工业品进口问题；三是种植麻类植物，用于麻织行业；四是栽桑养蚕，以解决种植业单一、制丝业落后的问题。②

茨中村从传统农业作物向经济作物发展既是技术进步的结果，也是时代发展的需要，导致这种变迁的原因是多方面的：首先，随着茨中村与外界交往日益频繁，外来技术不断融入这个边缘村庄；其次，茨中村人均占地面积越来越少，传统作物的产量几乎不能满足村庄发展的需求；最后，各级政府为了提高土地利用率、增加村民收入，历年在茨中村等地大力推广各种经济作物。上述因素的综合作用，最终形成今天茨中村以经济作物为主导，兼营水稻、青稞、小麦与玉米等传统作物的局面，核桃、板栗和葡萄成为茨中村主要经济作物。（见图4-2）

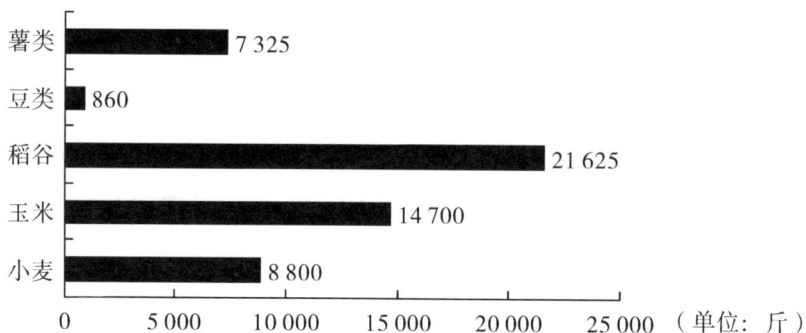

图4-2 茨中村中社农作物产量统计图

① 翁之藏：《西康之现实》，《中国边疆史志集成·西藏史志》（第二部卷十二），全国图书馆文献微缩复印中心，2003年，第255页。
② 张印堂：《宁青经济地理之基础与问题》，《边政公论》1942年第1卷第11—12期合刊。

二、传教士带来葡萄

茨中村最早的葡萄种植品种来源于天主教传教士。19 世纪 60 年代，天主教传入云南迪庆藏族聚居地，给边远的茨中村带来了葡萄等经济作物以及葡萄种植的科学方法。1902 年传教士彭茂德、彭茂美带来 20 多名汉族天主教徒进入滇西北地区，数年后在焚毁的茨姑天主教堂附近开始筹建新的天主教堂——茨中天主教堂，并着手引入葡萄和蚕桑等经济作物。

对于茨中村"玫瑰蜜"葡萄的来历，当地流传着这样一个故事：法国巴黎传教士彭茂美一行沿澜沧江入藏，行至茨中村时，茨中村伙头和世英所属藏兵不许他们过江。于是，彭茂美向当地土司购买土地，这样就获准通过了。彭茂美开始表示只买"一

图 4 - 3　茨中天主教堂葡萄园的"玫瑰蜜"葡萄

张牛皮大的荒地"，土司不知是计，遂与之成交。殊不知彭茂美等人把一张牛皮绷大，然后割成细细的牛皮线在茨中村中心最好的土地上圈地，面积为 5 平方公里。这块土地不但位于茨中村中心，而且是历年种植水稻的良田。1910 年前后茨中天主教堂开始动工，彭茂美督建教堂。几年后，茨中村天主教徒人数不断增加，先后建立了小学堂、修女院和葡萄园。[1]（见图 4 - 3）

1905 年传教士进入茨中村带来法国的葡萄品种"玫瑰蜜"，茨中天主教堂首次种植了三亩"玫瑰蜜"葡萄供云南总铎区主教堂使用。随后，传教士又大力种植桑树，发展养蚕业。老教友肖杰一回忆当时情况时说："当时茨中天主教堂修女还会栽桑、养蚕。她们的生活很简朴，除了按照规定时间祈祷、学习之外，每天还要下地种菜、种粮食维持生活。星期天晚上她们吃一顿大米饭，其余两餐吃自己种的玉米、小麦。她们还栽桑、养蚕，蚕丝由传教士卖给大理古城修女院……当时修女院里有二十多个修女，她们织造绸缎并缀上花纹或文字，拿到集市上去卖。教堂修女还把养蚕技术

---

[1]　肖杰一，茨中村，2009 年 8 月。

传授给村里藏民，农闲时藏族妇女成群结队背着小背篓到村外采摘桑叶。"

传教士引进葡萄的主因是天主教传教仪式的需要。在天主教弥撒过程中，神父要用葡萄酒来代表基督的血才能完成弥撒仪式。据说，来到云南的传教士每到一个地方，只要条件适合，他们就会购买土地栽种葡萄。茨中天主教堂的葡萄园就是由当年从法国引进葡萄种子的古纯仁神父亲手创建的。20 世纪 70 年代曾经主持茨中村葡萄园恢复工作的县林业局局长和强介绍说：

> 茨中村最古老的葡萄树在教堂里面。其实教堂内的黄果树、桉树、棕榈树都是当时传教士种植的。把葡萄引种到茨中的人是安神父和顾神父。在教堂葡萄园里，早期采用人字形的葡萄架，与今天十字形的水泥柱葡萄架完全不同。传教士用完整的松木制作葡萄架。后来，茨中天主教堂葡萄架发霉了，实在不行了，于是更换成现在教堂的十字形葡萄架。

图 4-4 传教士传授的葡萄酒制作方法

三、其他作物的种植

进入社会主义改造阶段后，迪庆藏族聚居地各级政府对茨中村经济作物的发展作过多次尝试，也经历了漫长的过程。20 世纪 60 年代，德钦县开始在部分山区推广经济作物，以期用高收入的经济作物代替传统农业作物，迅速发展云南藏族聚居地经济。在政府的推动下，村民们种过茶叶、红豆杉、核桃、板栗、葡萄。70 年代，茨中村推行茶叶种植，由于"水土不服"而失败了。当时，茨中村中社和二社两个自然村村民在最好的水稻田里种上茶树，但茶叶无法卖出，上百斤茶叶烂在中社食堂了，村民们不得不挖掉茶树种回水稻。西马拉扎曾经是当时茨中村主要的茶树与水果生产基地，现在已经成为一片荒野。对于这一次失败，村主任罗盛才说，茨中村 70 年代种过茶，在那个时候茨中村小学的后面全部都是茶树和果树。天主教徒肖杰一说：

> 那个时候，这里遍布翠柏苍松，到处都是原始森林。老社长带着大家把大一点的树都砍去卖了。我说，这些树我死了以后要用来做棺材的，求他留一些下来，但是他还是砍了，总共砍了 1 000 多棵。砍树后，这里变成了水果基地，除了葡萄，还种了很多板栗。那个时候我刚劳改回来，看到那里已经变成梯田，全都种上板栗树。现在这里被荒弃了。当时的 800 多棵苹果树和 3 000 多株茶树全没有了。这个在当时可是大有前途的啊！现在全部死光了。
>
> 当时的茶叶主要用来做茶叶饼子。他们用手揉搓，然后压扁，所以茶叶做得有点松散。村民拿茶叶到处卖。那个时候，正好村委会有人拉肚子，就到处找原因。有人说拉肚子是茨中村茶叶的问题，结果茨中村的茶叶厂就这样关门了。我看到大批大批的茶叶放在江边没人要，好可惜。

除了种茶叶失败的教训以外，红豆杉种植也是一个典型的失败例子。20 世纪 90 年代德钦县政府与中介公司合作，鼓励村民种植红豆杉树苗。茨中村不少刚刚富起来的村民加入了这个计划，但是中介公司不久后便销声匿迹了。最后，天主教会与迪庆州政协等单位联手，才将拖了几年的欠账问题解决好。（见表 4-3）

表 4 – 3　红豆杉育苗造成经济损失调查表

姓名	面积（亩）	育苗数量（万株）	2005 年资金投入（万元）	2006 年资金投入（万元）	2007 年资金投入（万元）	2008 年资金投入（万元）	2009 年资金投入（万元）	小计（万元）	现有苗木保存数（万株）	可变现资金（万元）	经济损失（万元）
次里	15	150	28.1	10.5	10.5	8.1	2.8	60	4.5	2.25	57.75
李汝华	25	260	48.5	18.5	18.5	14.6	6.1	106.2	6.5	3.25	102.95
李春花	2.5	24.4	6.72	1.32	1.32	0.95	0.35	10.66	1	0.5	10.16
农布	2	20	5.37	1.14	1.07	0.78	0.28	8.64	1	0.5	8.14
刘文高	1	10	2.69	0.61	0.47	0.34	0.14	4.25	1	0.5	3.75
松吉	1.2	12	3.22	0.72	0.56	0.4	0.16	5.06	0.8	0.4	4.66
罗睦方	6.5	80	18.82	4.14	3.72	2.21	0.91	29.8	3	1.5	28.3
张如林	1.2	15	3.73	0.74	0.6	0.41	0.17	5.65	1.5	0.75	4.9
张红星	0.8	9.4	2.22	0.49	0.43	0.31	0.11	3.56	1	0.5	3.06
杨哈生	0.9	9	2.4	0.51	0.47	0.33	0.13	3.84	1.1	0.55	3.29
阿保	1.6	16	4.12	1.04	0.78	0.54	0.22	6.7	0.4	0.2	6.5
保罗	0.8	9.4	2.22	0.49	0.43	0.31	0.11	3.56	0.5	0.25	3.31
小彭	2.5	24.4	6.72	1.32	1.32	0.95	0.35	10.66	1	0.5	10.16
阿歪	1.6	16	4.12	1.04	0.78	0.54	0.22	6.7	1	0.5	6.2
合计	62.6	655.6	138.95	42.56	40.95	30.77	12.05	265.28	24.3	12.15	253.13

　　资料来源：根据天主教会会长吴公底提供的《德钦县关于云南省红豆杉种植业发展状况调查报告》制表。

　　村主任罗盛才说，红豆杉事件给村民带来很大打击，目前以核桃和葡萄为主要经济作物。葡萄种植在推广初期也受到许多村民的抵制，主要原因有三个：第一是藏族村民喜欢喝烈性青稞酒，对只有十几度的葡萄酒不感兴趣；第二是葡萄种植收获慢，一般要三年后才有收成；第三是红豆杉事件给村民带来教训。所以，德钦县许多藏族村庄都拒绝种植葡萄，葡萄种植的推广工作一度陷入困境。随后，德钦县政府采取了一系列相应措施推广葡萄种植。20 世纪 90 年代末，政府与弥勒县的云南红酒业集团公司签订推广葡萄种植计划合同，由云南红酒业集团公司免费提供相关物资，包括葡萄苗、铁丝、水泥柱、化肥和农药等。随后，德钦县政府对种植葡萄的村民给予退耕还林补贴，平均每亩一年可以获得 400 元，给正因葡萄种植没有收入而犹豫的村民吃下了定心丸。同时，茨中村天主教徒对葡萄种植的支持也起到很大作用。德钦县干部都认为，茨中村的天主教信仰在葡萄种植推广中起到了意想不到的作用。茨中天主教徒认为，种植葡萄不仅是当作经济作物，而且是对天主恩赐的回报。茨中村天主教会会长吴公底就是德钦县第一个种植葡萄的人。在一次电视专访中回忆起自己是第一个在德钦种植葡萄的天主教徒时，他很自豪地说：

> 我为什么种植葡萄？第一，种葡萄是为了把传教士的技术继承下来；第二，喝葡萄酒对人的身体有好处；第三，种葡萄收益好，种粮食一亩地收成仅有 1 400 元，种葡萄一亩地可收入 3 000 元，翻一番。我从 1997 年开始种植，2002 年第一批葡萄成熟，钱很快就到手了。当时有村民询问我的收入情况，我就告诉他们酿葡萄酒很赚钱。后来还有不少人向我请教种植葡萄和酿造葡萄酒的技术，我也教给他们。就这样，葡萄种植和葡萄酒酿造技术慢慢传到了家家户户。现在，茨中酿的葡萄酒有各种口味，新鲜的好葡萄就按 1.8 元一斤收购，卖剩下的才会用来做葡萄酒。茨中村葡萄酒的制作流程都是由我的技术发展起来的。
>
> 葡萄在我们藏族聚居地很少，除茨中村外，其他地方几乎没有，有的只是种在房前屋后仅少数几棵。我原先没有打算做葡萄酒，德钦县林业局原局长和强说过，中华人民共和国成立以前传教士在茨中曾建造葡萄园，也有葡萄酒喝。1951 年前后传教士离开后，葡萄酒就再也没有了。我很关注这件事。后来老修女就把葡萄种植技术和酿酒方法教给了我。接着，我就把天主教堂后花园的几十斤葡萄弄回来做成葡萄酒，只有五十斤。我还没来得及品尝，就送到德钦县财政局那里报喜，当时大家都很喜欢。
>
> 一年以后，我开始把澜沧江一带的"玫瑰蜜"葡萄收集起来制作葡萄酒。1998 年时，我的葡萄酒销售更好了。我觉得光向外面购买葡萄也不行，我就把教堂里的葡萄树嫁接到家里。最早的时候嫁接了一亩地的葡萄，当时的葡萄架都是木头做的，标识很清楚。现在我的葡萄收入多了，大家也看得见。村民逐渐从原来反对种葡萄变为乐意种植葡萄了。[①]

---

① 《寻找西藏》纪录片中的中文解说词。

茨中村葡萄种植从此得到发展。吴公底说,他曾经到云南弥勒参观葡萄种植园,并且接受政府提供的高产品种,即弥勒引种的新品种——"赤霞珠"葡萄。有村民说:"我们从弥勒拿来了'赤霞珠',他们拿了我们的'玫瑰蜜'。云南南部的弥勒地区根本没有'玫瑰蜜'这个葡萄品种。他们是1993年从茨中村拿走了最早的葡萄种子,是吴公底在茨中天主教堂葡萄园里送给他们的。"

村民说,弥勒地区给茨中村提供的葡萄是新品种,主要是"赤霞珠"。茨中村引种的新品种产量虽然高,但是很容易得病,大家意见很大。早期葡萄种植技术由德钦县技术员来指导,农民收入也较乐观,葡萄种植推广比较顺利。但是近来德钦没有派人前来指导,虽然有村民愿意凑点钱请技术员来指导,但是大家意见不一致,最后也就没有请人过来培训。"赤霞珠"葡萄相对于传教士引进的老品种"玫瑰蜜"来说,汁多、糖分高、收购价格高,但它有一个致命的缺点,容易害病。"赤霞珠"结果后,每周必须喷洒一到两次药物,劳动强度大,葡萄一旦染上霜霉病就会颗粒无收。2011年春,茨中村大部分葡萄染上霜霉病,导致90%的村民没有收入。基于这个教训,茨中村党支部对葡萄种植更加重视。村干部认为,附近茨姑村就有酿葡萄酒的传统,应该将它规划起来,不能一家一户分散搞。近年来,葡萄鲜果和所酿的葡萄酒质量得不到保证,直接影响了茨中村的声誉。2011年11月,茨中村向县科委申请成立葡萄种植协会,并希望把燕门乡的葡萄种植协会定在茨中村,以提高茨中村的知名度。村书记白追说:

> 在德钦县乃至迪庆州,只有我们茨中村会酿葡萄酒,这是一百多年前流传下来的。教堂旁边的"玫瑰蜜"品种,全世界都没有了,我们还有。这个品种可以嫁接扦插,抗病能力很强。那些引进的新品种很容易生病,"玫瑰蜜"长势很好,气候对它影响不大。鼓励大家到何志坚家去看扦插技术,他做了一些实验,听说很好。我们要抓住这个机遇,希望大家不要错过,要大力发展茨中村的葡萄种植业,从而促进茨中村经济结构的调整。

> 我们下一步打算办酒厂,目前正在考虑引进外资,有这个思路,但是还没着手办理。燕门乡种葡萄最多的不是茨中,但是我还是希望把协会建在这里,这样可以促进茨中旅游业的发展。茨中有天主教堂,还有"玫瑰蜜"这个葡萄品种,而且又有手工酿葡萄酒的方法。

将葡萄作为主要的经济作物种植后，茨中村借助旅游业和经济作物，依托国家退耕还林政策给葡萄种植农户一定补贴，村民的收入大为增加。茨中村利用这一契机，与香格里拉酒业集团签订了全村葡萄的包销协议。2005 年，葡萄种植收入占村民总收入的 30%；2010 年，全村葡萄种植面积占总耕地面积的 40%，葡萄种植收入占作物种植收入的 50%，跃居德钦县行政村葡萄产量排行榜第三位。（见图 4-5）

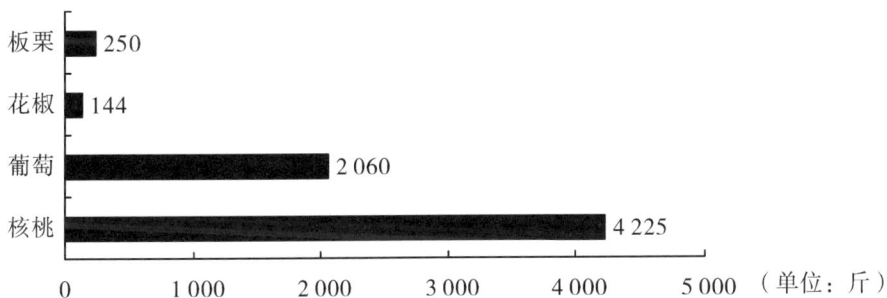

图 4-5　茨中村中社经济作物产量图

云南少数民族地区一直都重视生态环境，并在此基础上探索生计模式，谓之为"天人合一"。《淮南子·主术训》曰："故先王之法，畋不掩群，不取麛夭。不涸泽而渔，不焚林而猎。豺未祭兽，罝罦不得布于野；獭未祭鱼，网罟不得入于水；鹰隼未挚，罗网不得张于溪谷；草木未落，斤斧不得入山林；昆虫未蛰，不得以火烧田……是故草木之发若蒸气，禽兽归之若流泉，飞鸟归之若烟云，有所以致之也。"[1] 此情此景在茨中村得到印证，随着人口激增，生产力提高，人与自然的矛盾日益尖锐恶化，茨中人面临的困境已不再是以往的"猛兽出没"，而是"人地矛盾突出，薪材建材的短缺和人类环境的恶化"的报复。[2] 因此，茨中村从原来刀耕火种、旱地定耕，发展为以种植水稻为主的精耕细作，最后是茶叶、红豆杉、葡萄等经济作物种植成功与失败的尝试，终于既保留了原来传统农耕的历史记忆，同时又吸收了外来科学技术，形成传统与现代文化相互融合的局面。

"大跃进"时代过分强调人定胜天，茨中人曾经违背自然规律，提出"开荒开到山顶上，插秧插到湖中央"，掀起"围湖造田，围海造田，围河

---

① （西汉）刘安：《淮南子·主术训》。

② 蓝勇：《历史时期西南经济开发与生态变迁》，昆明：云南教育出版社，1992 年，第 294 页。

造田"的浪潮；甚至有人荒谬地认为，海拔 2 000 多米的草湖离太阳近，可种三季稻，于是放干了草湖的水用以造田，其结果不言而喻。① 茨中村在荒山野岭种植茶叶、水果的失败，除给村民带来经济损失外，还带来了一系列精神上的打击。修建澜沧江沿线公路的工程项目开始后，大批外来工进入茨中村住宿，茨中村村民的收入逐渐有所增加，其生计模式也相应发生了改变。村民从原来的农耕逐渐转为客栈服务、务工赚钱等新的生计模式，甚至影响原来不喜欢吃蔬菜的藏族村民也开始种植外地引进的蔬菜了。村民在原来种植青椒的菜园里种上了外来工喜欢的蔬菜品种，如西红柿、韭菜、豌豆等。这些新引进的蔬菜品种直接端上了寻常村民的餐桌，极大地丰富了他们的饮食生活。

田野调查期间，笔者对房东徐贵生一家的伙食作了详细记录。（见表 4 - 4）2012 年 7 月房东的伙食记录，除了说明茨中村村民的收入有所提高外，还反映了茨中村作物种植的变迁与村民饮食习俗的改变。在寻常的藏族房东家里，除当地传统的苦菜、青椒、小南瓜外，不少如青豆、椰菜、韭菜、西红柿等都是近些年才出现的蔬菜，与前几年相比，真是天壤之别。2009 年笔者首次进村时，他们每天都是清一色的玉米粑粑和一盘炒青椒，这种饮食与三年后的伙食对照起来差距太大了，不得不对茨中村种植业的变化之快感到惊叹。

表 4 - 4　2012 年 7 月茨中村房东伙食记录②

日期	饮食内容	备注
7 月 16 日	早餐：虎皮青椒，粑粑 中餐：水煮琵琶肉，蔬菜汤，米饭 晚餐：木耳煮鸡汤，米饭，鸡蛋炒韭菜	前一天晚上 11 点到达茨中村，房东徐贵生特别为笔者杀了一只鸡
7 月 17 日	早餐：粑粑，酥油茶 中餐：蒜头炒猪肝，木耳炒肉片，炒小瓜，米饭 晚餐：清炖母鸡，鸡蛋炒西红柿，红汤苦菜，米饭	与前几年相比饮食带有汉族风味

---

① 蓝勇：《历史时期西南经济开发与生态变迁》，昆明：云南教育出版社，1992 年，第 308 页。

② 本表仅记录了笔者在房东家用餐的情况，外出期间则无记录。

（续上表）

日期	饮食内容	备注
7月18日	早餐：馒头，鸡蛋，酥油茶 中餐：猪肉包子，酥油茶，腌酸野菜 晚餐：清炖母鸡，猪肝炒青豆，清炒小南瓜，清炒椰菜，米饭	
7月19日	早餐：鸡蛋炒饭，馒头，肉包子，酥油茶 中餐：猪肝炒青豆，清炒小南瓜，清炒椰菜	
7月20日	早餐：粑粑，酥油茶 中餐：蒜头炒猪肝，木耳炒肉片，炒洋芋，米饭 晚餐：薄荷炸排骨，玉米粒炒青椒，酸奶，米饭	酸奶是邻居从高原牧场带回来的。排骨是买的，共4.6斤
7月21日	早餐：粑粑，酥油茶， 中餐：鸡蛋炒西红柿，清炒椰菜，花椒煮苦菜，木耳青椒炒肉丝 晚餐：苦菜汤，鸡蛋炒西红柿，菜花炒肉，清炒椰菜	
7月22日	早餐：鸡蛋炒饭，炒小瓜，油炸肺片 中餐：火锅，排骨洋芋苦菜，米饭 晚餐：清炖母鸡，清炒椰菜，米饭	
7月23日	早餐：粑粑，牛奶 中餐：松茸煮猪肉，米饭（燕门餐馆） 晚餐：酸豆角，水煮面条	
7月24日	早餐：粑粑，油炸肺片，酥油茶 中餐：鸡蛋炒西红柿，葱花炒猪血，酸豆角，粑粑 晚餐：炒腊猪肠，玉米炒青椒，青椒炒松茸丝	半斤松茸是笔者上周六从燕门乡带回来的
7月26日	早餐：粑粑，鸡蛋炒饭，牛奶 中餐：薄荷炒猪肠丝，清炒椰菜，米饭 晚餐：水煮琵琶肉，午餐肉炒青椒，炒洋芋片，绿豆汤，米饭	晚餐两个肉：琵琶肉和午餐肉，说明房东的伙食有了改进。笔者自己煮了绿豆汤

（续上表）

日期	饮食内容	备注
7月27日	早餐：虎皮青椒，粑粑 中餐：水煮琵琶肉，蔬菜汤，米饭 晚餐：木耳煮鸡汤，米饭，鸡蛋炒韭菜	昨天向曹武三妻子购买了一只土鸡，要价二十五元一斤，最后花七十元购得一只三斤的土鸡
7月28日	早餐：粑粑，酥油茶 中餐：鸡肉汤，米饭，清炒椰菜 晚餐：面条	

四、农业变迁的思考

茨中村的农耕变迁具有广泛的代表意义。纵观东南亚地区，乃至欧美稍为落后的民族地区，都有借助经济作物发展地区经济的成功案例。这些成功与失败的案例值得我们深入研究。台湾学者对布农人从大米到茶叶再到西红柿的作物发展过程研究颇有独特视角。台湾学者黄应贵在《物的认识与创新：以东埔社布农人的新作物为例》中分析了东埔社布农人作物种植的历史。台湾的布农人从日据时期的刀耕火种，到后来的水稻耕作，再到种茶树与其他经济作物的几个发展阶段，说明布农人选择经济作物不仅是从收入角度考虑，而且是从人文观和本土知识的视角去确定作物，因此他们对新作物的理解与选择是一种文化变迁的过程。[1]

台湾清华大学人类学研究所林淑蓉的《物/食物与交换：中国贵州侗族的人群关系与社会价值》一书，从交换的角度来讨论侗族人分类作物、理解作物及人与社会之关系。她认为，居住在贵州省黔东南地区的侗族人，对于食物的分类、性质与象征意义之建构，表达了他们所关注的问题，即人群关系的对立与结盟。一向善于从文化现象的内部展开"深描"分析的美国人类学家格尔茨，更是从政治角度去解读当地人对作物种植的变迁。格尔茨曾经根据爪哇地区从传统水稻种植转为引入甘蔗后出现的问题进行深入研究，提出了著名的"农业内卷"概念。而"内卷化"这一概念也是

---

① 黄应贵：《物的认识与创新：以东埔社布农人的新作物为例》，《物与物质文化》，台北："中央研究院"民族学研究所，2004年。

由美国人类学家高登魏塞在研究、解释文化模式内在结构变迁的概念时提出的。所谓"内卷化",是指某些文化发展至一定阶段时,再继续发展却不能对生产有明显的促进,只会增加产业内部复杂性而已的现象。格尔茨认为,爪哇地区人口稠密,水稻田和甘蔗田之间存在某种相互依赖的关系,是一种典型的"农业内卷化"表现。当地原来从事水稻耕作的农民,在荷兰政府的倡导下大量种植甘蔗后,并没有使村民增加收入,反而减少了收入。格尔茨指出,劳动力递增、人口密度加大是造成村民收入减少的主要原因。爪哇甘蔗种植在原本的水稻田中,为使甘蔗产量得到提高,村民的投入也随之增加,导致人口稠密,造成总收入、总支出与总人口同步增长,因此农民实际收入没有增长太多甚至下降。格尔茨认为,这就是爪哇地区农业"内卷化"共贫现象。①

格尔茨的研究在当时引起了国际学术界的重视,因为格尔茨"内卷化"理论在 20 世纪 60 年代提出时,恰好遇上罗斯托经济起飞理论在全球得到认可。格尔茨"内卷化"理论及其观点广受学界赞赏,并在经济学、社会学与人类学等领域得到广泛的应用。"内卷化"理论不仅波及东南亚地区,甚至进入亚洲各国的研究领域。台湾学者王远嘉独树一帜,在《农业内卷化理论与强迫种植制度关系之新研究:以爪哇地区为例》中对格尔茨所指出的研究结果表示怀疑。在对同一地点作详细研究后,王远嘉认为,应该"将关注问题的焦点放在 19 世纪的爪哇农业的发展方向和机会,究竟他们的成长空间受到多少殖民政策和经济模式制约性影响"②。他指出,在殖民统治下,殖民政府对爪哇农村自然资源的控制和对自然环境的支配让爪哇地区失去一连串的发展机会。最关键的是,爪哇农民遭到"强迫种植"的制度性束缚,使爪哇农民沦为蔗糖工业的从属,丧失了选择其他经济作物的机会。"爪哇地区农民在强迫种植制度下仅能选择蔗糖单一作物,而且根本缺乏有效率的生产工具及方式,无法进入市场机制化,这才是沦为'共贫化'的主因。绝非格尔茨所言的构建完美、想象丰富的爪哇文化生态在偶然历史条件下所诱发的农业'内卷化'现象。"③

经过对茨中村种植业一系列变化的分析,笔者认为,茨中村的农耕变

① GEERTZ C. Agricultural involution: the process of ecological change in Indonesia. Berkeley: University of California Press, 1963.

② 王远嘉:《农业内卷化理论与强迫种植制度关系之新研究:以爪哇地区为例》,《亚太研究论坛》2004 年第 24 期。

③ 王远嘉:《农业内卷化理论与强迫种植制度关系之新研究:以爪哇地区为例》,《亚太研究论坛》2004 年第 24 期。

迁历程是一种值得重视的农业"内卷化"现象。虽然茨中村人均占地面积越来越少，葡萄种植对提高农民收入有重要作用，但对村民来说，葡萄种植之于他们是一个想要又不敢要的产业。俗话说"风险与利益共存"，茨中村人充分意识到高收益作物的风险。吴公底在比较葡萄种植与传统农作物种植时说："虽然葡萄新品种产量比较高，但收入不稳定，容易一无所有。2011 年春，茨中村连续下雨，村民无法喷洒农药，全村葡萄患上霜霉病，只有小部分农户种植了"玫瑰蜜"及其他抗病能力强的品种才略有收成，全村葡萄 90% 失收。"经过这次打击，部分村民开始挖葡萄树改种其他作物，有的还把高产葡萄枝剪掉，在原来树桩嫁接传统的"玫瑰蜜"葡萄。直到现在，全村也没有普及葡萄种植。据不完全统计，目前茨中村葡萄种植的收入只占茨中村总收入的 1/3。

葡萄种植本身是一种现代园艺，具有技术含量高、劳动强度大、管理程序杂等特点，对于习惯逐草游牧、不愿意恪守农事规律的藏族村民来说，这本身就是极大的挑战。尽管葡萄种植收入是传统农作物的两到三倍，但它并没有得到村民广泛支持。这充分说明，茨中村在接受外来技术、外来文化的同时，也对自身优势作过思考并予以保持。

第四节 小 结

茨中村农耕模式经历了游耕、刀耕火种、水稻种植和经济作物种植四个不同的发展阶段，先后种植了水稻、青稞、小麦、玉米、核桃、葡萄等农作物。茨中村农业生计模式的变迁，除了与工具的更新、技术的发展密切相关外，还与当地的文化变迁有着密切联系，并由此汇集了一份份与农耕相关的文化记忆。村民的农业生计模式延续并整合了当地多个民族的传统习俗。例如：傈僳族刀耕火种的传统习俗重视自然界万物生长的自然规律，选择花开鸟叫时节来播种玉米、旱稻；根据当地自然条件，纳西族总结出一套完整的水稻种植技术，修建了星罗棋布的灌溉系统；天主教为了满足宗教仪式的需要，带来了优良的葡萄品种和园艺栽培技术。

尽管茨中村在农业生计模式变迁的过程中遭遇了多次失败，但他们依然作出不懈的努力，反复进行尝试。20 世纪 60 年代茨中村种植过多种经济作物，但大部分均以失败告终；70 年代茨中村推行茶树种植，中社和二社两个自然村村民在最好的水稻田里种上茶树，但由于没有销路，几百斤茶叶最终腐烂化泥；90 年代初，德钦县政府与中介公司合作，鼓励村民种植红豆杉树苗，不少刚富起来的村民加入了这一种植计划，没想到中介公司卷款逃走，使村民遭受巨大损失；90 年代末，茨中村在德钦县政府的推动下发展葡萄产业，其农业生计才逐渐步入正轨。茨中村农业生计的变迁，体现了茨中村人在高原自然环境与市场经济规律之间的博弈与调适。

茨中村人在大力发展葡萄等经济作物的同时，还继续保持原有的传统作物种植，呈现出对往日的怀念与记忆。表面上看来，这似乎是村民对传统记忆的怀念，但实际上，这是"文化整合"的思维在起作用。外人对茨中村作物种植持有乐观看法。当政府积极推广经济作物、提高农田单产时，茨中村村民发出了恢复红米、青米种植的呼声，或许，他们早就预见到化肥、农药以及过量劳力需求将会带来类似爪哇甘蔗产业的"农业内卷"问题。

如果考察古人对生态效应的利用，重新审视茨中村农业发展的具体情况，我们将明白，为什么茨中村村民对传统农业有着深厚的感情和执着，为什么茨中村拥有如此多的农业祭祀仪式。值得注意的是，为了与各种农业生计相适应，茨中村村民还创造了一整套与"多种生计"相适应的文化传统，建构了独特的种植时间、祭拜仪式和节日庆典。他们的传统习俗中不但融合了东巴教、藏传佛教的文化，还与汉文化及天主教文化密切相关。因此，呈现在我们眼前的是一幅尊重各民族传统、维系村庄整体和谐的文化愿景。

茨中村农耕生计的变迁，既是现代与传统冲突的结果，又是村庄内部与外部相互影响的结果。农业生计变迁、种植经济作物劳作强度增大与传统的农业生计有着巨大的差异，势必给茨中村这个古老村庄的每一户家庭带来影响。

第五章　婚姻家庭

茨中村的婚姻家庭是复杂多变的。最早落户的先人是纳西族人，茨中村至今仍保存着许多纳西族传统与东巴文化。随后，藏族马帮沿着澜沧江茶马古道进入茨中村，给该村带来了藏传佛教与藏族文化传统。19世纪初，内地汉族人因传教、谋生、通商而来到茨中村，有些人与当地村民通婚并定居下来，汉文化与汉族婚俗开始潜移默化地影响着这个封闭的小村庄。世代居住在深山里的茨中村村民，从此向外界打开了婚姻与贸易的大门。

自给自足的自然经济，父系血缘关系为主线的亲属体系，两者构成了茨中村这个滇西北多民族地区的主要社会关系。除血缘关系外，地域关系、宗教组织与文化背景，共同构成茨中村独特的婚姻关系与家庭结构。本章从茨中村最小的社会单位——家庭谈起，借助地域性群体的地缘关系讨论茨中村族群之间的生计模式、传统文化与婚姻家庭的关联。自给自足、半农半牧的传统生计方式，一方面导致家庭内部分工更加细密，另一方面也保留了社会发展中的残遗风俗。

第一节　村庄人口与家庭模式

一、人口构成分析

茨中村原为纳西族村庄，但村内居住着藏族、汉族、傈僳族、纳西族、白族、怒族等民族，和睦相处是其一大特色。现在茨中村的藏族人口大约占村民总数的90%，俨然成为一个以藏族为主的多民族聚居村落。村民主要信仰藏传佛教、东巴教、天主教，还存留着多种原始宗教，如自然崇拜等。茨中村共有九个村民小组，235户，1 137人。耕地面积为955.11亩，人均占有耕地0.84亩。村民顺应自然环境形态的多样性，采取半农半牧的生计方式谋生，种植业以玉米、小麦、水稻为主，兼营核桃、葡萄、花椒等经济作物。

茨中村多民族聚居现况的形成，主要是由早期民族迁徙、藏族与纳西族战争、汉族与其他少数民族不断加强联系和族际通婚所致。从明代开始，茨中村的纳西族、汉族与藏族之间的通婚就已存在，形成了典型的迪庆藏族族群"古宗"。民国二十六年（1937）中甸县县长段绶滋编著的《中甸县志》① 详细统计了当时县内的民族比例，对于 1941 年迪庆藏族聚居地少数民族聚居的情况描述如下：民族种类及人口中，迪庆的"汉族有陕西籍、江西籍、湖广籍、川籍、滇籍诸种，其一部分系为绿营弁兵之苗裔所繁衍，其余则为贸易、开垦、游艺而来，多居于第三区之金沙江边，次则县城，再次则第四区之上桥头。生性和易疏懒，无冒险性，共有 2 204 户，男女 12 015 口"；藏族"散布于第一、二、四、五各区，生性强悍尚武，顽固守旧，共有 1 832 户，男女 8 252 口"。② 段绶滋还提道："摩些族俗称为本地人，居住最久，散布于第三区之三坝乡及良美、五车、木笔各乡，生性懦弱，体力单薄。其在良美、五车、木笔 3 乡者，渐与汉族融合。惟三坝乡囿于一偏，……共有 1 624 户，男女 8 259 口。傈僳族散居于第三区。因第三区良美乡一带，系石戛山之阴，山深林密，虎豹为害，乃于乾隆年间，由士普旺人向维西县属澜沧江边招来唐姓猎户一家，其后遂繁衍于沿江一带高山，共有 451 户，男女 2 022 口。"

美国学者洛克经过实地调查，很早就注意到迪庆一带两族间这种融合现象。他在《中国西南古纳西王国》一书中指出，"藏式纳西人"和"摩些古宗"的出现与明代木氏土司向藏族聚居地的扩张和移民有关，并把这些迪庆藏族称为"摩些古宗"与"藏式纳西人"。③

茨中村的多民族聚居，除民族迁徙、民族战争外，不同民族之间的交往也是造成其聚居的原因。茨中村位于南北走向的澜沧江茶马古道的驿站旁边，这条茶马古道向北联系西藏，向南沟通丽江、大理，一直是他们与外界取得联系的重要路径，也是最易接触南方汉人和北方藏族的渠道。此外，茨中村背后的碧罗雪山连接贡山，是茨中村村民与福贡乡傈僳族、怒族交往的东西走向通道。当地怒族也常挑着针线、粮食等货物通过这条山路来往于茨中村，用胡豆、玉米、鸦片等作物交换酥油、大米等。

众多的历史事件也是加速茨中村多民族融合的诱因。19 世纪中后期天主教的传播、20 世纪 50 年代迪庆藏族聚居地的解放和 80 年代的西部开发等，使汉族、傈僳族、白族、怒族等少数民族因森林砍伐、水电站与

---

① 参见段绶滋：《中甸县志》，中甸县志编纂委员会办公室：《中甸县志资料汇编》，1991 年，第 43 – 48 页。

② 参见段绶滋：《中甸县志》，中甸县志编纂委员会办公室：《中甸县志资料汇编》，1991 年，第 43 – 48 页。

③ ［美］J. F. 洛克著，刘宗岳等译：《中国西南古纳西王国》，昆明：云南美术出版社，1999 年，第 198、223 页。

公路建设而进入茨中村，进一步丰富了茨中村多民族融合的内涵。当年参加平定迪庆叛乱的解放军战士王廷佑说："当时大部分茨中村东巴教村民都讲藏话，会讲纳西话的不多。在 1956 年划民族成分时，有些本来属纳西族的村民因为语言不通而误报为藏族。茨中村的纳西话和丽江纳西话完全不同，茨中村的藏话和昌都或拉萨的藏文也不太通。有些汉族人也因此而把自己改为了藏族。"笔者于 2011 年 2 月在德钦县档案馆查阅了近 60 年来茨中村各个民族的人口数据，相关情况进一步证实了王廷佑的说法。（见表 5 - 1）

表 5 - 1　茨中村各民族人口统计表

单位：人

年份	总人口	汉族	藏族	白族	傈僳族	纳西族	怒族
1964①	967	197	676	3	7	84	0
1982②	974	201	681	0	7	80	5
1990③	1 147	133	951	2	4	57	0
2012④	1 139	130	954	3	2	50	0

从茨中村各民族人口统计表及实际调查可以看出以下三个问题：①茨中村总人口 60 年来并没有发生较大变化。茨中村人口受教育程度相对其他藏族聚居地来说比较高，天主教徒与藏传佛教徒对生育有所节制。此外，茨中村两个比例最大的群体内部通婚，导致民族内部人口变化不大，人数相对稳定。②茨中村部分村民外出打工，受教育程度较高的村民则到学校、政府部门任职，使当地人口增长缓慢。由于周边藏族比例较大，因此茨中村藏族人口增加较快，2012 年约有 1 000 人；汉族、纳西族、傈僳族等人口自 1982 年持续减少，其中怒族自 1990 年开始减少为 0。③开展人口普查时，迪庆地区对藏族实行优惠政策，使村民私下改变族属以求国家给予更多优惠政策。例如，20 世纪 80 年代人口识别对少数民族成分划

---

① 德钦县燕门区公所档案：《燕门区人口普查汇总表》，1964 年永久卷，全宗号 18。
② 德钦县燕门公社茨中生产队档案：《燕门公社茨中生产队人口普查汇总表》，《德钦县第三次人口普查手工汇总表》，1982 年永久卷。
③ 德钦县燕门乡档案：《燕门、云岭乡：两乡第四次人口普查手工汇总表》，1990 年永久卷，全宗号 28。
④ 2012 年 8 月访谈茨中村副村主任获得的数据。

分采取"一刀切"的办法，导致不少村民在人口统计时，把原来族属统一改变为与周边村民相同的藏族族属。这种集体更改族属的结果，直接反映在90年代的人口普查当中。1990年茨中村藏族人口比1982年增加近40%，同期汉族人口减少34%，纳西族人口也减少29%。

二、家庭规模与类型

家庭是由父母子女构成的社会基本单位，是社会结构的基本形式。由家庭产生的婚姻、亲属关系在社会活动中具有特殊作用。家庭是维系种族繁衍和延续的主要途径，同时也是完成社会结构再生产的重要手段。个体在家庭中出生、成长，在家庭中经历最初和最基本的社会化过程，并在家庭中不断塑造自身世界观和行为准则，形成初级价值判断。茨中村的家庭分类，与迪庆藏族聚居地家庭分类十分相似，即主要由核心家庭、主干家庭两大类组成。这些家庭模式体现出茨中村的独特性，既保留了滇西北藏族的多偶制婚姻家庭特点，又兼顾了纳西族一夫一妻制的传统。（见表5-2）

表5-2　茨中村家庭形式统计表（2007年）

单位：户

家庭形式	日米	龙巴西卡	南三	南二	南一	中社	上二社	上一社	西马拉扎	总计
单人家庭	2	3	0	0	0	1	1	2	3	12
核心家庭	16	14	15	9	8	13	7	14	9	105
主干家庭	15	8	6	6	14	22	14	11	10	106
扩大家庭	1	0	0	1	0	3	3	1	1	10
卫星家庭	4	0	0	0	0	0	0	0	0	4
主干卫星	3	1	1	2	0	1	0	0	0	8
核心卫星	2	0	1	2	1	0	1	3	0	10

茨中村的核心家庭是一对夫妇及其未婚子女所组成的家庭，开始时只有一对夫妻，子女出生以后则包括与其同住的子女，其中包括一对夫妇无子女或由夫妇单方与其未婚子女组成。扩大家庭则是由年老的父母及其未婚子女与两对以上已婚子女所组成的家庭。主干家庭介于以上两者之间，通常是一对夫妇与一个已婚子女及其配偶、子女组成的家庭。在茨中村，儿子未婚前一般留在大家庭中，属于核心家庭成员，一旦大儿子娶妻生子，就形成三代同堂的典型主干家庭；小儿子娶妻后，大部分都与父母分

家，独立建立自己的家庭。所以茨中村的家庭规模不会太大，一般都为四五人。（见表5-3）

表5-3　茨中村家庭规模统计表（2012年）

单位：户

家庭规模	日米	龙巴西卡	南三	南二	南一	中社	上二社	上一社	西马拉扎	总计
一人家庭	1	3	0	0	0	1	1	2	3	11
二人家庭	1	4	0	3	1	1	0	2	0	12
三人家庭	3	3	5	3	2	6	3	7	2	34
四人家庭	14	7	7	5	4	7	8	9	7	68
五人家庭	10	1	6	4	6	11	7	6	6	57
六人家庭	6	4	3	1	7	8	4	2	2	37
七人家庭	3	2	0	1	2	4	1	2	2	17
八人家庭	1	1	0	2	0	0	2	0	1	7
九人家庭	1	0	0	0	1	0	1	0	0	3
十人家庭	2	0	0	1	0	0	0	0	0	3
自然村小计	42	25	21	20	23	38	27	30	23	249

　　茨中村被调查的249户家庭统计数据显示，核心家庭114户，主干家庭111户，扩大家庭、卫星家庭、主干卫星、核心卫星组成的联合家庭13户，非完整型家庭（原夫妻核心家庭因配偶去世，一个人独居的家庭）11户，核心家庭与主干家庭数量相当，在茨中村所占比例最高。其中，4人和5人组成的家庭居多，分别占27%、23%。人数比较少的家庭占家庭总数比例较大的原因，主要是茨中村兄弟一般在婚后分家，父母与未婚小儿子同住。此外，由于茨中村小学与中学毕业生比例较大，年轻人特别是青年女性喜欢到德钦县的餐饮与娱乐场所工作，这些女性往往认识外地男性而到外地结婚，造成4~5人的家庭比例进一步上升。2012年茨中村人口性别统计数据为：男性585人，女性554人，共1 139人。

　　茨中村是典型的农牧混合区，这里的家庭生计模式既有纯粹农业，又有纯粹牧业，更多的是半农半牧。农区与牧区的生产方式比较单一，家庭分工不明显。农区专事农作，兼牧少量牲畜；牧区纯粹从事畜牧，以高原放牧为主；更多的村民从事半农半牧型的生产方式。半农半牧、自给自足的生计方式，既是家庭内部分工细密的表现，也是半农半牧藏族聚居地特有的兄弟共妻等传统婚姻模式的延续。从目前茨中村人均占有耕地、牲畜的数量可以看出，茨中村的农业成分要比牧业大，体现了农耕需要的劳作较少，而畜牧需要的劳作更多。一个男劳力务农，一年能够轻松耕种1~2亩地，而放牧需要投入更多时间和体力，因此从事农业的纳西族家庭主要以一夫一妻制存在。值得注意的是，虽然茨中村的牧业比例不高，但作为一种游牧传统，至今对当地的婚姻家庭起到较大的作用。由于游牧、马帮与外出谋生等传统的延续，加上周边藏族聚居地兄弟共妻的习俗，导致了茨中村至今还存在多种独特的婚姻形式。从茨中村上一社村民从事劳务、农业与牧业等各种生计的收入表中可以看出，家庭人口越多，饲养牲口的数量越多，其劳务收入也相对于人口较少的家庭更多。（见表5－4）不过值得注意的是，茨中村许多家庭均有一定成员从事公务员、教师与专业工匠等职业，因此各个家庭的收入并不一定由单纯的人口数量和劳动力数量来决定。

表5－4　茨中村上一社收入情况表

户名	人口	劳动力（人）	劳务总收入（元）	牲口总数（头）	粮食总产量（斤）
曹嘎正	7	3	12 000	16	5 450
阿姆	4	2	3 000	11	1 100
阿叁	3	2	4 000	7	1 200
五七	5	2	10 000	10	2 700
马丽雅	6	2	15 000	5	2 400
阿歪	3	2	10 000	6	17 510
阿尼	2	0	100 000	0	700
忠龙太	6	3	10 000	0	0
阿初	3	0	2 000	0	0
李新品	5	2	10 000	5	1 700
徐胜康	6	2	20 000	0	1 400
六拾妹	6	0	80 000	6	5 000
阿香	3	1	10 000	7	4 150
永强	5	2	10 000	8	3 750
旺玉珍	6	2	10 000	8	6 500
斯南	5	2	12 000	12	4 500
次里农布	5	2	20 000	10	4 400

（续上表）

户名	人口	劳动力（元）	劳务总收入（元）	牲口总数（头）	粮食总产量（斤）
徐祖光	4	2	6 000	12	3 050
徐金强	4	2	20 000	14	3 300
阿散	4	1	5 000	7	2 600
肖兵	1	1	3 000	1	0
阿罗	6	4	4 000	10	2 100
李国忠	4	3	25 000	5	1 250
阿生	7	5	10 000	17	3 800
康生	3	2	6 000	10	2 500
斯那拉姆	6	0	1 000	0	0
阿旺约	1	1	3 000	0	800
次马	3	3	9 000	10	2 800
罗盛才	5	2	15 000	2	1 000
鲁昔	6	5	12 000	5	1 950
格达纳	6	4	6 000	6	2 450
鲁金	1	1	15 000	0	0
徐晓柯	4	0	10 000	0	0
双妹	5	1	40 000	0	0
徐常生	4	2	5 000	9	2 800

第二节　族群记忆与家庭模式

　　虽然目前茨中村居住着藏族、汉族、傈僳族、纳西族、白族、怒族等民族，但是根据当地许多老人回忆，茨中村由多个民族构成的原因是多方面的。最早落户茨中村的是纳西族，他们分别是和、刘、李、张四姓氏。茨中村关于"铁锅田"的传说与茨中村村名的来历，都反映了纳西族早期进入茨中村的情况。原燕门乡小学校长刘文高说："最早落户茨中村的是我们纳西族。茨中村村名源于纳西语，'茨'为户之意，'中'为数字六。以前茨中村由伙头管辖六户，因此得名。"刘文高说，茨中村最早只有十二户人家，纳西人是这里的原住民。[①] 纳西族进入茨中村的历史，可以追溯到木天王时期，那时有些士兵不愿随军撤退，便留了下来，散居在这里。此后，各种各样的人来到了茨中村。首先是一些藏族马帮来到这里，他们是从茨中龙巴西卡那条路上来的，后来他们与当地姑娘结婚，在此成家立业了。修建茨中天主教堂时，传教士带来的汉族木工有的也留在了这里，中社路边有两座汉族瓦工的坟墓，就是在他们死后由当地村民修造的。

纳西族与藏族带来不同的生计模式，形成了各自独立的农业和牧业。但是，在两个民族相互通婚、相互交融后，新的家庭逐渐形成半农半牧生计模式。这种生计模式使各个家庭内部分工更加细化，男性多承担高原游牧，女性则承担河谷坝地的农业种植。在婚姻模式上，既保留了纳西族一夫一妻婚姻制度，又融合了高原牧区特有的兄弟共妻、姐妹共夫等藏族聚居地传统婚姻模式。两种不同的传统文化、风俗习惯给新的家庭带来了新的磨合，豪放直率的藏族与性格内向的纳西族相互适应，不同民族背景的家庭得以存续。

一、纳西族记忆与家庭

纳西族落户茨中村的历史可以追溯到木天王时期。村里至今仍保留的"铁锅田"，村民们说这是明朝南诏国木天王在滇西北地区屯兵时遗留下来的。茨中村至今还流传着许多关于纳西族的古老神话，大部分都与龙、猪等纳西族图腾有关。其中两个神话诉说了茨中村周边保护神的来历。第一个神话是讲保护茨中村的山神阿杜白丁，它详细地诉说了纳西族七个兄弟与村里高原湖泊中一条龙的搏斗，七兄弟翻船牺牲后遂成为当地保护神，其名叫阿杜白丁。第二个是关于西马拉扎自然村保护神的传说。此神叫"帕里牛该"（纳西语，汉语的翻译是尾巴白白的小猪）[②]，它从一头猪成为西马拉扎自然村保护神有着一段神奇的经历。

茨中村几个主要的纳西族家庭，至今还保留着用纳西族的地名来对家族姓氏命名的习俗，这种传统延续了古老的纳西族记忆。最早来到茨中村

---

① 肖杰一父亲肖国恩为跟随传教士于 1905 年从四川迁入茨中村的天主教徒。传教士到达茨中村时发现茨中村已经有纳西族家庭十二户，分别是六户地主占据着中心地带，拥有最好的土地，此外还有六户佃户。这与刘文高等纳西族原住民所提到的最早茨中村有六户纳西族并不冲突。

② 根据村民回忆，古时纳西族用来祭祀的猪，必须选取一头小黑猪，而且头部有一个白点，尾部也有一个白点。

的几个家庭，其姓氏的纳西语发音全部都是用茨中村的地名来命名的，并且与一些当地的纳西族传说有关。刘姓发音称"高博"（Gao Bo），意为家在大路上面；张姓发音称"格恰"（Ge Chia），意为家在田野上面；和姓发音称"堂郭"（Tong Go），意为家在马路上面；李姓发音称"卡机"（Ka Gi），意为家在山根下面。（见表5-5）茨中村还存在纳西族传统的命名方式，即以一个故事命名自己所居住的地方或者自己的家。茨中村有一个地方被称为"密色共卡"（Ma Se Gong Ka），意为伙头居住的地方，是茨中村最早一户人家居住的地方，该地现由天主教徒曹嘎正一家居住。"密色共卡"有一个人人皆知的纳西族故事：传说早期茨中村的一个伙头，因为得罪了四川的木匠，后来被木匠用鸽子焚毁了房屋。

表5-5　茨中村最早的四个纳西族姓氏

姓氏	纳西语名称	汉语意思	具体位置
刘	Gao Bo	家在大路上面	刘文高家
张	Ge Chia	家在田野上面	和嫦妹家
和	Tong Go	家在马路上面	和士贵家
李	Ka Gi	家在山根下面	李四花家

此外，还有多个地方也是用纳西语来命名的。"属吏弓"（Shu Li Gong）意为李子树下的小山坡，该地现由徐贵生居住，原址的一户纳西族村民家里种植了当地罕见的李子树。"节长达"（Jie Chang Da）意为茶场，现为天主教徒肖杰一居住的旧屋，"文化大革命"期间在"节长达"开设茶厂专门为燕门乡茶叶工厂提供原料，后茶厂倒闭，茶场也随之停止。"同贵"（Tong Gui）意为松节油，现为天主教徒肖杰一的新屋，传说当时这个地方种植了大量的松树，村民常到此砍松明子引火。"通果"（Tong Guo）意为坝子的尽头，现由村民和士贵居住，最早的纳西族居住在茨中村的中心地带，现在这里已经是纳西族聚居点的尽头。"鲁巴米谷"（Lu Ba Mi Gu）意为可怕的黑石头，现由村民余顺勤居住，传说这里经常有小孩失踪，有人说是魔鬼把小孩带到这里后被石头吃掉了。

茨中村后边有一座小山，名叫"凤山"，也是以纳西语来命名的。凤山是村里的先人嘱咐后代子孙不得砍伐的神圣之地，半山腰有一片长得特别茂盛的小树林，叫"吉查果"，是村里唯一的风水林。这一片风水林逃过了"文化大革命"和"垦荒"两次乱砍滥伐的灾难。这个神圣的地方，一直不准村民随意砍伐，就连当年的造反派也不敢动这块风水宝地。风水林种植栗子树，其他地方种的都是松树。风水林有一个泉眼，村民很早就把泉水引入茨中村，现在还可以看到建造在风水林边上的蓄水池遗迹，以及长达四十多米由石块堆砌起来的引水槽。茨中村至今还存留着木氏屯兵时使用过的农田灌溉水渠，为水稻田灌溉一次能保持一周。特别是当地种植的青米与红米，在燕门乡其他地方都找不到了，是以前纳西族祖先带来的。茨中村八十多岁的老人鲍金汉是从外地迁入的汉族，他也认可茨中村最早的居民是纳西族的看法。他说：

> 茨中的村民是从哪里传来的？在我看来纳西族是木天王进藏时带过来的。元朝成吉思汗进藏、明朝木天王进藏，都带来了纳西族。如今盐井、芒康有很多纳西族人，他们都是木天王的后裔。德钦县巴迪村、茨中村和维西藏族聚居地也有纳西族人，他们也是木天王的后裔，茨中村的稻田是由纳西族开创的，其他地方没有。
>
> 起初，茨中村有十二户人家，纳西人是这里的土著。其历史可以追溯到木天王时期，有些士兵在撤退的时候留了下来，散居在这里；还有一些马帮来到这里，留下了后代；一百多年前，修建茨中天主教堂的时候，有些木工也留在这里。现在，这里就成了汉族、傈僳族、藏族、纳西族等多民族的聚居地。纳西族当时是茨中村的地主。土改时，这里有五户地主、七户佃户。地主成分的家庭都是纳西族，佃户都是从中甸来的。

从茨中村的自然环境来看，最好的土地位于茨中天主教堂附近。这里有比较好的泉水灌溉系统，土地质量也比其他地方优越。茨中天主教堂是全村的中心，旅游资源比较丰富，经商者也比较多，已经有五家客栈或旅社，还有四家商店。这些中心地区的村民收入比较高，也比较稳定，而他们正是最早到达茨中村的纳西族后人。对于茨中村纳西族的早期活动，村里老人记忆犹新，不少老人还记得纳西族的各种庆祝、祭祀仪式。从村里老人口头访谈及记录来看，茨中村在七十年前仍保留着苯教和东巴教的不少痕迹。经过茨中村纳西族老人钟龙太核对，东巴教举行宗教仪式的场所当时在茨中村的北面，也就是目前茨中天主教堂北边二百多米处，在那里建有东巴教的念经场地，曾经是东巴教祭天、祭风等各种宗教活动开展的专门场所，至今仍然是茨中村最重要的祭祀地点。钟龙太说：

> 东巴教祭祀场主要在打箭台附近。在东巴教的宗教活动中，祭祀
> 非常重要。那时，东巴主要采用新鲜的猪血和大米祭祀祖先，使用的
> 物品有三种不同的树木，即松树、板栗树和柏树。这三种树木分别诉
> 说着东巴的祖先去世后复活的神话故事。①

东巴教虽在茨中村已有相当长的历史，但许多活动现都已销声匿迹。我们仅能通过采访中老人的回忆来重现历史。东巴教每年在正月初七、初八、初九、初十举行重大的集市活动。在这些活动中，全村的男性都要参加，不得缺席。祭祀的第一天是正月初七，这天最重要的事情就是屠宰一头80斤左右的黑猪，还要选用三棵特殊的树，即板栗树、松树和柏树。

在东巴教祭祀仪式中，还有一种重要的祭祀物品——米酒。这些米酒用大米酿造，由大罐子装着，于除夕之前搬到集市上，在新年期间才可以打开食用。在仪式过程中，东巴教徒对着米酒念经。仪式结束后，将这些米酒抛洒到祭祀台后面的树林里，表示对山神的敬奉。屠宰好的黑猪也被分成若干小块，在念经结束后分发给村民，让他们带回自己家里。

二、藏族记忆与家庭

根据村民回忆，继纳西族之后，随着茶马古道的通达和马帮的到来，茨中村的人口不断增加。首先进入茨中村的是来自西藏察瓦龙地区的藏族马帮。马帮头人的后代、现任茨中村天主教会会长吴公底说："藏族是在纳西族定居后才进入茨中村的，距离茨中村核心地带较远的地方是由后来迁徙到茨中村的藏族移民开辟的。"茨中村周边土地贫瘠，居住环境恶劣，大部分土地是旱地、坡地，只有很少一部分后来才逐渐改为低产的水田。因此，居留在茨中村后，藏族马帮往往依靠与纳西族村民组建家庭来获取较好的居住权利。来自西藏的马帮后裔、天主教徒杨哈生回忆道：

> 我爷爷是藏传佛教徒，是西藏西康那一带的打银匠。当时，
> 我爷爷有一些手艺，会打银器和铜器，跟随马帮来到茨中村看上
> 了奶奶后，就留在了这个地方。当时，他与三兄弟和一个妹妹都

---

① 纳西族老人钟龙太访谈记录（2011年2月，钟龙太家中），吴公底现场翻译。

留在了这里。我爷爷的妹妹嫁给了巴东人；我大爷爷有一个天主教的朋友，于是就在那里上门；二爷爷在开度哈上门；三爷爷在巴东上门。大爷爷顺从女方，入了天主教，上门前就洗礼了。

天主教徒居住在茨中村边远地区，是早期东巴教与天主教冲突造成的。天主教刚刚在茨中村立足时，东巴教势力非常强大，他们立下规矩，禁止天主教徒在茨中村主要通道上行走，只能在乡间小道通行，且不得进入茨中村中心地区。当时，皈依天主教的教徒大都为贫穷村民，他们至今仍居住在边远地段。茨中村龙巴西卡自然村也居住着许多天主教徒，龙巴西卡自然村与茨姑自然村相邻，1905 年被佛教徒焚烧的茨姑天主教堂旧址就在茨姑自然村里，现在茨姑天主教堂已经成为一片废墟，完全看不到昔日的风貌。

茨中村居住格局图大致可以表现出以下特点：天主教堂位于茨中村的中心地段，大部分纳西族村民居住在离天主教堂最近的第一圈，藏族与其他族群在距离天主教堂较远的第二圈，天主教徒居住在第三圈。此外，沿澜沧江河谷还有一条东西走向的小路，小路两侧居住着一部分天主教徒。

茨中村牧民在高原放牧营地居住四个月，且往往在高原牧场单独居住。不过也有例外，一些年老的藏族牧民由于生活不便也会把妻子带上山一起放牧，以便互相照顾。这种游牧生活是目前难以看到的藏族游牧式家庭生活。平时，七十五岁的藏民农外与儿孙一起住在村里的大屋子里，主要从事农业耕作与牲口的饲养。但每年 6 月，农外就与妻子带着二十多头牦牛去高原牧场放牧，直到 10 月才回到茨中村。在高原牧场放牧期间，农外夫妇要与家人分别四个月。在此期间，农外一家在村里的家庭结构就由原来祖孙三代同堂的主干家庭变成了只有父母与子女的核心家庭。（见图 5 - 1）

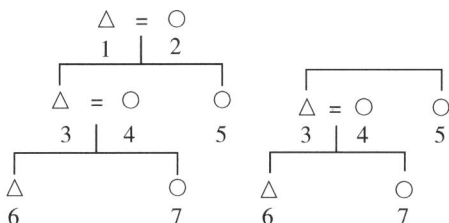

图 5 - 1　农外一家的家庭结构变化（左为坝地期间，右为高原牧场期间）

茨中村的藏族村民由于祖祖辈辈习惯了游牧生活，住房一般不采用藏族惯用的牦牛帐篷，而是采用石块与木头来建造，这是一种把藏族的游牧生活与纳西族的定居生活合二为一的做法。夏秋两季，茨中村藏族村民在高原牧场时采取核心家庭生活方式；冬春两季，则在平原坝地采取主干家庭的生活方式。茨中村村民通过两种不同的家庭模式来适应当地的环境。

三、汉族记忆与家庭

茨中村的汉族主要源于历史上的三次汉族迁徙。根据访谈资料，迁徙到茨中村的汉族主要是来自四川、云南的工匠，还有一些是被流放者与逃荒者。由于迁徙较晚，家境困难，他们只能与茨中村周边的村民联姻，或者购买土地定居下来。最早进入茨中村的汉族人是 20 世纪初跟随传教士到茨姑传教的四川教徒，有十多人，其中包括传教士管家、木匠、泥瓦匠、画匠等。此后，20 世纪三四十年代因战乱逃荒的汉族人与逃避兵役的汉族人，他们由于生活所迫而迁徙到茨中村居住。此外，大理、丽江等地的手工艺匠人也逐渐来到茨中村，因他们有一定的手艺，能够得到当地姑娘的青睐而定居茨中村。20 世纪 50 年代解放军进藏平叛后，汉族土改队员、解放军战士等也有留在茨中村的。最后一批进入茨中村落户的汉族人主要是近期参与澜沧江公路建设的民工与手艺人。

其中最得传教士信任的核心人物并不是茨中本地人，而是来自他乡者。他们大部分是汉族人，包括随着传教士从四川来到茨中的马夫、茨中天主教堂看门人、建造茨中天主教堂的匠人等。据茨中村天主教徒肖杰一回忆，他父亲肖国恩是四川汉族人，是当年从四川跋涉到云南的传教士的随从。肖国恩给传教士当文书，来到云南后与伍许中神父一直居住在茨中天主教堂。茨中天主教堂建成后，肖国恩在茨中村娶妻生子，安家立业，从此开始了几代人的天主教信仰。肖杰一说：

> 我父亲叫肖国恩，是原西康省康定县打箭炉村莫西寨人，与当地人结婚后就留在了茨中村。父亲肖国恩精通拉丁文，能用拉丁文翻译。父亲一心想长大以后当神父传教，为主作证。父亲很热心，成绩突出，十八岁就进入神学院学习深造，引起伍许中神父的注意。后来，伍许中神父被天主教调到云南省德钦县茨中天主教堂议政总司任代主教。临走前，他多次请求教主和修道院院长，允许派遣父亲去当秘书，掌管文书，负责人事，并协助处理日常工作。

《迪庆宗教史》对最早进入茨中村的汉族记述如下："顾司铎（顾德尔）与任司铎在阿墩子设立教堂十余年，并无居民从教。其左右供役者，仅川民数名。"[①] 外来汉族人数并不多，主要是脚夫、护卫、兵卒等下层民众，没有社会地位，背井离乡，无依无靠，往往成为传教士最可靠的帮手。这些外地移民最后也不得不依附于天主教，以抗衡当地强势的藏传佛教，因而成为忠实的天主教徒。茨中天主教堂看门人白多诺就是其中典型的例子。白多诺，教名小贵生，是阿墩子天主教堂的法国神父为其受洗时取的教名。1936 年，白多诺出生于德钦，父亲属汉族，叫杨富泉，是一个到处走村串户的货郎。由于父亲早逝，白多诺从来没有见过父亲。成年后白多诺在德钦县国民边防军独立营当兵，由于他是营长的伙伴，故受到特殊关照。白多诺说：

> 我的继父腊豹对我很好，但在我生母死后却改变了态度。当时，我在独立营服役，该营负责德钦县城一带的民防治安。1948年，德钦县城内藏族人在一次事件中打死一名国军士兵。消息传到昆明军方，上级问责下来，并派出一团兵力来问罪，独立营怕承担责任，全部官兵都作鸟兽散，落荒而逃。国民党部队解散后，我只好来到茨中天主教堂，负责给神父放牛、放马，当时传教士有四五匹马、三四头牛，直到今天我还是一个人住在教堂大门旁边的小房里陪伴天主。[②]

茨中村私塾教师进天主教会小学与藏族女教徒建立家庭，是汉族知识分子进入茨中村的原因之一。老教友肖杰一回忆道："我结束了茨中伙头私塾学习后，于 1939—1941 年被父母送到茨中天主教堂里学习藏文与教会开设的其他课程。这些课程包括《早晚经》、《领圣前后经》、五十段《玫瑰经》等必读的天主教经文，并且获得领受坚振圣事。茨中小学的教师都是传教士从在土司家里教书的老师中收编过来的。例如张子良老师，原来在茨中伙头家教书，后来由于拖欠工资等原因，张老师任期未满就向伙头辞行。之后张子良找到安德勒神父，要求在教会小学教书。神父同意后，张子良就开始在茨中天主教堂任教，后来还在天主教堂领了圣洗圣事，并与

---

① 黄举安：《云南德钦设治局社会调查报告》，德钦县志编纂委员会：《德钦县志》，昆明：云南民族出版社，1997 年，第 360 – 380 页。

② 白多诺，茨中村，2009 年 8 月。

茨姑村晒归冬拉山寨里的一个女天主教徒结了婚。"[1]

随着解放战争的到来，进入茨中村落户的汉族人员成分越来越复杂。这些汉族人包括战乱中逃荒避灾的难民，以及后来参加平定藏族聚居地叛乱的解放军战士。这些汉族移民一开始既不属藏传佛教，也不属天主教，有的甚至还捕捉当地认为是神鸟的秃鹫来果腹。七十岁的天主教徒谢和佑，其父是丽江纳西族人。谢和佑母亲在 20 世纪 50 年代初随着逃荒队伍来到茨中村定居，先后嫁给两个村民。他回忆母亲土改落户茨中村的情形时说："我家逃荒到这里，外婆死了，只剩下我妈妈。她在诺巴找了一个汉族男人结婚，随之住了下来。但是，那个男人在山上打猎时因猎枪走火而身亡。后来，我妈妈又找了一个云南丽江的纳西族男人结婚，才生了我哥哥和我。我去了丽江两三次，那里还有一个弟弟住在玉龙村。我的名字，就是谢家与和家一起来保佑我的意思。"

来自云南楚雄的解放军战士王廷佑，是最典型的汉族与藏族通婚后定居茨中村的例子。王廷佑是平定迪庆叛乱的解放军战士，生于 1937 年，是楚雄州楚雄县冬瓜镇小郭邑村人，十八岁参加革命，1957 年在云南省公安学校学习后被分配到德钦县公安局，1978 年 2 月调至燕门乡任副书记。他说："当时一些土匪到处开枪，解放军在佛山、盐井、羊拉与土匪作战，1958 年解放军打到德钦县。原来我计划返回昆明的，但由于战事紧张，就留在茨中村参与平定叛乱和整改了。"王廷佑认为，德钦县发生叛乱是造成他在当地结婚定居的主要原因：

> 那时，政府一面打土匪一面土改，八年土地改革，改革后平反。1958 年全县土地改革，反动组织多得很。尼通对面的村子一边土地改革，一边打土匪。土改胜利后，成立了燕门乡，接着搞互助组织。我当时能讲当地藏话，所以留在茨中村工作。当地藏文是土藏文，与拉萨藏文、昌都藏文的语法相同，但口音不同。到德钦县后形势紧张，由于没有马骑、没有客栈，走路经常很危险。去下乡调查之前通常要叫一个人先联系，也顺便锻炼胆量。为了减少战斗损失，大部分成员开始配枪。1958 年我奉命到茨中村搞土改。由于当时回一趟老家不容易，后来遇到一个合适的藏族姑娘，就与她成家了。[2]

---

① 肖杰一，茨中村，2010 年。
② 王廷佑，茨中村，2009 年。

王廷佑认为自己落户茨中村与当时的土改工作有密切关系。他在采访中对当时与茨中村藏族姑娘结婚的过程描述得非常仔细：

> 我是上门女婿，妻子是土地改革时认识的。土改工作队有个女队员就是我妻子的姐姐，也是知识分子，当时分管南路卡、日米几个地方的治安工作。当土改工作基本结束时，我认识了她的妹妹刘兰秀。由于从茨中村到楚雄要走四十天，所以我最后就选择在茨中村安家。我与刘兰秀结婚时，她才十九岁。1989年3月3日，妻子在中甸医院治病，做了手术，回家后因伤口感染而去世，当时才四十六岁。妻子去世后，我没有再婚，一个人含辛茹苦把五个女儿拉扯大。①

茨中天主教堂的西边是龙巴西卡自然村，这里多是旱地，土质贫瘠，水源很少。道路两边大部分都是只适合种植玉米、小麦和青稞的旱地。由于无法进入生存环境比较好的茨中村中心地带，汉族居民只能在这些环境比较恶劣的地方居住下来，因此他们之中不少人成了天主教徒。茨中村的家庭与婚姻非常复杂，主要是由各种族群交往造成的。通婚的模式主要是藏族与藏族联姻、纳西族与纳西族联姻，汉族则采取多民族选择的形式组建家庭。天主教徒肖杰一的家族史在一定程度上反映了当时茨中村汉族与周边少数民族通婚的模式。

四、通婚圈与民族交融

茨中村与外界交往依靠南北走向的澜沧江茶马古道和东西走向的碧罗雪山山路，茶马古道是茨中村人获得外部资源与信息的主要通道，同时也是茨中村人与外界联姻、吸纳移民的要道。

（一）不同民族交融的结果

调查资料显示，20世纪80年代以前的茨中村，大部分婚姻对象来自本村，仅个别人会与周边村庄通婚。由于茨中村周边大部分是比较纯粹的高原藏族村庄，因此老一辈茨中村村民的通婚对象基本上是藏族人。造成这种状况的原因是多方面的：第一，茨中村普遍流行藏语；第二，德钦县一

---

① 王廷佑，茨中村，2009年。

带藏传佛教势力强大，茨中村周边喇嘛寺林立，藏传佛教的传统迫使村民选择藏族人为配偶，以便维系原有的宗教信仰；第三，由于藏族土司、伙头、活佛、喇嘛等相互勾结对村民收租、摊派寺庙费用，若与藏族联姻，尤其是庞大的家族，可减少租金和寻求庇护。

至于年青一代的茨中村村民，他们又是如何选择配偶的呢？田野调查发现，茨中村的男青年大部分热衷从事公务员、教师与工匠等职业，女青年则大部分选择当教师、开餐馆等。由于这些职业都在德钦县或迪庆州其他城镇，因此新一代的茨中村村民的通婚圈比父母辈要大。从茨中村几个纳西族和藏族家庭结构中可以看出茨中村青年一代对婚姻的选择。以茨中村上二社刘文高一家的家庭结构为例：刘保禄是茨中村纳西族人，兼茨中村保长。刘保禄夫妇都在茨中村务农，但他们的三个儿子都是公务员或教师。老大刘文意是原迪庆州副州长、人大常委会主任；老二刘文增与老三刘文高均是当地小学教师，其中刘文高担任燕门乡小学片区校长。刘文高有三个子女，均在政府部门工作。大儿子刘福常任澜沧江水电站工程师，女儿刘水妹在德钦县政府工作，小儿子刘常在德钦县县志办任编辑。刘文高不但子女在政府或者学校工作，就连子女的配偶也在德钦县政府部门工作。刘文增在茨中村任小学教师，妻子阿丽扎务农，大女儿余贵莲在茨中村务农，小女儿余美莲与朋友在迪庆州开了一家小餐馆。（见图5-2）

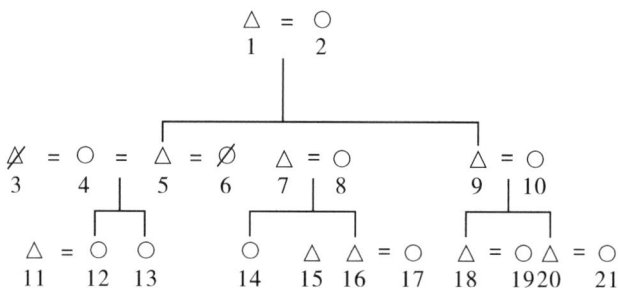

图 5-2　刘文高家庭成员结构图[1]

原茨中村伙头的儿媳妇和嫦妹一家，也是典型的教师与公务员家庭。年轻时，和嫦妹嫁给了当时茨中村伙头的儿子和电泳。和嫦妹说，因为两

---

[1]　1刘保禄，2×××，3茨中民，4阿丽扎，5刘文增，6阿八妹，7刘文高，8斯娜永宗，9刘文意，10曲初，11阿木柱，12余贵莲，13余美莲，14刘水妹，15刘福常，16刘常，17姗姗，18采采，19×××，20灯祝，21曲初。

人都出生于富农家庭，故经常受到歧视和打击。和嫦妹的爷爷说和家势力大，和电泳是个出色木匠而且体格健壮，日后一定会光宗耀祖。和嫦妹与和电泳成婚后，家庭收入在茨中村稳居前列，子女大部分选择担任教师与公务员。和嫦妹的大女儿在家务农，是茨中村妇女主任，大女婿张永正是茨中村小学教师，两个外孙女均在德钦县卫生学校上学。另外两个女儿和小儿子均在燕门乡中小学担任教师。小儿子和玉龙是燕门乡中学教务处长兼教师，儿媳妇益西曲初是燕门乡中学教师。（见图 5-3）

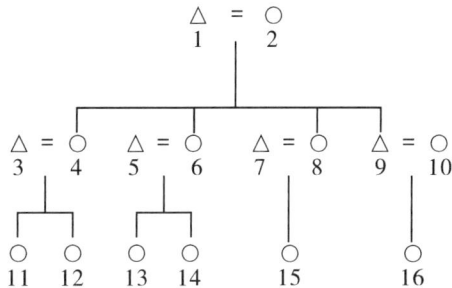

图 5-3　和嫦妹家庭成员结构图①

除了纳西族家庭，茨中村的藏族家庭也不例外。不少藏族家庭都重视子女教育，茨中村天主教会原会长曹嘎正就是其中一例。曹嘎正夫妇一直在茨中村务农，大儿子曹武三原是茨中村村医，但是没有被列入公务员编制。曹武三学习勤奋，在担任村医的同时连续几次参加德钦县的公务员考试，最终在 2012 年正式考上德钦县公务员，被聘为燕门乡医院正式医生。二女儿曹武英是德钦县公安局员工，二女婿廖泽全是德钦中学教师。三女儿曹武妹从小就想成为一名修女，经由大理天主教堂的陶志斌神父推荐，派去菲律宾神学院学习两年，准备回来后做修女。但由于曹武妹没有通过修女考核，故现今在大理天主教堂担任陶神父的助手。（见图 5-4）

① 1 和电泳，2 和嫦妹，3 张永正，4 和玉秀，5 格宗达娃，6 和玉珍，7 和天宝，8 春梅，9 和玉龙，10 益西曲初，11 张德才，12 张德媛，13 相巴卓玛，14 日青武木，15 桑金珠玛，16 念西江初。

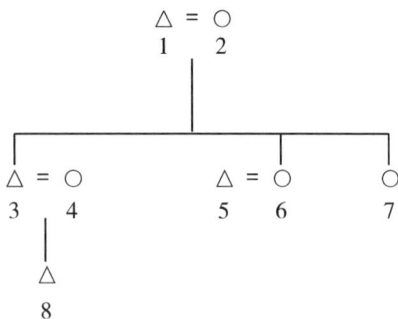

图 5-4　曹嘎正家庭成员结构图①

　　从以上分析可知，茨中村下一代对就业的选择与上一代有明显区别：他们一般不像祖辈那样局限在茨中村，而是极力谋求向外发展。茨中村青年借助接受高等教育、公务员考试和外出打工，通婚圈不断扩大。原来一些学者认为，藏族的婚姻一般会选择村落内婚。笔者认为，这种情况符合早期迪庆藏族聚居地的生产力水平，目的是不让家庭财产流失和增强家庭的凝聚力。原茨中村马帮头人吴公底一家便是兄弟与姐妹联姻，进一步缩小了婚姻范围，最大限度地保留了自己家族的财产。但是，在茨中村对外交往日益扩大的情况下，年青一代更倾向于选择村外的公务员和教师作配偶，由此导致茨中村的通婚圈较前扩大。近年来，德钦县公务员考试对藏族村民给予 5 分的降分优惠，再加上茨中村青年考取昆明、大理等地大学的比例不断增加，故外流者越来越多。茨中村的通婚圈随之进一步扩大，并且有逐渐向外省发展的趋势。

（二）不同文化交融中的矛盾

　　茨中村小学退休教师刘卫东于 1972 年结婚，那时候刚好是"文化大革命"时期。刘卫东当时在一所民办小学当教师，妻子在家务农。妻子家是天主教家庭，姊妹仨与父母全部都是天主教徒。大女儿和二女儿都嫁给了天主教家庭。三女儿嫁给了刘卫东，刘卫东家却是一个佛教家庭。大姑爷起初不是天主教徒，而是佛教徒，结婚后就改了，因为他的母亲也是天主教徒。二姑爷也是一个天主教徒。这两个姑爷都住在家里。唯有三女儿嫁给刘卫东后搬了出去，刘卫东说：

------

① 1 曹嘎正，2 刘妹，3 曹武三，4 永追，5 廖泽全，6 曹武英，7 曹武妹，8 曹杰元。

我和老婆于1972年结婚。岳母是狂热的天主教徒，天天去天主教堂，岳父也是天天去教堂。因为我是藏传佛教徒，岳父开始骂女儿了，说她没有说服我转为天主教。岳母说得更难听，不过都是我不在场的时候说的。后来我忍无可忍，和岳母大吵了三次。

第一次我发脾气，是她不但要我加入天主教，还悄悄把十字架放在我房子的客厅和卧室里，放在那个特殊位置后用布盖住。我看见了，把布揭开并丢掉了它。那个十字架小小的，我故意丢给她看。我说你把十字架放在我房子里，什么意思啊？是不是想害我？她听了很生气。

第二次是我老婆去世的时候。老婆去世后，岳母不准我去请喇嘛来超度，一定要我请天主教徒来举行天主教仪式，我很生气。最终，我还是请喇嘛来念经，请了五个喇嘛，这天岳母没来，岳父来了。这个就是典型的两个宗教没有融合好的例子，导致了比较大的冲突。后来，岳母还放过十字架在我酒壶里，又被我发现了。

第三次是我老婆下葬的时候，岳母又来我家大闹。我说，我老婆去世后是要上天的，你这样整天闹，搞得我老婆的灵魂都不知道要上哪里了。后来一个天主教亲戚把岳母拖走了。[①]

刘卫东还说："'文化大革命'前，坟场的左边是佛教徒坟墓，右边是天主教徒坟墓。'文化大革命'反对封建迷信，把很多坟墓都挖出来了，因此天主教徒与佛教徒的坟墓就混在一起了。由于两种宗教混杂在一起，引起村民很大意见。现今佛教徒的坟墓逐步移葬在白塔那里。天主教也搬了，也是葬在白塔那里。天主教墓地和佛教墓地仍然没有分开，还是混在一起，这在全国很少见。"最后他补充道：

我对天主教没有太大意见，现在我还帮他们呢。村里的十字架90%是我画的。茨中村现在的佛教徒比较随和，天主教反而比较强硬。我作过统计，以前信天主教的有四十五家。2000年，天主教徒跟佛教徒的人数都增加了，目前还是天主教徒比较多。中社一共有三十六户人家，其中三十三户信仰天主教，占90%以上。

---

① 刘卫东，茨中村，2010年8月。

如今天主教徒的比例在上升，而佛教徒人数在下降。清明节不单是佛教徒过，所有教派都过。天主教徒以前不去扫墓，现在他们也会去，他们也接受了我们的风俗。现在，他们也是七天念一次经，已经有三四年了。①

第三节　小　结

本章主要从四个方面对茨中村家庭、婚姻变迁进行了探讨，并说明了茨中村婚姻是一个复杂的、与周边环境相互影响的文化系统。

首先，本章探讨了茨中村婚姻关系与生计模式的关联。我们可以看到，在茨中村的婚姻关系中，还曾出现用土地、金钱来换取婚姻等交易行为，甚至存在兄弟共妻与姐妹共夫等特殊婚姻状态，这些情况的出现与生计模式不无关联。茨中村是典型的"农牧混合区"，这里的家庭生计模式虽然有纯粹的农业和牧业，但更多地处于半农半牧状态。半农半牧、自给自足的生计模式，既使家庭内部分工趋向细化，也使半农半牧藏族聚居地特有的兄弟共妻等传统婚姻模式得以延续。同时，笔者还发现，来自天主教与藏传佛教等不同宗教的夫妻，成立家庭后一般都会有一方放弃原有教派而皈依对方的信仰。如果双方都坚持原来的信仰，家庭内部就会有相当激烈的冲突。此外，近期不少村民与外地通婚给茨中村带来许多新气象，但是这类家庭大部分都以离婚告终，这反映了德钦藏族聚居地与外地习俗、文化还存在相当大的差异。

其次，本章探讨了茨中村婚姻与移民的关联。百年以来，茨中村人口已经发生较大变化，就数量而言，已经从原来的二十户扩展为现在的二百多户，这与茨中村外地移民密切相关。移民主要来自藏族聚居地，部分为四川、云南等地的木匠和泥瓦工，此外，还有流落到当地的逃荒者。他们由于迁徙较晚，家境困难，只能在茨中村周边偏远地方买地定居，于是造成茨中村今天的多民族聚居的格局。20世纪60年代后，茨中村的汉族、纳西族、傈僳族等人口持续减少，而藏族人口不断增加，这是因为迪庆地区对藏族实行优惠政策而促使村民更换户口族属以获得国家给予的好处。近年茨中村人口增加减缓，究其原因，主要是茨中村相对其他藏族聚居地来

---

① 刘卫东，茨中村，2010年8月。

说受教育程度较高，天主教徒与藏传佛教徒比例较大，对生育有所节制。

最后，本章还探讨了茨中村婚姻与文化传播的关联。从纳西族最早落户茨中村，到马帮、商人等先后沿着澜沧江茶马古道进入茨中村，再到内地汉族由于传教、谋生、通商等原因定居茨中村，可以说，茨中村一步步地向外界打开了婚姻的大门。村民与外界接触的机会越多，原有文化受到的冲击就越大。于是，随着茶马古道贸易的发展、天主教文化的引入、外地打工者的进入、青年的外出谋生，茨中村村民对婚姻的看法发生了巨大的改变。

第六章　社会组织

滇西北多民族地区位于西藏与云南西北部接壤地带，其族群以藏族、怒族、纳西族文化为主体，兼收并蓄了白族、傈僳族和汉族等文化，是活跃于藏彝走廊藏、羌民族交叉地带的典型群体。从远古走到今天，滇西北多民族地区几度变迁，数易其主，先后经历了羌人的迁徙、唐代吐蕃的南下、元代蒙古的安抚、明代丽江纳西族木氏土司的统治，乃至清代西藏地方势力的重返迪庆等时期。根植此地的各种社会组织的演变，沉淀着各个时期的文化印记。它既是迪庆高原各民族文化叠加、相互融合的产物，又是滇西北各族人民相互融合的结果。

滇西北多民族地区历来远离国家权力的控制，主要通过传统民间组织对村务进行管理。源于唐代吐蕃、成熟于明代丽江纳西族木氏土司的社会组织，一直是这些高原地区村庄的事务管理机构。从历史来看，这些社会组织与当地早期落户的东巴教、藏传佛教的噶玛噶举派有着密切的渊源。摩尔根在《古代社会》中讨论了人类政治组织的发展，他认为"人类的政治组织不是自古有之，也不是独立于社会之外，而是随着社会的进化从简单到复杂、从原始到完备逐步发展而来的"①，摩尔根的进化学说后来成了马克思主义政治理论的思想来源。由于滇西北多民族地区目前尚保留了众多的社会组织机构，当地老民组织、属卡组织与天主教组织等的结构与仪轨相对完整，各个组织之间还保持着相互冲突与相互融合的局面，其组织之间的变化格局至今依旧扑朔迷离。研究滇西北多民族地区社会组织的演变，对剖析中国边远村庄社会组织的发展与更替具有一定的现实意义。

随着我国社会形态的不断演变，滇西北多民族地区原有的社会组织也不断发生改变。属卡组织、天主教会、保甲、村委会等组织先后进入这个古老村落，与原有老民组织相互配合参与管理村庄各种事务。纳西族老民组织、藏族属卡组织与天主教会组织不但发展出一定数量的组织成员，而且更延伸出严格的内部分工与管理体系。他们通过各自系统化的祭祀活动与村庄事务管理，维持对村庄政治、经济与文化各种活动的控制，逐渐形成了老民组织、村委会与天主教会等多个组织并存的复合社会组织的独特现象。

茨中村最早的社会组织是纳西族老民组织。老民组织主要由茨中村的年老村民组成，他们通过与纳西族东巴教合作对村庄进行管理。早期的东巴教作为纳西族集体信仰的本土宗教，传入茨中村历史相当悠久，对茨中村的农业生活、文化习俗和社会活动都有十分重要的影响。作为一种由本

---

① [美]路易斯·亨利·摩尔根：《古代社会》，北京：商务印书馆，1997年。

土发展而来的原始宗教，东巴教几乎囊括了所有祭祀仪式、婚嫁丧娶等社会活动。为了增强民族认同感，纳西族老民组织与东巴教相互合作，依靠大量宗教活动来加强对村民的控制。在村务管理方面，早期茨中村属于迪庆土司管理，迪庆土司在此设土千总一人，下辖土把总一人，以收缴田赋、清查户口、剿匪捕盗、修路造桥等公共事宜为主要职责。① 中华民国期间，在民国政府势力的影响下，茨中村的社会组织发生了一系列变化，德钦实行保甲制与土司制并存的方法对滇西北多民族地区实行控制与管理，使保甲协助土司解决逐渐增加的地方治理事务。茨中村采取保长与伙头合二为一的方式进行管理，但两者对茨中村具体的村务治理分工并不明显。通常是伙头负责村庄具体管理事务，保长协助处理部分事务。中华人民共和国成立以后，茨中村保甲制度随之土崩瓦解，由中共党支部、村委会组成的新一代管理机构逐渐接手村务治理并维持至今。滇西北多民族地区目前尚保留老民组织、属卡组织与天主教组织等从早期到近代的多个社会组织。这些组织的结构相对完整，不同的组织曾经在不同的历史时期行使不同的职能，各种组织权力交替变化展现了这些组织权力随社会变迁而不断更替的历程。（见表 6 - 1）

表 6 - 1　茨中村社会组织

出现时间	社会组织	组织首领	近况	管理范围	祭祀仪式
清代前期	老民组织	伙头	主要管理	村务	纳西族东巴教
清代中期	属卡组织	老民	协助管理	佛教徒	藏传佛教
清代末期	天主教	神父、会长	协助管理	天主教徒	天主教
中华民国	保甲	甲长	被取缔	村务	
中华人民共和国	村委会	村书记、村主任	逐渐成长	村务	

---

① 周俊华：《滇、川、藏纳西族聚居区土司制度的多种类型》，《思想战线》2007 年第 3 期。

第一节 老民组织与祭祀活动

滇西北多民族地区许多村庄至今还保留着纳西族、藏族与天主教传统的社会组织，其中以纳西族、藏族与傈僳族等七个少数民族共同相处的茨中村尤其明显。茨中村的社会组织大致有老民组织、属卡组织、村委会和天主教组织等多个社会组织，主要由本地、中央政府与宗教团体来建立。一般来说，茨中村最重要的组织是本地的老民组织。

中华人民共和国成立前，茨中村东巴教的势力十分强大，村民各种社会活动与生产活动都离不开东巴的占卜与祭祀。尽管目前纳西族东巴教的求雨等祭祀仪式已经消失，但一些纳西族村民告诉笔者，茨中村东巴教以往的祭祀活动场面十分热闹。祭天是纳西族村民众多祭祀仪式中最重要的活动，是纳西族相沿甚久的一种古俗，也是纳西族集体参与活动的最具传承意义的仪式，在村民记忆中占据所有仪式的首位。元朝的李京最早对纳西族的祭天活动作了生动的描述。他写道：纳西族"正月十五登山祭天，极严洁，男女动数百，各执其手，团旋歌舞以为乐"[1]。明朝景泰《云南志》卷五《丽江府风俗》载："摩些蛮，不事神佛，惟每年正月五日具猪羊酒饭，极其严洁，登山祭天，以祈丰禳灾。"[2]乾隆《永北府志》对纳西族的春节祭仪也有详细记载："摩些之一种，凡遇过年节令，以松枝置屋上祭祀，备述先世所为事迹，以示后辈，知其源流。"[3]不过，自藏传佛教和天主教进入茨中村以后，纳西族东巴教的活动相继消失。祭天仪式、三朵节等活动只能在个别纳西族村民家里偷偷举行，以往纳西族引以为豪的大型祭祀活动，今天只能在年老村民的口述中略知一二。

茨中村的祭天仪式主要由老民组织主持。茨中村伙头——和氏家族，是主持茨中村祭天仪式的主要成员。茨中村早期的祭天仪式以氏族为单位，由同姓宗族组成。举行仪式的场所叫作"堂郭"（Tong Go），即纳西族东巴教用于祭祀的射箭台。东巴教已于20世纪80年代随着最后一个东巴的去世而在茨中村消失，目前保存完整记录的东巴教仪式非常少，昔日许多祭祀

---

① （元）李京：《云南志略·诸夷风俗》。
② （明）景泰《云南志·卷五·丽江府风俗》。
③ （清）乾隆《永北府志》。

活动的细节只有通过一些老人口述，才能加以了解。

祭天是纳西族文化中最古老、最原始的信仰活动，也是茨中村人们口述中最为完整的记忆之一。祭天活动和纳西族的社会史、民族史以及纳西族先民的物质、精神生活密切相关，可以说是纳西族文化中最具代表性的特质。纳西族历史上有"禾""麦""束""尤"四个氏族群体，后来演变为四个主要祭天群体。祭天仪式是一个强化民族记忆、维系自身传统的祭祀活动。这种祭祀活动对参加成员的要求甚严。祭天群体一般由有共同血缘关系的父系世系群构成，各个祭天群的祭天内容、程序基本一致。祭祀仪式很复杂，主要包括念祭天经、做米酒、修筑天场栅栏、选备祭天树、舂祭天米、立祭天树、除秽、点香、献酒、射箭镇鬼、杀猪和鸡献血、献牲、献食等程序。村民鲍金汉老人说：

> 茨中村东巴教每年在正月初七、初八、初九、初十这四天举行重大祭祀活动。这些活动男人不得缺席，女人不准参加。正月初七是祭祀第一天，这天最重要的事情是屠宰一头八十斤左右的猪。东巴选定的猪必须具备一个特征——头、尾各有一个白点。祭祀还需要三棵树——板栗树、松树和柏树，东巴把猪血洒在三棵树上，这些树就成为"法树"。村民把法树枝条拿回家里保管，因为他们相信这些枝条具备降妖伏魔的法力。
>
> 每年举行祭祀仪式时，村里必须选一位男性担任抓猪手。如果他用左手抓住猪，就可以分猪的左半部分；如果他用右手抓住猪，就可以分猪的右半部分。正月初七，村民们还要举行射箭活动。每个纳西族男性都要带一根竹竿、一把冬青叶磨成的细粉（用薄绵纸包起来），并将其挂在竹竿上带去祭祀台。整个仪式要用二三十斤大米和猪血制作"血米"。纳西族村民深信，血米能够驱赶身上的病魔和高山牧场上的猛兽。[①]

根据茨中村老人钟龙太的回忆，东巴教祭天仪式通常选择在正月初十、十五举行。在举行仪式的当天，男性村民们都要集中到祭天的场所参加东巴教这一仪式。在东巴祭祀仪式上，祭祀物品主要有米酒、猪血和大米，其中最重要的物品是当年新酿制的米酒。米酒由东巴专门负责保管，并规

---

① 鲍金汉，茨中村祭祀台，2011 年。

定不得在仪式之前打开，否则会给村民带来噩运。在仪式过程中，东巴教徒对着米酒念经；仪式结束后将米酒抛洒到祭祀台后面的树林里，表示对山神的敬奉。

祭祀当天由东巴宰杀一头猪，这头猪必须是头和尾各有一个白点的黑猪。祭祀杀猪的目的在于取血。新鲜猪血混上早已准备好的大米，再经过东巴加持法术便成为纳西族村民的灵丹妙药。根据对祭祀仪式的资助多寡，村民可以相应取得一定数量的血米。纳西族村民相信，这些血米具有非同寻常的法力：患有疾病的村民服用几粒血米即可治愈疾病，村民把血米撒在牧场周围可以保护牛群不受黑熊伤害，受到妖魔威胁的村民也可以使用血米来驱赶恶魔。祭天仪式结束后，猪肉被割成小块分发给村民。村民喝上一小杯米酒，带上一小块新鲜猪肉赶在天黑前返回自己家里。鲍金汉是目前尚能够用纳西语主持村民祭祀活动的几个老人之一，他在回忆纳西族祭天仪式时说：

> 我是1930年出生的，我七八岁的时候，射箭台还保护得很好。射箭台主要用来烧香和祭祀，其周围种植了很多常青树，
>
> 每当举行祭祀仪式时，村子里东巴教的高层人物坐上面，底层的中农、贫农坐下面，当时东巴教很讲究等级划分。"大跃进"时，射箭台的树木全部被砍掉了。现在，纳西族很少来拜祭了，但我们吃饭的风俗保留了下来，早点全部是用纳西族方法制作的，有麻花、饼子等，藏族就没有这些了。
>
> 以前茨中村主要由纳西族管理，现在由村委会管理了，春节期间纳西族的祭祀活动也变少了，以前春节纳西族的活动很多。祭祀仪式一般在凌晨三点开始，此时村里的人就要起来到水沟里取水，并且放到自家水池里。此外，还要在房屋门前燃放鞭炮，在水面撒上谷子，祈求平安和吉祥。大年初一要到山上去敬奉山神。纳西族祭拜两位主山神，一位是"吉查果"，另外一位是"阿杜白丁"。[①]

每年春节纳西族都要在射箭台举行盛大的祭天仪式，还要在其他几个祭祀点举行一系列的祭祀活动。祭拜山神也是茨中村纳西族重要的祭祀活

---

① 鲍金汉，茨中村，2010年8月。

动。村民说，阿杜白丁与扎拉凶姆是茨中村纳西族重要的山神，也是常年守护在村民身边的保护神。阿杜白丁是纳西族男性的名字，意为我们的父亲；扎拉凶姆是纳西族女性的名字，意为我们的母亲。村民们常说，两座神山的名称都是纳西族语，是最早到达茨中村的纳西族村民为了保存自己的传统而分别给两座山命名的。茨中村佛教徒鲍金汉说，茨中村背后的阿杜白丁神山来源于一个古老的纳西族故事：

据说很久以前，有七个兄弟从远方来到茨中村准备到卡瓦格博雪山转山，但是，在与盘踞在茨中村的一条巨龙搏斗时全部身亡。他们的身体化作今天的阿杜白丁神山上的岩石。这些石头上的积雪不会融化，一直守护着村里的父老乡亲。

这个传说还有一个版本：在远古时候，村民把村子扩展到西马拉扎一带，激怒了住在这里的一条巨龙。那里有一个相当大的湖，村民们称之为"大海子"。湖里住着一条龙，这条龙有时候会危害西马拉扎村子里的村民，让村民感到威胁和不安。后来，村里有七个兄弟决定为民除害。他们联手把村里最强壮的一头公牛挑选出来，拉到西马拉扎山背后的一座山峰上，放到山上的湖里与巨龙搏斗。这头牛头上长了一对大角，在村里每年斗牛比赛中屡战屡胜。这头牛跳入了湖水中，与水里的巨龙激烈搏斗。牛与龙不停地在湖水里翻滚，湖水被激起巨浪，从山顶直接冲到山下。牛和龙经过一番搏斗之后，湖水恢复了平静。七兄弟以为凶恶的龙已经被杀死，就坐上一艘小木船划到湖中心去查看。没想到龙还没有完全断气，再次翻滚起的巨大浪花把小木船弄翻，七兄弟落水以后被巨龙咬碎，身体化作阿杜白丁山上的岩石，长久地保护茨中村村民。

牛与巨龙搏斗后的第三天，村民到茨中村北边的西马拉扎查看情况。洪水把西马拉扎山的小村庄完全淹没了，原有的村庄一点痕迹都找不到了。据说当时还隐约听到泥土底下有鸡叫，他们确信西马拉扎小村庄的确是被牛和龙搏斗时产生的湖水淹没了。[①]

在原始宗教以及东巴教山神观念影响下，茨中村几乎将每一座山都赋

---

① 鲍金汉，茨中村，2012年2月。

予了神圣的名称。茨中村由五个自然村构成，众多神山环绕着茨中村，分别是茨中村中心地带的"阿杜白丁"神山、东部的"斯格尼玛"神山、南部的"扎拉凶姆"神山、北部的"帕拉尼姑"神山。纳西族对山神的命名，除赋予山神一系列称谓、传说、神话外，还会编造出许多生动的故事，进一步强化当地纳西族自我认同和与周边藏族群体之间的区别，体现记忆对认同的作用。例如：茨中村北面的西马拉扎自然村，神山叫作"帕拉尼姑"，其名取自纳西族语，意为"一头尾巴白色的小猪"，主要是为了纪念一头在一次重要祭祀活动中献祭的小猪。南面龙巴西卡自然村的山神名叫"扎拉凶姆"，意为人死了要去的地方，它所处的地点，是过路的马帮经常遭遇抢劫的危险地带。当地村民还给"扎拉凶姆"起了另外一个奇怪的名字，叫"可怕的黑石头"。最南边巴东自然村的神山叫作"代立出家"。西边江东自然村和日米自然村也有自己的神山，名叫"次里别处"。①

　　纳西族是一个有着悠久历史的民族，早期的东巴教为了适应外部环境，谋求自身的生存和发展，创造了五十多种法事仪式。如祭天、祭"署"（自然之神，与纳西人的祖先为同父异母的兄弟）、祭祖、祭风（超度殉情而死的痴男怨女），都是东巴教最重要的宗教仪式。每当天气干旱、作物歉收时，村民就会集体前往位于茨中村中心地带的东巴教祭祀台，举行祭天和求雨仪式。清末，茨中村曾被划归维西厅（县）管辖，维西县雪龙山顶的龙潭祭祀活动对茨中村影响甚大。据说，雪龙山顶的龙潭四时不涸、池水清幽，"土人当天旱时"便到此祭"神龙""求雨"，文人墨客留下了不少当时求雨祭祀等活动的精彩描写;②每年四五月天旱时，除了成年人集体到祭祀地点求雨以外，还有儿童"结社扎香火龙祈雨"。当地有诗一首为证："香火为龙闹夜中，喷烟吐雾似云丛;蜿蜒烈焰胜霄汉，闪灼红光射碧空。只为黎民伤旱魃，无妨游戏祷天公;居然大降滂沱雨，莫谓神明不感通。"③这便是德钦与维西一带纳西族群众在旱灾时举行求雨祭祀活动的真实写照。刘文高对茨中村纳西族的祭祀活动印象很深。他说：

　　　　以前，在春节前有几个纳西族节日，不过并没有规定具体的时间而由当时的东巴教来确定。茨中村纳西族固定的节日是"二月八"和"三朵节"，"二月八"是在祭台上过，现在阿伦那个房

① 阿勇，日米村，2011年2月。
② 《维西县志·卷一·舆地·名胜古迹》。
③ 《维西县志·卷四·诗文征·香火龙》。

子的位置就是以前东巴教祭台的所在地，但祭台已经不在了。我小的时候，父亲带我去过，和纳西族老一辈在那儿唱山歌、祭天，拿些花来祭神，还有射箭、杀乳猪等活动。女人是不能去的。以前都是一个大家族集中起来过纳西族的节日。中华人民共和国成立后，纳西族的节日就少了，集会也少了，包产到户以后更少了。现在，茨中村纳西族的节日一般都在自己家里过。①

除祭天等大型集体祭祀活动外，茨中村还有不少祭祀活动与纳西族的稻作密切相关。茨中村春季多雨潮湿，受澜沧江峡谷瘴气影响，水稻经常患病减产，给当地村民带来极大的困扰。虽然德钦县生物办进行农业技术援助，平常也有很多化肥、农药运送到田间给村民使用，但茨中村地处偏远峡谷，先进的科学技术大部分难以深入。特别是遭遇严重病虫害的时候，由于病虫害产生抗药性，生物办提供的农药收效不明显。这时，纳西族村民往往会举行传统祭祀仪式来祈福。《天工开物》曾经对茨中村经常遭遇的稻瘟病有如下记载："东南风助暖，则尽发炎火""凡苗吐穗之后，暮夜鬼火游烧""凡禾穗叶遇之，立刻焦炎"。茨中村村民至今还对被祖先描述为"火烧瘟"的水稻灾害记忆犹新。茨中村村民没有显微镜，看不到病原微生物，如细菌、真菌与病毒，只好用"鬼火""瘟"等原始概念去解释农作物的患病原因，并请求喇嘛用祈福仪式的鼓声来赶走恶魔，用东巴教祭天的血米来驱除鬼火。2011 年春，茨中村大部分葡萄患上霜霉病，未熟的葡萄纷纷落果。年老村民怀疑这是以往水稻常遇到的"鬼火"所致，于是纷纷邀请附近的东巴前来念经驱鬼。

第二节　属卡组织与藏族记忆

在云南省迪庆州等藏族传统社会中，除了老民组织以外，还有一种重要的基层社会组织，称为"属卡"。无论是丽江木氏土司统治时期，还是西藏地方势力和青海蒙古军事集团统治时期，云南省迪庆州藏族的基层社会组织基本上都是属卡。中华民国时期，在迪庆等藏族聚居地大力推行保甲

---

① 刘文高，茨中村，2009 年。

制度，大部分村庄的管理组织仍然在属卡基础上进行，有的干脆就把属卡改称为"保甲"，内部依旧采用原有的属卡组织系统。

虽然目前许多村庄的属卡组织已经消失，但在一些偏远高原的藏族村庄（如茨中村、小维西村、白汉洛村等）还保存一些属卡痕迹。王恒杰在1995 年出版的《迪庆藏族社会史》一书中提道："在迪庆地区除中甸县的金江及三坝部分地区，因地接丽江，自唐以来遭受南诏及丽江纳西族土司的统治与破坏以及经济发展的影响，已不存在属卡组织外，德钦及维西西北其宗、喇普等地，都保持了属卡组织。"[1] 滇西北多民族地区村庄的社会组织与土地制度所经历的变迁史，特别是属卡制度的运作史，展现出一种古老的藏族聚居地社会管理制度，为我们了解滇西北多民族地区村庄的社会形态与藏彝走廊独特的族群关系提供了生动而又翔实的案例。

直至 20 世纪 50 年代，滇西北多民族地区的"属卡制度仍有迹可寻"。《云南少数民族社会历史调查资料汇编》第一辑曾经对当时迪庆州的德钦和维西藏族作了比较详细的调查，发现当地的社会管理组织——属卡是云南藏族聚居地最基层的管理组织。其指出：当时的基层社会组织是"伙头世袭制，领有庄户，领地庄户为百长，主要是战时带兵，老民主持村中大小事"[2]。这一调查材料说明，迪庆地区在 50 年代解放军进入德钦和维西地区后，基层社会中仍然有属卡。1949 年的调查同样发现："土司对农民的统治，其基础为苏卡，而通过伙头具体实现"；中华人民共和国成立前，"藏族封建社会的基层政治组织形式是苏卡"[3]。这里的"苏卡"就是"属卡"。迪庆属卡以上的组织制度由土司、把总、伙头等担任。社区一级为土司，土司对社区的管理是通过"伙头"对正户的控制来实现的。民国十九年（1930）5 月 29 日，云南省政府主席任命吉福袭阿墩子外委，驻德钦县城。他在德钦藏族聚居地的管辖范围主要是今升平镇、云岭乡的荣中村、雨崩上村以及燕门乡。[4]

属卡是一种古老的藏族聚居地管理组织。它的管理体制与目前汉区的管理体制明显不同，还残留着原始公社和奴隶社会的管理痕迹。属卡对内以自然村为单位构成，主要处理村内事务。每个属卡对外拥有所有属卡成

---

① 王恒杰：《迪庆藏族社会史》，北京：中国藏学出版社，1995 年，第 112 页。
② 参见《中国少数民族社会历史调查资料丛刊》修订编辑委员会编：《云南少数民族社会历史调查资料汇编（一）》，昆明：云南人民出版社，1986 年，第 59、72 页。
③ 参见《中国少数民族社会历史调查资料丛刊》修订编辑委员会编：《云南少数民族社会历史调查资料汇编（一）》，昆明：云南人民出版社，1986 年，第 59、72 页。
④ 参见德钦县志编纂委员会编：《德钦县志》，昆明：云南民族出版社，1997 年，第 190－191 页。

员的领地，即维护这个属卡的经济与政治利益。胡兴东认为："以自然村为基本单位组成属卡，说明属卡具有熟人社会的特征。因为属卡起源于公社，具有公社的特征一直没有发生变化，它要能有效地控制属卡内部，必须是在熟人社会结构中才能进行。"① 如德钦县茨中村的几个自然村，原来的属卡分别是上社属卡（后来分为上一社、上二社）、中社属卡、龙巴西卡社属卡、西马拉扎社属卡。村庄的属卡拥有自己固定的领地，对外主要是区分属卡的区域范围，维护本属卡村民的各种利益。属卡在地域上的划分是固定的，迪庆州的每个属卡都拥有自己固定的山场、土地、牧场和份地。属卡的领地有明确的界线，不准其他属卡侵占。属卡的领地在法律上受到传统习惯法的保护，更由村民用古例来加以保护。每个属卡领地的边界上立有界桩，以标明范围，分界处往往是具有典型视觉特征的河流、桥梁、道路、建筑物等。茨中村的内部粮仓和公共牧场至今仍然采取传统的属卡制度来管理。茨中村的高原牧场与巴东村的牧场界线，是两个村庄之间的龙巴西卡河。纳西族村民刘文高曾经提道：

> 法国传教士在茨中村霸占土地后，试图向外扩展茨中村的土地，煽动茨中村天主教徒向外延伸茨中村的高原牧场界线，曾一度引起巴东村民的反抗，并且提交到喇嘛寺解决。②

1949 年，迪庆州独肯宗的中心属卡对公共山场还有明确的记载。乾隆六年（1741）都知、松诺七里等投诉宁安久等的诉状中说，每个属卡的地域是"四至碑记，文约可凭"，并有"中甸一带地方，原有古例，各村有各村之山寨，凡采樵牧畜，不得以强凌弱，任意霸占，断绝烟火"。③ 胡兴东在调查文献中也发现："如果某一属卡的土地、牧场、山场等所有权受到侵犯，产生纠纷时，小则通过交涉、诉讼解决，无法谈判解决时，常会导致械斗发生。"不过有时也有例外。比如，法国传教士彭茂美向茨中藏族买地的地契，展现了当地属卡无法参与当地田地交易的情况。传教士以低价向当地僧人购买田地，仅仅是通过土官、乡绅等就直接成交，而且价格与使用期限明显不是等价交换。

这个事例从侧面反映出当时传教士与当地僧俗矛盾的真实情况。法国

---

① 胡兴东：《云南藏区属卡制度研究》，《中国藏学》2008 年第 2 期。
② 刘文高，茨中村，2009 年 8 月。
③ 王恒杰：《迪庆藏族社会史》，北京：中国藏学出版社，1995 年，第 113 页。

传教士彭茂美的买地地契于1950年被德钦县公安局没收，现存德钦县档案馆。地契上书："德钦喇嘛寺于清宣统二年二月二十一日，与法国传教士彭司铎茂美立杜卖房基地契文书。"根据地契确定，当时建造教堂的土地是由法国传教士彭茂美与德钦喇嘛寺进行的交易，并且由当时土官、乡绅等集体做证才完成土地的买卖。地契全文摘录如下：

> 立杜卖房基田地文约人维属阿墩子德钦寺僧管事格规别格、蓝江看聚乌隆仔、准夏敏更弄、□能更弄、屯仰古水更弄、□弄、蓝江通糯更弄、原松皂恩更弄、布能要浪哇卡更弄、戎巴更弄、洒菊更弄、松许更弄等暨阖寺僧人，因有茨中彭司铎为原日教堂基受水灾所忌，央请官绅说让小寺之觉浪石沟左庄一邪，以便起造教堂，历饬再再。因小寺僧众口哓哓，乞待至今。共议：现小寺亦正在兴修，乏赀无措，惟有遵从，凭中所指之田地一邪，情愿出卖与大法国彭司铎茂美名下永远修建教堂为业。当日当凭实授田价银陆佰伍拾两正，四手收领，银地两相交带，中间并无私债准折情弊。其田坐落街尾东至水沟垦止，南至卖主之田，现有树桩两头栽笠石碑界址为止，西至大路砌砍止，北至张耀廷□子围墙滴水止。以裁尺着量，东至西长十五丈，南至北宽十丈零七尺五寸，西北至东长四丈九尺，西南至西宽四丈四尺，东南至西长十五丈八尺，以上周围长宽共计伍拾丈零八尺五寸。当日当凭四止开明，较量明确，交带买主照券受业，异日修造墙脚，界内砌修，不许格外生枝，侵占田地。倘买主需请红契执照，规费买主自行应酬，不能干累卖主情事。自此立杜卖之后，当凭言明，无加无找，无取无赎，并无相强情弊，并禀明阿墩子弹压委员夏、管带西防巡防第十堂。在交易日，阖寺僧人，并无异言等论。今因恐口无凭，立此杜卖田契文约存照是实。
>
> 再：此契缮立二纸，编为二号。第壹号存茨中教堂，第二号存西藏主教处。特此批明。
>
> 宣统二年岁在庚戌二月十一日立杜卖田契文约人
>
> 凭中：三省客长 钟鹑昌 绅：张耀廷 李椿荣 刘焕 马佑和 钟发升

该管土官：禾尚忠　吉祥云　通事：张桂芳　代字：李星楼笔。[1]

这一份由法国传教士彭茂美向茨中藏族购买建筑天主教堂用地的契约，包含许多人们以前忽略的信息：第一，当地传教士向喇嘛寺购买土地的地址及界线；第二，当时购买教堂用地的金额；第三，当时购买教堂用地的理由；第四，传教士购买土地的手法。据国内历史文献记载，中国早期购地兴建的几所教堂大多采用类似的方法——以水灾、病害需要修建教堂为由用低价向当地人购买土地，再冠以"永远修建教堂为业"之名来永久拥有土地所有权。

自唐代吐蕃东进迪庆至 20 世纪 50 年代，迪庆藏族聚居地绝大部分地区实行属卡制度。属卡是一种以地缘为基础，在村、社层面上形成的制度，每个属卡都有自己固定的地域，由两个以上的自然村组成，其中包括土地、山林、牧场供内部成员平等使用，类似于原始公社性质。属卡内部成员之间相互平等，但个体成员并不拥有土地及其他资源的所有权。属卡成员从寺院、领主或土司手中领取份地进行耕种，属卡管理者则从中代收地租和摊派差役，并上交寺院、领主或土司。[2] 茨中村伙头和世英是茨中村的纳西族，不但占有茨中村最好的土地，还负责联防、保安、收税等村内的管理工作。

作为社会基层组织，属卡对内外事务负责。对内部事务与外部事务作出决议后，通常由属卡大老民和白色主持日常事务。如果遇上特别重要的事情，则由大老民和白色决定召开全体属卡成员大会讨论决定。光绪二十一年（1895）发生了马格丹等代理指使农布起诉松六九的诉讼案件，诉状中提及"本寨耆老、乡约、头人台前做主"。诉状所涉耆老、乡约、头人，其实都是迪庆藏族聚居地的大老民、老民、伙头等属卡人员的汉语称呼。这说明，对于内部成员之间的纠纷，属卡首先在属卡内部受理和解决。

中华人民共和国成立后，滇西北多民族地区的属卡开始解体，多民族村庄先后建立了村委会、党支部等现代组织，村干部由上级部门提名、村民选举产生，代替了以往的属卡管理制度。为了进一步加强对当地多民族村务工作的管理，2011 年燕门乡政府首次开始向茨中村委派干部，并且指

---

① 《德钦喇嘛寺与法国传教士彭司铎茂美立杜卖房基地契文书》（原件），由暨南大学艺术学院美术系谢光辉教授初释，华南农业大学人文与法学学院历史系杨品优教授校对。

② 迪庆藏族聚居地的土地以架为度量单位，1 架大约为 3 亩，其计算方法是以二牛抬杠的耕地方式一天完成的土地面积。

定村外人员担任。云南大学毕业生陈文丽是首届乡政府派遣到茨中村的"村官"，专门配合村主任罗盛才制作茨中村税务报表和上报村务工作。

笔者在茨中村历经数年的调查发现，无论是重要的宗教事务，还是一般的生产、生计等重要问题，村民都要提交到属卡层面的老民团体讨论研究。例如 2011 年春节，茨中村专为在贡山被杀的村民举办的一场藏传佛教法事，笔者被邀请参加了这次历时三天三夜的藏传佛教活动。仪式上，死者父亲钟龙太的汉语讲得不好，涉及当地属卡与法事的事情都由天主教会会长吴公底现场翻译。吴公底说：

> 茨中村村民对意外死者的丧事极为重视。大家认为，意外死亡的灵魂是"冤魂"，对当年收成会有不利影响。村里必须举办特殊仪式对尸体加以祭祀，以免鬼魂危害人畜与作物。藏传佛教徒对丧葬仪式更加重视，对于不同原因的死亡，他们往往会通过老民会议作出决议，由村民筹资请喇嘛寺的喇嘛打卦，采取相应的丧葬仪式来处理。
>
> 对于车祸、未成年人死亡，以及被杀案件等，村民一般都不同意将尸体运回村内埋葬，而是在外地用水葬来处理。钟龙太老人一家近期多次遭遇不幸，两个儿子先后去世。大儿子在茨中村前往贡山贸易的路上被杀，据说与当地交易鸦片和火枪等违禁物品有关。他的尸体是通过朋友从贡山背回茨中村的。二儿子因脑出血在三年前去世。
>
> 为了消除"冤魂"对茨中村的伤害，茨中村的老民按习俗于春节前在钟龙太的藏屋召开会议，决定请玉珠顶寺庙的五位喇嘛，包括一位格西①，给钟龙太儿子做三天法事。这场超度法事就是在老民会议上决定的。②

除传统宗教事件需由属卡会议决定外，村内外的民事纠纷、违法行为等，通常也由属卡解决。据村民反映，2003 年茨中村第一次与德钦县政府合作种植葡萄，后来由于云南红酒业集团公司投资不到位，葡萄质量无法达到预期，茨中村大部分葡萄没有按照合同规定向云南红酒业集团公司销

---

① 格西，是藏传佛教最高学位获得者。玉珠顶喇嘛必须在西藏获得学位后，才可以在寺庙担任格西。

② 纳西族老民钟龙太口述，天主教会会长吴公底现场翻译。

售。于是，村民及时召开属卡大会，统一决定向德钦县政府反映，从而迫使云南红酒业集团公司出资，按照合同规定向村民收购成熟的葡萄，然后统一销毁处理。鲍金汉还提到茨中村红豆杉事件，由于属卡向德钦县政府索赔，结果如愿以偿：

> 开始退耕还林时，茨中村引入了红豆杉，树苗是由浙江商人提供的。他与德钦县政府合作，让村民集体种植红豆杉苗。合同规定，红豆杉长成后，他直接来收购，一棵树苗给六角钱。村里大部分有钱人都种了。但是，合作者并未如约收购，种下的树苗丢弃不是，保留也不是，很多人亏了本，村民都说被骗了。于是，村里的老民就集中起来汇集情况、采取对策。
>
> 最后，村里老民召开集体会议，把大家的意见集中起来报上去，最终获得了部分赔偿。如果我们没有及时拔掉以前种植的红豆杉，继续留在地里而不种植其他作物，那么损失就更大了。①

对于茨中村红豆杉事件，属卡会议决定，由村藏传佛教徒刘文高和天主教会会长吴公底共同向德钦县政府提出上诉申请，最终获得了赔偿。通过上面的分析可知，在云南省藏族聚居地社会，属卡制度仍然在处理内外事务中具有重要作用，是迪庆藏族聚居地社会秩序的维护者。属卡这种古老的组织虽然多次受到木氏土司等的打击，但并没有改变其基本职能。作为传统的基层社会组织，茨中村属卡仍然保留了下来。

第三节　天主教组织与传教士记忆

刚进入茨中村时笔者发现，天主教徒表面上与寻常藏传佛教徒并没有太大区别，只有在进入天主教堂时，天主教徒才显露出其与众不同的特点。茨中村天主教徒身份的模糊性让笔者一度感到非常迷茫，这或许正是中国天主教徒的典型特征吧。北京大学吴飞在《麦芒上的圣言——一个乡村天主教群体中的信仰和生活》一书中谈到武恒县段庄的天主教团体时曾经提

---

① 鲍金汉，2011年8月。

到，当地的天主教徒表面上与一般村民没有太大差别，但是内心与行动却有着鲜明的个性。① 赵文词（Richard Madsen）先生的著作《中国的天主教徒：文明社会萌芽时的忧与喜》第二章讨论了中国天主教徒的身份问题。他写道："在农村里，天主教小区的生活形式是与中国农村生活的一般社会形式混在一起的。从社会学意义上讲，天主教村显得与一般非天主教村很像。这里有同样的经济模式与政治结构，而且有同样的有关土改、合作化、'大跃进''文化大革命'，以及 80 年代分田到户的集体记忆。最表面的区别是对宗教符号的运用。天主教徒有教堂而不是庙宇，悬挂圣母的而不是地方神明的画像。"他还指出："农村天主教与其说是一种被选定的信仰，不如说是一种被给予的身份。"

中国农村中的天主教小区一般是靠血缘纽带形成的，在实践中难以被消除，除非离开农村。一旦人们拥有一个想甩也甩不掉的身份，并因这种身份而遭到迫害和歧视，那么，人们对这种身份的意识，以及人们对共有这种身份的小区的认同就更强了。小区纽带没有因为外部压力的强大而削弱，反而被加强了。② 在《麦芒上的圣言——一个乡村天主教群体中的信仰和生活》一书里，吴飞对武恒县段庄教友们的生活进行研究后指出，在该天主教村庄可以看到各类技术。教会形成了一套治理技术，村庄内部也形成了自己的一套集体技术。③ 张坦《"窄门"前的石门坎》对贵州苗族基督教作了描述，更清晰地勾勒出当地基督教与当地原土著苗族的关系。张坦指出，基督教仅仅花了一百多年时间，就在当地发展了近万名基督教徒，但在中华人民共和国成立后却销声匿迹了，几乎所有的历史都烟消云散，只留下村民的记忆与岁月的痕迹。石门坎基督教徒的身份与文化表征也成为张坦研究的中心问题。④

一、天主教组织与传教士记忆

天主教传入茨中村的时候，只有少数几个传教士与从四川打箭炉迁徙而来的天主教徒，组织结构并不完整。传教士进入茨中村的历史可以追溯

---

① 吴飞：《麦芒上的圣言——一个乡村天主教群体中的信仰和生活》，香港：道风书社，2001年，第 36 页。

② MADSEN R. China's catholics: tragedy and hope in an emerging civil society. Berkeley: University of California Press, 1998: 53.

③ 吴飞：《麦芒上的圣言——一个乡村天主教群体中的信仰和生活》，香港：道风书社，2001年，第 36 页。

④ 张坦：《"窄门"前的石门坎》，贵阳：贵州大学出版社，2009 年。

到清咸丰七年（1857）天主教法国外方传教会传教士顾德尔乔装成商人潜入滇西北，他们一方面购置地产、建立教堂，另一方面不断派人到巴塘、盐井、中甸、维西活动。清咸丰十一年（1861）《北京条约》签订以后，天主教组织 7 名传教士要求清政府颁发护照，准备进藏，因受藏族人民的抵制和清政府的限制而被迫退回巴塘。1862 年，传教士余伯南、蒲德元二人率六户四川教徒迁入德钦县茨姑村，收买土司，买地建教堂，并在茨中村背后的六九村开办教会小学，不收学费，还向群众分发小礼物，吸引藏族村民入教。19 世纪 70 年代顾德尔、丁德安沿澜沧江、怒江南下，进入德钦、维西、贡山，建立了西藏教区云南总铎区，设副主教一名兼任铎区总司铎。他们广交朋友，馈赠礼物，一边向喇嘛与藏族学者学习藏文、藏语，一边用藏文翻译经课、经书、宣传品，并印刷成小册子进行传教。

　　清同治十一年（1872）天主教会在阿墩子建土砖房一幢作为教堂。清光绪六年至七年（1880—1881），他们又在维西县小维西村建中式房一幢作为教堂，继而又建德钦巴东教堂和维西县教堂。教堂虽相继建立，教徒的发展却很缓慢。从教徒构成情况看，多数是生活在藏族聚居地的汉族、民族杂居区的汉族和怒族中的少数人。传教士进入藏族聚居地后，部分德钦藏族人摒弃了原来信仰的藏传佛教，改信从未谋面的外来天主教，不过早期的信教人数不多，天主教组织更是极其松散。清光绪二十年（1894）茨中武弁钱国栋禀呈上司："查顾教士同任司铎在阿墩子设立教堂十余年，并无居民从教。其左右伺应供役者，仅数名川民，该处蛮夷人等，大都格格不相入者。"① 黄举安在《云南德钦设治局调查报告》中也写道："天主教会在本世纪工作由同治年间直到今日将达一个世纪，而所说服的教徒仅一百多名，平均每年所皈依的教徒仅一人多一些，其消耗的金钱与物质当在千百万倍以上。由此足以证明，藏族喇嘛教排他性的力量之强大了。"② 约在 1862—1866 年间，天主教在德钦县燕门乡茨姑村兴建迪庆境内第一座天主教堂——茨姑天主教堂。随后，茨姑天主教堂在与藏传佛教冲突的教案中被焚毁。法国天主教会于清宣统二年（1910）选择距茨姑天主教堂几公里外的茨中村重建一座新教堂——茨中天主教堂。茨中天主教堂后成为西藏教区云南总铎区主教堂。

---

① 迪庆藏族自治州民族宗教事务委员会编：《迪庆州宗教志》，北京：中国藏学出版社，1994年，第 187 页。
② 黄举安：《云南德钦设治局调查报告》，德钦县志编纂委员会编：《德钦县志》，昆明：云南民族出版社，1997 年，第 372 页。

　　尽管天主教在滇西北留下众多的故事，但茨中村村民记忆最深刻的还是最早进入茨姑村的两位传教士——余伯南神父和蒲德元神父。据说，余伯南和蒲德元从四川带来几名教徒到茨姑村落户。这里的土地属于维西县康普喇嘛寺管辖，传教士向康普喇嘛寺买来土地后，分发给教友耕耘，生活逐渐改善。老教友回忆：茨姑天主教堂每逢主日及诸庆期，经堂内的歌声清脆悦耳，欢呼之声响彻云霄，呈现出一片欣欣向荣、蒸蒸日上的新气象。至 1905 年教案前夕，茨姑天主教友已发展到二百多人。[①]

　　对于后来茨姑天主教堂被毁、余伯南神父被杀等事件，村民记忆非常深刻。鸦片战争爆发之后，云南部分地区的传教士在传教时利用不平等条约进行传教活动，激起当地民众对天主教及其传教活动的反抗。1905 年 7 月 23 日爆发的茨姑教案的导火线是：光绪三十年（1904），英国派兵侵略西藏，清政府派驻藏大臣凤全前往昌都与英军交涉，由于凤全袒护洋人、限制喇嘛，因此激起民愤，于光绪三十一年（1905）被杀于鹦哥咀。僧俗民众焚烧了巴塘天主教堂，杀死了传教士苏仁列。巴塘反洋教斗争激起了德钦县僧俗民众的民族精神，同年 4 月爆发了阿墩子反洋教斗争，德钦教堂因受清军保护而幸免于难，而茨姑和盐井等边沿山区的天主教堂则受到严重破坏。现任茨中天主教会会长吴公底，其爷爷曾经保护神父逃避喇嘛的追捕，但后来与神父一起被杀。小维西天主教神父刘志斌回忆道：

　　　　埋葬在茨姑的余伯南神父就是在当时被人杀死的。余神父的天主教修为很深，不但会看藏文，还会念藏文。他还学过傈僳文，把天主教经文翻译成藏文或傈僳文。当时几个喇嘛追杀余伯南神父和两个修士。他们从茨中被撵到那羯罗（Najieluo），又从那羯罗被撵到洛扎罗（Lozalo），再从洛扎罗被撵到巴东，经过巴东再翻山回到那羯罗，最后翻山到那次达嘎（Nachidage），即以前神父传教的地方。

　　　　神父和两个修士被撵到那个地方后，有个当地的傈僳人给神父换上麻布衣服，并把神父藏在一个山洞里。但随后，他又带喇嘛来找神父。那个傈僳人和几个喇嘛晚上点着火把找到神父后，就把他捆起来，并拴在古都（Gudu）。[②] 古都原先是一片水稻田，

————————
①　茨姑天主教友回忆。
②　刘志斌，小维西天主教堂，2012 年。

现在水田上方的一条河流被大家称为"罗马河"，就是为了纪念余伯南神父从罗马来而命名的。[①]

神父被杀之前，他先祈祷说，你们不用拴了，我只要跪着做一次祈祷，之后随你们处置。神父祈祷完了后，又说，你们砍我的脖子只会流出奶浆，不会流血，浆水也不会在这片土地上留存，而是流向国外我的家乡。随后神父开始念经文，念一篇就撕一篇，念完就说你们可以杀了。但那几个人又不敢杀了，他们很害怕被天打雷劈。见状伙头说："不该杀的时候要杀，该杀的时候又都不干了。我来！"于是，他将手里的大刀一挥，神父被砍了头。神父伤口没有流血，而是流出了白色乳状物。后来杀人者把神父的头背到德钦衙门交差，说明他们已经把外国传教士杀了。[②]

二、滇西北多民族地区天主教的传道员与修女

在茨姑天主教堂被毁后，滇西北多民族地区数名法国传教士被杀，当地藏族、傈僳族与怒族的天主教徒被驱逐到外地，天主教的传播活动一度进入低谷。在这个时期，天主教组织在本地招收传道员和修女，继续担任传教与发展教友的工作。滇西北多民族地区天主教传道员与修女协助天主教神父处理教务与布道等工作有着比较悠久的历史。根据有关资料记载，最早来德钦县燕门乡茨中村的传教随从只有6人。这些传道员后来发展很快，逐渐形成了专职传道员和业余传道员共同协助神父传教的局面，为滇西北多民族地区天主教传播作出了重要的贡献。

茨中村本地传道员的产生，与当时藏传佛教与天主教相互冲突较多、迫切需要推行天主教神职人员本土化的环境是分不开的。第一，可使天主教行动比较隐蔽。迪庆藏族聚居地的传教士大多来自法国与瑞士，与当地人在外貌上差异很大，极易引起附近喇嘛等对立势力的反对。第二，降低了天主教会的运作成本。外国传教士对藏族聚居地的语言、习俗都要经过相当长的时间才能熟悉。从培训神父所付出的经费和培养期限来看，培养传道员显然比培养神父要轻松得多，成本也低，故天主教会往往选择培养

---

① 刘志斌，小维西天主教堂，2012年。
② 吴公底，茨中村，2010年。

传道员替代神父在当地传教。第三，藏族教徒一般藏匿深山老林或散居四处，传教士每天行走于山间密林，往往需要有传道员协助引导。多一个人传道便多一线传播天主教的机会。

滇西北地区多民族村庄众多的天主教传道员对当时天主教的普及起到了非常重要的作用。他们为宣传教理、影响民众和发展教徒做了许多工作，当某一地点教徒有需要时，总是最先到达。他们一边维系教徒群体，一边协助神父主持宗教活动。当时，在茨中天主教组织工作的当地神职人员共有十人，他们分别是藏族、傈僳族和汉族等，来自滇西北多个村庄，包括茨中村、巴东村、小维西村。如，施光荣，维西县小维西村人，汉族，1946年由杜仲贤推荐，曾在昆明天主教堂大修院进修，1948年返回；和致祥，德钦县燕门乡茨中村人，藏族，1950—1953年在昆明路南海邑天主教堂任神父，1954年返回茨中天主教堂；赵瑞珍，汉族，自幼领洗入教，十三岁入维西县保和镇天主教堂，曾在德钦天主教堂修女院学习，后入小维西天主教堂任修女；肖国恩，汉族，四川人，1949年曾在越南河内大修院进修，1950年迁入德钦，是茨中天主教堂负责人；徐树林，汉族，师宗县人，住茨中村，曾任茨中天主教堂管事、助祭之职；梁曾刚，汉族，保山县人，住巴东村，任巴东天主教堂管事；施光华，汉族，维西县小维西村人，曾任小维西天主教堂助祭；刘永泉，汉族，维西县小维西村人，曾任小维西天主教堂管事；赵连芝玛，曾任吉岔天主教堂管事；刘有禄，德钦县燕门乡茨中村人，曾任教会管事，1957年后任县、州政协委员。[①] 当时天主教堂、铎区、教区、修会组织体系管理十分严密，只有外国传教士可以担任神父，本地的神职人员以汉族教徒为主，主要是担任司门员、诵经员、助祭、副助祭和传道员等。中国神职人员仅有施光荣、和致祥最后成为神父，其余均为助祭以下。

茨中天主教堂修女对天主教传播也起到非常重要的作用。四川学者秦和平曾在《清代中叶四川天主教传播方式之认识》一文中提道："四川天主教会尤其注重女童的训练，多数时候，女校（人）的数量、培训的人数均较男校为多。其宗旨在于通过妇女影响家庭、传授子女，以延续和发展'根教'教徒；从中物色守贞女，培养经言学校教师。这既是其延伸发展的重要方式，亦是其传播活动的重要特点。"[②] 后来发展起来的云南天主教吸

① 迪庆藏族自治州民族宗教事务委员会编：《迪庆州宗教志》，北京：中国藏学出版社，1994年，第197－198页。
② 秦和平：《清代中叶四川天主教传播方式之认识》，《世界宗教研究》2002年第1期。

收了四川天主教会的经验，把大部分本地藏族贞女培养起来，成为修女后，协助传教士工作，从而大大改善了迪庆藏族聚居地的传教工作。

据不完全统计，"乾隆六十年（1795），四川天主教会开办 15 所经言学校（男校 5 所、女校 10 所）；嘉庆八年（1803），发展到 64 所（男校 35 所、女校 29 所）；嘉庆十五年（1810），再增至 107 所（男校 50 所、女校 57 所）"①。统治者的禁教措施稍有松弛，天主教就会重新开始恢复和发展教会学校。统计数据表明，"嘉庆十八年（1813），教会学校恢复到 80 所；道光十年（1830），发展到 128 所（男校 51 所，女校 77 所），10 年后增至 169 所（男校 50 所、女校 119 所）"②。根据上述材料可知，天主教会对修女后期的培养甚至超过了男性，天主教对藏族聚居地利用女性传教是何等重视。现在，茨中天主教墓地仍可找到修女坟墓。茨中天主教会会长吴公底对茨中天主教会老修女的状况了如指掌。他回忆道：

> 茨中村共有六个修女，全部都是发了终身愿的老修女。发了终身愿的修女头巾与一般修女不同。修女生活俭朴，穿着粗布衣裳，每星期吃两餐米饭，即星期天、星期四晚餐。其余日子吃自产粮食，包括玉米、青稞、小麦。发了终身愿的修女要戴黑布头巾，发了初愿的要戴白布头巾，各地修女每年都要到这里集中举办为期 10 天的静修。茨中天主教堂的老修女已经全部到了天国。她们是：波利娜，1978 年 9 月去世；玛丽，1960 年 7 月去世；斯利亚，1959 年 12 月去世；阿利娜，1958 年去世；斯玛利，1953 年去世；玛利亚，1947 年去世。茨中天主教会专门为她们制作了墓碑，以便后人记住她们对茨中天主教的贡献。
>
> 茨中天主教堂是云南主要的修女院，盐井、怒江、维西等教堂的修女都要从这里调配，修女院院长必须经由全体修女选举后报请主教核准。首任院长名叫马尔达，是维西巴迪扎尼拉村人；第二位名叫阿那，盐井人。大院的东南角是修女教室，是一座上下共八间的二层楼房。③

---

① 转引自秦和平：《清代中叶四川天主教传播方式之认识》，《世界宗教研究》2002 年第 1 期，第 70 页。原文根据四川省宗教局存藏的相关材料统计得出。

② 转引自秦和平：《清代中叶四川天主教传播方式之认识》，《世界宗教研究》2002 年第 1 期，第 70 页。原文根据四川省宗教局存藏的相关材料统计得出。

③ 吴公底，茨中村，2009 年。

为了培养教区内有潜质的年轻人成为神职人员，传教士于1936年在茨中天主教堂开办了两所专门为教会培养神职人员的学校，一所为男孩开设，叫作修生学校；另外一所为女孩开设，叫作修女学校。1936年11月15日，传教士梅赖选了二十名当地年轻人入学就读，传教士莱申负责在学校教拉丁语、体育及音乐，杜仲远讲授教义。当时，学校教师与学生间主要靠汉语来沟通与教学。藏族人多罗（Tolo）是教会研讨班培养出来的天主教徒，受过良好的汉语教育，专门负责教学生汉语发音与汉字写作。当年曾在茨中修女学校读书的玛利亚回忆说：

> 我叫玛利亚，今年八十三岁。我从七岁开始就在教会里学习藏文。在教会学习期间，吃的、用的全部由教会提供。在教会里神父做的是慈善工作，我们不用从家里带吃的、穿的。像我一样从社会上来的学生有很多，他们来自小维西、盐井，还有一些来自茨姑和巴东。伍许中神父是我们的老师，伍神父去世以后由古纯仁神父接替他的工作，之后我就毕业了。中华人民共和国成立后，古神父和罗神父被送出境，当时茨中和茨姑的教友都来给他们送行，一直把他们送到维西县城。①

茨中天主教会会长吴公底说：

> 茨中修女院是当时云南总铎区最出名的修女院，至今还保存着当时许多修女的照片。修女的衣着与一般藏族妇女有明显区别，特别是修女所戴的头巾，标识十分明显。修女的任务除了忙于维持生活，更主要的是协助神父做一些工作。例如，制作面饼，洗涤祭帕、祭衣和神父衣物；担任教师，开学时上课，辅导年轻修女。同时，修女还肩负着诊所的护理工作，送医送药，救死扶伤。茨中村修女学校设立在圣堂的后面，距经堂有三十多米，中间是学生活动的场所。②

---

① 玛利亚，茨中村，2012年。
② 吴公底，茨中村，2012年。

图6-1　天主教修女在维西合影

　　除了担任教堂日常工作外，茨中天主教堂的修女还养蚕、养兔子。由于兔子繁殖较快，传教士担心顾此失彼、耽误时间，因此不准饲养。于是修女们便养鸡、养猪，以改善生活。每逢星期天必须杀两只鸡，每年年底杀三头猪。

　　对于这些早年为教会服务的老修女，吴公底说："天主教修女是天主教会对志愿献身侍主的姐妹们的统称。她们按教会的规定生活，有的隐修祈祷；有的在孤儿院、老人院甚至麻风病医院服务；有的在教堂弹琴，给慕道者讲解天主教知识，带领教徒祈祷。修女们的服装有自己的特色，但大多都是长袍加头巾。"①吴公底特别谈道：

　　　　初学修女必须发多次愿，第一次发一年誓愿，以后发三年誓愿（暂愿），期满后可以续发暂愿（复愿），直到最后发终身愿。初学修女在发终身愿前，修女院要对这些修女进行一段时间的特别培训，加深她们对信仰的认识。神父带领她们祈祷，分辨自己的选择是否来自主的召唤（教会将这种召唤称为"圣召"），是否由自己作出选择。暂愿期未满而想放弃独身生活的初学修女可以还俗，但发了终身愿的初学修女，则需要教区主教或教宗解除才能还俗。②

---

①　吴公底，茨中村，2012 年。

②　吴公底，茨中村，2012 年。

云南教区的修女目前只剩下一名，就是张运仙。为了见到现实中的老修女，笔者四年来经多方联系，最后在云南大理天主教堂陶志斌神父的帮助下，于2012年8月采访到了这位老修女。（见图6-2）张运仙修女，圣名马尔大，1908年8月3日出生于云南省曲靖市教友家庭，婴孩时接受洗礼。张修女是一位跨世纪老人，从晚清到中华民国，再到中华人民共和国，历经了百年坎坷人生，见证了中国社会翻天覆地的变化。老教友是这样回忆她的：

> 她原是地主家的一个丫头，别人不敢要她。1950年，她找到神父说要找个工作。当时大理有座教堂，由李华珍负责。神父找到她讲了这件事，于是就把张运仙安排到修女院了。两天后，李华珍把她接出来，去了另一个地方，那里有田产。1953年，这里还有四个修女，之后有些修女嫁了人，因为她们当时没有发终身愿。出于当时形势，教友把教堂的地卖了，老修女被撵出去。她老了走不动，没什么事可做，就腌点咸菜去卖。80年代，重申宗教信仰自由政策后，主教才回来。2009年左右，陶神父来到大理教堂，马上就帮她祝圣。①

回忆在"文化大革命"期间遭受批判与不公平的对待时，张运仙并没有显露出任何激动，只是表情有些漠然。唯独在回忆起神父被驱逐出境时，她两眼不停眨动，仿佛泪水已经涌上眼帘。然而，老人干枯的眼里并没有流出半点泪水，她用沉默与平静表示自己对天主教深切的感受。李猛曾经在《麦芒上的圣言——一个乡村天主教群体中的信仰和生活》代序中说过：天主教中的伦理实践，就其实质而言，不是要讲述偶在之身的痛苦，而是要把偶在之身、必朽之身锻炼为可以经受痛苦的身体。在人的救赎之路上，遭遇的痛苦变成了践行的痛苦。对痛苦的克服，不是通过讲述痛苦、理解痛苦来实现，而是通过一种更强烈持久的痛苦，抑或是一种可以自觉锻炼的痛苦才实现的。新教徒治理自身的关键正是让痛苦变成沉默，沉默是信仰的最根本层面，因为在沉默中不仅认可了上帝最终的神秘，而且还为自己的世俗生活，无论多么鄙俗的生活，找到了唯一正当的理由。②

---

① 王文彪，大理天主教堂，2012年。
② 吴飞：《麦芒上的圣言——一个乡村天主教群体中的信仰和生活》，香港：道风书社，2001年，第9页。

图6-2　笔者与天主教修女张运仙合影

　　茨中教友对老修女的记忆已经逐渐淡忘，但是他们却不能忘记近年多次来到茨中天主教堂的年轻修女。教友们印象最深的是2007年从山西省来的郝修女。郝修女在山西省是一名医生，从小在城市长大，一直希望到偏远地区服务，后来就自愿来到小维西天主教堂工作，还到过茨中天主教堂教教友唱圣歌。她这样介绍自己："我的名字叫郝俊萍，修女名字叫彩琪，在教会就称我郝彩琪。我从小生在一个教友家庭，都是老教友，在我们那里做修女的很多，我受她们的影响，立志做一名修女。为了教会的事业，我将不成立家庭，一心一意为教会工作。"郝修女曾经在小维西天主教堂负责日常管理工作。在一次电视采访中，她表达了自己作为修女通过教教友唱圣歌而吸引村民入教的感想。她说道：

　　　　从我来了以后，主要的工作就是给他们讲道理、教圣歌。最使我感动的，就是在这期间有三十多位新领洗的教友，我听说他们其中有些人是吸过毒的，还有些人曾经做过小偷。就是因为我们在这里教歌、讲道理，他们可以来听，后来就领洗进教了。但是，有人说这些人不好，不可以接受他们。但是我想，耶稣曾经说过，我来是为了救有罪的人……就是这样，他们因为信仰而改变自己，我感觉这是很好的啊！①

---

　　①　纪录片《寻找西藏》采访修女郝俊萍的录音，有删减。

郝修女在教堂向教友们讲解道理，教友都很珍惜郝修女的到来，茨中天主教堂至今还在圣殿一旁整齐地放着当初郝修女留下来的电子琴。为了让教友更好地了解天主教道理，郝修女还教大家用汉语唱圣歌。不少没有信教的村民，特别是一些学生，因听了这里晚上的圣歌而认识和加入天主教。近年来，外地修女进入茨中天主教堂的数量不断增加，先后有来自河北、湖北等地的修女在教堂协助神父做圣事，与教友一起生活。神父姚飞曾经就天主教堂做弥撒时使用的圣品制作，专门请武汉的修女前来配合完成。

每逢周日弥撒时，茨中天主教堂的年轻教友都会情不自禁地用汉语唱起当年郝修女所教的圣歌。这些圣歌听起来十分标准，曲调优美动听，与年老村民所念的藏文经相比，形成极为强烈的反差，展现出茨中天主教会文化交融的另一番景象。2011年夏，两名湖北修女与一名修女院长来到茨中天主教堂，协助神父姚飞给教友传授天主教知识。其中一位修女叫杨复利，她非常年轻，能歌善舞，与当地小朋友相处融洽。她在茨中天主教堂展览厅里给十多名小学生授课，课程是学唱一首感恩天主的歌曲。杨复利出生于湖北省一家缝纫机厂的技术干部家庭，父亲是缝纫机厂的技术员。她从小就在一个幸福的天主教家庭长大，二十一岁时，她逐渐对自己人生的未来产生了特别的看法，希望寻求一些新的突破来充实自己。杨复利主动找到修道院的院长，告诉院长她想成为一名修女。院长提醒她不要情绪化，但是她本人觉得能够通过锻炼成为真正的修女。杨复利说："二十五岁的时候，我自己也说不清楚，就开始感觉这种生活对我好像不是很有吸引力，希望像别人说的那样，走别人没有走过的路，看到别人看不到的东西。我刚到教会的时候，修女们对我特别好，可能是物以稀为贵吧，因为现在的圣召比较少，若有一个愿意做修女的人来这里，那是非常高兴的，加上我是从很远的地方来的，所以她们都特别宠我。"

杨复利在正式成为修女之前，也谈过一次恋爱，但是没有成功。她说，当时恋爱主要是为了追寻一种恋爱感觉。为了不伤害男朋友，杨复利及时提出了分手。她说："我怕耽误他，就告诉他真相和他分手了，可能是为了让自己心安吧。当时我只有二十一岁。我想，既然愿意去看看修女是怎么生活的，就应当去申请。大不了不愿意干了再回来。"杨复利修女认为自己是一个很有个性的人，越是困难的事情她越愿意挑战，每天醒来都会有一个新的希望，再大的困难也不怕。

访谈中，杨复利对自己与天主情感的真实表达让笔者很吃惊。她认为信仰可以带来力量，战胜痛苦，使个人心灵有所寄托，因而直接感受到天主是可以理解的。但是杨复利说每次与天主谈心，都感觉如同对恋人一样无所不谈，能带给她真实的愉悦，对这一点，着实令人很难理解。直到后来在中山大学港台书馆找到雷蒙·琼纳斯的《法兰西与圣心崇拜》一书，其中，对修女与耶稣恋人般的情感作了深入的描述与分析，揭示出发愿修女情感变化背后的秘密，才使笔者对杨复利的话语有了深刻理解：

　　玛加利大·亚拉高在巴瑞修道院的最初几年，院长是索梅丝修女。院长吩咐玛加利大·亚拉高写下自己属灵生活的重要细节。玛加利大·亚拉高最初表示不容易服从她属灵指导人的这项要求，但是，后来显然写作已成为她灵性和个人成长的中心。不久以后，她开始在一篇篇笔记中报告了许多令人惊愕的事情，如预感、神的声音和异象。她已与耶稣建立了最丰富和最经常的接触。

　　玛加利大·亚拉高受到强烈情感的驱使，与圣心的关系带有强烈的感情和亲密意味，内在的属灵生活似乎很少经过调整和改变，因为作为发愿修女的人，照一般的说法是成为基督的新娘。她有一次写道："我在天堂的夫婿爱抚我。"在这个时候，她像是找到一个终身伴侣一样幸福。又有些时候，她也有破灭的感情，好像一个人发现她慷慨的爱，所得到的回报是有占有欲的、猜疑的和苛求的爱。在这样的时候，耶稣和她说话好像是一个富有妒意的情人和喜欢控制人的配偶。她写道："我的耶稣常问我爱不爱他。这样的话使我很痛苦。""他告诉我说我必须放弃所有的欢乐，但有他就够了。不管我做什么，我只看到不忠实和忘恩负义。"[①]

　　杨复利从修女的角度谈了她对天主教传播的看法：修女的使命就是爱和奉献，也就是牺牲。对待受苦受难的人，应该像对待天主一样，去侍候他们和爱他们，嫉妒本身就是一个受难的象征。她认为，藏传佛教信仰的是一种轮回；天主教信仰的是一种永恒，提倡的是死亡，然后是重生，最后是达到永恒，这是一种直线式的思维方式。杨复利提到，云南作家范稳曾在《水乳大地》里说过一句话，"有信仰的人看着没信仰的人眼里充满着

---

　　① ［美］雷蒙·琼纳斯著，贾士蘅译：《法兰西与圣心崇拜》，台北：麦田出版社，第42－43页。

怜悯，没信仰的人看着有信仰的人觉得迷茫"。她结合自己的体会认为，有信仰的人借着天主活出了自己的真实感。信仰天主也并不是没有痛苦，但是信仰会带给他们力量去面对痛苦而不是被痛苦所征服，反而可以使他们战胜痛苦。她说："当我看到一些教外人因没有信仰而痛苦时，我会为他们祈祷天主可以给他们力量。我们的信仰是说天主爱世界上的每一个人，包括罪人、恶徒，所以我们相信天主那个时候也在爱着他们，所以为他们祈祷，赐给他们力量，让他们能够面对自己的人生。我们只是希望每一个人都不被痛苦所压倒，在自己的生活中能够创造奇迹。"至于到茨中天主教堂被当地藏民误解的情况，她表示谅解：

> 我这次来到这里，并不是什么搞传销，也不是在骗人。其实，我们这样做是无偿的，你看车费什么的都是自己出。我们那么远来到这里，还冒着危险，唯一的目的就是希望他们高兴。我们把天主送给他们，又不是让他们给我们多少钱买天主，而是白白给予，是无私的奉献。说真的，当别人不接受的时候，我就觉得很可惜，因为对于他们来讲这个信仰只会带给他们更多的自由，而不是束缚。我不知道那些不接受的人是怎么想的，所以很多时候我觉得很惋惜。①

尽管这两名修女具有比较深厚的神学知识，但她们还是带有许多普通人的情绪和性格。当调皮的村民给她们说一些笑话时，她们有时候会脸红，表现出羞答答的样子；在教堂里念经，她们听不懂藏族教友念诵的藏语经文，在祈祷时也做一些鬼脸。从这两名修女身上，笔者仿佛看到了当年茨中天主教堂培养本地修女的身影，同时也理解了法国修女那些已经消逝的生活片段。当时来往穿梭于茨中天主教堂的各种人员，包括神父、修士和修女，他们都曾经给这个宁静的村庄带来神奇和快乐。②杨复利修女最喜爱《德兰修女传》，她谈到德兰修女所爱的方济各的一首和平祈祷诗：

> 主啊，求你使我们成为你和平的工具，
> 在有仇恨的地方，让我播种仁爱，

---

① 杨复利，茨中村，2012 年。
② 田野调查笔记，内容包括观察日记与个人体会。

在有伤害的地方，让我播种宽恕，

在有猜疑的地方，让我播种信任，

在有绝望的地方，让我播种希望，

在有黑暗的地方，让我播种光明，

在有悲伤的地方，让我播种喜乐。

主啊，求你给予我们那梦寐以求的，

叫我们不求安慰，但去安慰，不求理解，但去理解，

不求被爱，但去爱。因为，给予就是我们的收获。

宽恕别人，我们就被宽恕，这样的死亡，就是我们的新生。[①]

　　为了避免与藏传佛教的正面冲突，云南藏族聚居地天主教会开始培养当地藏族村民从事传道。这些藏族传道者会藏语，熟悉本地习俗，为天主教传教带来了极大的便利。老修女张运仙的经历，是澜沧江谷地天主教会生存状况的真实写照。神职人员要把自己必朽之身锻炼成为可以经受痛苦之体，经历各种困苦磨难后，才有资格对他人救赎。他们自身遭遇痛苦变成了践行痛苦，从而造就了自身对痛苦的克服。在这些天主教传道者当中，茨中村的青年女性占有相当的比例，她们在为天主教事业发展和争取成为神职人员过程中，付出了更多的艰辛，也经受了更多的磨难。茨中村的几个贞女如德丽莎、曹五妹等便是典型的例子。这些藏族女孩出生在天主教家庭，从小受到天主教熏陶，后来致力于成为一名修女，但由于种种原因未能实现，反而陷入痛苦与磨难之中。由于云南天主教会对修女选拔异常严格，一部分有志成为修女的青年女性至今未能获得修女资格。这些贞女意志坚定，会说汉语、藏语、英语，有的还曾经到菲律宾修道院参加过两三年的专业培训。如今能够说一口流利英语的德丽莎，在几次申请修女失败后，成了尼古拉神父朝圣旅游团的专业导游。德丽莎在专访中谈到了云南天主教会对修女的培养与至今未能成为修女的原因，给我们揭示了修女背后的艰辛与痛苦。

　　藏族贞女德丽莎，汉名叫李雪芳。德丽莎天生聪慧，对成为天主教修女有着铁一般的执着。她母亲早年与一名在茨中村修路的汉族男人结婚，刚刚生下德丽莎，汉族男人就离开了她母亲，之后永远失去了联系。德丽莎成为一个单亲家庭的女儿。对于云南天主教会支持她前往菲律宾修道院

---

① 杨复利，茨中村，2012 年。

学习，德丽莎说：以前茨中的神父都是从外面来的，现在才有了自己的神父。德丽莎的外祖父保罗就是最早的教堂管理人。她的母系家族信奉天主教，所以她出生后几个月就受洗了。德丽莎的教母是其姑妈，姑妈教名也叫德丽莎。德丽莎一直在茨中村读小学，直到初中时才去德钦。德丽莎在初二时到大理教会学校学习，由于没有本地户口，她只能读私立学校。她中学毕业后被大理天主教堂送往菲律宾 RIRS 大学，并且在菲律宾女修会属下的护士组织工作。三年后，德丽莎回家探亲，但是母亲再也不让她走了，于是她就留在大理天主教堂工作。德丽莎说：

> 2008 年回到茨中村后，6 月份去中甸培训做导游。2009 年开始带团和做翻译，主要负责帮神父翻译信件。2010 年 3 月来大理这边，跟另一个修女一起管财务，一个做出纳，一个做会计，政府要求教会要有会计。7 月又回到中缅边境，在一家美国人开的民族手工艺品公司打工，做兼职，相当于销售经理助理。公司主要做一些纺织品，如垫子和藏族挂帘等。刚开始时工资不高，月收入只有 1 000 元，现在有 1 300 ~ 1 500 元了。①

德丽莎对未来没有什么计划，也不打算再回到茨中村生活。虽然父母要求她早点回去与父母同住，但她自己却更喜欢在德宏工作与生活。她表示希望以后在德宏买个小房子或者一小块地，因为那里的气候比较好。

第四节　社会组织关系的历史演变

从历史脉络来看，尽管茨中村等多民族村庄在宗教、政治与文化等方面时有冲突，但各种组织之间依然存在一定的相互联合与融合。它一方面保持族群认同，另一方面促进了村庄的发展。在维系原有文化的基础上，身陷多重复合信仰的茨中人接受了多种社会组织带来的文化熏陶。研究发现，神话传说、宗教建筑、宗教仪式蕴含着不同组织的集体记忆，也饱含着这些社会组织的历史记忆与民族认同，由此维系着滇西北地区多民族村

---

① 德丽莎，小维西天主教堂，2012 年。

庄内部既重叠又严密的组织网络。各个族群保留至今的祭祀活动对于维系自身群体、整合团体内部的凝聚力有着重要作用。借助一系列的祭祀活动，社会组织、宗教组织可对村民的行为加以约束，以共同实现对人类、对自然资源的利用以及对社会整合的控制。

人类学家很早就开始对人类政治制度和社会组织关系作了大量研究，并且专门针对人类边远部落群体的社会组织的演变展开深入研究。美国的摩尔根、英国的斯宾塞和梅因等众多的学者早在 19 世纪中期的创始阶段就开始关注政治组织的演化问题了。1940 年福蒂斯和埃文思·普里查德出版了《非洲的政治制度》一书，专门讨论前国家形态的政治制度，并试图超越西方的政治现象。[①] 埃文思·普里查德的《努尔人》陈述了努尔人的部落在一定的地域是如何通过当地独特的继嗣制度，采取不断裂变、不断合并的动态过程以维持裂变单位的稳定，给后人展示了原始部落社会组织丰富多彩的演变历程。茨中村不同组织几经交替，多个社会组织权力先后经历了繁荣兴衰，其演变历程反映了滇西北多民族地区多个社会组织之间权力的合并与裂变。

茨中原住民的族群构成不尽相同，主要村庄事务由当地的几个社会组织协调管理。这些机构包括当地老民组织、属卡组织、天主教组织与村委会等。这些组织可以归纳为本地、政府和国外宗教团体三个不同背景。每一系统的组织成员和宗教信仰互相渗透，形成了具有一定管理功能的组织机构。

以进入茨中村时间先后为序可以发现，茨中村纳西族社会组织最早在当地形成，其组织结构比较松散，缺乏系统的宗教理论支撑，主要依靠大量的巫术与祭祀活动来维系村庄与大自然的关系。属卡组织是随后进入茨中村的宗教组织，是建立在当地原有的老民组织基础之上的本地基层组织，与东巴教和藏传佛教的噶玛噶举派联系密切，因此得到村民的普遍接受。外来的天主教组织在茨中村成立时间不长，但依靠完善的宗教理论、人性化的治理模式以及本土化策略，控制了当地接近 60% 的村民。村委会相对传统组织来说人数不多，成立时间也不长，但在近期各级政府支持下，在茨中村政治、经济和文化等方面的事务管理能力都得到长足发展，逐渐成为治理该村最强大的组织机构。

---

① 庄孔韶：《人类学通论》，太原：山西教育出版社，2002 年。

一、线性兴衰：各种不同组织先后交替

茨中村四个不同的组织扮演了四种不同的角色。古老的东巴教组织是最早进入茨中村的宗教组织，一度成为茨中村最大的地方势力。由于缺乏完整的组织机构、全面的宗教理论，20世纪50年代最后一名东巴在茨中村去世后，后继无人的东巴教逐渐从村民的视线中消失，但茨中村老人鲍金汉带笔者去看东巴教祭天台遗址时，随口说了一句当时在茨中村纳西族流行的话——"在这里谁也不准讲藏话"，这让笔者印象非常深刻。笔者在现场深深感受到纳西族与藏族群体在茨中村居然还保持如此明确的族群界限。可以想象，茨中村东巴教在消失前与当地藏传佛教组织一定有过激烈的冲突。昔日传教士从茨中土司手里买到的并不只是一张建教堂的地契，更重要的是得到了与茨中纳西族伙头之间的合作关系，茨中村天主教徒借助强大的外来宗教势力，与周边强大的藏传佛教寺庙抗衡。

属卡组织是藏传佛教的传统组织，政教合一时期管理着茨中村大部分村务，包括替周边喇嘛寺收取地税、征集劳务等，平时主要负责组织农事、调解民间纠纷和组织佛教事务等。属卡管理成员由茨中老年藏传佛教徒担任，一般有五名，并且在2014年成立茨中村藏传佛教协会。

相对于传统民间组织而言，茨中村天主教会显得格外强大。或许当初正是东巴教与藏传佛教之间的矛盾，才造就了天主教见缝插针式地进入这个澜沧江谷地。在20世纪50年代传教士被驱逐出茨中村时，信徒的统计数量为645名[1]，70年代减少至20名，80年代经过天主教会的努力，教友人数逐渐增加到646名，占全村人口的65%，天主教会成为茨中村最有影响力的组织。茨中天主教会内部有严格的阶序关系，从神父到会长、副会长、会计、传道员等，有着明确的分工与职能。借助人类学访谈资料来分析可以看出，茨中村天主教会负责人都与法国传教士有着不寻常的渊源关系，这些家庭几乎都是传教士保镖、管家或文书的后代，曾经为天主教传播作出过重要贡献。曾经担任过茨中村三届天主教会会长的吴公底的爷爷是普神父的贴身保镖;[2] 肖杰一父亲肖国恩是当时云南总铎区副主教伍许中神父从四川直接带来的管家与贴身文书;[3] 曾经富甲一方的马帮商人杨哈生的妻

---

① 2010年8月传教士制作的茨中村天主教会会员名单。
② 吴公底，茨中村，2010年8月。
③ 肖杰一，茨中村，2010年8月。

子是天主教堂管家若瑟收养的孤儿；等等。① 借助人类学家庭户籍调查的丰富资料，通过深入研究茨中村天主教典型的家族史，将可以进一步揭示天主教会内部结构与天主教群体内部权力的阶序关系。

茨中村村委会属于新型社会自治组织，虽然村委会管理人员并不多，但在历次整风运动洗礼与各级政府扶持下不断得以完善和发展，逐渐展现出强大的村务执行力。如今，茨中村的村委会逐渐成为茨中村最强大的组织机构：原来由属卡、教会所掌控的农事生产、向政府索赔等事务逐渐由教会运作改为村委会运作。村委会下设自然村小组、妇女协会、青年民兵组织，有党支部书记、村主任、副村主任、妇女主任、民兵队长等带头人，并且接受了一名来自昆明的村文书陈文丽，专门负责与上级部门沟通联系、递交报表等。全村现有共产党员135名。党支部、村委会的管理包括党政事务、税收扶贫、教育治安等方面。随着茨中村道路、通信的不断改善，村委会与各级政府的联系越来越密切，管理职能日益强大，逐渐取代了属卡组织在农事、民事等方面的管理职能，特别是在扶贫、普及教育、推广医疗、治安维稳等方面，显示出更为强大的管理能力。

二、动态平衡：不同组织间的冲突与融合

综观历史，滇西北多民族地区一直是一个多教并存、多民族共处的多元社会。各个社会组织之间虽因自身利益而发生过严重冲突，但各个社会组织之间和睦相处、互相合作却是当地社会组织之间的主流。滇西北多民族地区的社会组织之间既相互冲突又相互融合。早期藏族土司和纳西族领主就因扩张势力而进行了长达百年的斗争，当时中原王朝面对这种情况只好采用安抚双边的政策来处理。明王朝曾一边采用"以蛮攻蛮，制边之善道"② 之法对滇西北藏族聚居地进行治理，一边对藏族土司笼络利用，以达到"终明之世无番寇之患"③。后来，明王朝甚至对木氏土司以"守铁桥以断吐蕃，滇南藉为屏藩"④ 有功为由，对其多次加官晋爵，借此维持吐蕃与南诏双方利益关系。天主教进入茨中村后，由于各种利益分配的矛盾，与藏传佛教多次发生流血冲突，清政府为此付出了数千银两的赔偿代价。格拉克曼的《非洲的民俗与冲突》和《非洲部落的社会秩序和反抗》

---

① 杨哈生，茨中村，2010 年 8 月。
② 《明史》卷三三一。
③ 《明史》卷三三一。
④ 《明史·云南土司传》。

等专著对村庄的原始组织间的冲突关系作过详细分析。他认为，社会是通过有节制的冲突而获得平衡的，平衡并不意味着静态或稳定，一种互相冲突的关系是对另一种冲突关系的吸收。① 滇西北地区多民族村庄各个组织之间的文化理念与涉及的利益不同，各组织之间经常发生矛盾，也造成了组织之间的相互联合或对立。村庄内部多个组织之间的冲突与协调，反而维护了多民族村庄各个族群之间复杂多变的相互关系，并由此维持了村庄应有的次序与安定。

各个组织之间表面上和睦相处，但在根本利益面前却互相争斗。一百多年前，天主教由于藏族寺庙收取地租等原因，与藏传佛教之间的流血冲突，给滇西北地区多民族村庄带来了不可磨灭的深刻教训。经过几十年的磨合，虽然这些冲突在双方教徒心目中逐渐淡化，但两个宗教之间的矛盾还是时有出现。2011 年夏茨中村驻堂神父姚飞联系了湖北武汉修女院三名修女来到茨中天主教堂给小学生举办天主教知识学习班。村里的佛教徒对此意见很大，他们连夜组织佛教徒商议，并向上级政府反映，要求取缔这种学习班。退休教师刘文高激动地说："天主教徒在茨中村举办学习班，是与我们争夺下一代，这种做法要受到法律的制裁。"属卡组织与政府联手行动，使天主教堂小学生培训班受到严重干预，任教的修女也被驱逐出村。修女离开后，茨中村天主教徒经过集体讨论，提出了自己不同的看法。燕门乡随后对驱逐修女一事的仓促处理表示道歉，茨中村佛教徒与天主教徒重新和好。茨中修女被驱逐事件反映了两种不同身份认同的村民在维系自身认同时采取的态度，为我们分析历史上各个宗教组织与政府之间的矛盾提供了一个具体的研究案例。人类学家利奇在《缅甸高地诸政治体系——对克钦社会结构的一项研究》一书中指出："虽然社区内部的政治派系斗争很激烈，但帕朗人对外表现得团结一致……但如果同类的争执同时关涉到克钦人与伦杰的掸人，那么行政当局的土著长官就会对此进行调查。届时帕朗人就会暂时搁置彼此之间的矛盾，为他们共同的利益而统一口径。"埃文思·普里查德也在《努尔人》一书中提到类似的事件。因此可以理解，茨中村各个组织的对抗与融合，一方面反映了滇西北多民族地区各个宗教组织之间复杂多变的关系，另一方面也反映了当地政府在面对教派冲突时处理族群认同与集体利益冲突协调工作的难度。茨中天主教堂的修女被驱逐事件发生后，茨中村还出现了一次藏传佛教和天主教联合

---

① 夏建中：《文化人类学理论学派》，北京：中国人民大学出版社，1991 年，第 148 页。

起来与政府谈判的红豆杉事件。红豆杉事件反映了传统组织与现代政府组织之间的对抗，体现了各种组织在追求资源、追求利益方面的较量。

三、不同组织间的交替

《缅甸高地诸政治体系——对克钦社会结构的一项研究》一书曾经对缅甸北部克钦人的政治制度之动态进行了比较全面的研究，并提出了著名的"钟摆"理论。作者利奇发现，克钦社会中存在两种对立的政治秩序：贵族制的贡萨和民主制的贡老，前者体现了集权的控制，后者则是展现出无政府的倾向。他在书中指出："贡萨组织视贡老组织为一群反叛他们是合法主人的农奴百姓，而贡老则视贡萨为暴君。这种内在的结构性缺陷，导致了当地组织在两种制度间的不断'摆动'。贡老可以转变为贡萨制度，贡萨制度也可以转变为贡老制度。"①在边远地区，相互冲突的价值观念和原则以及对立冲突的利益群体无处不在，社会通过对各种对立因素和冲突的有效吸纳而达到平衡。宗教仪式一方面向人们灌输了内聚力、社会价值和社会情感，另一方面又夸大了社会统治的实际冲突。仪式同时使人们确信尽管存在冲突，但是还有联合和团结的可能性，这正是仪式的功能所在。②

从以上分析可知，宗教仪式不但有助于缓解社会矛盾，并且在一定程度上强化了各个族群的边界，维持了原有族群的属性与利益，但是不可忽视的是，在一定环境下，族群边界又是可模糊的，这是为了村民可以赢得更大的利益。上述几个事件在一定程度上反映了茨中村村民感兴趣的并不是宗教仪式，而是他们所赖以生存的利益收成和共同依赖的群体认同。借助藏传佛教的祭祀仪式，佛教徒的社会价值理念得到弘扬，团体内部成员之间的联系也变得更加密切。同样，对于没有祖先神灵的天主教徒来说，教友也可以借助祭祀仪式建构新的"传教士祖先"来增强自身的情感与认同。在茨中村近期的几次天主教徒的祭祀仪式中，教友们确信"传教士祖先"属于超自然的祖先，它们也会像藏传佛教和祖先神灵那样给他们带来保护与收成。借助天主教弥撒仪式的叙事，天主教历史得到宣扬，教友的凝聚力得到加强，他们的焦虑心理也得到舒缓。因此，滇西北地区多民族村庄各个群体的集体认同在各自的祭祀仪式中得到进一步强化，群体内部的集体凝聚力得到加强，藏传佛教、天主教信仰也各自得到升华。正因如

---

① LEACH E R. Political system of highland burma. Boston：Beacon Press，1964：212.
② 夏建中：《文化人类学理论学派》，北京：中国人民大学出版社，1991 年，第 148 页。

此，滇西北地区多民族村庄的各个组织在祭祀仪式中得以强化与维持，多元信仰从冲突到整合的局面也得到进一步维系。

复合组织、复合信仰与复合记忆，是滇西北地区多民族村庄当地村民对多元的生态环境与复杂的社会环境的一种适应。饱含在各个族群与社会组织中的传统记忆，不仅是当地组织的文化载体，同时也是各个群体丰富的集体记忆。这些记忆在维系传统、保持群体特点方面起着非常重要的作用，它揭示了当地政治、经济等社会组织的演变模式以及其演变的内部与外部原因。

第五节 小 结

本章主要对滇西北地区多民族村庄内部各个组织，包括纳西族的老民组织、藏族的藏传佛教团体、天主教会和村委会四个不同组织，在处理当地村务等重大事件中所起的作用进行了研究。这些不同组织所弘扬的不同记忆，反映了蕴藏在集体记忆中的不同民族情感。滇西北地区多民族村庄复杂的集体记忆蕴含着丰富的传统文化与族群记忆，证实了每一个村庄的发展过程，就是一部多民族参与的错综复杂历史。社会组织与文化象征的互相映衬、互相作用折射出一个社区社会组织与宗教文化系统内部整合的重要关系。

从历史脉络来看，多民族村庄茨中村最早的社会组织是当地的老民组织，它主要依靠在本地原始信仰基础上发展起来的东巴教对村民实现管理与控制。东巴教虽然是由本地原始信仰发展而来，但其兼容性强，在各个不同的历史时期逐渐吸纳了藏传佛教的噶玛噶举派的信条，成为一种以纳西东巴文化为主干、兼容多种外来文化的独具特色的复合型宗教。茨中村由纳西族、藏族与天主教群体共同组成的"复合宗教群体"相互冲突与联合，共同推动了茨中村的发展。

尽管茨中村等多民族村庄在宗教、政治与文化等方面时有冲突，但各种组织之间依然存在一定的相互联合与融合，它一方面保持族群认同，另一方面促进了村庄的发展。在维系原有文化的基础上，身陷多重复合信仰的茨中人接受了多种文化的熏陶。笔者发现，神话传说、宗教建筑、宗教仪式整合了不同组织的集体记忆。这些饱含历史记忆与民族认同的文化表征，建构起茨中村既重叠又严密的组织网络，它们不仅是当地组织的文化载体，同时也是各个群体丰富的集体记忆，这些记忆在维系传统、保持群体边界等方面起着非常重要的作用。

综观本章内容，总之，族群记忆是不可磨灭的。各个族群保留至今的祭祀活动对于村民的启蒙也有重要影响，它对维系自身群体、增强团体内部的凝聚力有着重要作用。借助一系列的祭祀活动，社会组织、宗教组织可对村民的行为加以约束，以共同实现对自然资源的利用和对社会整合的控制。复合组织、复合信仰与复合记忆，是滇西北地区多民族村庄当地村民对多元生态环境与复杂社会环境的一种适应，对于维持当地的政治、经济活动有着相当重要的意义。

第七章
滇西北多民族地区的风俗文化

在世人的眼中，滇西北多民族地区是神秘的存在。这里民族风情绮丽，宗教色彩浓厚，有着鬼斧神工的雪山碧湖、深谷绿树。天险之下，处处亦有生灵。在滇西北这片尚未完全开发的土地上，多民族与多宗教的融合，塑造出了独一无二的民族风情和宗教艺术。远古以来，藏族、汉族、怒族、纳西族、傈僳族等多个少数民族先后迁徙于此，留下了众多的民族风情。这里既有藏族赖以为生的高原放牧，又有傈僳族游猎为生的采集狩猎，更有纳西族情有独钟的水稻良田。

这里的原住民既爱喝烈性的青稞酒，又能酿造原始的玉米酒。更特别的是，在滇西北部分天主教地区还可以喝到来自法国波尔多的葡萄酒。尤其是在这个多民族聚居的边远山区，至今还保留着许多古老的传统服饰与建筑装饰艺术，不愧为滇西北高山峡谷中的文化遗产博物馆。其藏传佛教、东巴教和天主教的世纪之交，更是令人惊叹。深山峡谷中多元宗教的传说和仪式圣事，不胜枚举，犹如一场场神秘的宗教盛事。

第一节　神秘的高原采集狩猎

独特的高原气候，复杂的生态自然环境，使茨中村拥有大量的森林、静谧的湖泊和珍稀的禽兽。改革开放前，为了充分利用资源，村民在从事高原放牧的同时还从事狩猎与采集药材，村里至今还保留着多种传统的狩猎技术，包括弓弩制作、陷阱挖掘、猎犬驯养等。虽然茨中村现已禁止狩猎，但村民们还是按捺不住，偶尔会偷偷上山打几只小动物回村与好友共聚，一起回顾当年围山狩猎的经历。滇西北地区多民族村庄至今还有许多村庄流传着相似的神话传说，不少老人至今还能吟唱源自祖先的民谣，并且从中追忆祖先从事狩猎的种种情境：

> 最好的猎手都来了，大家背弩又挎刀。
> 带来撵山的狗儿，和同伴一起走出村。
> 野兽被围在崖子上，最勇敢的猎手围上去。
> 围猎留下的卡子口，最聪明的猎人在那里。
> 狗儿把野兽撵下山，每个围猎的人都勇敢。
> 打猎得到野兽的血，喝得再多不会醉。

打猎得到野兽的肉，吃了再多不会腻。①

茨中村家家户户都养犬，但这些家犬中的大型猎犬却不多。村民常常回忆起过去用猎犬狩猎的情形。老猎人谢和佑说：猎人在高山上捕杀獐子，是为了获取雄性獐子的生殖腺，也就是麝香。一般来说，取得麝香后，猎人会尽快与路过的马帮商人取得联系，把麝香交换出去。三十年前一个麝香可以卖到三十元，如今麝香价格徘徊在四五千元之间。村民相信，麝香有很好的解毒作用，对常见的传染疾病具有明显的治疗效果。不过，獐子并不容易捕杀，在海拔高的地方，风比较大，没有蚊子，獐子一般喜欢在灌木树上休息。獐子蹄分为两瓣，能够卡住细小树枝在灌木上攀爬，獐子攀爬树枝留下的痕迹很容易被聪明的猎犬发现。猎犬会不断地追逐这些獐子，直到它们被困在某一个地方无法逃脱。之后，猎犬就会大声吼叫，直到猎人前来射杀。

猎犬是最先被人类驯化的动物，在我国新石器时代遗址中，往往有家犬遗骨，其时间可以追溯到距今四千年至一万年，如武安磁山、新郑裴李岗、余姚河姆渡等新石器时代遗址都有家犬的遗骸出土。在狩猎过程中，茨中猎犬经常发挥意想不到的作用，猎人往往依靠几头出色猎犬就可捕获许多猎物。茨中猎人指挥猎犬狩猎有一套独特方法，他们通常于放牧之余，在天亮前集体上山守候猎物。因为动物通常是在夜间出来寻找食物，而夜间留下的气味和痕迹会在太阳出来以后迅速消失，因此只有借助猎犬才能发现痕迹而找到猎物。谢和佑说，训练一只出色的猎犬不容易，有时甚至需要一年的时间。2008 年，一只出色的猎犬在傈僳族猎人较多的巴迪乡的农贸市场售价高达 2 000 元左右。

滇西北地区多民族村庄的村民还从事采集业。他们采集的物品主要是药材、野菜与蜂蜜，药材包括虫草、虫蝼和黄连；野菜主要有竹叶菜，春天雪一化它就长出来了，是一种难得的佐餐佳品。茨中人采集野蜂蜜也有一套好办法：在高山牧场的空地上，放置一段大木头；木头掏空后锯成一米长的段料，前后盖上木板，再在木板上钻一小孔；小孔口径刚好供一只蜜蜂进出，而体积较大的黄蜂、马蜂则进不去。这样，蜂巢的蜂蜜就不会被黄蜂吃掉。木头两端用牛粪封好后，他们就把多个蜂巢依次放好，野蜜蜂就会成群而来。采集岩蜂蜂蜜难度最大，需要两个人共同合作才能完成：他们先用吊索把一个人从岩石上方放下，找到岩蜂蜂巢后，用木棍在蜂窝

---

① 和保祐、谢和佑，茨中村，2009 年 8 月。

底捅穿一个洞，再用奶桶在下方接收岩蜂蜂蜜。无论是采集药材还是采集蜂蜜，其过程都十分艰苦，有时还会发生让人胆战心惊的一幕。来自巴迪乡的傈僳族村民和保祐与茨中村藏族村医取勇，一起讲述了一对夫妇在碧罗雪山高原采集松茸时被黑熊袭击的故事：

> 上一周，有一对夫妇前往牧场采集松茸，他们在山上遇见了一头黑熊，非常庞大。黑熊先扑倒妻子，咬掉大腿一大块肉。丈夫跑得比较快，爬到了 500 米外的一棵大树上。不过，他还是逃不过上千斤重的黑熊追捕。黑熊爬树比人还要快……受到黑熊袭击的夫妇俩后来被送到燕门乡卫生院，医生说伤势非常严重，已经快不行了。[1]

人类为了生存、繁衍不得不和自然界做斗争。自然界是千变万化的，在与其做斗争的过程中，人类不仅需要勇气，还需要智慧。弓弩是茨中猎人传统的狩猎工具，曾被长期使用。刘文高说，20 世纪 70 年代，茨中几乎家家都有枪支。火药枪、气枪、半自动步枪到处都有卖，价钱从几百元到上千元不等。从那以后，人们打猎用猎枪，就很少使用弓弩了。使用猎枪曾发生两次误杀猎人的悲剧，因此从 1997 年开始禁枪，茨中村人又重新拿起了弓弩，只是现在做弓弩的人越来越少了。

艾怀森曾经观察过贡山一带的藏族猎人狩猎的情况，他认为当地的狩猎方式分为静猎、寻猎及围猎三种。[2] 静猎，是指利用设置"扣子"（索套）、陷阱、地弩、地枪、铁夹、兽网等工具猎捕动物的一种方式。寻猎，一般是指上山寻找可猎捕动物的狩猎方式，主要猎捕对象是羚牛、黑熊、野猪、獐子等远离人类生活区的大型动物。出猎前要选吉日，祭祀山神及猎神。猎人寻猎常带火枪、弩箭、长刀等工具及食物。他们通常是三四人结伴而行，寻猎时间最多五六天。围猎是带有娱乐性的狩猎方式。在滇西北多民族地区进入秋季后，老猎人就开始带领年轻人到传统狩猎山上狩猎。他们通常在山顶各个路口布置一个射手，其余人在山中放猎犬，当动物跑到埋伏地点时由射手射杀之。每次围猎结束，老猎人都会将猎物的四腿取下来烧烤，烧熟后割下九块肉，向村庄以外三个方向各丢弃一块以感谢山

---

① 和保祐、取勇，茨中村，2012 年 8 月。
② 艾怀森：《高黎贡山地区的傈僳族狩猎文化与生物多样性保护》，《云南地理环境研究》1999 年第 3 期。

神，然后丢三块进火塘以感谢火神，最后将剩下的三块收起来丢在回家的路边以免野鬼跟着回家。猎人用动物头祭祀猎神后，把头骨挂在家中作为饰物，以显示自己狩猎的本领。由于滇西北地区前些年开始执行野生动物保护法，延续了几百年的围猎目前已经绝迹了。不过，村民对小学校长刘文高当年独自上山猎熊的故事却记忆犹新。

2009年8月，刘文高专门给笔者详细介绍了当时捕获黑熊的情形。刘文高说：

这是二十年前捕获的黑熊皮。为了抗寒，黑熊的皮毛很粗糙，行家一看就明白，正宗熊皮与一般圈养的不一样。二十年前我才二十七岁，很年轻。那个时候村里人人都有猎枪，大部分都是小口径猎枪。我背的是一支半自动猎枪，杀伤力很大，可以连续射击五六发子弹。1980年以后土地包产到户，我把家里三头牲口寄养在一户有劳动力的亲戚家。他们在山上放牛，我背了一些礼物去山上探望替我放牛的亲戚。当地老人讲，山梁背后最近来了一只老熊，前几天有牛死在那里了，它可能会回来吃。我想，那个地方比较僻静，老熊一定还留在那里。

第二天一早，我和亲戚吃了早点就带着猎枪去找黑熊了。翻过山梁后，在距离我们一百米左右的地方看见了黑熊。熊的嗅觉是很灵敏的，猎人还没有发现它，它却闻到了人的气味。它一边发出凶猛的叫声，一边钻进树林里。那里山高林密，我朝它打了几枪，都没打中。我叫亲戚站在原地，自己从另一个地方绕了过去，看到黑熊一动不动蹲在一块平地上，我就绕到了黑熊睡觉的地方再向黑熊瞄准。亲戚先用铜炮枪朝黑熊开了一枪，黑熊嗖嗖嗖朝我埋伏的地方跑过来。在黑熊距离我只有二三十米时，我朝黑熊的脑袋开了一枪。

我就躲在一棵大云南松后面，瞄准它的头开了一枪，那一枪打到了要害，它走了两步就倒下了。我还是不放心，因为黑熊力气很大，怕它不死，我又补了一枪，它就一动不动了。过了十多分钟，我还是不敢过去，因为熊是很凶猛的野兽。我又等了一段时间，看它还是一动不动就确信它死了，才慢慢走过去查看。

那只黑熊足足有四百斤，我们背不动，只好把肉一块块切割下来，有的送人了，有的扔了，我自己只带了一只小腿回来。黑熊肉的味道不是很香。至于熊胆，那是一种好药材。熊爪当时就吃掉了，如果割下来晒干，据说药用价值也很好。[1]

除猎捕黑熊等大型动物外，滇西北多民族地区的各个村庄还利用农闲捕获小型动物，其中以傈僳族村民占比例较多的小维西村与怒江边的白汉洛村更为多见。笔者在调查中亲眼看到村民下套捕获一头果子狸。捕获果子狸的猎人说，捕获果子狸的方法是先找出果子狸的行动路线，用钢丝设套放在果子狸经常出没之处。果子狸经过时将头伸入套内，因而触动机关。果子狸越动就套得越紧，最终被勒死在套内。果子狸头大如碗，身长一尺，体重约为五公斤。果子狸喜欢以水果为食，常在山间活动。每年秋天，茨中江边的李子和桃子成熟了，果子狸遂下山到树上吃果实。它特别喜欢在一棵树上固定觅食。猎人一般在果树下寻找其通行路线，并在通道上布上夹子，下套约两天后即可以套住。调查中村民还提到近期黑熊多次下山的问题。村民说，若遇到黑熊，则大多死路一条。有一年，贡山有一个村民上山采集松茸，途中遇到黑熊后被抓破眼睛和耳朵，面部严重受损，幸好后来被其他村民看见才抢救回来。

在禁猎野生动物之前，滇西北多民族地区在高原放牧的牧人除了猎熊和果子狸外，还用自己编织的绳网捕猎高原秃鹫。八十六岁的天主教徒肖杰一年轻时经常与传教士一道穿梭于贡山的丙中洛村与小维西村之间布道。他曾经详细讲述过滇西北一带牧人在放牧期间捕杀秃鹫的故事。一般藏族村民不会捕杀秃鹫，因为他们一直把秃鹫视为超度亡者灵魂的度母，希望秃鹫把亡者肉身带到极乐世界。关于村民捕杀秃鹫的传说，尽管在藏族聚居地极少听说，然而在滇西北地区多民族村庄却广泛流传着这些在碧罗雪山一带骇人听闻的故事。村民们说，以前龙巴西卡自然村一带常有秃鹫盘旋在高山上寻找食物，在饥饿难忍时甚至会主动袭击村民的家禽。来自四川的教民不理解当地藏族对秃鹫的信仰，专门捕捉秃鹫带往外地销售。他们说，捕猎的方法很简单：

在空中看到有秃鹫在飞行，就把诱子放在陷阱附近，并且铺放一些小动物尸体，以便让秃鹫前来进食。秃鹫群下降的时候，地面的秃鹫诱子就会发出一连串的叫声，让秃鹫放松警惕并前来觅食。

---

[1] 刘文高，茨中村，2009 年。

　　村民在秃鹫经常出没的地面挖一个大陷阱，上面安置一张大网。一个隐藏在附近的猎人控制大网落下的时间，以便把陷阱里的秃鹫全部套住。一群秃鹫通常有四十多只，由一只领头秃鹫领队。领头秃鹫首先落地，以检查环境是否安全，然后在地面巡视确保觅食地点安全。接着，成群秃鹫会跟随领头秃鹫落到地面，当一大群秃鹫放松警惕开始进食时，猎人就把网放下将它们全部套住。秃鹫把头伸出不断地呼叫和挣扎，猎人就拿铁锤朝头部一只只敲打，直到秃鹫全部死亡。除了留下原来诱子作为活口外，猎人通常还会留下一只领头秃鹫用作下一批猎物的诱子。一只成年秃鹫有二十公斤，幸运的时候一次就可捕捉四十多只。[①]

　　狩猎是人类最古老的生存方式。它与采集、捕鱼一样，是人类进入农耕文明前的生存手段，曾为人类提供了主要的蛋白质营养，对人类的生存和发展起过极为重要的作用。随着生产力水平和人类文明的发展，这种原始的生存方式逐渐淡出了人们的视野，并终将被取缔。

第二节　澜沧江峡谷的玉米种植

　　玉米，俗称苞谷、苞米、棒子等，一年生禾本科草本植物，是全世界总产量最高的粮食作物，也是茨中村游耕时期最普遍种植的作物品种。自明朝中叶始，茨中村村民就在附近山地种植玉米了，到了清道光年间，玉米的种植更加普遍。据民间方志所载，1560 年就有关于种植玉米的零散记录，这在一定程度上支持了 1492 年以后玉米传入亚洲的观点。[②] 玉米原产于美洲，15 世纪传入中国。玉米的引入曾经养活了大量人口。阿图瓦·瓦尔曼说："玉米在中国的出现，意义伟大而深远，是前所未有的大事。"中华民国《巴县志》记载："包谷，一曰玉麦，又曰玉蜀黍、玉高粱、玉芦穄，俗又谓之玉米，性耐水旱，粒有八列、十六列之殊。……山民半倚包谷为活，穷年恒岁不睹稻粱，其功实居稻麦之半。边陬荒徼，民命所系也。"[③]

---

① 肖杰一，茨中村，2010 年 8 月。
② 游修龄：《农史研究文集》，北京：中国农业出版社，1999 年，第 99 页。
③ 《巴县志》。

据传，茨中村最早的玉米种植方法是傈僳族的"弓弩飞播"法。"弓弩飞播"原来是怒江一带傈僳族流行的种植方法，后被引进茨中村。今天茨中村的玉米种植方法已经多种多样，一般来说有"弓弩飞播"法、"点种"法、老式种法和套种法四种。怒江的傈僳族首先给茨中村带来他们的"弓弩飞播"法。六十五岁的曹嘎正指着澜沧江对面的日米村说："茨中与怒江只有一山之隔，以前在江面比较宽的地方，傈僳族往往修建两条溜索便于穿行过江。他们一般是在6月带着玉米种子到对岸种植，9月再溜过去采集成熟的玉米带回家。"由于在汹涌奔腾的澜沧江上不容易建造溜索，傈僳族主要依靠"弓弩飞播"法在没有开垦过的荒地种植玉米。他们先选择江面比较窄的地方，在雨后用大型弓弩把小布袋装着的玉米种子射到澜沧江对面，让玉米自然成活。等到9月玉米成熟后，人们才集体绕路过江去摘取玉米。曹嘎正说：

> 茨中村以前每年6月初才开始用"弓弩飞播"法种玉米，6月底全部结束。以前种玉米时间晚，傈僳族兄弟说，山上粉红色的玫瑰花开，就是种玉米的时候。树上鼠灰色的鸟"咕嘟""咕嘟"叫，也是开始种玉米的时候。
>
> 如果气候温暖，村民一般在10月就可以收获玉米。现在，玉米种得越来越早了，5月中就有人开始种，到9月份就能吃到嫩玉米。茨中村海拔高，气候变化大，有时候3月仍然会下雪，过早播种玉米，容易造成幼苗被冻死。茨中村江边坝地可以提前种植玉米，因为这些地方海拔低、气温高，提前种植可以早收获。[①]

第二种种植玉米的方法叫"点种"法，是茨中村纳西族引进的玉米种植方法。纳西族种植玉米主要采用原始刀耕火种的方法，此法特别适合地势陡峭的坡地耕作。这些山地因地势陡峭而不能用牛犁地，也不能用锄头来挖地或翻地。曹嘎正说："村民首先选取一块以前没有种植过玉米的荒地，当杂草长得茂盛时就用火焚烧。烧过的土地特别肥沃，可以在一个月后开始种植玉米。点种玉米时用一根点种棒，即一根一米多长的木杆或竹竿，将其一头削尖，在地上戳一个洞，然后左压一下点下种子，用脚把土一扫把玉米种子压住，再将点种棒拔出就可以完成。"玉米种植的行距、株距、深度都有一定规定，一般控制在"一把四个洞穴"的范围。茨中男人

---

① 曹嘎正，茨中村，2010年。

伸开双手的距离为一把，通常量度木材、种植间距都会一把一把地丈量。村民说，掌握好玉米种植行距，可避免玉米种植过于密集，才能保障玉米成活率高，才有好收成。

只有一山之隔的贡山傈僳族与茨中纳西族在玉米种植方法上既有相似之处，又存在一定区别，反映了两个民族对传统记忆的运用。碧罗雪山是一道山脉，虽然它把澜沧江傈僳族与纳西族分隔开来，但由于两地村民交往频繁，农耕知识仍然得到不断传播。不同民族有着不同的族群记忆与认同，借助熟悉的传统来"发明"适合当地自然环境的农艺，造就了两种做法不同而结果一致的玉米种植方法。由于茨中村还有相当大比例的藏族村民，因此茨中村还有一种与藏族青稞种植方法相似的玉米种植方法。

第三种玉米种植方法是老式种法。这是茨中村藏族村民把青稞种植方法与传统玉米种植方法相结合的"传统发明"。曹嘎正说，茨中藏族种植玉米常常采用老式种法，这种方法使用起来特别简单。老式种法不分株距、行距，首先用牛犁出地沟，将玉米种子点到沟中，每走一步点种两三粒。这种种植方法就像种青稞一样，是茨中藏族把青稞种植与玉米种植相结合的产物。点种时村民跟在耕牛后面点种子，牛犁两行村民点种一行。点种时要特别注意不能把种子点到沟底，只能点在犁好的沟边，以免翻土后把种子压紧而影响出苗率。

第四种玉米种植方法是套种法。套种法是在玉米地里套种蔬菜、瓜果等作物。李根蟠和卢勋在《中国南方少数民族原始农业形态》中提到，云南不少地区的侗族、怒族、傈僳族等都有多种作物互相套种的习俗，其中以玉米套种其他作物居多。[①] 茨中村村民习惯在玉米地里间种西红柿、药材、南瓜和黄瓜，这些蔬菜成长快，一般在玉米长高前就可以收获。正确运用玉米套种，不但不会造成玉米减产，反而会提高土地的总收成。人类学一向对承载民间传统记忆的"本土知识"十分重视，并且将其与现代科学知识区分开来专门加以研究。列维－斯特劳斯很早就认为："就世界许多其他地方未被利用的植物而言，必要时美洲土著人的科学知识仍然能够为世界作出重要贡献。"[②]

---

① 李根蟠、卢勋：《中国南方少数民族原始农业形态》，北京：农业出版社，1987 年。

② ［法］克洛德·列维－斯特劳斯著，张祖建译：《结构人类学（2）》，北京：中国人民大学出版社，2006 年，第 839 页。

第三节　马帮文化与商业贸易

　　汉藏间有了制度化的茶马贸易后，其政治关系主要通过茶马交换这一渠道来维系。这种交换包括互市交换和"贡赐"方式。历代封建王朝对少数民族都实行"怀柔政策"，一方面，少数民族头领向朝廷进贡礼物；另一方面，朝廷则向少数民族头领还以恩赐。"贡赐"贸易方式不是等价交换，而是统治与被统治关系的体现。"贡赐"贸易给进贡者与民族地区带来一系列影响，它既满足进贡个人的心理需要，又显示出中央政权的"仁德"。因此，茶马古道其实是汉藏人民团结的通道。不过值得注意的是，由于社会形态的差异，早期的茶马贸易尚属于低级阶段，无论是民族之间的贸易还是马帮商人之间的商品交换，抑或是"贡赐"关系，仍以简单的以物易物为主。

　　部分学者认为，滇西北地区滇藏茶马古道早在新石器时代已经形成。[①]远在南诏、大理国时期，滇藏经济联系已经相当密切，只是当时滇藏两地生计模式单一、商业水平较低而已。《蛮书·卷八·蛮夷风俗》载："本土不用钱，凡交易缯帛、毡罽、金、银、瑟瑟、牛、羊之属，以缯帛幂数计之，云某物色值若干幂。"[②]滇藏之间的马帮来往于德钦与维西周边村寨，沿途转卖和驮运茶、糖、盐等生活物资，不仅繁荣了经济，还给当地居民带来了生产技术。滇西北地区多民族村庄大部分如白汉洛村、小维西村、茨中村和茨姑村等，多位于德钦与维西茶马古道各条分支的中间位置，自古以来一直是南来北往的不可缺少的马帮驿站。尽管这些多民族村庄距茶马古道主干道还有一定距离，但因缺少连接茶马古道沿线众多村庄的交会点，对于穿梭于德钦与维西的马帮来说，这些村庄是不可或缺的。这些村庄对于茶马古道的马帮贸易具有四大作用：第一是茶叶的贸易通道，把丽江、昆明等地的茶叶运送到盐井、察瓦龙等地。第二是马匹的交易通道，德茨—维西线一直是滇西北与藏族聚居地进行马匹交易的主要通道。第三是铜矿运输通道，无论是冷兵器时代还是热兵器时代，都要用铜来制作武

---

　　① 罗开玉：《从考古资料看古代蜀、藏、印的交通联系》，伍加伦、汪玉祥：《古代西南丝绸之路研究》，成都：四川大学出版社，1990 年，第 47－60 页。

　　② （唐）樊绰撰，向达校注：《蛮书·卷八·蛮夷风俗》，北京：中华书局，1962 年，第 214 页。

器，而且要用铜来铸造货币。第四是盐的运输通道，把食盐等藏族聚居地紧缺物资从昆明运往华丰坪、盐井等地，再把藏族聚居地毛皮和药材等物资输往内地。凡此种种，都要途经茨中村、白汉洛村与小维西村等地。（见图7-1）

图 7-1　贡山县丙中洛镇白汉洛村的马帮在运输物资

　　滇藏茶马古道承载的经贸活动成为滇藏民族文化传播与交流的主要渠道，因而加强了丽江纳西族与盐井、察瓦龙藏族之间的联系，使德钦藏族进一步融合了两地民族特色。乾隆《丽江府志略·上卷》描述："摩些，安分畏法，务耕种，畜牛羊，勤俭治生。今渐染华风，服食渐同汉制。"[①] 黄举安的《云南德钦设治局社会调查报告》写道："摩些：在德钦广大地区内，迄犹有八个以上的村落，尚保存着摩些宗族的语言。但其生活习尚、宗教文化，业经水乳交融全部藏化，其语言与藏人毫无差异。"[②] 德钦茶马古道的集市贸易主要在澜沧江沿岸进行，从南到北设置有五个重要的交易集市，分别是大理、康普、巴迪、燕门、德钦。茨中村从事药材贸易的马帮头人杨哈生回忆迪庆的民间贸易时说：

---

　　① 徐嘉瑞：《大理古代文化史》，昆明：云南人民出版社，2005 年。
　　② 黄举安：《云南德钦设治局社会调查报告》，德钦县志编纂委员会编：《德钦县志》，昆明：云南民族出版社，1997 年。

按照澜沧江的水流方向进行排列，民间集市交易主要有以下几个优势：第一，沿江设置了交易的集镇，有利于村民在沿江主要公路边进行交易，方便商人运送物资、集散山货。第二，货物从南向北扩散是根据富裕程度来决定的，越接近丽江、大理等重要城市，价格卖得越高，物资质地也越好；越接近藏族聚居地，资金越匮乏，对产品要求也就越低。

对于马帮来说，破旧、过时产品必须从南向北输送到贫穷地区，因为这些地区山路越来越难走，参与贸易的村民越来越少，利润也越来越低。逐渐减少货物重量和数量，可以让马帮在山路上行走更加安全。交易场所按照每个月的日期排列，也有利于商人运输与货物销售。商人在上一个集市结束到下一个集市开张，需要一定时间来准备，包括调拨与批发商品。沿江交易的地点在茶马古道通道上依序布局，既符合各民族的交易习惯又符合交易圈的实际情况，是一举两得的好办法。①

杨哈生是西藏察瓦龙马帮头人与当地纳西族女性通婚的后裔，其家族一直从事马帮运输与山货贸易。他长期穿梭于小维西、茨中、贡山、察瓦龙、盐井、芒康等地，专门从事药材、毛皮等贸易。在谈到滇西北多民族地区马帮选择头骡和二骡的标准及做法时，他说，头骡的选择对于马帮运输队伍来说至关重要：

> 我家 1949 年前是茨中村最大的马帮，最多的时候有十二匹骡子。我八岁时开始随父亲的马帮去昆明和西藏，至今一共去过十多次西藏。我家的骡子十分听话，可以自己上山寻食，一声口哨就会回到营地排队等候。牵骡子的绳索用牦牛毛编织而成，手指般粗细，十分结实。
>
> 马帮一般由头骡与二骡领头，骑骡殿后。头骡要灵活镇定，不易受惊，会避开危险（如滚石等）。如果头骡惊慌失措，会导致整个骡队失去控制而出现事故。二骡也比较重要，会帮助头骡引导骡队。骑骡个子最小，前面六匹骡子高度一致，但骑骡可以乘人，骑上一个大人仍能健步行走。马帮途中遇到高山峡谷，一般

---

① 杨哈生，茨中村，2011 年。

都是过山溪、走山背。连绵阴雨季节出行时，马帮常常会遇到帐篷漏雨、失足落下悬崖、马匹与货物被洪水冲走等险情。①

近代以来，以丽江、中甸、鹤庆等地为主的滇籍商人逐渐由原来的行商发展为坐商。周智生在《历史上的滇藏民间商贸交流及其发展机制》中也谈到，20 世纪 40 年代，从事滇藏民间商贸的云南商铺最多时达到三十多家，业务包括进口茶叶、铜器、食品等，有时也做点非法生意，如贩运鸦片。他们对滇、康、藏接壤区域的贸易情况非常熟悉。② 白汉洛村、小维西村、茨中村等滇西北地区多民族村庄所处的茶马古道不但是茶、盐、马、铜等重要物资的运输通道，同时还是云南、西藏与中原在政治和文化方面的交流要道。这些村庄位于滇西北藏族聚居地最大的外转山线路旁边，每年不少香客途径小维西村、茨中村、日米村等地进入卡瓦格博大转山路线朝拜。特别是在滇西北藏历的羊年，这些村庄更是当地藏族香客参与转山的主要通道。

一个世纪前，法国传教士也选择滇西北地区多民族村庄作为立足点，开始向西藏传教。当时的传教士由怒江翻过碧罗雪山至茨中，经过小维西、茨姑、巴东、白汉洛等地，然后在当地天主教友的带领下，雇佣当地马匹与保镖徒步进入西藏盐井，并向拉萨等地进发。由此可见，滇藏临界的经济联系、各地商人的频繁流动，都在一定程度上加速了滇藏民族文化的交融，逐步造就了滇西北地区多民族村庄的升级——由游牧为主，逐渐向农耕、贸易等多元化转变。

第四节　滇西北地区独特的酿酒技术

茨中人普遍认为青稞是供奉神灵的谷物之一，当地姑娘出嫁一般都要带上青稞。在婚礼仪式上，新郎新娘面前摆一张桌子，桌子前面一定要用青稞撒上一个直径一米左右的吉祥图案。春节祈福更是少不了用青稞作供品。

---

① 杨哈生，茨中村，2009 年。
② 周智生：《历史上的滇藏民间商贸交流及其发展机制》，《中国边疆史地研究》2007 年第 17 卷第 1 期。

茨中藏族日常生活离不开酒。青稞酒成为茨中村藏族的重要标志有以下三个原因：第一，酒是茨中藏族的灵魂；第二，茨中藏族认为喝酒是解脱精神痛苦的灵药；第三，酒是茨中藏族待客的必需品。藏族人好客，喜欢在喝酒时唱祝酒歌。藏族有一句笑话："喝酒不唱祝酒歌，便是驴子喝水。"酒宴上，茨中男主人通常会唱着祝酒歌敬酒。为了使客人听懂歌词，他们大多会把歌词用汉语重复一遍。在茨中村听得最多的是"三杯酒"的祝酒歌。歌词大意是："献上这第一杯青稞酒，给我们尊贵的活佛，但愿我们长久相聚；献上这第二杯青稞酒，给我们亲爱的父母，感谢他们给了我们一切；献上这第三杯青稞酒，给我们亲爱的客人，感谢他们带来了吉祥。扎西德勒！"

宴会上，客人必须回敬祝酒歌，歌词即兴编唱。唱完祝酒歌，喝酒双方一饮而尽。在盛大宴会上，人们唱着豪放的酒歌，轮番劝饮，直到大家醉倒为止。婚礼等重大活动还有专门的敬酒女郎，由当地漂亮的中年女性担任。她们穿着华丽的服饰，一边唱着动听的劝酒歌，一边精准把握客人的酒量。茨中藏族常常用酒表达感情，如联络人际关系、供奉佛祖和山神、表达对情人的爱意和对朋友的友情，无不如此。

一、雪域高原的青稞酒酿造工艺

初次酿造的青稞酒酒精度与啤酒几乎相等，是茨中人不可或缺的饮品。蒸馏过的青稞酒藏语叫作"羌"，用茨中本地出产的青稞酒进行第二次蒸馏而成，是一种酒精含量较高的白酒。青稞白酒是藏族男女老少最喜欢喝的酒，也是逢年过节、结婚生子、迎送亲友的必备饮品。青稞酒的制作程序并不复杂，先将青稞洗净煮熟，放在竹片编成的簸箕上摊平，温度降至30℃左右时加上酒曲，用陶罐、胶桶或木桶装好封闭发酵。三天后加入清水、盖上盖子，再等上几天便成青稞酒了。不过，优质青稞酒的制作则相对复杂。退休教师刘文高说：

> 制作上好的青稞酒不容易。首先要把青稞洗净，青稞在水里泡的时间不能过长。然后倒进锅里，放入清水，加入的清水要略为淹没所煮的青稞。锅中的水被青稞吸收完后，要把旺火改为文火，边煮边用木棍上下翻动，以使锅中的青稞全部熟透。其间可用手指捏一下青稞，如捏不烂再加上一点水煮，直到刚好能够捏烂。等到锅里的青稞八成熟时，把锅抬下来，将青稞摊开放入筲

箩中冷却半小时。待温度适宜后撒上酒曲，再把青稞装入锅里，用棉被等保暖的物件包起来放好。在夏天，两夜之后就发酵好了；冬天则三天以后才发酵。如果温度适宜，一般只过一夜就会闻到酒味。假如一天后还没有闻到酒味，就说明发酵温度不够，要把它装入过滤青稞酒的塑料或陶制容器中存放。[1]

青稞发酵两三天后，茨中村村民开始用在外地定做的铝锅制作青稞酒。酿制青稞酒的工具有大铝锅、锥形圆筒蒸馏器、碟状接酒器、储水冷凝器、外接容器等。青稞酒蒸馏装置均由青铜制作，以前是请外地工匠打造，现在可以到巴迪等地的农贸市场购买成品。制作时，将发酵过的青稞置于大铝锅内，储水冷凝器注满水，碟状接酒器从锥形圆筒蒸馏器的一个小孔伸出。操作时，用大火使锅内的青稞受热蒸发，气体上升到顶部储水冷凝器后，由蒸气凝结为液态的酒水从碟状接酒器流出汇聚。(见图 7-2)

图 7-2　传统青稞酒的制作方法示意图

---

[1]　刘文高，茨中村，2009 年。

青稞酒蒸馏装置的各个接口要用糌粑封好，锅内和储水冷凝器要按需要加水。头一锅应把水加到比发酵青稞高两寸的位置，第二、第三锅水则可以减少分量，刚好淹没发酵青稞即可。蒸馏后的青稞酒色泽橙黄、味道酸甜，酒精成分很低。青稞酒分头道、二道、三道，制作精良的头道青稞酒一般可以达到三十度。村民说，制作真正的藏族青稞酒酒曲不是从商店买的，而是用从高原采集回来的龙胆草磨粉以后发酵制成的。龙胆草制作的青稞酒酒精含量较高，入口甘甜，是茨中村敬奉山神、招待客人的最好礼物。可惜的是，茨中村现在依然用龙胆草制作青稞酒的村民不多了，退休教师刘文高还保留着当年祖辈制作龙胆草酒曲的制作方法。

> 采集龙胆草要到海拔3 000米的高海拔草原去找。那里的龙胆草长得与低海拔的龙胆草不同，可以酿造出清甜的青稞酒。把龙胆草冲洗、晾干磨粉后，与糌粑粉1∶1混合在一起压成方块，然后将其保存起来。
>
> 我们以前就是带着这样的酒曲到外地酿酒的。使用时，把龙胆草酒曲与一定分量的青稞粉混合在一起，再撒到煮好的青稞上面。混合时，拿在手里的酒曲要满一些，以更好地控制用量。①

二、传教士的葡萄酒酿造工艺

茨中村的葡萄酒制作方法源于法国，至今还保留着传教士留下的手工酿酒的制作工艺。茨中村的葡萄酒主要是各家各户手工制作。酿造工具主要为吸管、土罐、大盆等，葡萄汁液过滤器为家庭自制，用细竹片编成漏斗状过滤葡萄汁液。茨中村尚没有统一的葡萄酒酿造方法，各家各户根据以往传教士传授下来的酿酒工艺，在实践中创造出自己独特的秘方。

三位葡萄酒酿造艺人采用不同的酿造方法均得到村民认可。第一位是1937年出生的刘文增，其父刘保罗是茨中村原来的纳西族保长，后改信天主教。刘文增自幼在茨中天主教堂长大，六七岁时就经常在教堂观看传教士酿造葡萄酒。对于当时法国传教士采取用手抓方法破碎葡萄、掺入葡萄枝条调整葡萄酒的苦涩度的酿造方法，刘文增印象非常深刻。2004年，刘文增花1 600元专门从吉林订购了两只橡木桶，并用茨中当地的栎树和山秋

---

① 刘文高，茨中村中社，2010年8月。

树做成大木缸，开始尝试复原法国传教士的葡萄酒酿制技术。经过多年实践，刘文增掌握了基本的葡萄酒酿造技术，并且在茨中村开设了一家客栈，用自己酿制出的葡萄酒招待游客，吸引了不少游客的到来。①

第二位继承传统酿制葡萄酒技术的人叫吴公底。他出生在一个信仰天主教的藏族家庭，曾爷爷是余伯南神父的得力助手，在20世纪初的教案中与余伯南神父一起被杀。吴公底出生第八天就接受了罗维义神父洗礼，取教名为奥斯汀。吴公底酿制葡萄酒的方法源自他的姨妈德丽莎。据说德丽莎是茨中村修女，后搬迁到西藏盐井天主教堂任修女。吴公底的葡萄酒酿造方法与众不同，是将葡萄放进土罐子里发酵。吴公底说："葡萄酒对葡萄的发酵温度要求很严格，在没有精密仪器的情况下，茨中村村民采用民间酿造方法来控制温度。酿造过程中没有测量工具，全凭感觉和经验来控制。村民依靠观察和掌握的酿造工艺，手工控制葡萄发酵时间，从而得到风味绝佳的手工酿造葡萄酒。葡萄发酵过程在十七天左右，发酵温度达到28℃~30℃，葡萄酒才基本完成。"

为了增加葡萄酒的苦涩度，吴公底用手破碎新鲜的葡萄，再根据当年葡萄的成熟度和天气干旱情况确定掺入的葡萄枝条比例：先把葡萄串上的大枝条用手拣出来，然后根据葡萄酒的苦涩度来保留一部分小枝条，以增添葡萄酒的口感。破皮后的葡萄放置在大盆中用吸管吸取葡萄汁。吴公底认为，酿造时机很重要，必须选择晴朗天气，避免露水污染葡萄，才可以酿造出优质葡萄酒。自2002年始，吴公底每年都酿制五百斤以上的葡萄酒，除招待前往他开设的"玫瑰蜜"客栈住宿的中外游客外，还送往德钦县政府用于接待客人。吴公底说，葡萄用橡木桶存放，可以把橡木的味道融入葡萄酒中，以增加圆润的口感。以往，传教士除了把葡萄酒放入橡木桶，还要倒入一点核桃油，使葡萄酒表面与空气隔绝，防止氧化。打开存放较久的葡萄酒时，看不见有核桃油在表面，因为核桃油已被吸收了，这是民间保存葡萄酒的一种方法。

茨中村第三位酿酒师傅是茨中小学教师张永正，他不仅掌握了传统的酿酒方式，而且将自己的实践经验与革新融入酿酒的过程中。张永正发现"玫瑰蜜"葡萄与"赤霞珠"葡萄酿出的葡萄酒口感有明显差异，就将两种不同葡萄酿造的酒按照一定比例相互勾兑，取长补短，增强葡萄酒的口感

---

① 郑向春：《景观意识："内""外"眼光的聚焦与融合——以云南迪庆州茨中村的葡萄园与葡萄酒酿制为例》，《青海民族研究》2011年第4期。

和特殊风味。张永正的葡萄酒在茨中村也很出名，主要在和嫦妹开设的"纳西人家"客栈销售。张永正说："对于茨中村村民来说，他们目前只保留了简单的葡萄酒制作方法，主要通过口感来鉴别葡萄酒。存放一年至五年的葡萄酒在口感上肯定有明显不同，可以用黄糖、白糖和蜂蜜的口感来表示葡萄酒的品质。酿制后存放一年的葡萄酒新鲜，也就是鲜味重、色浅。酿制后存放两年的葡萄酒软、绵、柔，回味甜，色浓。至于酿制后存放五年的葡萄酒，喝起来就像蜂蜜，绵绵的，有回甘的感觉。"

茨中村的葡萄酒虽有各种口味，但基本制作流程还是来自吴公底的原始配方。从1998年种植葡萄开始，吴公底一家收入比以往就明显增加了。后来在茨中村像他这样用自种葡萄来酿酒的人也越来越多，并且发展了几家旅游客栈。经过几年的推广发展，茨中村的人采用法国传统酿制手法酿制的葡萄酒已经成为当地有名的特产，引起了周边县城商家的注意。于是，不少酒店和饭店开始代销茨中村的葡萄酒，就连丽江也有旅游点和客栈销售茨中葡萄酒。2010年左右，当地一位大酒商看中了此种葡萄酒的名气，要在全县大面积种植"赤霞珠"葡萄，并生产以茨中天主教堂为商标的葡萄酒。茨中天主教会会长吴公底积极推广茨中葡萄酒，他逢人就说酿葡萄酒很赚钱，并且愿意毫无保留地把技术传给其他有兴趣酿酒的家庭。每到夏季，他的"玫瑰蜜"客栈都会住满国外游客与一些天主教学者。当地电视台专门为他做了一篇关于法国传教士制作葡萄酒的专访视频，面对摄像机，吴公底坦言，他的技术是老修女德丽莎传授的：

> 我从1998年开始做葡萄酒，为什么我做葡萄酒呢？因为传教士在的时候有葡萄酒，传教士离开以后虽然有葡萄但是葡萄酒酿不出来了。我的这个葡萄酒呢，技术方面主要是以前的加工方法，是老修女德丽莎教给我的。现在社会上喝白酒的人越来越少了，喝葡萄酒的人越来越多，因为喝葡萄酒对身体有好处。我想到这一点以后，就赶紧开始做葡萄酒了。

第五节　雪域高原神秘的天主教圣事

天主教人生礼仪有七种，俗称"七圣事"，包括洗礼、坚振礼、圣体、告解、终傅、婚姻、神品。天主教的七件圣事分成三大类，洗礼、坚振礼、圣体三件称为入门的圣事；告解、终傅两件是治疗的圣事；婚姻、神品两件是信徒的共融和服务的圣事。

第一件圣事是洗礼。神父在候洗者头上三次倒水施洗，象征受洗者死于罪恶、注入天主生命。（见图7-3）神父呼叫新起教名作为候洗者的名字，并说："我因父，及子，及圣神之名给你付洗。"村民说，以前传教士对洗礼特别重视，不过现在简单多了。茨中天主教堂洗礼简化为用圣水倒在候洗者额头上，集

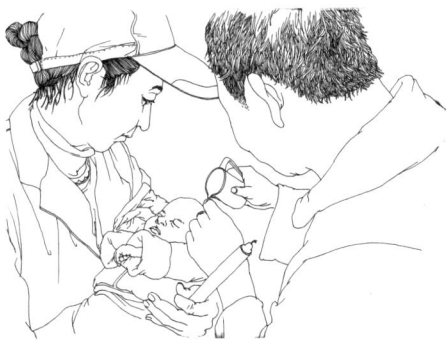

图7-3　神父把圣水倒在候洗者额头

体一起念经文祝贺。给藏族婴儿取教名时，神父首先替儿童选取教父、教母。藏族男孩一般选一位藏族男信徒作教父，女孩则找一位藏族女信徒作教母。藏族候洗者经常采用的男性教名有保罗、荣生、华生、梅瑟等，女性教名有德丽莎、德仁撒、玛利亚、马达琳娜等。

第二件圣事是坚振礼。天主教会一般是在教友到了理智的年龄时行坚振礼。正常情形下是神父施坚振礼，用意是为表明此圣事，巩固教友与教会的联系。到了理智年龄的坚振候选人应宣示自己的信仰，有领此圣事的意愿，在教会团体肩负起天主教门徒的角色。坚振的主要礼仪一般是神父以坚振圣油涂抹已受洗者的前额，主礼者同时覆手并念："请借这印记，领受天恩圣神。"坚振礼与洗礼分开举行时，二者之间的关联是以重发洗礼誓愿来表达。在茨中村，也有在弥撒结束后给部分教友施坚振礼的例子，借助坚振仪式强化教友与教会的联系。根据茨中天主教堂保留下来的传统，神父在施行时用圣油加上香料涂抹教徒额头，如今由神父用祝圣的圣油来代替。接着，在祭台上引燃蜡烛，表示基督光照了接受坚振仪式的教徒。

第三件圣事是圣体。由于圣体的内涵非常丰富，也拥有不同的名称，

如感恩祭、主的晚餐、分饼礼、感恩集会、圣祭、领圣体、弥撒等。在圣体中，圣体圣事遂成为教会生命的中心。

茨中天主教友一致认为，只有被合法的主教祝圣过的司铎才能主持感恩祭礼，这样祝圣饼酒才能成为主的体血。在没有传教士和本地神父的日子里，茨中村教友只能默默地在家中念经，等待能够主持圣体圣事的神父到来。茨中村现在由驻堂神父姚飞主持圣体圣事。圣体一般由两大部分构成：第一，圣道礼仪，包括宣读圣经、讲道和信友祷词。第二，感恩礼仪，包括呈献饼酒、有祝圣效果的感恩祈祷和领圣体礼。圣道礼仪和感恩礼仪共同组成"一个整体的敬礼行动"。

茨中村天主教徒认为，在感恩祭里摆设的筵席是天主身体的筵席。举行感恩祭的主要标记是麦面饼和葡萄酒。神父呼求圣神祝福这些标记，并对它们说耶稣在和门徒共进最后一次晚餐时说的祝圣的话："这就是我的身体，将为你们而牺牲……这一杯就是我的血……"通过祝圣，麦面饼和葡萄酒变成基督的体和血，也成为教友心中的天主教标记。茨中教友每次参与感恩祭都领圣体，他们相信这是一名天主教友的义务，同时也是一百多年来法国传教士留下的传统。

第四件圣事是告解。告解主要是教徒向神父坦白和忏悔。神父首先问候忏悔者，然后恭读天主圣言，并倾听教徒忏悔罪过。忏悔者承认罪过并向神父说明原因，神父代表天主赦免忏悔者罪过。茨中村教友记得，在逾越节那天晚上，主耶稣显现给他的宗徒，并对他们说："领受圣神罢！你们赦免谁的罪，就给谁赦免；你们存留谁的，就给谁存留。"① 告解圣事由忏悔者的三个行动以及司铎的赦罪所构成。忏悔者的三个行动是痛悔、告明或向神父认罪过、立志作补赎并付诸行动。忏悔是茨中村天主教徒一种源于信仰的认罪过程。

第五件圣事是终傅。天主教友临终时，神父会到其家中举行终傅圣事，特别是为其举行临终告解。教友去世以后，其家人无论信仰何种宗教都会按照天主教的方式为他举行葬礼。教友去世当天，请天主教友们在家里为死者念经；第二天或第三天把死者的遗体送往墓地埋葬。神父负责组织教友参加葬礼，通常天主教徒和佛教徒同时参加天主教徒的葬礼，集体向遗体洒圣水、行跪拜礼，然后将遗体放入棺材送往墓地埋葬。

第六件圣事是婚姻。茨中村的佛教徒与天主教徒的婚礼几乎一样。佛

---

① 《圣经·若二十：22-23》。

教徒举行婚礼时，新人在婚礼上跪拜父母，跪拜藏传佛教画像和灶神。茨中村的天主教徒则采取与佛教徒同样的方式进行婚姻圣事，由于天主教堂在藏族天主教徒心目中非常神圣，加上村民对婚姻随意处理的态度与天主教徒的规矩产生较大矛盾，因此茨中教友一般都不愿意在教堂举行婚礼。圣保禄说："你们做丈夫的，应该爱妻子，如同基督爱了教会，并为她舍弃了自己。"天主教徒认为，透过婚姻盟约一男一女组成一个亲密无间的共同体，两位新人的婚姻也由主基督提升到圣事的尊位。

第七件圣事是神品。神品又称圣秩，是天主教圣事礼仪之一。教徒认为，该圣事源于耶稣升天前，那时的耶稣就赋予使徒们几种神权，教徒相信，这种神权能够通过"覆手礼"这个仪式被天主特别恩宠而代代相传下去。继承这种神权的仪式叫作圣秩。领受圣秩后的人被称作神职人员，即主教、神父、牧师或执事。

对于茨中天主教徒来说，最重要的天主教仪式就是人们经常提起的弥撒。老教友对中华人民共和国成立前传教士主持的弥撒记忆最深刻。八十多岁的老教友回忆说："在中华人民共和国成立以前，每逢星期六传教士都会到巴东和茨姑来，星期六从茨中出发，星期天在这边做弥撒，星期一便返回茨中村，一共是三天的时间。神父都是骑马去的。神父有一匹马，他的助手负责牵马。年纪大的古纯仁神父来不了茨姑和巴东，都是由罗神父来。"老教友说，当时的第一台弥撒一般是在上午九点开始，教友领圣体、做圣事后才吃早饭。中午由修女领第二台经——玫瑰经，并教汉文圣歌。不少老教友对当年外国神父主持弥撒的情况记忆非常深刻。他们常说，现在的神父做弥撒与以前大不相同。以前传教士主持弥撒时面对祭台，而不是像今天这样面向教友。刘志斌神父说，以往的祭台一般安装在教堂的墙壁上，神父面对祭台是因为祭台代表耶稣身体，以示尊重耶稣。肖杰一说："以前是在祭坛上面做弥撒，祭坛是用石头砌的，神父来到祭坛后要背对教友做弥撒。第二次梵蒂冈大公会议提出，耶稣基督来到世上是传道的，一个老师要面对学生讲课。如果神父背对教友，正如教师背对着学生，学生就不知道讲什么。最后对云南教区的祭台做了统一修改，神父从背对教友传教改为面对教友传教。还有，以前是用拉丁文来做弥撒，很多藏族教友听不懂，后来神父在弥撒的时候就改用中文，这样大家就听得懂了。有时候，外国神父到了我们村里面，不会藏语，大理教会就给他配上一个翻译人员，把他做弥撒时说的话用藏语翻译过来，于是教友们就听得懂了。"（见图7-4）

图 7-4　身着祭袍的中国天主教会主教马英林在茨中天主教堂主持弥撒

　　茨中村用藏语念经与法国传教士伍许中神父有关。伍许中神父 1919 年到茨中天主教堂任代主教，曾赴西藏学习藏文。伍许中神父是音乐家，能够用拉丁文编写藏文经书教义，用四线谱为藏文圣教圣歌谱曲。这些藏文经课的曲调由藏族喇嘛匹麻（Pema）与法国传教士共同编写而成。有一篇当代的法语论文提到一则相关的历史故事，说明了这些藏文吟诵曲的来源。以前，Tchraya 寺有一个叫匹麻的喇嘛是寺庙诵经团的领唱，他还俗并爱上一个女人，不久女儿出生。寺庙的主持是其伯伯，他要求匹麻一家去卡瓦格博神山朝圣并弃婴赎罪。一家人历经艰难到了崩卡，在那里领洗改信天主教，女儿取名玛丽亚。从此匹麻成为一所学校的教师，他将天主教要理问答和一些祷文翻译成藏文，并将祷文配上好听的旋律，由此产生了最早的藏文吟唱曲。事实究竟如何，还需要更多的文献资料加以考证。不过，这些宗教音乐由于完全靠教友们口头传唱，其真实性难以考证。宗教礼仪是宗教当中的灵魂，音乐自然就成了灵魂的灵魂，让人难以捕捉。

　　茨中村天主教的圣咏，有四线谱、五线谱、简谱等多个版本，反映了一百多年前传教士和教友对音乐的创作痕迹。《雪域圣咏》一书的作者、宗教音乐研究者孙晨荟曾经对茨中天主教堂的圣咏做过比较深入的研究。她指出，滇西北多民族地区不少天主教堂现在的吟诵调中还保留着四种不同的音调。笔者根据近年来在澜沧江峡谷多个天主教堂初步的调查发现，云南贡山地区的吟诵高亢明亮，属于高低四声部；西藏盐井地区的吟诵低沉委婉，速度较慢。

第六节　多民族地区的藏族服饰

为了适应变幻不定的高原环境与当地独特的垂直气候，迪庆藏族充分利
用当地丰富的自然材料制作服饰。在与周边各个民族长期交往中，迪庆藏族
既注重保留传统记忆与彰显藏族文化，又注重与当地各个民族的文化交流。
迪庆藏族服饰体现了云南高原藏族服饰独特的文化象征与精神物化的过程。

一、迪庆藏族气候环境与历史沿革特征

迪庆州位于云南省西北部三江流域，这里山高谷深、寒暑分明，素有
"一山分四季，十里不同天"之说。这里寒暑分明，海拔高度的不同决定同一
坐标地区呈现出南亚热带、中亚热带、暖温带、中温带、寒带等气候。面对
复杂多变的生态环境与丰富的物种资源，迪庆藏族充分利用当地动植物等原
料作服饰。特别是迪庆地区高原与河谷的地理地貌，使当地居民采取游牧与
农耕并存的生计模式，进一步促使迪庆藏族服饰多元化。河谷地区的村民春
夏种植玉米、小麦，高原放牧的牧民夏秋两季在海拔 4 000 米的高原牧场留守
放牧。根据天气变化，她们选择不同材料、厚薄适中的服饰，是迪庆藏族满
足河谷种植、高原放牧等生计活动周期变化需要的结果。（见图 7 - 5）

图 7 - 5　迪庆州德钦县婚礼中伴娘的服饰

从民族起源来看，迪庆藏族既延续了甘青藏族古老的民族记忆，又留下了迪庆藏族迁徙到云南高原后经历了游牧到农耕的历史印记。据史料记载，迪庆藏族来源于青藏高原沿澜沧江迁徙至云南的一支。迪庆藏族先民从游牧到农耕转变的族群文化及其过程，反映了其生计模式经历了游牧、半农半牧、农业等不同发展阶段，服饰文化也记载了这些丰富的历史痕迹。明代的云南方志称："在云南铁桥之北，一名古宗。"① 清人余庆远在《维西见闻纪》中对当时迪庆境内藏族描述如下："古宗，即吐蕃旧民也。有二种，皆无姓氏，近城及其宗、喇普，明木氏屠未尽者，散处于摩些之间，谓之摩些古宗。"② 中华民国期间，段绶滋纂修的《中甸县志》对当时迪庆藏族服饰描述更为详细："迪庆藏族衣服多用氆氇、哗叽、丝缎及鬼子呢、鬼子皮、灯草绒、生丝绸诸种。即贫者亦必用毛布。服饰尚红与绿，贵者多用黄……楚巴，其着法先将衣领顶头，然后系带，务令摆与靴齐，再着两袖，惟常偏袒右肩。"③

从宗教脉络来看，迪庆州高原地区至今还保留了红教、白教、花教和黄教等多种藏传佛教的庙宇。④ 据《中甸县志》记载，明中叶东巴教在德钦、中甸、维西藏族和纳西族地区还有相当势力，当地除了藏传佛教宁玛派、噶玛噶举派和萨迦派外，不少藏族村庄还保存着原始黑教（后称东巴教）信仰。《中甸县志》记载："中甸在明中叶，喇嘛教即已盛行，惟其时仅有红教，亦间有奉行黑教或白教者。其后西藏派来举马倾则一员，管理僧民，征送粮税，始有黄教喇嘛。"清人余庆远《维西见闻纪》载："红教喇嘛，相传有十三种，维西惟格马（指噶玛）一种。格马长五人，谓之五宝轮回，生番地，均十余世不灭，人称活佛。维西五寺红教喇嘛八百人，皆格马四宝喇嘛之法子也。"藏传佛教在迪庆地区盛行进一步丰富了迪庆藏族服饰的图案内涵。

特别是历史悠久的藏传佛教图案所蕴含的宗教意义，对迪庆藏族服饰影响十分明显。在颜色方面，迪庆藏族将红、蓝、白、绿、黄等颜色用于礼仪服饰，这些颜色主要源自苯教解释万物本原的象征意义。红色代表火

---

① （明）刘文征撰，古永继校点，王云、尤中审订：《滇志·卷三十三》，昆明：云南教育出版社，1991年，第1085页。

② （清）余庆远：《维西见闻纪》，方国瑜主编：《云南史料丛刊·卷十二》，昆明：云南大学出版社，2001年，第62页。

③ 段绶滋：《中甸县志》，中甸县志编纂委员会办公室编：《中甸县志资料汇编》，1991年，第158-159页。

④ 藏传佛教宁玛派（红教）、噶玛噶举派（白教）和萨迦派（花教）。

焰，象征热情与力量；蓝色代表蓝天，象征自然崇拜；白色代表白云，象征洁净；绿色代表江水，象征生命与富有；黄色代表土地，象征生命与活力。五种色彩内化的含义赋予了迪庆服饰浓重的宗教情结，体现了迪庆藏族虔诚的佛教信仰与阶序观念。

二、迪庆藏族服饰的视觉特征

迪庆藏族男性服饰款式比较固定。"勒规"是一般藏族外出穿着的服饰，穿着"勒规"的藏民通常脚穿短筒藏靴，头戴毡礼帽。"勒规"上衣的穿着一般分内外两件，内衣是普通棉布或白茧绸镶锦缎齐腰的短衬衫，款式一般是左襟大右襟小；外衣则是棉麻质地的圆领宽袖长袍，这种长袍在迪庆藏语中称为"楚巴"。"勒规"的裤子较特别，腰围、开裆和裤脚都宽大。在工艺制作上，迪庆藏族主要采用传统缝制等工艺，包括兽皮装饰镶边、贴布绣、拼接等。迪庆藏族男性视"楚巴"为节日穿着的传统服饰，穿着"楚巴"时十分讲究，先将整个"楚巴"披起，两脚张开与肩同宽，让衣袖自然垂下，然后把"楚巴"底边提至膝上，再用"加差尕拉"① 将"楚巴"围系在腰间，两袖交叉经过前腹围，最后将结系在腰后。（见图7-6）

图7-6 德钦县茨中村藏族婚礼喜倌的服饰

---

① 迪庆藏族常用配饰之一，是一种用红、蓝、绿、青、紫等七色毛料编制而成的长带。

　　"扎规"是远古流传下来的一种武士服，迪庆藏族只有在重要仪式上才穿着。这种武士服的形制相对复杂。着武士服的藏民头戴狐皮帽，身着豹皮或貂皮镶边的氆氇或毛呢"楚巴"，再配上藏刀等其他造型夸张的装饰物。《西藏通史》记载：旧时对一些骁勇善战、屡建战功的将士赐予虎皮袍，以表彰其像老虎一样勇猛，并将虎豹等野兽皮毛作为勇敢和美的标志。由此可见，采用野兽皮毛制成的衣袍、配饰具有多种文化意蕴：一是水獭、虎豹皮毛的天然纹路可彰显出明显的勇士精神；二是藏族崇尚虎、豹、狐等图腾，是藏族文化图像记忆的一种集体反映。如今，在当地已经找不到"扎规"的痕迹，除在记载格萨尔王等古代藏族英雄的书籍中能找到相关记载外，只能在美国《国家地理》杂志上找到"扎规"的照片。（见图7-7）

图7-7　迪庆境内藏族卫士

　　迪庆藏族男性的礼服"赘规"、武士服"扎规"最能体现深厚的族群历史与民族记忆。"赘规"保留了相当丰富的藏族历史记忆与文化特征，各处细节都体现出穿着者的地位与权力。作为重要的身份表征，"赘规"服饰折射出明显的社会秩序，反映出隐含在服饰背后看不见的社会地位。"赘规"是迪庆藏族每逢节庆婚嫁都会穿着的重要服饰，因此"赘规"在用色、用料等方面极为讲究。迪庆藏族往往根据地位高低采用白色、紫红色、浅黄色和黑色来制作相应的服装。

　　"赘规"上衣分为内外衫两件。内衫称为"囊规"或"对通"，多选用丝绸和茧绸布料，均为对襟高领、齐腕长袖，襟边和领口会有金边或银边镶嵌；

外衫称"交规"或"崩冬",主要选用圆寿、龙纹、妙莲及其他花卉图案的锦缎为料。在衣服领子、袖口、下摆常以水獭皮、豹皮、虎皮作装饰镶边,镶边宽尺许,最窄也有五寸,沿镶边内用窄于镶边的传统花色锦缎压边,再用金、银扁线镶饰。个别"赘规"特别复杂,袍子采用镶三层边作为装饰。底层为水獭皮,中层为豹皮,上层为虎皮,袍子的下摆几乎都被大面积镶边所覆盖。(见图7-8)

相对男装而言,迪庆藏族女性服饰变化较大。迪庆藏族女装一般随地理环境的变化而变化。由于迪庆北部

图7-8 迪庆藏族男性服饰

地区德钦县地处高原、气候严寒,因此,德钦藏族女性一般内着无领长袖长袍,袖口和下摆镶有红、黄、绿、蓝色绸布条边,袖头和领口用五色氆氇镶边,系五色"邦典"围裙;格咱乡藏族女性则在长袍外面罩上一件无袖大襟长坎肩,坎肩下摆镶豹皮或水獭皮,通常装饰红、绿两色锦缎或绸布条边;奔子栏、拖顶、塔城一带气候略微温和,藏族女性服饰一般上衣是茧绸或丝绸制成的长袖衫,外罩大襟锦缎坎肩,坎肩的领子、襟边和下摆均镶有金边或锦缎花边,下身则是穿着宽而长的百褶裙,百褶裙外还会系上彩色丝绸腰带;南部地区夏季气温较高,尼汝地区藏族女性上身普遍穿深红的金绒或丝绸对襟衣,袖口会对称滚上金边或黑丝绒,下身裙袍则多为绿色,裙袍下摆和两侧还会镶有黄、蓝、粉红、深红等颜色的布条和花边,而肩上会披七彩氆氇制成的披肩。

燕门乡茨中村等地藏族女性服饰更为轻薄。茨中村位于澜沧江河岸西侧,坡地河谷地区温度较高、气候相对温和,服饰一般以轻薄、透气为主。茨中藏族女性一般采用凉爽、轻薄面料制作裙子,主要采用百褶裙的制作方式,有的甚至取当地火麻、野麻剥皮捻线用来制作服饰。她们腰系宽绸带,肩披黑底镶有五色氆氇的披肩;外面不着长袍披肩,而选择穿无袖大襟长衫并用七彩大花带子围系腰间。下身穿绦绵布料裤子,再在外面穿上一条白茧绸裙子。裙子边沿不卷边,露出线头搓成无数条两寸长的穗条作为装饰。白茧绸裙子藏于长衫或长袍下,仅将裙穗稍微露出。(见图7-9)

图7-9 德钦县燕门乡藏族女性头饰、服饰

在服饰款式方面，迪庆藏族上身以呢绒坎肩为主，下身以百褶裙、裙裤、连衣百褶裙、镶边长袍、宽领无袖长袍等为主。尼西一带女性服装的内衣多为彩绸制成的长袖衫，外罩高领锦缎坎肩，下身为白布或白毛布做成的宽筒裤子，在裤子的前后加上两片系有獐皮飘带的"遮风"，形状酷似裙子，藏语把这种样式的裤子称为"纳姆"。在颜色方面，迪庆州拖顶、塔城等地藏族女性的百褶裙颜色多为黑色或蓝色，奔子栏的百褶裙颜色一般为白色。（见图7-10、图7-11）

图7-10 迪庆藏族女性服饰　　图7-11 迪庆藏族儿童服饰

在服饰制作材料方面，迪庆藏族根据不同环境和生计模式制作适合环境的服饰。例如，高原牧场天气变化无常，昼夜温差大，高海拔地区藏民以游牧、狩猎为主，服饰主要以防寒保暖的羊毛织物为主，羊毛是主要织物原料。居住在中低海拔的迪庆藏族主要从事游牧狩猎，藏民们一般采用动物皮毛为服装材料，通常以羊皮、水獭皮、豹皮为多。居住于低海拔河谷地区的藏民主要以农耕、种植为主，服饰取材于轻薄透气面料，一般以棉麻作为织物。环境调适与因地取材是决定迪庆藏族服饰特点的主要因素。

三、文化交融与服饰演变

迪庆藏族服饰既有典型青藏高原藏族服饰的特点，又融合了当地纳西族、傈僳族等少数民族的服饰特征。迪庆藏族服饰特点的形成，不但与早期吐蕃"旧民"的渊源密切相关，还与后来的纳西族融合成为"摩些古宗"，以及与周边怒族、傈僳族等民族在经济、文化等方面的交往有关。在滇西北定居后，迪庆藏族与周边民族在经济与文化活动等方面的联系不断加强，其服饰在保留原有藏族文化的同时，日益吸收周边白族、傈僳族、纳西族的服饰特征，形成了"你中有我、我中有你"的文化融合态势。研究迪庆藏族的学者王恒杰指出："迪庆藏族社会自古以来就具有自己的特点，即在社会经济结构与文化上既保有居于青藏高原上藏族的特点，同时由于其地处高原边缘，因而又渗透着内地经济与文化的影响。"①

从以上迪庆藏族服饰的细节描述中可以看出，迪庆藏族服饰与周边各个民族传统文化之间互相影响、互相借鉴、互相吸收。迪庆藏族服饰的演化过程，犹如一块石头入水所产生的涟漪，从文化核心区的强势延伸到周边区域，并且呈现出与其他文化区相融合的趋势。从迪庆藏族女性服饰制作工艺来看，当地服饰体现了周边其他少数民族的制作工艺。河谷地区如燕门乡是一个典型的藏族、纳西族、傈僳族和白族多民族聚居地，其服饰明显融合了纳西族与傈僳族特色。

作为游牧民族氐羌族的后裔，迪庆藏族千百年来不断辗转迁徙于滇西北深山峡谷，在与当地各民族交往中不断与之融合，逐渐形成了今天复杂多变的服饰系统。从材料、款式、图案与功能来分析，迪庆藏族服饰与甘青、甘南、川西等藏族相比，有着许多自身特点与不同之处。在服饰功能上，采取不同面料与材质以适应各种气候和环境；在族群记忆上，保留并

---

① 王恒杰：《迪庆藏族社会史》，北京：中国藏学出版社，1995 年，第 1 页。

强化了鲜明的藏族特色与族群象征；在文化表征上，刻意融入了其他民族的意蕴与文化特征。透过服饰内在文化意蕴与外在艺术魅力，可以看出迪庆藏族蕴含在服饰背后的环境适应能力、群体审美意识和多元文化观念。迪庆藏族服饰的变化，印证了迪庆藏族在悠久的历史长河中不断与自然环境抗争、与社会环境调适的过程。

第七节　独树一帜的高原藏族婚礼

天主教传到茨中村以后，婚礼仪式便加入了天主教的形式。比如，教友的婚礼要由神父主持，神父要代表教会给教友传道。如果村子离教堂很近的话，结婚当天就去教堂举行婚礼，由神父主持，婚礼双方的亲戚朋友全部参加。教友结婚之后也要依照天主教的教规生活。天主教对七件圣事里面的婚姻圣事是这样规定的：男女双方中一方去世，另外一方才能找其他人结婚；如果一方没有去世而另外一方离婚的话，就是犯邪淫罪、淫乱罪。所以，举行婚姻圣事后两个人再也不能离婚，只能白头偕老。这是耶稣立下的七件圣事之一，是一种圆满。不过，自传教士离开茨中天主教堂以后，茨中村再也没有神父主持婚礼了。因此，现在村里的青年举行婚礼时礼仪便十分简化，天主教礼仪只在婚礼双方都是教友时才举行，故所占比例不大，这无论是在德钦还是在大理都一样。同时，茨中人对藏族婚礼习俗非常重视，藏族村民的婚礼包括跳舞、吃酒席等一系列仪式，并且举行得特别隆重。刘志斌神父说：

> 天主教的仪式包括神父为新人祝福以及举行结婚仪式，整个过程最多不过一个小时，短的半个小时左右。神父为新人祝福是在所有婚礼仪式之前，如果新人家离教堂远的话，就需要预约。比如，第二天要举行婚礼，前一天就要先在教堂里领受。如果新人一方是天主教徒、一方是佛教徒的话，非天主教徒的那方可以不领受，天主教徒那方领受即可。在结婚仪式上，婚礼主持会宣讲婚姻的神圣性，以及结婚后作为父母对子女的责任和义务。最后，神父代表教会给教友传道，时间从一两分钟到半个小时不等。

> 茨中村村民举行结婚仪式一般都在每年圣诞节前后到春节这

段时间里，因为这个时候昼短夜长，没有农活，打工的人也回来了，该成家的人就会举行婚礼。在茨中村，男方如果看上女方，就可以带一个媒婆去女方家提亲。提亲要送去两块红糖，一对红茶砖，一对洁白的哈达，女方同意的话就会收下；如果不同意，婚事便就此打住。第二次去提亲要带上亲戚，拿点酒，双方坐在一起喝酒，定下日子，然后就可以商量准备婚礼，邀请伴郎伴娘。通常要在提亲的时候把双方的年龄、属相问清楚，以便测算是否相配。一般来说，虎、马、狗是一窝的，猪、兔、羊是一山的，鼠、龙、猴是一伙的，牛、蛇、鸡是一圈的。①

婚礼的筹备一般要一年时间。到了举行婚礼那天，双方会进行迎亲和送亲活动，这时要穿上藏族传统的礼服。送亲的人由出嫁的一方出面邀请和招待，送亲队伍一般由五六十人组成，要请两个喜倌"拔奔"。喜倌分正、副，要能说会唱，并代表新娘一方主持婚礼。送亲队伍到齐之后，出嫁的一方由家长和家族中的长辈在家里为新人传授做人的道理，包括如何为人处世、孝敬公婆、相夫教子、和睦邻里等。之后，新娘要和送亲的人一起在家中吃最后一餐饭，饭后由"拔奔"手捧哈达带领新娘与送亲队伍绕中柱转三圈，感谢父母的养育之恩，并把哈达献在中柱的箭旗上，然后出发去新郎家。（见图 7 – 12）

图 7 – 12　春多乐藏族村的迎亲习俗

---

① 刘志斌，小维西天主教堂，2012 年。

迎亲的人由新郎一方邀请两个能说会唱的待客倌"准奔",专门为新郎家主持婚礼的各种仪式。首先要陪新人去迎亲,迎亲至少需要八个人,其中有两个 Baiba(藏话)做两个家庭的桥梁,两个 Dishu(藏话)负责礼物管理,最重要的是要负责看管新人的床及坐垫,一名女性专门拿东西,一个收东西的 Balu(藏话),两个 Basi(藏话)负责接新娘,他们要跟随"准奔"到女方家迎接新娘和送亲的队伍,然后一路对歌直到新郎家。当新娘和送亲队伍出门时,送亲队伍要唱"离村歌",回忆出嫁的新人过去在村里和伙伴、村民共同度过的美好时光,倾诉离别的不舍之情;然后在离村的路上唱"路歌",祝福村里的长辈们平安长寿,幸福安康。迎亲的时候,带的水果、糖、碟和碗等都要提前藏到包里,出村的时候村民会阻拦并索要礼物,如果没有提前做好准备,身上的钱物就会被村民索要干净。

迎亲和送亲的队伍唱着歌走到新郎家门口时,男方家两个男性亲戚会端着敬酒盘等候,盘里是两碗点了三滴酥油的酒。两个"准奔"要把敬酒盘中的两碗酒敬给送亲队伍中的两个"拔奔",送亲队伍要唱"敬山神歌"。敬完两方的山神后,迎亲队伍要唱"下马歌",请求送亲者下马。这个时候,如果迎亲一方唱的歌得不到送亲队伍的认可,或者送亲队伍想要为难他们,还可以让他们多唱一些。

送亲队伍下马后,要一起唱"门歌",而迎亲队伍则要按照歌词巧妙地回答并迎接他们进门,之后接着唱狗、唱围墙、唱楼梯,然后新郎家的长辈要在楼梯口用柏枝朝新人和送亲队伍身上洒水来祛除污秽。上了楼梯唱外门,进了外门唱内门,接着唱中柱、唱火塘,之后两个新人要在福座上点两盏酥油灯,表示结为夫妻,然后请送亲队伍入座。喜倌阿金回忆道:以往茨中村一带的藏族婚礼程序繁杂,不过近年来随着村里的青年到外面打工,吸收了不少外界的习俗,茨中村婚俗开始简单多了。喜倌阿金回忆传统喜倌的送亲仪式时说:

> 送亲队伍入座也有规矩,正"拔奔"面北背南,副"拔奔"反之。新郎新娘坐在正"拔奔"的下方,媒人坐在媒人柱下,其余的来宾从老到幼依次坐好。这时新郎家的"准奔"要端糖果给"拔奔",由他分发给客人们,举行撒喜糖的"拔踩"仪式,然后给娶来的新娘或入赘的新郎吃白色或红色的食物,白色的一般是牛奶,红色的一般是苹果。然后由正"拔奔"、副"拔奔"、新郎

新娘、伴郎伴娘上茶。为了表示敬意，向新郎新娘敬茶时的茶水只倒半碗，之后"准奔"要说几句话，问候送亲队伍，如路途辛苦，请他们吃好喝好。吃喝完，送亲的人们可以自由活动半个小时。之后，双方开始演说长篇祝词，先由新郎家的"准奔"致辞，然后由新娘家的"拔奔"致辞。内容都是讲述新人、新人家的成员和长者的生平，以及婚姻经过、赞扬媒人的功劳等。之后，还要感谢新娘父母的养育之恩，并献上报恩礼。献完礼，由副"拔奔"说祝词，宣布新娘家给的嫁妆，新郎家再次招待茶点，之后大家可以休息。

吃过晚饭是教育孩子的时间，也是婚礼最后的仪式。这时，由长辈对新郎新娘进行教导，如如何为人处世、孝敬长辈、勤俭持家等。夜里客人们一起跳舞，有锅庄舞、弦子舞等，一直跳到第二天天亮，结束时新郎家给帮忙的弟兄们做顿饭作为犒劳。①

下午三点，笔者随同送亲队伍前往茨中村江东的一个藏族小村，叫作日米村，因为次日那里将要举办一场婚礼仪式。这场婚礼非同寻常，因为新郎要入赘到女方家，所以婚礼程序比较特别。（见图7-13）

图7-13 茨中村婚礼中伴郎伴娘服饰

① 阿金，春多乐村，2012年2月。

婚礼由多名藏族喜倌主持，参加婚礼的客人有二百多人，主要是男女双方的家属以及附近村民。具体的流程为：第一天，新娘来到新郎家里，同时迎亲的两位喜倌也在新郎家住下，男方要招待他们吃中午饭和晚饭，晚饭以后大家开始跳锅庄舞，持续到天亮。第二天，早上由男方家的长辈以及全村村民对新人进行说教，中午饭毕，一对新人和送亲、迎亲队伍一起乘车到女方家里，同时女方还会派出队伍接亲。在新娘家举行仪式后，大家吃晚饭，继续跳锅庄舞。第三天，男方送亲的队伍返回家中，婚礼的整个仪式完成。

按照茨中村的风俗习惯，送亲的一方必须派出两位负责的喜倌，他们能说会道，熟悉各种场合下的应对方法，特别是能够用流利的藏语与对方的迎亲待客倌进行对歌。本来两位送亲喜倌必须由日米村选派，但由于日米村的藏族传统风俗已经消失，村里很难找到喜倌，因此只好从春多乐村选出两位作为送亲一方的喜倌，这叫作"借倌"。这两人一位是新娘的表叔，叫阿金，具有丰富的送亲经验；另外一位是村里的民间艺人赵英。他们身穿华丽的藏装，头戴狐皮藏帽，脚蹬一双藏靴，代表新郎一方主持送亲仪式。这种现象在许多村落的婚姻仪式中都存在。由于春多乐村到日米村的距离较远，山路难行，所以两位喜倌在第一天就来到了日米村，准备第二天代表日米村把新郎和新娘送到二十公里以外的春多乐村。新郎委托日米村村主任郭小勇主持婚礼。在离开家里的时候，新娘手里必须拿着一个硕大的铜勺子，里面盛满水。新娘拿着这个铜勺很不方便，但是又不得不拿，这是日米村藏族的一个规定：新娘在离开自己家的时候，必须带上一件自己最喜欢的家常用具，比如一只碗、一双筷子或者是一个铜勺子，这代表着新娘将把在家里做家务的习惯带到新的家庭里。

第二天早上，迎亲和送亲的队伍先吃早点，早点有八个菜式，主要是油炸粑粑、饼干、小麦粑粑和酥油茶等。中午十二点左右吃午饭，有十二个菜式。用过午饭，长辈会对新婚夫妇传授做人的道理和人生知识：首先是新郎的大哥江初对新人进行教育；其次是家里其他长辈说教，内容大部分是让两个新人听长辈的话，要互敬互爱等；最后由新人的母亲对新人进行教育，仪式一共持续15~20分钟。说教结束后，家长拿出两条洁白的哈达，分别放在新郎新娘的肩膀上，再由两人将哈达挂在家里中柱和火炉的壁柜上，表达对本地神灵的感谢。之后，婚礼主持郭小勇带领新郎新娘和送亲队伍绕着家里的中柱快速转三圈，说教仪式就结束了。送亲队伍在这时就放鞭炮，让新人上车赶往新娘家里。马路上停有两辆小面包车、两辆拖拉机,送亲喜倌坐在一辆贴有红色喜字的小面包车里,送亲队伍的成员把棉被、铁锅和水桶等礼品放上一辆拖拉机。

送亲队伍走走停停,经过一个多小时的行程,最后到达新娘家所在的春多乐村。进村之后,送亲队伍直奔春多乐村篮球场,篮球场位于春多乐村中心,西面是春多乐村村委会,东面是春多乐村最大的白塔,在它周围挂满了藏传佛教的经幡,可以看出这是一个信仰藏传佛教的村落。新娘的家位于篮球场下方大约二百米的位置,道路崎岖。新娘家的两位待客倌一早就在篮球场等候送亲队伍的到来。

送亲队伍在篮球场与接亲的两位待客倌开始对歌。迎亲的待客倌是两位当地的民间艺人,叫大事芒麻和八景,他们首先对送亲队伍表示衷心的祝福。随行的两位青年手提装满啤酒和青稞酒的大茶壶,给送亲队伍的成员敬酒。之后,迎亲的待客倌就开始说唱,他们说唱一段,送亲的喜倌就要回应一段,如果回应得好,迎亲的待客倌会挥舞两条红色哈达,大声叫"道西里",然后就往后退去,这样送亲队伍可以继续往前行进五十米。接着双方继续对歌,一直对到新娘家门口。对歌的内容比较古老,主要来自文成公主和松赞干布之间的婚姻故事。

经过一路周折,送亲队伍最后到达新娘的家门口。这是一个非常大的院子,一百多名村民早就在那里等候。双方队伍在这里停下来,新娘家门口有一个铜盆,送亲的喜倌要把金银放进去。铜盆代表大海,放进金银表示搭起了金桥、银桥让新郎进门。

进门前,新郎要先回答问题,答对了就进门,答错了就在门外地上跪着。当新郎回答问题令新娘家满意时,送亲的喜倌要拿出一把钢刀在铜盆上擦几下,象征着驱赶魔鬼。喜倌随后一脚把铜盆踢倒,盆里的水不能泼在身上,否则也不让进门。最后喜倌还要从踢翻的铜盆底下找出一个银圆,并带回新郎家中保存。这是从传统的口传文化中演绎过来的仪式过程,象征着从对方家里获取一定的金银财宝带回自己家里。仪式结束后,金银会被送亲的人拿走。从表面上看来,婚礼上的所有仪式都像是在表演,但实际上在藏族同胞的心目中是具有非常重要的功能作用的,而且这些功能有的甚至可以永久保存下来,并且持续地对当事人产生影响。

最后是晚饭,这是整个婚礼中最后也是最重要的一个环节。晚饭菜式丰盛,新娘家的长辈们也会继续对新人进行说教。饭后宾客们会跳锅庄舞,借助这个机会,年轻的村民可以互相认识,也可以通过锅庄舞加深感情。中年人通常借助锅庄舞表达自己对旧情人的一种情感。而村里的老年人也比较喜欢锅庄舞，因为锅庄舞比较传统，步伐比较单调，需要自己编一些故事来进行。

表面上看，这场一夫一妻制的婚礼与其他藏族婚礼并没有太多不同。然而，仔细思考可以发现，这场喜庆活动背后有许多值得进一步探讨的东西。研究藏族婚姻制度的彼德王子曾说："婚姻"是男人与女人以社会认可的形式组建的联合，该联合赋予了丈夫和妻子各自特殊的亲属身份，配偶双方拥有互惠性的权利和义务，同时能够在该婚姻联合中生产出合法的子嗣。然而，对于茨中藏族来说，婚姻与婚礼是两个不同的概念，前者是家庭成员的重新组合，而后者则是一种被公众认可的传统仪式。从这场婚礼来看，它至少具备三种功能。

首先，藏族婚礼本身饱含了丰富的族群记忆，是对传统的一种追忆与回顾。通过这样的婚礼仪式，来自河谷的农耕男子与高原的游牧女子结合，标志着一个半农半牧的家庭即将产生。婚礼大厅挂满一挂挂的玉米，桌子上摆放着一碗碗的奶酒，无不诉说着这两个古老民族相互交往、相互合作的历史。日米村和春多乐村之间的婚姻风俗一开始还产生过许多矛盾，比如新郎一方要求新娘上门。根据春多乐村的习惯，新娘一般会守在自己的村庄等待新郎上门，但是有些男方会强烈要求女方必须亲自到达男方家里，才同意结婚。两个家庭经过仔细商量，最后达成一致，派新娘到新郎家里迎亲。

其次，这场婚礼反映出社会、家庭、个人三个层次的互动作用。从社会层面上看，组织一场盛大的婚宴，除了教育新婚者外，还对其他参与婚礼的少年起到了教育作用。从家庭层面上看，新家庭的产生，调整了两个家庭的生产结构：从事农耕的家庭（男方）减少了一个强劳动力，而从事游牧的家庭（女方）则获得了一个劳动力，从而减缓了高原放牧的紧张程度。这是藏族通过婚姻（采取上门或者嫁娶的方式）调整劳动力。从个人层面上看，在家庭不同成员与其他亲属眼里，举办一场盛大的婚礼仪式是体面的事情，它不但是为人父母的心愿，也是一种家庭实力与财富的宣示。

最后，藏族婚礼还包含其他现代社会所具备的功能。第一，它是一个储蓄未来财富的移动银行。婚礼上每个村民都交给新婚家庭一笔未来的存款，新婚家庭会仔细地登记入册，以便在对方子女成婚时给予回报。村民给笔者的解释是，这个就是我们常年行走高原的迪庆藏族的银行"存款"。第二，持续三天的婚礼给参加者提供了聚会狂欢的机会，年轻人更是借助这个机会结识自己中意的情人。近年村民外出打工数量比较多，原有的藏族风俗习惯已经大部分被淡化。只有在比较偏远而且对外联系不多的村落，如春多乐村，还保留着传统的藏族风俗习惯。

概而言之，这场隆重的藏族婚礼仪式，预示一个新家庭的组建，两个旧家庭劳动力的重新调整，也使茨中藏族的历史得到回顾，其影响从社会、家庭和个人三个维度都得到了体现。

第八节　小　结

滇西北在世人的眼中是神秘的存在。这里民族风情绮丽，宗教色彩浓厚，有着鬼斧神工的雪山碧湖、深谷绿树。天险之下，处处都有生灵。在滇西北地区这片尚未完全开拓的土地上，多民族与多宗教的融合，缔造出了独一无二的民族风情和宗教艺术。远古以来，藏族、汉族、怒族、纳西族、傈僳族等少数民族先后迁徙于此，留下了众多的民族风情。这里既有藏族赖以为生的高原放牧，又有傈僳族游猎为生的采集狩猎，更有纳西族情有独钟的水稻耕作。这里的原住民既爱喝烈性浓郁的青稞酒，又能酿造原始的玉米酒，更特别的是在滇西北部分天主教所在地还可以喝到正宗的法国葡萄酒。特别是在这个多民族聚居的边远山区，其宗教中藏传佛教、东巴教和天主教的世纪之交，更是令人惊叹。

第八章　宗教信仰与集体记忆

滇西北多民族地区许多村庄至今依然保留着多种原始宗教仪式。同一个村庄同时包含多个不同组织和多个宗教仪式的情况，在人类学研究中不乏先例，但是，在滇西北多民族地区这些村庄宗教仪式类型之多、各个宗教信仰关系之复杂，的确世所罕见。以研究象征人类学闻名的人类学家特纳在《一个非洲社会的分裂与延续》一书中指出，没有"强大权力中心"的恩丹布人就是借助各种仪式和各种宗教手段来维持当地社区稳定的。

特纳通过详细的分析指出，当地几个组织"尽管存在着形形色色的冲突与分裂，但是构成恩丹布人整个社会组织基础的结构还是完整的，这是因为仪式是一种调整的手段。举行仪式时许多村落的人都来参加，超越了单个村落内部的界限，这样可以表达恩丹布人的社会价值观念。恩丹布人社会内部的冲突和矛盾正是通过定期的仪式得到遏制。可见，仪式具有恢复社会平衡和稳定的政治功能"①。研究发现，在滇西北地区多民族村庄中，包括茨中村、小维西村等至今仍然保留东巴教、藏传佛教和天主教三种不同宗教的仪式，这是当地独特的自然因素与社会因素所致。

第一节　东巴教的古老传说

东巴教是滇西北多民族地区最为悠久的宗教，也是当地纳西族集体信仰的本土宗教。在过去很长一段时间内，东巴教对茨中村的农业生产和文化习俗影响巨大，几乎囊括了农业祭仪、婚丧嫁娶等大部分的社会活动。村民在砍树伐林、修建房屋、开荒劈石时都要由东巴祭司请神，甚至村民在起房盖屋前也要请东巴看卜书，推算良辰吉日。

尽管以往东巴教在滇西北多民族地区的势力相当强大，纳西族的祭祀活动也数不胜数，但藏传佛教进入滇西北多民族地区后它们却渐渐消失了。以往，众多村庄在春节都要举行的纳西族祭天仪式，是纳西族相沿甚久的一种古俗，是众多祭祀活动中最重要的仪式，在村民的心里也居于首要位置。现在，祭天和三朵节等重要的祭祀仪式只能在个别村民家里偷偷举行，或许也只能从茨中老人的回忆中领略一二。

滇西北东巴教的早期祭祀仪式已被记录为一种血祭：不少文献对早期

---

① 夏建中：《文化人类学理论学派》，北京：中国人民大学出版社，1997年，第306－319页。

东巴教在大型祭祀活动中宰杀大量牛只来献祭都有记载，这种做法逐渐被拒绝血祭、普度众生的藏传佛教所代替。据《中甸县志》记载，明中叶东巴教在德钦、中甸、维西藏族、纳西族地区还有相当势力，当地除了藏传佛教宁玛派、噶玛噶举派和萨迦派外，不少藏族村庄都有东巴教徒。《中甸县志》记载："中甸在明中叶，喇嘛教即已盛行，惟其时仅有红教，亦间有奉行黑教或白教者。其后西藏派来举马倾则一员，管理僧民，征送粮税，始有黄教喇嘛。"

根据年老村民回忆，原来茨中村大部分东巴教仪式都要宰杀牲畜，取其血、肉、肚肠、头蹄、肝肾分别祭供，牺牲多为牛、羊、马、猪、狗与鸡。还有史书记载，一次屠宰五百头牛作为祭祀牺牲。由此可以想象，那时东巴教祭祀对当地经济的破坏程度。除了宰杀牲畜外，东巴教的其他祭物还有草乌、三分三等当地有毒植物，意为以毒攻毒。祭祀时搭一个简单祭坛，坛上插满五色幡旗，周围悬挂各种动物的头蹄肠肚。巫师口抹鲜血，头戴黑僧帽，身穿蓝僧衣，击鼓吹螺，诵经舞蹈。

现今东巴教祭祀仪式已经不常见，不过东巴教和噶玛噶举派同时举办的丧葬仪式，还是可以在巴迪乡等纳西族居住密集地区看见的。燕门乡一带藏族聚居地现今还流行一种民间集会诵词：最古之教（东巴教），专擅杀生。血肉为祭，脏腑为帘，弓箭为栏。上祭天神，下祭水神，中祭厉神。真诚佛教，不皈不闻……哀我众生，受苦至深……信仰佛教，弘扬佛法。供奉黑帽春云笃杰，红帽春云旺学，阶旺奴布诸神。噶举真谛，遐迩布闻。多降甘露，岁稔年丰。人畜安康，宁谧乐业。① 巴迪乡的村民去世以后，当地举办一系列繁杂的丧葬仪式为死者送行。

2012 年 8 月，笔者在巴迪乡经历了一次东巴教与噶玛噶举派合作举行的丧葬仪式。死者为八十岁的年老妇人，老人去世后经过洗尸、白麻布捆尸，在家停尸三天，家属请三位来自噶玛噶举派康普寺的喇嘛，一位还俗的仓巴支派僧人，以及当地四位东巴为其举办葬礼。村民预先制好卧式木匣装殓尸体，然后分别请算命先生、喇嘛、东巴占卜择日，最后由死者家属选取其一作为出殡吉日。送魂时间一般在中午十二时，送葬队伍由东巴和噶玛噶举派喇嘛送魂引路。其时，要把一只公鸡作为死者伴侣带到墓地宰杀，并且在棺木底部放置金银碎块以作死者在阴间的路费。由于当地东巴已经没有继承人，村民只好请当地能够念东巴经文的年老村民担任东巴，

---

① 杨学政等：《云南境内的世界三大宗教》，昆明：云南人民出版社，1993 年，第 86 – 87 页。

与噶玛噶举派康普寺喇嘛一同举办法事超度亡灵。（见图8-1）对于这些担任东巴职务的年老村民，村民表示完全认可：

> 他们不是真正的东巴，只是见过过去的东巴（主持各种仪式），耳闻目染地记住了一些。以前一个村有一两个东巴，会画画、会念经，甚至样样都会。中华人民共和国成立以后，他们被批斗打倒了。对佛教的批斗是在家里，不准喇嘛在寺里生活，只能在家里劳动，年轻人在劳动中逐渐被培养出来了。可惜我们东巴却没有培养出人来，而且也没有藏传佛教先进。东巴教有经书，也有工具，但是纳西族比起藏族来人数少，而且也穷。人被田地拴着，只能种地，不能干其他活，所以经济要比藏族落后。藏族村子相对要富裕一些，有几年木材比较值钱，所以发财了。他们发展起来后，才开始重视基层文化。[①]

图8-1　东巴教白桦树、白布送魂

巴迪中心小学校长和正青为母亲举办的这场葬礼，是由纳西族东巴教与藏传佛教的噶玛噶举派共同主持的。母亲因病去世后，他邀请两个宗教的法师来算卦。和正青说："我们祖先是纳西族，所以给亲人办丧事与藏族村庄是不同的。我们不仅请喇嘛来，还要请东巴来，包括计算送葬的吉时，

---

① 和正青，巴迪村，2012年。

在家举办三天三夜法事，还要负责带人来把棺木送到选好的墓地里。"和正青说，办丧事喇嘛一般是上师，主要通过家人的属相算出送葬时辰。时辰算好后全家人都要服从，三天、五天都要等，送葬的棺木就放在家里。

和正青母亲遗体用一口黑色棺木装殓，安置在正厅中央，屋子门口放置两棵一丈多长的白桦树。和家亲属来往不绝地瞻仰，四个东巴和四个喇嘛在旁轮流念经。第二天，棺木被搬到大厅对面的草房放置。经过计算后，东巴给和家算出了最佳的送葬时辰。当时担任主祭司的东巴和向前说："死者去世以后，他们就去我们村请喇嘛，所以我就来了。算好的时辰是三天后的中午十二点。"

送葬程序很复杂，先要献饭献酒，十一点准时献饭，十二点就按时抬出去送葬。送葬前一天的晚上到当天凌晨鸡鸣前，全部亲属都要在灵前坐着，纳西族的风俗习惯就是要在鸡鸣前送别死者。凌晨鸡叫的时候就在家杀只鸡，和稀饭一起煮。唱完、念完、吃完，先舀一碗酒、一个鸡头、一个鸡腿、一个鸡翅膀、两块肉摆在桌子上，然后举行下一个仪式。和向前说："村里的公鸡在头叫时我就要出来，喊死者的名字、属相、年龄。喊完以后，死者家子孙、亲戚、朋友都来献鸡、献米饭，之后，戴孝的儿子要磕三个头。纳西族的习惯是东巴不戴孝，其他所有人都戴孝。"然后，四个喇嘛和四个东巴开始集体为死者念经，一直到中午。（见图8-2）

图8-2　东巴教以两棵白桦树与一匹长长的白布送魂

送葬前。死者棺木放置在草房中间，一百多个亲属和朋友跪坐在棺木前面。儿子和正青就按以前的风俗习惯，双手举起一块直径一米的大竹匾，里面放满了米饭等。献饭时，东巴手持一把利刃，一边喊一边念东巴经。出发到墓地前，东巴用纳西话喊"开路、开路"，再念几遍东巴经。这些经文的意思用汉语来解释就是："西方极乐世界，送到那种好地方，没有吵架打架战争的好地方。"东巴喊完后就把爆米花撒在道路上，表示撒了送路花。

十一点半献完饭以后，十二点准时起棺。送路花撒了以后，东巴手持一把利刃，不停地念经，神情越来越高昂。助手在棺木前放上一碗冷水，上面架着一双筷子。祭祀时辰将到，亲属就在棺木边上站着，东巴挥刃撵出魔鬼，吉时到，就用一把大刀砍断筷子，同时把碗砍碎。东巴认为碗里的水被砍散后，以前与死者的仇怨就不会跟随死者进入墓地。东巴砍断筷子后，就用力一挥把利刃抛向即将出发的路上。利刃的尖部指向送葬队伍即将出发的方向，表明神灵默许出发。此时，死者亲属集体跪地送别，八个男性青年肩抬棺木前往墓地。送葬队伍最前面有四个喇嘛，他们一边敲鼓，一边带领村民前往墓地。一名村民怀抱一只母鸡和一只公鸡走在队伍前面。公鸡要在墓地宰杀，母鸡将被放生，表示死者随之开始新的生命。丧葬路上有水沟的地方，要念东巴经送过去，有山坡的地方也要念东巴经送过去。（见图 8-3）

图8-3　村民怀抱公鸡、母鸡，头戴白布给死者送葬

在调查中发现，茨中村一带的东巴教不仅对当地传统习俗有相当大的影响，而且还对宗教文化的融合有着重要作用，并集中反映在丧葬仪式上。云南学者杨学政等在 1993 年出版的《云南境内的世界三大宗教》一书中曾经提到德钦（包括维西）一带噶玛噶举派与宁玛派的区别。杨学政指出，不少学者把德钦一带的噶玛噶举派误为宁玛派。其实，噶玛噶举派是本地发展起来的教派，其不仅与当地东巴教有一定渊源，同时在中甸、维西、德钦等地亦有传播，不能与寻常的宁玛派混为一谈。

清人余庆远在《维西见闻纪》中对德钦的藏传佛教也有比较详细的记

载，不过余氏仍然把噶玛噶举派误称为"红教"。《维西见闻纪》载："红教喇嘛，相传有十三种，维西惟格马（指噶玛）一种。格马长五人，谓之五宝轮回，生番地，均十余世不灭，人称活佛。维西五寺红教喇嘛八百人，皆格马四宝喇嘛之法子也。"又说："谟勒孤喇嘛，红教十三教之一也，凡喇嘛禅学有得者死，投胎复生，皆不迷其前世，夷人均称为活佛。"实际上，余庆远在文中所提的"谟勒孤喇嘛"并非宁玛派，而是噶玛噶举派在维西的一个小支系。在纳西族的葬礼中可以看到，作为纳西族祖先图腾的鸡，也在许多纳西族仪式场合中得到广泛运用。

2012年8月，巴迪乡纳西族举行的那场葬礼，村民念了三天三夜的超度经，被拴在棺木底下的公鸡一直陪伴着棺木中的女死者。当这只公鸡最后随着送葬队伍到了墓地时被一刀砍死，作为死者的陪葬品。涂尔干在《宗教生活的基本形式》一书中对史密斯在《闪米特人的宗教》中描述的土著在墓地杀死图腾动物的做法曾经解释道：人们大概把祭祀中被杀的图腾动物看作多少有些神性的动物，而且是祭献者的近亲。史密斯从中偶然也设想过，图腾制度应该了解并且实行一种完全近似于我们上面研究过的祭祀礼仪。他甚至倾向于通过这种祭祀礼仪来研究整个祭祀制度的基本依据。[①]这一点与茨中村的纳西族传统十分相似。在纳西族传统的神话中，鸡是诞生纳西族祖先的神灵，因此陪同死者一同上路，最后为死者献身自然十分合理。

中午，在巴迪乡送葬的饭桌上，笔者还看到大量的猪肉与牛肉被同时放到桌面。村民对此解释：纳西族相信"猪和牛是纳西族最好的伴侣"，甚至相信死者可以拉着猪的尾巴渡过鬼河，拉着牛的尾巴爬上祖先居住的山坡。在这次葬礼上更有意思的是，三位噶玛噶举派的喇嘛、

图8-4　噶玛噶举派喇嘛与本地还俗僧一起参加东巴教的葬礼

---

① ［法］爱弥尔·涂尔干著，渠东、汲喆译：《宗教生活的基本形式》，上海：上海人民出版社，2006年，第376页。

一位还俗的仓巴支派僧人与村民一起同台吃肉，显得格外自然。无论如何，食用圣餐都是祭祀礼仪的重要组成部分之一。而英吉齐乌玛仪式结束时举行的那种仪式，也包括圣餐这样一种行动。一旦图腾动物被杀，阿拉顿雅首领和老人们就会郑重地把它吃掉。这样，他们就与在图腾动物体内的圣神本原相通了，他们吸收了这种圣原。圣餐式与英吉齐乌玛仪式的差别仅在于，后者的图腾动物天生具有圣性，而平时人们在祭祀中只是人为地获得圣性。①（见图 8 - 4）

举行圣餐的目的是很明显的，因为图腾氏族的每个成员本身都有一种构成其生命最高尚部分的、神秘的物质，人的灵魂就是由这种物质构成的。人所拥有的能力，以及他在社会中所起的作用都来自这种物质；由于有了这种物质，他才成为一个人。② 苏格兰的罗伯特逊·史密斯在研究古代闪族宗教时发现，"献祭"可以解析为一种愿望：一个团体的成员感到必须与神结合在一起。这些人通过图腾仪式分享着同样的崇拜。③ 史密斯认为，这些献祭品，无论动物还是植物，与特定的部落之间存在着某种血缘关系，至少有着某种联系。

第二节　神秘莫测的藏传佛教

茨中村位于维西与德钦交界之处，长期以来民间对外交往频繁，深受茶马古道马帮的影响，使茨中村除了保持原来的纳西族文化以外，还融合了迪庆高原一带的藏族文化，呈现出多元文化并存的格局。由于周边藏传佛教的影响，茨中村村民除信奉纳西族山神外，同时也信奉藏传佛教的山神。迪庆藏族聚居地的每一个区域都有规定的山神，主要以当地转山领域为界。对于村落来说，则以当地村落为中心，设置东南西北各个方位的山神作为村落的保护神。

茨中村大区域的山神与滇西北藏族聚居地基本一致，主要有明永村的

---

① ［法］爱弥尔·涂尔干著，渠东、汲喆译：《宗教生活的基本形式》，上海：上海人民出版社，2006 年，第 374 页。
② ［法］爱弥尔·涂尔干著，渠东、汲喆译：《宗教生活的基本形式》，上海：上海人民出版社，2006 年，第 374 页。
③ ［意］罗伯托·希普里阿尼著，高师宁译：《宗教社会学史》，北京：中国人民大学出版社，2005 年，第 47 页。

卡瓦格博神山、茨中村上一社的阿杜白丁神山、日米村的斯格尼玛神山、龙巴西卡的扎拉凶姆神山、西马拉扎的帕拉尼姑神山。卡瓦格博神山俗称卡瓦格博雪山，有"梅里十三峰"的美誉。"十三峰"主峰卡瓦格博居中，其他山峰向南北两个方向一字排开，并以此成为西藏、云南之间的界山。茨中村村民每年的年初一都要到各自自然村的小神山烧香；正月初十到全村的大神山——吉天天古白塔聊天和转经；藏历年羊年到德钦县主神山——卡瓦格博雪山转经。

一、雪域高原的藏族祈福仪式

正月初一至十五，茨中村藏传佛教徒按照噶玛噶举派的习惯举行藏传佛教春节祈福仪式。（见图8-5）每年年底茨中村属卡长老都要集中到钟龙太家中聚会，相互约定哪几户举办春节后四天的祈福祭祀仪式。

图8-5 噶玛噶举派举行的春节祈福仪式

噶玛噶举派的祈福祭祀仪式是人们从自然界获取食物的同时，对自然神灵进行仪式性的答谢。每年的农历正月都是茨中村祭祀活动最频繁的月份。每年正月初一，村民们都要到茨中村后的"凤山"山腰名叫"吉查果"的风水林取水，并依据茨中村年龄最大的几头牦牛头部所指的方向确定当年神灵所在的位置。藏传佛教徒双宝说："茨中村的老人说有这样一个规定，牛圈老牦牛就是村里的神牛，它们除夕晚上睡觉时头部所指的方向，就是当年神灵所在的方位。"① 每年正月初一，村里老人都会一起约定，在凌晨到几个牛圈观察圈里的神牛。这些老牦牛在除夕晚上睡觉时，头部大多会朝向一个固定的方位，这成为茨中村村民确定当年神灵所在位置的"指南针"。

农历春节凌晨四点开始，村民一早就起来到水沟里取水放到自己家水池里。村民还要放鞭炮，在水面撒上谷子，祈求一年平安和吉祥。信奉噶玛噶举派的村民正月初一到茨中村背后山上敬奉两位主山神，一位是吉查果山神，另外一位是阿杜白丁山神。佛教徒在清晨烧香的时间，要根据农活安排来确定。农忙时为上午八点，农闲时为上午八点半。烧香时要在香炉里撒入自己亲手种植的稻谷、大麦、小麦、玉米、豆子，其他作物不能使用。寺庙喇嘛对烧香供奉谷物更为严格，喇嘛往往依据经书对村民的要求做出精确分类，选择出相应的谷物与山神，再念三天相应的经文。

正月初一，茨中村房顶上弥漫着浓浓的晨曦，藏族村民纷纷在房顶插上五彩经幡，以祈福消灾。这天家家户户都要在自家屋顶举行插"搭角"祈福仪式。在三层的藏族碉楼的屋顶上，一位皮肤呈小麦色的喇嘛和另外一名中年喇嘛负责吹"筒钦"（藏语"筒钦"是大号的意思），它是喇嘛教乐队中十分重要的低音乐器。一旁留着胡子、身材微胖的喇嘛则击铙和钹，铙和钹是形状相近的两种乐器，都是两片中间隆起的铜片，敲击时会发出清脆的响声。一旁的喇嘛翻着经文，和着乐器不停地念诵着。坐在边上的一名藏民左手扶柄，右手操弓形鼓槌跟着铙、钹和"筒钦"的节奏击打着羊皮鼓。鼓是西藏宗教寺院的主要乐器，与钹和寺院其他乐器配合应用于各种宗教仪式活动和羌姆伴奏中。坐的三位喇嘛口中念念有词，不断地念诵着经文，祈求来年风调雨顺。桌子上，除了摆放酥油茶、经文、乐器等有藏族特点的物品外，还有许多我们十分熟悉的东西，例如饮料、糖果等在市面上经常见到的物品。由此可见，藏族人民的生活并非像西方许多人想象的那样与世隔绝，相反，他们的生活与城市生活不可分割。旁边，还有几位等候着的藏民，其中两位坐在一旁，时有谈笑，还有一位年长的藏民站在一旁，偶尔帮忙倒上一碗酥油茶，或者靠在栏杆上望着远方沉思，不知是在回忆过往一年，还是默默祈福来年的平安顺利。小喇嘛走到祈福的台子旁，抓起一把糌粑洒向空中，祈祷神灵赐予幸福和平安。他忙活了一阵子，接着又走向奏乐处拿起"筒钦"，与长者一块儿奏乐。奏了一会儿乐，他又走向台前，那儿摆放着各种祈福需要的物品，其中最为引人注目

---

① 双宝，茨中村，2009 年。

的也是最为重要的则是"垛"。

"垛"是藏传佛教仪式中使用的特殊法器，也称"十字网格灵器"。"垛"的外形是用两根木棍绑扎成的十字，木棍的每端都用色线扎住，完成后就像一个蜘蛛网。"垛"还有一个可替换的名称，叫"天"。祈福的准备工作完成后，敲击铙和钹的喇嘛开始摇铃，在一旁等候的藏民则走向祈福台，每人端着一个朵玛一字排开站着。"朵玛"是西藏大多数宗教仪式普遍用来供奉山神的物品。根据使用仪式和供奉神灵的不同，朵玛的形状、颜色、大小相应地有一定的变化。[①]（见图8-6）

图8-6 噶玛噶举派祈福仪式的物品

祈福仪式中，第一个村民拿着三联朵玛，是供奉十二丹玛女神的。左边朵玛是圆形，中间朵玛是三角形，右边朵玛是四方形的基座。在每个朵玛的前面都放置三个相叠的"指头面团"。第二个村民端着"朵索"。[②] 第三个村民拿着的则是两边分别摆着白朵玛的供品。[③] 第四个村民拿着长长的经幡，最右边的藏民端着一碗酥油茶。将朵玛、羌、香草和新的经幡带到

---

① ［奥地利］勒内·德·内贝斯基·沃杰科维茨著，谢继胜译：《西藏的神灵和鬼怪》，拉萨：西藏人民出版社，2000年，第419页。

② ［奥地利］勒内·德·内贝斯基·沃杰科维茨著，谢继胜译：《西藏的神灵和鬼怪》，拉萨：西藏人民出版社，2000年，第423页。

③ ［奥地利］勒内·德·内贝斯基·沃杰科维茨著，谢继胜译：《西藏的神灵和鬼怪》，拉萨：西藏人民出版社，2000年，第421页。

屋顶，摘除飘动了一年的旧经幡后，在点燃香草的烟云中，他们手持雪白的糌粑，对着天空、大地和雪山呼喊，祈求神灵赐予幸福和平安。最后，为了迎接新年的到来，藏族人将长长的红鞭炮绑在长棍上，然后点燃，爆竹

图8-7　噶玛噶举派举行的春节祈福仪式——制作朵玛

噼里啪啦地响起来，为原本喜庆的新年增添了欢乐的气氛。举行完仪式后，人们就在屋顶上唱歌、喝酒、谈笑，尽情享受春日新鲜清洁的空气和明媚灿烂的阳光。（见图8-7）

　　除春节祈福仪式外，茨中村藏族村民至今还保留着多种传统的民间祭祀仪式，以祈求村庄丰收吉祥。祈福仪式由喇嘛主持，村民可支付较多的费用请活佛亲自前来。目前，茨中村北部玉竹寺有两位小活佛，一位七岁，是一名转世灵童，生于德钦县红波寺，母亲叫珠玛，父亲叫斯尼；还有一位二十岁，由赤尼村的一位大喇嘛转世而来。藏族村民鲁松农布谈到，茨中村周边的噶玛噶举派人数较多，附近大部分喇嘛寺都是噶玛噶举派，比较著名的寺庙是离茨中村十五公里左右的玉竹寺。玉竹寺以前有一百多个喇嘛，现在只有六十多个。玉竹寺每年6月的11日、12日、13日都有跳神活动，跳神舞蹈是流传历史最悠久的表演，由大喇嘛根据藏历经书的描述编排完成。

二、藏传佛教的丧葬仪式

　　茨中村藏传佛教以噶玛噶举派和宁玛派为主。佛教徒对丧葬仪式特别重视。藏族村民阿杜是藏传佛教徒，20世纪50年代曾经随解放军进藏平定叛乱。阿杜的孙子六一在描述阿杜老人的佛教葬礼仪式时说：

　　　　我爷爷叫阿杜，2003年过世。那时，村里请来喇嘛算出出丧的日子。在我读小学二年级的时候，我妈就为爷爷买好了寿衣，当时爷爷还很健康。棺材是爷爷死了以后三天内请木匠做成的。给爷爷穿上寿衣，就装进棺材里，放在我家一进门左边那个小屋里。然后

守灵，整个晚上都不敢睡觉啦，一直守满三天三夜，然后把他送走。

佛教徒的葬礼与天主教徒不同，一般都要请喇嘛来计算下葬时辰，念超度经和做法事等。村民说，藏传佛教的葬礼比天主教葬礼复杂多了，花钱也比较多。六一说："人死了以后他的灵魂还留在家，我们要把他驱走。怎么驱呢？一般我们就请喇嘛来吹号，晚上听起来呜呜地响，鬼魂就被驱走了。然后放鞭炮、念经，一直搞三天三夜。送葬时大家都在坟地哭了，我当时还小，趴在棺材上哭。这期间佛教徒会来到我家念经，喇嘛也会一边摇着铃铛，一边带着大家念经。茨中村的阿木柱，有时也会带领大家到坟地去念经。法事做完了，家里就要给喇嘛一些钱和食物。做丧事时一般来六个喇嘛，有时候来四个，他们的收费大概是 200 元/天。"[①] 当地人认为，非正常死亡的村民对人、畜、农作物都有很大的影响，必须让喇嘛采用特殊的丧葬仪式对尸体进行处理，以免鬼魂危害人畜。2010 年 9 月，八十九岁的阿松老人因病去世。有人说他生前做了不少亏心事，所以弥留时舌头伸出来很长，两只眼睛发出绿光，不能咽气。于是，村民拿出舍利子融化在一碗水里，然后灌入老人口里，老人被灌了这水后才慢慢缩回舌头咽气。据说，这样才能避免变成恶鬼伤害村民。（见图 8-8）

图 8-8　藏传佛教丧葬超度仪式

---

① 六一，茨中村，2009 年 8 月。

村民对正常死亡常用土葬，但对于非正常死亡如车祸、未成年人夭折、被杀等，都不同意把尸体运回村庄。水葬是处理非正常死亡尸体的普遍做法。德钦县大部分村庄都有一名水葬师负责此事。

2011年春节，刘文高家为八岁女孩扎西永宗举行了水葬仪式。当时，刘文高的小孙女扎西永宗夜间意外从客栈二楼坠落，头部受重伤死亡。村里连夜做了一场藏传佛教的超度法事，燕门乡玉珠顶寺的喇嘛经过测算后，决定于午夜在澜沧江边进行水葬。当天有六名喇嘛到现场超度。死者被换上新服装，用一条毛毯包裹着，并用绳子捆绑起来，放进一个塑料盆送入澜沧江随波漂走。之后点燃一大堆火，亲属们把随身带去的饼干、糖果等供品投入火中。由于害怕被村民指责因家长照顾不周而发生此事，刘文高采取简单方式尽快处理这场葬礼。凌晨三点，徐贵生、徐建生等三十多名亲属到澜沧江边参加葬礼。村民说，如果这场葬礼是土葬的话会有更多村民参加，但许多闲话也会随之而来，这对死者家属来说难以接受，所以采用夜间水葬是最好的方法。

第三节　教友的历史记忆

尽管滇西北多民族聚居地区的藏族村庄至今还保留了众多的藏传佛教信仰，然而在这些藏族村庄中却有不少人在一百多年前就已经改信天主教了。

在茨中村、小维西村与白汉洛村等少数民族村庄，外来天主教虽然只有一百多年历史，没有纳西族那么多神话，更没有藏传佛教系统的理性信条，但它却依靠苦痛的经历维系了众多教友的集体记忆与认同。教友们对传教士的记忆只能够用一个词来形容：痛苦的恩典。每当天主教徒回顾起与传教士相处的难忘经历，特别是谈到传教士被佛教徒杀害、随行修女被迫跳江等情景时，他们表现出的真实情感却让人禁不住扼腕叹息。

从20世纪80年代重申宗教信仰自由政策到今天已有三十多年，茨中天主教会从原来二十多人发展到六百多人，创造了天主教在滇西北发展的奇迹。本节主要描述茨中村对天主教记忆的传承与建构过程，通过展现当地天主教文化的历史，探究这个多民族聚居村庄如何在保存历史悠久的文化表征的基础上融合各个民族的记忆与外来记忆，呈现出"你中有我、我中有你"的格局，并揭示蕴含在文化表征之中的历史记忆与认同之间的关系。

一、多民族村庄教友们的历史记忆

茨中村天主教徒与普通藏族村民不同，他们有着自己独特的生活与记忆方式。他们虽然对雪域藏族仍然保持近似的认同，但对天主教却表现出更强烈的情感。每当星期天上午教堂钟声敲起，三三两两的天主教徒就会一起到天主教堂念经。一些天主教徒自觉排成长队在教堂忏悔室等待向神父告解，大部分教徒则在经堂长椅上坐下，用藏文念诵古老的天主教经文。村民们念经时所表现出来的情感是虔诚的，仿佛进入了另外一个世界。

每天黄昏，茨中天主教堂的教友们虔诚的诵经声响彻澜沧江峡谷，吸引了众多游人的注意。人们都把注意力放在虔诚的圣咏歌声中，但有一种更重要的声音却被许多人忽略了，那就是天主教徒对以往苦难历史的喃喃细语。

茨中村天主教徒善于叙事，特别是对以往苦难的追忆，这对回顾天主教在滇西北地区多民族村庄完整的历史有着特殊的意义。采访中，天主教徒在谈到传教士被藏传佛教徒所杀、随行修女被迫跳江的情景时所表现出来的非常强烈的痛苦情感，让人难以忘怀。然而，无论是传教士与藏传佛教徒的流血冲突，还是天主教徒受到的打击报复，他们的记忆都与天主教在茨中村的遭遇密切相关，表现出一种强烈的、痛苦的群体认同。

诚然，天主教徒也有轻松幽默的一面。当他们谈到"文化大革命"期间佛教徒在教堂养猪、积极分子穿上神父祭袍扮演小丑时，他们又表现出不同寻常的乐观与幽默。他们常用一种调侃口吻来述说这些有趣的故事，有时也会加上一些佛教徒受到惩罚和报应的故事。在描述过去受到佛教徒欺压时，天主教徒就像是局外人看待小丑一样，另眼看待这些对待他们的人和事。他们还会编造各种神话故事，甚至还会借助传教士在茨中村留下的记忆，编造出各种新的"传教士神灵"和"传教士神话"。茨中天主教徒借助这些以往的苦难记忆，以及后来编造出来的"记忆"，维系了自身的群体认同。

茨中村天主教群体有什么记忆？他们如何展现记忆？他们为什么要保留这些记忆？笔者认为，茨中村天主教徒的记忆分为历史记忆、个人记忆与集体记忆三种，这些记忆是有功能的，它既是摇摆于现实利益与情感根基之间的群体认同，又是获取利益与谋求发展的工具。

二、天主教的圣咏与弥撒

20 世纪 50 年代传教士被驱逐后,茨中天主教堂被政府没收转作茨中小学教室,茨中天主教堂再也没有神职人员与教友在一起念经。80 年代重申宗教信仰自由政策前,老教徒平日偷偷在家念经。当新教徒领洗时,老教徒会给他们施洗,或代领圣水自己领洗,教堂没有固定的驻堂神父主持教务工作,由茨中天主教会会长或者老教友组织每周主日进教堂念经祈祷。为了改变茨中天主教堂没有神父主持弥撒的状况,茨中天主教会多次向云南天主教会提出申请,直到 2008 年神父姚飞进堂后,这种状况才结束。从此,茨中天主教友在神父的带领下开始了属于自己的弥撒。2012 年 8 月 19 日星期天,笔者第四次前往茨中天主教堂,记录由法国传教士引进茨中天主教堂的完整主日弥撒仪式:

1. 仪式前准备

上午九点左右的茨中村一切还是静悄悄的,陆续有几位藏族老教徒零零星星地走向茨中天主教堂。教堂幽幽传来用藏文念经的声音,许多在两公里以外的老教友一早就赶到教堂念经。随后,中年与青年教友相继进入教堂,男女分列两边,男左女右,老年教友一般都坐在中间位置。一些教友向坐在天主教堂门口的天主教会会计阿德捐款,其余人在教堂外闲聊。九点半,教堂钟声响起,主日仪式开始,教徒面向圣像行屈膝礼,鞠躬、取水画十字、跪向跪凳开始念经。一位教徒点亮祭台蜡烛,屈膝礼退。九点四十分,茨中天主教会会长吴公底用藏语讲述将要举办的各项事宜,之后会计阿德宣读半年来茨中天主教会财务收支情况。

2. 进堂式与念经

九点五十分,老教友肖杰一带领众教友跪画十字圣号、合掌,用藏语念经。当日的第一、二台经全部用藏语。(见表 8 - 1、表 8 - 2)

表 8 - 1　第一台经

经文名称	吟诵调值	吟诵动作
1. 圣神降临经	吟诵调 1	全体坐
2. 天主经	吟诵调 1	全体站立
3. 圣母经	吟诵调 1	全体跪或坐
4. 信经	吟诵调 1	全体跪或坐

（续上表）

经文名称	吟诵调值	吟诵动作
5. 认罪经	吟诵调1	全体跪或坐
6. 洒圣水经	藏文圣歌《洒圣水歌》	男女教友应答
7. 天主十诫	吟诵调	
8. 信德经	吟诵调2	画十字圣号、合掌
9. 望德经	吟诵调	
10. 爱经吟	吟诵调	
11. 忏悔经	吟诵调	
12. 圣家经	吟诵调	
13. 圣母经	吟诵调1	男女教友应答
14. 圣母经	吟诵调1	
15. 三钟经	吟诵调1	全体跪、合掌
16. 圣家经	吟诵调1	鞠躬、画十字圣号、全体起立
17. 祷文	吟诵调1	全体坐、男领经全体应答
18. 祷词	吟诵调1	

表8-2　第二台经

经文名称	吟诵调值	吟诵动作
19. 祷文	吟诵调1	画十字圣号、合掌
20. 祷经	吟诵调1（升调）	
21. 祷经	吟诵调1（升调）	
22. 天主经	吟诵调1	
23. 母经	吟诵调1	合掌、鞠躬
24. 祷文	吟诵调4	两女领经、全体应答
25. 祷经	吟诵调1	合掌
26. 慈悲圣母		全体起立、男女应答对唱
27. 颂圣母经		
28. 祷文	吟诵调4	男女领经、全体应答
29. 光荣颂	吟诵调1	
30. 祷文	吟诵调4	两女领经、全体应答
31. 亡者经	吟诵调1	合掌
32. 颂圣母经	吟诵调1	画十字圣号、合掌

3. 圣道礼仪

十点十三分，神父祈祷圣主保佑众教友。用汉语诵经：我们来到圣主身边，垂怜曲。十点十八分，第一遍读经。读经员春梅行屈膝礼上场，用汉语宣读新约。十点二十分，第二遍读经。春梅鞠躬退场，另外一位女教友行屈膝礼上场，用汉语宣读新约圣保禄宗徒致迦拉达人书。十点二十五分，神父上场，高举并亲吻福音书，用汉语宣读新约圣马尔谷福音，讲述耶稣与食粮、圣体是活的食粮等故事，劝告教友珍惜粮食——天主礼物。姚飞说，信天主可以活到永远，必到永生。神父还要求大家准备8月15日圣母升天节接待台湾合唱团来茨中天主教堂访问等相关事务。十点三十四分，教徒起立，吟唱汉语圣歌《信经圣父圣子通向快乐》。十点三十七分，女领祷员致辞，领祷员领六项祈祷内容："请为我们堂区祈祷，请为我们家庭祈祷，请为所有学生祈祷，请为今天参加弥撒的教友祈祷，请为即将出门的教友祈祷，请为自己心中的所需祈祷。"领祷员每次说完一项，教徒齐声回答一句："求主俯听我们。"最后神父说："请求天主聆听我们。"众教友应："阿门。"弥撒结束，众教友与神父躬身退场。①

4. 圣祭礼仪

十点四十分，神父预备祭品。此时播放汉语圣歌《愿为主》《请接受我们的礼品》。教徒坐，神父去祭台准备圣爵、祭品等。神父将酒注入圣爵内，举手向上并默念经文。教徒起立诵念祷文。十点四十三分，吟唱汉语圣歌《信德的奥迹》。主祭转身面对祭台。十点四十五分，诵念"圣圣圣"（感恩经文）。神父举手向上、合掌鞠躬，念诵谢词。十点五十分，成圣体血。神父在祭台进行成圣体血仪式，合掌覆手于祭品上，合掌对祭饼和圣爵画十字：成圣体，神父双手拿起祭饼略举眼前，然后举起圣体，转动半周，置于圣盘内跪请安；成圣体血，神父双手拿圣爵略举，然后举起圣爵置于眼前，转动半周，置于圣体布上跪请安。教徒诵念祷文。十点五十二分，信德的奥迹。神父转身面对祭台，与教徒领答《信德的奥迹》。十点五十三分，神父一手持圣爵，一手持置有圣体的圣盘，一同举起，用一种类似外国神父说中国话的语调，念赞颂词和圣三颂。

十一点，领主礼，天主经。神父举手上扬、合掌，与教徒共诵经文。天下万国，平安礼。播放汉语圣歌《祝你平安》。神父举手上扬、合掌与教徒互相鞠躬，全体教友相互拥抱，互祝平安。领主咏：汉语圣歌《耶稣我

---

① 根据现场拍摄视频整理为上述文字。

信你》。神父双手高举圣体，眼里露出异样的光芒，将圣饼一分为四。神父手持圣体，画十字，领圣体。教徒站立，吟唱藏文圣歌，神父举圣爵，画十字，领圣体血。神父手持圣体下祭台，送圣体给教友。藏语诵经，教徒男女分列左右，列队前往恭领，感谢圣体。教友鞠躬，双手合十，用舌头领圣体。教友鞠躬，伸出双手，领圣体后放入口中。神父对儿童采用头顶画十字，摩顶，不领圣体。教友回跪凳唱藏语圣歌，领主后经。教徒起立，神父举手上扬、合掌，领经文。

十一点二十分，礼成式。神父举手上扬祝福，画十字圣号降福教徒；教徒站立，对祭台鞠躬；神父亲吻祭台，拿福音书转向祭台鞠躬退。神父宣："弥撒礼成。"教友回："感谢天主。"礼成咏：汉语圣歌《我需要你，耶稣》。教徒站立歌咏，行屈膝礼，取圣水，画十字回到跪凳处与教友一同默祷。教徒共诵藏经，全体诵毕行礼，离开教堂。

三、天主教的葬礼

尽管部分村民采用藏传佛教的传统葬礼埋葬逝者，但滇西北多民族地区天主教徒却选择一百多年前传教士流传至今的仪式送别死去的天主教徒。

茨中村天主教徒刘文增于 2009 年 7 月 15 日去世，根据茨中村的习惯，尸体需要停放两三天让亲友前来告别。刘家是最早迁入茨中村的天主教徒，其家族庞大，加上山区路远，奔丧来去需要较长时间，因此一般死者去世后尸体都要放置几天。刘文增遗体被安置在一个黑色木棺内，棺材由二到三寸的厚木板精心镶嵌而成，并漆成黑色，棺盖上绘一朵金花图案。刘文增遗体正面向上，脸部盖一块粉红色的毛巾。由于当时天气格外炎热，户外温度达到三十多度，尸体易腐烂，家属只好用两台风扇分别置于棺材的两侧不停地吹风降温。

葬礼当天中午十一点左右，姚飞神父随大批村民前来刘家奔丧。姚飞在刘文增家里并没有替他举行弥撒，只是参与念经、祈祷。当日，神父上身穿着一件白色球衣，下身穿着西裤，脚穿球鞋，坐在刘文增家里念经。姚飞认为，茨中天主教徒的送葬习俗与澜沧江、怒江一带不同，怒江一带许多天主教徒的告别仪式都在教堂举行。姚飞说，天主教的葬礼不应该在教堂里进行，而应该在死者家里进行，因为教堂是神圣的，在教堂举行葬礼会降低天主教堂的地位。不少天主教徒及亲朋好友聚集在刘家外面，坐在小凳子上念经。念经过程中，不时有刘家的外地亲友前来向遗体告别。中午时分，刘文增的墓穴已经挖好。午饭后，村里年轻人争先恐后报名要抬棺材去墓地。青年人普遍认为，为去世的老人抬棺是一件光荣的事情，不但会给自己带来好运，也为自己将来的后事积点阴德。刘文增的墓穴位于茨中村的半山腰，背靠阿杜白丁神山，面向波涛汹涌的澜沧江。

图 8-9　刘文增墓穴

天主教徒的墓穴规格略大于棺材，是由本村十几个青年从上午九点一直挖到中午才完成的。村民阿木柱说，在挖墓穴时如果遇到坚硬的岩石，必须炸开石块继续挖，不准换位置，以免造成不吉。刘文增的弟弟刘文意也说："埋葬死者的时候，遇到石块不能移动原来选好的位置，否则会给死者家庭带来不幸。一般要把石块敲碎，挖出来后再把棺木放进去。如果石块太大，就要用炸药把石块炸开。如果多次遇到石块，则表示死者离去不顺利，对村子和死者家人不利。"除了天主教徒外，村里的藏传佛教徒也会来参加葬礼。

全村女教徒一早就到达了刘文增的墓地。这些女教友一边唱《圣经》，一边守候在墓穴旁等待送葬队伍。整个过程没有人哭泣，也没有人叫喊。入土仪式由姚飞神

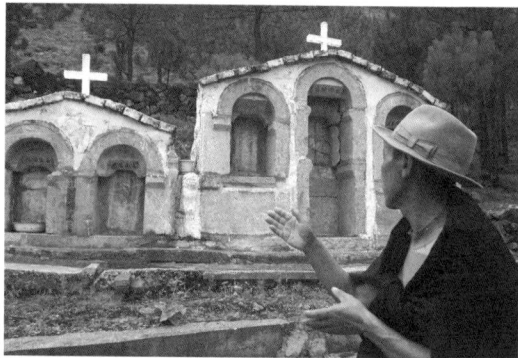

图 8-10　现存的茨中村传教士墓碑

父主持。神父身穿紫袍，系紫色领带，手持《圣经》为刘文增做最后的祈祷。他一边用绿色枝条沾点圣水，一边虔诚地为死者祈祷。棺木顶部由茨中村佛教徒刘卫东绘制了一朵金色的花纹，给黑色的棺木添上一点色彩。棺木入土后，当即由几名工人砌好墓碑，盖好瓦片。大块石头堆放在墓头，小块放在尾部，用水泥、沙石等砌好墓碑后盖上瓦片。（见图8-10）送葬队伍离去前，几个老教友还在刘文增墓前细心地用荆棘将脚印清扫干净。村民说，死者灵魂会在夜间跟随众人的脚印返回家里，所以必须在离去前把送葬者的脚印清除干净。

第四节　传教士的百年历史记忆

一、传教士的历史记忆

早期传教士在滇西北藏族聚居地发展天主教十分艰辛。清光绪二十年（1894）茨中武弁钱国栋禀呈上司："查顾教士同任司铎在阿墩子设立教堂十余年，并无居民从教，其左右伺应供役者，仅数名川民，该处蛮夷人等，大都格格不相入者。"[1] 对于天主教在德钦一带发展的情况，黄举安在《云南德钦设治局调查报告》中也写道：云南天主教会"由同治年间直到今日将达一个世纪，而所说服的教徒仅一百多名，平均每年所皈依的教徒仅一人多一些"[2]。

余伯南神父与蒲德元神父从四川带领几名教徒到茨姑落户后，从维西县康普喇嘛寺买来土地分发给教友耕耘。于是，他们的生活逐渐改善，教徒人数也日益增加。早期茨中村天主教徒只能在茨中村周边贫困山地落户。这里水源缺乏，土地贫瘠，教徒无法进入生存环境比较好的中心地带，只能够在环境恶劣的外围居住下来。这也是他们日后被佛教徒长期歧视的原因之一。老教友肖杰一回忆道：

---

[1]　迪庆藏族自治州民族宗教事务委员会编：《迪庆州宗教志》，北京：中国藏学出版社，1994年，第187页。

[2]　黄举安：《云南德钦设治局调查报告》，德钦县志编纂委员会编：《德钦县志》，昆明：云南民族出版社，1997年，第372页。

　　茨中村早期户头不足二十家。全村划为"通交""巷尾"两个部分。"通交"是指上村,"巷尾"是指下村。上村一般是富人居住,下村则是穷人居住。村子一年只种一季谷子,很少种玉米、小麦及其他粮食。教堂位于坝子中部,上村与下村贫富差距特别大。上村住的是本地的纳西族,传说他们是丽江纳西族木氏土司带兵进藏时遗留下来的散兵,来到茨中村后成了这里的地主。下村一般住的是穷人。茨中村穷人占全村的三分之二,他们大多是藏族牧人和藏族商人,还有一些外地迁徙来的人。这些贫农依靠给地主耕作为生,一年到头都吃不饱。地主每年只准贫农种一季稻谷,贫农交租后剩下的粮食维持不了一家人生活,只好靠上山砍柴烧炭为生。当时茨中天主教堂的柴火大部分是他们供给的,这些人后来大部分加入了天主教。

　　纳西族经常笑话天主教。他们称神父为"阿普色",称呼老人为"阿普",色就是大官的意思,"阿普色"就是官老爷。有时候村民又称神父"木子十","木子"就是胡子,"十"就是生长的意思,"木子十"就是长胡子洋人。纳西族把天主教徒叫作"洋力古大","洋力"是指洋人,"古大"是投靠的意思,"洋力古大"就是投靠洋人者。茨中村有三种宗教,即天主教、藏传佛教、东巴教。茨中村本地人信东巴教和藏传佛教,然而大部分外来人员却信奉天主教,因此教徒不多,每逢主日,参与弥撒圣祭的人大多数都是龙巴西卡、角信、茨姑、娘巴东、六九几个附近村寨的。巴东天主教堂的本堂副神父每逢星期六到这里来为教友牧灵服务,星期天弥撒后回去。①

　　早在19世纪下半叶,天主教会就先后在西藏教区云南总铎区建立了六座教堂,开办了六所教会小学和一所教堂修女院,并且根据滇西北地区多民族村庄分布范围比较广、村民看病困难等情况专门开设了两个施药点。早期的教会小学是在原民办私塾的基础上建立起来的。边远的藏族山区向来都有从每年的赋税中抽取一定税费的习惯,并由当地伙头在家中举办私塾、开展小学教育。对于在茨中小学的学习经历,老教友肖杰一印象最为深刻:

---

　　① 肖杰一,茨中村,2010年。

　　我是 1928 年农历十二月三十日晚上在茨中天主教堂里出生的。1936 年我刚好 7 岁。1939 年，茨中就规定当地伙头负责开办小学生学习班。1936—1939 年我在茨中伙头家里读书时，任课教师名为张子良。他是云南省维西县保和镇南门前人，没有配偶。他因家境困苦而离家出走，带着自己的文化知识来到茨中。伙头家里设立短期四年制学校刚好缺乏教师，张子良就被请去当了首任教师。他文化水平高，教学有方，又很耐心细致，并且纪律严格，学生进步很快。除了教学生读书写字以外，张子良还教我们祭孔，教唱祭祀孔夫子的赞歌。歌词是："大哉，孔子先知、先觉，于天、于地，万世之师，万世之师！"当时祭孔时，孔子的画像前面要点上两支蜡烛，每个学生要给教师送三碗香油、半斤猪肉、一碗大米或一碗麦子粉，之后列队站在画像前唱赞歌、行叩首礼。我在茨中伙头家里读完了商务印书馆出版发行的《语文》课本 1～4 册之后，茨中天主教堂就开设了教会小学。

　　茨中教会小学创办于清宣统二年（1910）。那时，法国传教士司铎彭茂美负责在茨中村兴建天主教堂。教堂建成后，兼作教会学校。每年冬春二季，教徒子女即入校读书，男女分班，男孩由两个专职教师任教，女孩由修女任教。教材是译成藏文的《圣经》，学习三年即可诵读藏文《圣经》。学习成绩优秀者送维西、甘孜等地学习法文及汉文。[①] 课程设置与其他小学类似，但也教唱诗，讲《圣经》故事。老教友肖杰一对当时在茨中天主教会小学的学习经历感受很深：

　　　教会小学每天都准时上课，学习时间排得满满的。来自四川的汉语教师给学生上课，他是个新教徒，但对天主教有非常高的热情。他先领读汉语课文，然后让学生重复念汉语的每个音节。教会小学在早上十点准备神学功课。班里的藏族小学生最热闹了，因为上午有宗教辩论。下午两点小学生继续学习，一直到六点半才下课回家。教会学校的学生假期不许回家。原来范主教让学生假期回家帮助父母干农活，但梅赖神父不同意。他说："如让学生回家两个月，就会失去一半，所以最好看严点。"后来就不允许小

---

①　德钦县志编纂委员会编：《德钦县志》，昆明，云南民族出版社，1997 年，第 259 页。

学生回家了。有一张梅赖神父与小学生在一起的合影照我最喜欢，它反映了当时小学生的生活。学生留光头，面带微笑，扎腰带，穿肥短衬裤。①

古纯仁神父在 1930 年接手当地传教事务后，除了继续兴办男女学校、发展施药点外，还在保和镇西郊落花坝开办小修院，培养初级神职人员。此外，教会还通过女性影响家庭、传授子女天主教知识，以便发展新教徒。特别是利用藏族聚居地原有住家藏传佛教尼姑的优势，从中物色守贞女培养天主教修女，进一步开拓了云南藏族聚居地的天主教传播范围。1939 年冬天过后，七名传教士与当地藏族村民相处非常融洽，可以说已经打成一片。

尽管茨中天主教堂的生活简朴，但是传教士每天都有工作。他们早上五点半起床，祈祷、静默修持、做弥撒；七点半吃早餐，早餐一般为咖啡加牛奶，偶尔也喝酸奶及野蜂蜜，有时还吃水煮鸡蛋；接着，传教士聚在一起讨论问题；八点钟传教士开始学汉语，研究神学。不过传教士的工作常常会被本村或者外地教友的访问打断。② 肖杰一回忆说：

> 龚修士住在二楼的第一间，他的外国名叫 Frere Duc。龚修士对信仰很忠诚，每天念经都不忘念《圣母玫瑰经》《圣母小日课》，恭敬圣母，忠心耿耿地辅助神父，踏踏实实地完成交给他的各项任务。龚修士关心每一位学生的学业，常抽空辅导学生，态度和蔼，深受学生敬爱。小修院二楼第四间（套间）是古纯仁神父办公室和寝室。我是古神父最宠爱的学生之一，所以可以在他的寝室自由进出。
>
> 古神父的寝室十分简单，两条板凳上放着四块六尺板，六尺板上垫一床草席，草席上面铺一床羊毛制的垫毯，垫毯上铺一块薄薄的垫单，不垫别的东西。可是，垫毯、垫单都是做摆设的，睡时他把两样物品收走，直接躺在草席上。他这样做是刻苦修炼，磨炼自己。神父特别喜欢二楼西南角的一间小屋，这小屋是只能容纳八九个人的空中楼阁。他习惯来这里念经、看书、吹喇叭。

---

① 肖杰一，茨中村，2009 年。

② 房建昌：《简论天主教在滇藏边境地区藏族中的传播》，《中国边疆史地研究导报》1989 年第 4 期。

他没有学过吹喇叭，所以每天都会到这里练习。古神父懂汉字，能够读中国古代文学作品，还能背诵《诗经》。他把《诗经》翻译成法文，介绍给法国文学研究者。记得有一次，古神父给学生背诵《诗经》："父兮生我，母兮鞠我。拊我畜我，长我育我，顾我复我，出入腹我。欲报之德，昊天罔极。"①

为了加深藏族学生的记忆，古神父还给汉语谱曲，然后教学生吟唱，并且对《诗经》的描写赞不绝口。古神父曾经深有感触地说："这首诗与天主第四诫很吻合，就是教育世人不可忘记父母生养照顾之恩，要孝敬父母。"虽然古神父离世已五十多年了，但在许多接受过神父教育的学生心目中，他依然活着。教友们用十六个字概括古神父的一生——"生活圣洁，行为正直，虔诚侍主，终生不渝"。维西、茨中等地很多当时在教会小学参加学习班的人，至今还细心地保存着传教士给他们的经书和歌本。在访问时，他们都会把家里的旧书拿出来，一边抚摸这些残旧的教会书籍，一边诉说这些书本的来历。吴公底说："这是我七岁时读过的书本，直到现在我还一直收藏着。这本《圣经教理》是为死去的教友祈祷的书，1930年出版的。还有这一本是祈祷经文，这一本是圣歌本——哈利路亚。哈利路亚是淋圣水的时候唱的……"②

为了提高教会学校的教学水平，传教士积极学习藏文，编写藏文圣经、圣歌，以便与学生及家长加强沟通。巴塘天主教堂建立之后，天主教会聘请了几位学识渊博的藏文人士，专门给古纯仁、伍许中等几位神父上藏文课。常言"严师出高徒"，在这些藏文人士的谆谆教导下，几位神父牢记"往训万民"的教诲，努力攻读，日夜奋战。经过几年努力，古纯仁、伍许中等学用结合，已经可以运用藏文翻译拉丁文《圣教经课》和其他常用经文、圣歌，编写藏文字典以及用藏文创作民间故事。他们用藏文编写的《圣教要理问答》，经西藏教区主教华朗核准后，在香港法国教会付梓，供各地藏族教堂使用。茨中天主教堂当时的选派生肖杰一对当时担任教师的古纯仁神父印象特别深刻。他回忆道：

① 肖杰一，茨中村，2009年。
② 吴公底，茨中村，2009年。

　　1943 年维西县境内遭严重干旱，土地歉收，大闹饥荒，我们一日三餐都要拌上一半蕨菜当饭吃。身负重责的古神父不许炊事员给他做小锅菜，坚持与学生过一样的生活。古神父很关注神修，每天除做弥撒、念经祈祷，还牢记耶稣受鞭打之苦，效法耶稣用皮鞭抽打自己。每天早上，住在楼下的学生都可听到神父起床时用皮鞭抽自己的响声。作为教师，古神父还甘当学生，拜外地派来的汉语教师为师，恭恭敬敬地学习汉语。古神父天资聪颖，不到半年就能熟读四书五经等儒家经典，一年后能默写唐诗宋词三百首，让维西县城学问渊博的学者啧啧称美。①

　　由于周日要做弥撒，传教士只有在星期四才休息。传教士天性活泼好动，一般都喜欢外出打猎或出游，杜仲贤神父更是喜欢到周边较远的地方游走探访，了解当地风土人情，因为他想在当地使更多的人加入天主教。②除了茨中小学，传教士还要在维西等地开设新的小学。这些学校招收的学生大部分来自茨中、小维西等地。不过，传教士很快发现在澜沧江藏族聚居地招生很不容易，因为家长们送子女来念书不是为了学生的教育，而是因为教会会给学生提供伙食。山区的孩子不爱念书，而且贪玩，有的学生更是调皮捣蛋，给神父增添了许多麻烦。老教友记得，有一天维西教会小学的两个学生跑了，杜仲贤神父到处寻找，直到第二天才在离维西保和镇三小时路程的地方将他们找回来。③

　　茨中村老教友回忆，藏族天主教徒的孩子八岁开始在天主教堂上小学，读四年左右才离开。在小学主要是用藏语念经，也学一些简单的数学常识，但不学加减法，也不学汉语。由于藏族村民家里缺人手，因此孩子可以只学早课，要两三年才能学完。有的学生只在冬天上学，夏天就在家帮助父母劳动。白天上课时间是上午九点到十一点，下午是两点到四点，靠教堂敲钟通知大家上课。学生上课男女分开，女生是修女教学，男生是神父请外地教师来教，不少教师在教堂还担任管家。这些教师也是天主教徒，以前曾经在茨中村伙头家教书，现在在教堂教书。在校学生一共有五十多个，

　　① 肖杰一，茨中村，2009 年。
　　② 房建昌：《简论天主教在滇藏边境地区藏族中的传播》，《中国边疆史地研究导报》1989 年第 4 期，第 14 – 16 页。
　　③ 房建昌：《简论天主教在滇藏边境地区藏族中的传播》，《中国边疆史地研究导报》1989 年第 4 期，第 14 – 16 页。

主要课程有三门，早经、晚经和讲经，讲经主要教念经规矩。老教友回忆，当年离茨中村三公里的茨姑天主教堂每逢主日及诸庆期，经堂内的歌声清脆悦耳，欢呼之声响彻云霄，呈现出教堂特有的气象。①

二、教友对传教士的苦难记忆

教案，是指一系列与国内天主教有关联的案件。早期天主教的教案是因天主教教义与中国传统文化存在矛盾而引发的。鸦片战争以后爆发的教案主要是由于帝国主义利用不平等条约进行传教活动，激起中国人民对帝国主义和与之相关的传教活动的反抗。1905 年 7 月 23 日爆发茨姑教案的导火线是，光绪三十年（1904）英国派兵侵略西藏，清政府派驻藏大臣凤全前往昌都与英军交涉，由于凤全袒护洋人、限制喇嘛，激起民愤，于光绪三十一年（1905）被杀于鹦哥咀。僧俗民众焚烧了巴塘天主教堂，杀死了传教士苏仁列。巴塘反洋教斗争激发了阿墩子僧俗民众反洋教的民族心理。

茨姑天主教堂位于巴东行政村北、澜沧江西，在巴东河与龙巴河的汇合处。1905 年，由天主教法国巴黎传教会西藏教区属下的云南总铎区主教堂座堂神父丁德安任主教，余伯南任本堂神父，蒲德元任本堂副神父。茨姑天主教堂在清光绪三十一年（1905）被焚毁前，蒲德元神父奉余伯南神父的嘱咐，率领七位修女携带圣物趁天黑时逃离教堂前往维西叶枝大土司嘉禄处寻求庇护。翌日夕阳西下时分，蒲德元神父一行在阿尺大九河边的岩石下露宿，不料被放牧人发现并且向喇嘛告密。第二天清早，喇嘛派两个剑手把蒲德元神父带到江边斩首，七位修女携带圣物投江，献出了自己的生命。现任茨中天主教会会长吴公底的爷爷曾经保护过神父逃离喇嘛的追捕，但后来与神父一起被杀。

吴公底说，他爷爷梁长寿在保护神父逃离时与两个儿子一起被愤怒的喇嘛和佛教徒抓住，神父和梁长寿三父子当场被喇嘛绑起来砍了头。当时，喇嘛与佛教徒杀的杀、烧的烧，非常高兴。他们把神父的头带到县衙门以后，在当地还开了一场庆祝大会。喇嘛把神父的头挂在长木杆上面示众，然后一起在衙门吃喝、跳锅庄舞。天主教友怀着悲愤的心情趁机混进去和佛教徒一起跳舞，趁着他们喝醉时把神父的头拿下来放进篮子，当晚带到了茨姑。后来，茨姑教友也把神父的下半身背回来了，两地的教友一起偷偷在茨姑一处偏僻的地方埋葬好神父的尸体。贡山驻堂神父任安收守在山顶看到教堂被烧

---

① 茨姑天主教友回忆笔记。

就没有回来，折回贡山逃到了昆明向清政府告状。这次教案，后来被判定是错案，清政府命令德钦县政府告诉喇嘛，不应该烧掉天主教堂，应马上赔偿。结果红坡寺等三个喇嘛寺共同承担赔偿责任，并且安排在距离茨姑天主教堂不远的茨中村建立新教堂。

除了蒲德元神父外，村民回忆最多的是与蒲神父一起被杀的余伯南神父。余伯南神父被杀死的地方就是现今茨中村龙巴西卡河水电站那个位置，这个地方傈僳文称"古都"。当时茨姑天主教堂的教友们全都躲在茨姑天主教堂的橱柜下面，教友的脚一双双全都露出来。神父起初藏在地洞里，后来也与教友一起被赶了出去，不久便被杀了。

1951 年，中国人民解放军进入迪庆州，开始对宗教进行整治。天主教迪庆州教区的传教士都接到命令，在当年 8 月离开中国。茨中村传教士与其他堂口的传教士一起在维西天主教堂集中，分两批离开云南。至今保存在茨中天主教堂的一本《茨中村天主教徒登记册》清晰地记录了当时的情况。天主教徒人数在 685 这个数字上停止下来，茨中天主教徒由此开始了漫长的沉默岁月。对于当时传教士被驱逐的情况，许多教友都不愿意谈起。唯独房建昌在《简论天主教在滇藏边境地区藏族中的传播》一文中详细地描述过："12 月 1 日，莱申、考阔之神父在维西被捕，燕门乡茨中村古神父、罗维义神父与沙维尔神父也在夜里被捕，第二天早上被带往维西。他们在维西被强迫劳动，一边继续祈祷、学习、编藏文出版物，一边向地方及国家有关部门交涉，最后与瑞士驻北京使团取得了联系。1952 年 1 月 16 日，中国政府决定将神父们赶出中国，并且没收所有教会财产。"[1] 传教士在解放军押送下离开维西，于 3 月 12 日到达香港改道回国。留在怒江的传教士并没有遭解放军逮捕。安神父、埃默瑞神父与沙伯雷神父被勒令出境，1952 年 5 月 13 日与前批传教士走的路线一样被送出云南并于 7 月 31 日抵达香港。

这批传教士相继离境后，当时已七十四岁的中国神父李自馨留在了云南。李神父 20 世纪上半叶随古神父来到茨中天主教堂，住了半年之后调到贡山县丙中洛乡青那桶天主教堂任本堂。李自馨神父爱好音乐，闲暇时天天到经堂里弹风琴，边弹边唱，从不厌倦。教友们说，很多圣歌都是由李神父教的。李神父身体比较胖，据说体重达到一百八十多斤。每次到茨中

____
① 房建昌：《简论天主教在滇藏边境地区藏族中的传播》，《中国边疆史地研究导报》1989 年第 4 期，第 14 - 16 页。

天主教堂开会，他都要八个人轮流抬着走，为此，后来大小事情都不再叫他来茨中了。①

离境的传教士留下了不少文献，现尚有一部分保存在德钦县图书馆、德钦县档案馆，还有相当部分连同照片散落在茨中村一些天主教徒家中，对于德钦天主教传播及宗教史研究具有重要价值。茨中村天主教徒人数截止在685，这个数字一直静静地保留在传教士的登记册里，直到20世纪80年代重申宗教信仰自由政策时才翻开新的一页。1953年2月5日，古神父在瑞士一场庄严仪式上用藏文向澜沧江及怒江天主教徒发表了演说，并为远在他国的教友祈祷。② 这位在滇藏边境地区传教长达四十五年的法国神父，被教会誉为"西藏通"，1954年死于法国。

三、对教友记忆的分析

茨中人在宗教信仰方面有一个自身创立的神话叙事体系。它由纳西族、藏族与天主教的民间叙事系统共同构成，主要是祖先传说、神话故事、祭祀仪式等。这些叙事介绍了民族祖先塑造的英雄和"外来宗教"塑造的英雄，共同成为多个完全不同的阶梯系列。在茨中藏族神话系统中，充分地表现了阶梯系列的观念。他们的神话描写从开天辟地的第一代神卡瓦格博开始，然后依其神谱一代一代叙述下来，每降低一代，其神格则依次降低，一直延续到各个村落谱系，成为神界与人界联合的阶梯系列。

然而在天主教友间，他们却借助传教士在茨中村的种种"神迹"，营造出一种新的外来神话。例如，传教士购买土地后出租给贫困村民以获取民心，建立小学、医疗所以扩大影响，甚至购买枪支弹药、组织军事训练以抵抗喇嘛进攻等，都成为天主教徒描述昔日传教士神话的素材。老教徒回忆道："任安收神父枪法精准，1905年7月僧俗围攻重丁天主教堂时，任安收用枪瞄准一个喇嘛头顶的帽子，百发百中，被当地藏民称为'神枪手'。"③ 沙伯雷神父原来在英国当兵，力大无穷，会傈僳语和汉语，后来当了营长。他会开飞机，作战勇敢，从美国带来一车车罐头。他把衣服和吃的东西都捐献给教堂……不少天主教徒兴致勃勃地给笔者谈起昔日传教士手持傈僳族弓弩捕获当地猛虎的故事。他们从法文版的探险书籍《西藏的

---

① 肖杰一，茨中村，2009年。
② 房建昌：《简论天主教在滇藏边境地区藏族中的传播》，《中国边疆史地研究导报》1989年第4期，第14－16页。
③ 肖杰一，茨中村，2009年。

人民》复印了一张照片，该照片显示当年一位传教士手持傈僳族弓弩，威武地站在一只刚刚被剥皮的老虎旁。照片边上写着"Mosieur Chappelet adopta le style de chansse des Loutse"。还有一些天主教徒至今仍珍藏着当年传教士在葡萄园劳作的照片。（见图 8 - 11）

图 8 - 11　维西传教士在葡萄园修剪葡萄枝条①

传教士在茨中天主教堂葡萄园劳作背后的宗教意义，似乎是《若望福音》第十五章所述情景的再现。《若望福音》第十五章将葡萄树解说为：天主是存在于树干、枝蔓和嫩芽之间实体性的合一，修剪葡萄树被《圣经》喻为天主对教徒的培养。它说葡萄树是最需要修剪的树，耶稣选择葡萄树，是因为要结果实。借助传教士与葡萄树修剪的比喻，教友认识了什么是圣体，如何才能够与天主合二为一。

群体的记忆与认同来自历史，族群的记忆建构在人们对于他们拥有共同世系或起源的信念上，人们仅挑选一些能够反映其世系和起源的文化特质来作为族群边界，并将其根基文化深植其中。安东尼·史密斯在原生论的基础上指出，族群认同得以确立和维系的关键在于是否建立牢固的文化纽带。保持族群文化认同最关键的就是共同的历史记忆。② 对于族群成员而言，共同的过去与记忆可以存在多种解释，因此族群的历史记忆总是变化和不稳定的。在不同的时代背景下，族群根据自身的需要而不断地改变其

---

① 传教士原始照片保存在德钦县档案馆，翻拍于 2009 年。
② SMITH A D. Myths and memories of the nation . Oxford：Oxford University Press，1999：1 - 30.

历史记忆，使其始终处于多种发展方向并存与对抗的状态。

正如王明珂所提到的，一个族群的共同起源和历史记忆固然重要，然而了解造成这些的社会与历史本相更为重要。[①] 族群"共同起源"的历史记忆，可以让人们一直追溯共同血缘的起点，并唤起族群成员的根基性情感联系，故这种历史记忆形式又可称为"根基历史"。历史记忆还可以再创造，特别是对于一些没有根基的群体来说，要营造"一个真实的历史"，必须通过文化再创造，才能获得当地新的认同，这在以往的法国、英国都有无数著名先例被学者论述与分析。[②]

第五节　天主教徒近期的集体记忆

1950 年 5 月，中国人民解放军第二野战军到达滇西北。5 月 20 日，中共丽江地委派出的随军代表接管德钦县参议会和设治局，设立县级人民政府。云南教区天主教活动随之遭到禁止，传教士被驱逐出境。传教士被驱逐出境后，天主教堂先后被改作他用：茨中天主教堂用作茨中小学教室，小维西天主教堂用作小维西大队部，维西天主教堂被中共维西县委党校作为学员宿舍。天主教堂物品如《圣经》、烛台、十字架、挂像、传教士笔记等由德钦县公安局没收，后分别由当地博物馆、图书馆收藏，或散落民间。当时政府的政策主要包括以下几个方面：第一，立即取缔天主教会的各种宗教活动，外国传教士必须在指定时间出境，德钦藏族聚居地传教士统一集中到维西县，通过各种途径离开中国。第二，没收天主教组织所有土地，重新分配给政府与村民使用。茨中天主教堂葡萄园用地转给德钦县林业局管理，天主教堂归茨中村小学使用，教堂中庭作为教室，南北厢房改为校舍供教师和学生居住。第三，没收天主教堂所有宗教物品。传教士来不及带走的图书、笔记、照片和其他物品被德钦县公安局没收，全部用于审查和存档。

---

① 王明珂：《羌在汉藏之间：川西羌族的历史人类学研究》，北京：中华书局，2008 年，第176 页。

② 参见埃文思·普理查德的《努尔人》、罗伯特·C. 尤林的《陈年老窖》，以及李岚等关于信仰再创造的论述。

一、难忘的集体记忆

自从天主教神父被驱逐后，茨中天主教堂的内部遭到严重损坏，厢房两边的壁画被洗刷。教堂也先后用作茨中小学校舍和大队部猪圈。根据肖杰一老人回忆，重申宗教信仰自由政策后他第一个进入天主教堂，发现教堂内部到处都是猪的粪便。教堂宗教用品一部分被德钦县公安局没收后未归还教友，一部分被村民拿回家里后散失在民间。神父来不及带走的笔记、图书和其他物品原来保存在德钦县公安局，后转为德钦县图书馆保存。由于保管不善，这些资料已经从原来1 000多本减少为现在的732本。① 包括传教士生活照片在内的各种书籍，目前只有部分关于宗教、植物、化学、实验等的书籍保存了下来，其余全部遗失。传教士入境的护照保存在迪庆州博物馆，传教士个人相册保存在德钦县档案馆，其他图书散见于德钦县图书馆和村民家中。有教友说，曾经看见传教士笔记被一页一页地撕着烧。根据当年在茨中小学担任教师的格宗拉姆回忆：

> 传教士全部被驱逐出境以后，茨中天主教堂就被没收了，教堂里面所有的宗教物品也被德钦县公安局拿走了，这些东西主要是神父笔记、书籍和祭袍。祭坛上的一对烛台也被拿走了，弥撒时使用的红色封皮《圣经》，还有最重要的耶稣十字架都被拿走了，这些物品至今保存在德钦县图书馆，还没有归还茨中天主教堂。

> 当时小学教师大约有十五个，分别住在茨中天主教堂的南北两个厢房。小学生就在一楼接待室里上课。茨中小学有六个年级，每个班有十多名学生。由于小学教室紧缺，加上教师宿舍严重紧张，茨中小学就把小学的课堂搬到了茨中天主教堂，茨中小学的教师也全部搬到教堂的厢房居住。当时清理茨中天主教堂传教士遗留下来的物品时，发现有许多传教士从事科学实验所使用的各种实验用品，包括试管、烧杯、酒精灯等。由于小学教师害怕实验用品有毒，加上实验用品的玻璃容易打碎，对不太懂事的小学生会带来一定的危害，因此经教师集体商量以后都烧毁了。同时烧毁的还有传教士的实验笔记，以及他们从国外带来的科学书籍。②

---

① 2010年2月，笔者前往德钦县图书馆翻阅传教士留下的各种书籍，发现只有732本登记在册。
② 格宗拉姆，香格里拉县，2011年。

　　茨中天主教堂用作茨中小学的学生校舍期间受到了相应的保护，天花板和壁画没有受到过多的损坏，但是，教堂顶部由传教士从法国运过来的一口大铜钟却在"大跃进"时期被人敲碎并熔为一块废铜。天主教会会长吴公底家里目前还保存着茨中天主教堂大铜钟的一块碎片，上面刻着非常精美的唐草纹样。他说："教堂的大钟是法国传教士运来的，中华人民共和国成立前我敲过。以前那里办学校，我去教堂的钟楼睡过，夏天那里很凉快，风吹起来，蚊子也上不到那里。一年8月，茨中村的干部带了一批人来找材料，结果找到了这口钟，要拿去石棉厂大炼钢铁，当时共十六个人一起把天主教堂的大钟扛到石棉厂。路上累了扛不动，工人就在路边休息。有个人试着敲钟敲不响，他不知道放在地上大钟是敲不响的。于是，他就用大锤敲，一下子就把大铜钟敲碎了，碎片被拿到石棉厂化成了废铜块。当时，教堂里还有一口小钟，很响的，是学校用的。后来来了一个副县长，说把天主教堂的小铜钟拿去做模型，做一口大钟还给教堂，但是一直都没有做成，最后小钟也找不到了。"在茨中村担任中社小队会计的谢和佑也非常惋惜地说："当时教堂的大铜钟有五百多斤，上面刻着非常精美的花纹，可惜在大炼钢铁的时候被抬去石棉厂敲碎、熔化为一堆废铜了。"

　　许多天主教徒至今对当时闹粮荒的情况记忆犹新。时年七十岁的天主教徒谢和佑回忆1958年经济困难的情形时说："我是1942年出生的，这个地方是1950年解放的。但是，1958年经济很困难。我当时在读书，1961年下半年毕业，1962年当会计。小卖部旁边那家姑爷在1958年藏族聚居地动乱时跑去西藏了。当时，他假装驮茶叶去西藏，乘着西藏叛乱就再也没有回来，不然就会被抓起来了。那个时候大家是一起吃的，主要是稀饭，大家都吃不饱。"1966年开始"文化大革命"，云南藏族聚居地天主教徒被一些造反派轮流批斗，家里收藏的天主教堂物品也被没收。如其他地方一样，茨中村也卷入了这场轰轰烈烈的"革命"运动。杨哈生诉说当时有人假扮神父的情景：有一次开完会后，有人把神父做弥撒时穿的祭袍拿出来，在教堂祭坛扮演牛鬼蛇神，像一个小丑一样在上面手舞足蹈，还唱着各种革命歌曲。天主教徒在下面谁也不敢说话。①

　　20世纪80年代，国家重申宗教信仰自由政策。刚开始群众普遍都有点害怕，担心公开念经会受到打击，茨中天主教徒只能在家里偷偷念经。曹嘎正妻子回忆说：起初的一年左右时间里村里没有神父，没有修女，没有传教

---

　　① 杨哈生，茨中村，2010年。

士，我们就自己在家里念经。

随着云南各地宗教的恢复与发展，教友们胆子慢慢大了起来。他们先是在家庭里组织念经，然后慢慢在教堂门口念经。当时是曹武妹的爷爷在管理教友交给教会的钱，每个教友交两块钱，只有二三十个老人加入教会。后来，茨中天主教堂归还给天主教会，教友们就进教堂活动了，不过天主教活动仍然受到限制。茨中村许多教友至今对当初沙神父借着旅游回到茨中村看望教友的事情记忆犹新。茨中村天主教徒刘妹回忆道：

> 当时政府不允许信教，神父也不能活动，不能做弥撒。有一
> 次，沙神父来到这边，马上就被监护在林管所的房子里。那个时
> 候，很多教友从茨中村、巴东村和茨姑村来到这里，但是政府不
> 让神父跟教友见面。

> 公安局要求沙神父第二天早晨必须离开茨中村。沙神父在经过
> 村公所外面操场时看见了老奶奶玛丹娜。玛丹娜因为女儿在茨中村，
> 所以就住在女儿家等沙神父做弥撒。沙神父经过操场的时候就喊
> "玛丹娜，玛丹娜"，老奶奶也过去喊"沙爷，沙爷"。沙神父把他
> 的一串念珠拿出来给玛丹娜。沙神父的念珠装在一个红色的小包包
> 里。那个时候很少人有念珠，老奶奶得了一串念珠非常高兴。虽然
> 以前茨中村也有教友曾经戴过念珠，但是人数不多，禁止传教后他
> 们都将念珠藏起来，所以更加少见了。那一天，茨中村所有天主教
> 徒都知道沙神父送给了玛丹娜奶奶一串宝贵的念珠。[1]

国家重申宗教信仰自由政策后，茨中村到处都能看到十字架了。原来茨中村的村民把十字架、耶稣圣像等纷纷藏在土墙里、丢在菜地，这个时期却纷纷从土墙里、菜地里找到了这些圣物。曹武妹的母亲觉得很奇怪，她说："不允许信教的时候，在菜园什么也没有捡过，也没有找到过十字架什么的，后来开始信教了，就捡到很多十字架。因为菜园每年要挖地，有一次挖到一个十字架。这么大一个十字架，因为时间太长了，十字架的一只手臂断了。有些村民说，去山上的时候，也捡到过十字架。之后全村很多人都陆陆续续找到了十字架。村民说，那段时间到处都会出现十字架，像松茸从地里冒出来一样。"

---

① 刘妹，茨中村，2009 年。

二、共同维系的集体记忆

传教士被驱逐出境后,国外天主教组织一直没有中断与茨中天主教徒的联系。20 世纪 80 年代沙神父先后两次回访茨中村,给茨中村天主教徒留下极其深刻的印象。尤其是沙神父第二次离开茨中村,在昆明被拦截和没收相机。这些事件都给茨中村天主教徒留下了深刻印象。

作为天主教云南总铎区的主教堂,茨中天主教堂成为国内外天主教组织格外关注的中心。这些机构与组织都对茨中村天主教的恢复与维持给予了极大的关注,成为茨中天主教组织重新恢复兴旺的外部原因。特别是政府在 20 世纪 80 年代末期对天主教的政策转变,给茨中天主教徒带来了新的希望。除了沙神父的两次回访,不少外国教友与传教士的亲属也多次利用旅游、考察等机会访问茨中天主教堂。瑞士传教士尼古拉自 90 年代后先后组织十批朝圣团队利用暑假回访云南天主教旧址,团员全部由法国与瑞士大学生组成。每年的 3 月,尼古拉神父都会在网站上公布前往中国云南边界的朝圣旅游信息,来自法国、瑞士神学院和法学院等机构的青年学生自愿报名参加。这种活动坚持了整整十年,得到了云南天主教会与茨中天主教会的大力支持。2012 年 8 月,笔者在小维西天主教堂采访了当时朝圣团的领队尼古拉神父。(见图 8 - 12)与尼古拉神父的部分对话内容摘录如下:

笔者:为什么带国外学生到边远的山村来?

尼古拉神父:我和我的学生每年都会来这里,而我来的原因有以下几个。首先是我们想来感受当地人们的生活品质,尤其是在周边一边游历一边体验当地的民风,我们在欧洲已经失去了类似那样的生活品质,如淳朴的人际关系和对生活的感恩态度,因此,带学生们到这儿来可以重新发现这样一种生活,一种简约和有质感的生活。尽管云南这里的生活很简朴,甚至可以说很艰难,但是我们同样可以看到它的美丽。其次是为了这个宗教社区。由于我们也是基督教徒,在此可以和许多来自不同国家的人相遇。不管来自什么国家什么地方,像拉丁美洲啊、阿富汗啊、印度尼西亚啊,他们都有许多共通之处,包括性格、信仰等。但我们也确实以不同的方式生活于世,在这里我们可以看到他们不一样的庆典仪式,可以看到他们独特的歌舞和玩乐方式——虽然有诸多不同，我们仍然很高兴能一道分享我们的信仰，同时来看看这当地几十年的变化，包括人民生活的变化，毕竟在我们国家就发生了许多变化。最后就是让学生们感受贫穷的生活，尽管这里的人很贫穷，但是我们可以看到他们脸上都洋溢着幸福、愉快的笑意，他们很满足于这种和平宁静的生活。还有就是，这里的乡村景色真的很美丽，真的很让我们向往。

笔者：我知道你来这里有十次之多，那么我想知道你认为今天跟第一次的感受有什么不一样？能够说说变化吗？

尼古拉神父：我想第一是基础设施的完善，十年前来这里的时候，我们从维西搭了八个小时的长途车，接着再转八个小时的车，但现在我们只用了两个小时，比以前少花十四个小时。第二个就是，尽管条件好了，但是这里的人们还是那样淳朴，孩子们还是那样可爱，他们热爱生活、感恩生活的态度没有发生变化，我感到很高兴。对比欧洲来说，有些国家条件好了，人们就变得自私、变得无礼、变得冷漠，我很开心见到这里没有出现欧洲的情况。

笔者：我们发现云南宗教文化也在变迁，这些藏族民众抛弃了原本信仰的藏传佛教，而改信源于法国的天主教，我觉得很奇怪，可以给我解释一下吗？

图 8-12　尼古拉神父与神学院学生、笔者在小维西天主教堂

尼古拉神父：首先，天主教来源于中东，接着传播到非洲，然后才到欧洲，最后才到亚洲，人类的智慧和意志以同样的方式传播到世界各地。我们同属于人类大家族，独立于文化而存在，人类与文化的联系也不会改变其本性。比如我们在教堂或各类宗教建筑中所见的——在这儿我们还看到了中国式的建筑而不是欧式的教堂。这着实成功地将对天主教义的深刻理解融合到了建筑实物中来表现。

笔者：那也就是寻根的意思？

尼古拉神父：寻根？没错！宗教并不是对抗我们的思想和智慧，而是透过宗教探索知识背后更深刻的东西，并且超越了当前的科学智慧。那不只是在追寻一些观念和感受，而是在现实存在的世界里能直接抓住的稍纵即逝的东西。这对整个世界都是很有利的，它让世界科学或其他在不断发展的同时还能走进人类内心，实现心灵和大脑的和谐统一。

我觉得这个经历对年轻人来说非常有好处。我们能看到人与人之间的差异，也能看到人类大家庭的统一。在这里，他们眼中带着笑意，我们虽说着不同的语言，即便我们并不能听懂对方，但我们就是有种相连的共同感受，一起分享情感和友谊。至于有人跟我说，你们队里有很多年轻人是以前传教士的后人或者是神父的后人。这不是真的，这次我们队里没有。不过曾经有一次有个学生是某个神父的侄儿，其实就只有他是以前传教士的后人。

笔者：这种文化融合可以使我们两个国家也相互融合。对于这个问题，你怎么看？

尼古拉神父：这是一个文化交流、文化融合的时代，我们必须互相交流、互相理解每个国家的文化和思想。我们可以看到当今社会，并不是说富有的人就最开心、最成功。我们可以看到，有很多贫穷的人，他们也很开心，他们也能通过努力变得成功，这就是我们从文化交流中可以学习到的。科技是不断变化的，但是只有文化可以让人打开心扉，可以让人有所启发、有所感悟。这是全球化所带来的好处。我觉得有必要给文化下一个定义，对于我来说，文化就是让人变得更加人性、更加文明。①

---

① 2012年8月，笔者在云南小维西天主教堂与尼古拉神父对话。华南农业大学艺术学院蔡圣鹏摄像，外国语学院孔新婷、谢璇翻译，魏乐平校对。访谈内容有部分删减。

从以上情况来看，茨中天主教的维持和发展与国内外多个组织与团体的合作和努力是分不开的，其中包括中国政府、天主教组织与其他宗教和文化研究机构。

第六节　小　结

一、不同信仰与不同宗教仪式的关系

多种宗教仪式维系了人类与自然环境的相互关系。从本质上说，茨中村村民感兴趣的并不是这些宗教组织带来了仪式本身，他们真正感兴趣的是仪式有维护社会价值观念、恢复社会平衡和稳定社区政治等重要作用。借助各个组织进行的祭祀仪式所带来的历史记忆与认同，茨中村人维系了人类与生态、社会与自然资源的相互关系。借助这些仪式，村民形成与自然环境共同依赖、共同繁荣的亲密关系。茨中村三个宗教组织的仪式都有专门针对突发事件，如自然灾害、突发灾难等所举行的特殊仪式。例如，东巴教与藏传佛教的祈福求雨仪式的主要内容，就是为了应对干旱，祈求降雨，以保护农业收成。

多种宗教仪式有利于维系多个宗教并存的局面。茨中村天主教是一个外来组织，在当地并没有悠久的历史，但他们却依靠建构一种新的文化象征来强化自身群体，借助新建构的记忆与认同来与当地宗教对抗。茨中人认为，举行宗教仪式有利于保持组织成员的凝聚力，祭祀仪式可以加强组织团体与周边其他组织的抗衡。天主教主要有常规仪式与特殊仪式两种。常规仪式也称为基本仪式。平时天主教徒严格按照程序完成的仪式分别是每周日上午及周三、周五晚上的弥撒，天主教其他重要节日的弥撒等。基本仪式一般在教堂举行，借助仪式来阐述《圣经》要理、确立教会内部阶序关系、强化天主教的精神力量。神父往往借助阐述《圣经》中的各种故事，配合现实生活中的具体案例来规范教民的行为，团结天主教群体。特殊仪式主要用于应对自然灾害、外族入侵等突发事件。如在干旱时节，神父会带领全村天主教徒前往余伯南神父遇害地做弥撒，以增强群体凝聚力。

茨中村人还可以借助宗教仪式建构新的神灵来维系自身的宗教信仰和增强组织的凝聚力。天主教徒认为，茨中天主教历史没有纳西族与藏族的悠久，不可能像东巴教和藏传佛教那样有众多的神灵，但他们可以营造一种新的神灵来加以祭祀。在茨中天主教徒眼里，无论膜拜的神灵是来自远古的青藏高原，还是来自大西洋彼岸的法国，茨中天主教徒都可以将其视为"超民族祖先"。

借助不同的宗教仪式，茨中村人实现了从现实过渡到超自然的境界。茨中村天主教徒把昔日的传教士看作"保护神"和"超民族祖先"的行为与现象，与其说是一种祈求心灵安慰，不如说是一种情感的投射。他们营造出种种"传教士神话"与"传教士英雄"，反映了村民之所以维系以往的记忆，崇拜这些祖先，是因为他们相信这些记忆中属于超自然的祖先，实际上是能够保护他们、给他们带来收成的神明。只有这样，才能较好地解释为什么茨中村的天主教徒会放弃原有的纳西族和藏传佛教的祖先神灵，转而相信外来的天主教神父的"外来传教士神灵"。

二、宗教信仰与族群记忆

在丧葬仪式中，我们从神圣的角度去考虑茨中村人对一些特殊食品的使用。首先是纳西族村民使用的大米。大米是纳西族居民非常喜欢食用的一种粮食，因为纳西族村民认为大米是用来驱走妖魔鬼怪的物品，在葬礼中使用大米代表了村民对死者的一片期望，希望死者借助大米征服前往阴间路途上的各种妖魔鬼怪。其次是藏族村民使用的酥油。酥油是藏族同胞供奉神灵的主要物品，代表光明，也代表死者像生前常常使用的酥油灯一样，照亮他通往天堂之路。最后是天主教徒使用的葡萄酒。天主教徒认为葡萄酒是耶稣的血，它是耶稣临终前吩咐信徒所说的话。在受难的前夜，耶稣举起一块圣饼对教徒说"这是我的身体，你们拿去吃"，又拿起一杯葡萄酒说"这是我的血，你们拿去喝"。于是，葡萄酒成了天主教徒心目中的神圣物品。

在天主教做弥撒时，神父会模仿外国人的语调来主持，令人仿佛进入了另外一个世界，已成为天主的化身，这是一个由世俗进入神圣空间的临界点。在弥撒礼完成以后，神父脱去祭袍，回到跪凳与教友一同念经，又成为他们当中的普通一员。茨中村的天主教弥撒是一场以法国天主教弥撒仪式为核心、融合了汉族天主教礼仪和藏语传统文化的弥撒仪式。外国传教士留下的习俗、神职人员的缺失、教徒们沿袭传统以及现代汉语礼仪文化的导入，使茨中天主教堂的主日弥撒成为中西方文化融为一体的文化展演。

对于以上弥撒仪式，姚飞神父感受最深刻。他谈到，神父一生中最美好的时刻就是在主持弥撒的时候，神父举起圣体（圣饼）祝圣的瞬间，通常只有短短的几秒钟，但却能够感受到人生的最大欢愉。他至今还对自己第一次参加祝圣时所获得的感受非常深刻。他说，随着年龄的增长以及参加弥撒仪式次数的增加，祝圣的感受已经没有以往那么强烈了。但是从谈话中姚飞神父的眼神可以看到，神父对进行祝圣仪式时的感受是难以忘怀的。

姚飞说："在弥撒过程中对圣品的祝圣只能够由神父独自完成，其他人没有这个权利。在举行弥撒仪式过程中，当我手举装着麦饼的圣盘为盘中的麦饼祝圣时，念：'这是我的身体，这是我的血。'经过这个仪式以后的麦饼就从原来的普通食品成了神圣的圣品。祝圣后，圣饼不能随便丢弃。每次弥撒都要精心地计算好所需的圣饼数量，要跟参加弥撒的人数基本一致。教会严格规定圣品不得随意处理，如果圣饼过多，剩下的圣品就会非常难处理。"[①]

神父往往是通过观察弥撒前教友的人数来决定每次派发圣饼的数量，这也对主持弥撒的神父提出了较高的要求。不过，神父可以采取一些措施来进行补救：一是通过弥撒前的仪式，了解当天参加弥撒的大约人数。二是减少圣饼的数量，通过在弥撒过程中对个别教徒不给予圣饼，从而达到圣品数量和参加弥撒人数的基本一致。

在这些重要的仪式上，民间信仰和民间仪轨往往表达出大众的共同心理，营造出大众共同的理念。茨中村不同宗教对不同食品的解释，说明不同组织和不同宗教群体对自身记忆与认同的不同看法。纳西族的大米、藏族的酥油、天主教的葡萄酒共同构成了茨中村多个少数民族饮食中的多元文化融为一体的格局。虽然这些食品在村民日常生活中必不可少，但在平凡的食品中，却包含着滇西北地区多民族村庄各个民族的文化与群体认同。这些村庄的村民普遍都有一种认同感，就是祭祀过程采用的食品并不是寻常的食品，这些食品经过了宗教中的法师或者神父在祭祀仪式上的点化，被赋予一种特别的精神力量，故才具有不同寻常的功能与力量。例如，经过东巴的法术加持，大米可以成为征服恶魔的法器；葡萄酒经过神父的祝圣，也可以成为增强天主教徒信念的良药。借助对茨中村三种不同的宗教仪式赋予食品精神力量的研究，可以体会到蕴藏在宗教仪式和宗教物品内的精神力量，也揭示了这些食品神圣与世俗相结合的过程。

---

① 姚飞，茨中村，2010 年。

第九章 文化象征的建构

如果问茨中村民：滇西北多民族地区最具有文化象征意义的东西是什么？村民一定会回答：是天主教堂、葡萄酒和民族文化村。特别是在滇西北多民族地区天主教徒的记忆中，天主教堂、葡萄酒和民族文化村是早期传教士留给他们的最宝贵记忆。哈布瓦赫认为，记忆来源于生活经历，人们总是生活在集体中间，所以记忆并不会因为这些个人的消失而消失。人的记忆存在于集体，并且不断把个人记忆补充到集体记忆。哈布瓦赫把记忆分为三个层次：个人记忆、集体记忆以及传统。哈布瓦赫将"集体记忆"定义为"一个特定社会群体之成员共享往事的过程和结果，保证集体记忆传承的条件是社会交往及群体意识需要提取该记忆的延续性"。他不仅承认集体记忆的重要性和物质性，而且坚持有系统地关注记忆如何被社会建构，所以，他更强调记忆的社会性。

20世纪初，滇西北包括茨姑、阿墩子等天主教堂在内的多个天主教堂被毁，给天主教外方教会极其深刻的教训，天主教有意识地开展天主教本土化，借助各种手段消除天主教与藏传佛教之间的冲突。他们开始不再强行传播天主教文化，而是在传播西方文明与文化技术的基础上传播天主教。传教士在茨中村首先建起了一所包含法国天主教精神与当地民族特色的茨中天主教堂和一个种植了三亩左右"玫瑰蜜"的葡萄园。

法国学者诺拉认为，传承记忆的载体是"记忆之场"。他将记忆之场划分为严格意义上的纪念性标志、精神上的纪念性标志等。城市、名胜、国歌、三色旗及历史事件等都成为纪念性标志。记忆之场分为物质之场、功能之场、象征之场三种：物质之场包括名胜古迹、雕像、纪念碑、博物馆等；功能之场包括退役军人会、同窗会等聚会以及教科书、词典、遗言等具备传承记忆功能的场；象征之场则是指宗教的或者政治意味的祭祀仪式、游行、丧葬仪式等。记忆之场的概念体现了哈布瓦赫所描述的集体记忆借以存在的"寄托之所"。一百多年前，法国传教士在茨中村建立的茨中天主教堂便是当时远离故土的传教士心目中的象征之场。20世纪初，法国传教士不远万里来到这个远离乡土的藏族村庄建立起来的就是茨中天主教堂、"玫瑰蜜"葡萄园和种植了许多植物的教堂花园。目前保留的茨中天主教堂、"玫瑰蜜"葡萄园和村民酿造的葡萄酒，无不让人想起法国天主教堂的华丽与端庄以及法国田园风光的美丽。天主教堂和葡萄园不仅是远离他乡的传教士心中的寄托，也是纯朴的藏族天主教徒追求信仰的象征之物、象征之场。

浓厚的天主教文化氛围，随之而来的葡萄酒酿造工艺，再加上滇西北地区因历史原因形成的多民族、多宗教融汇的民族文化村，为当地文化象征的建构带来一笔宝贵的财富。当地人试图审时度势，利用好这些文化资源，为当地社会、经济的发展探索新的出路。

第一节　茨中天主教堂艺术

滇西北多民族地区，最具特色的三个教堂分别是：以纳西族与藏族为主的茨中天主教堂，以怒族与藏族为主的白汉洛天主教堂，以傈僳族与藏族为主的小维西天主教堂。由于滇西北地区多民族村庄的长期交往与融合，各个村庄均保留了主要民族的宗教与信仰，包括东巴教、藏传佛教以及古老的苯教等多种宗教的建筑艺术、装饰艺术、祭祀仪式和神话传说，这些文化象征体现了当地原始宗教与后来天主教本土化的文化变迁。

本章前两节选取了两个民族成分明显、教堂建筑装饰丰富的村寨作横向比较，这两个村寨分别为德钦县茨中村与贡山县白汉洛村，详细分析这些村寨的宗教信仰与传统文化特征，重点理清多元文化背景下天主教文化本土化情况；针对教堂壁画的布局位置、主题、人物特征、绘制技法与色彩运用，研究壁画的涂料成分与绘制方法，纵向研究滇西北地区天主教堂壁画与西方天主教堂壁画，分析这些教堂壁画发生的变迁，并探究其原因。

茨中天主教堂坐落于澜沧江边、阿杜白丁山峰的半山腰，周边农舍星罗棋布，建筑群与自然景观融为一体。茨中天主教堂是茨中村典型的标志物，也是外来天主教与本地原始宗教激烈冲突的结果，集中体现了天主教组织在云南藏族聚居地传播宗教的活动过程。教堂占地面积八百多平方米，建筑面积四百三十平方米。天主教在滇西北藏族聚居地传播过程中，先后经历了流血冲突和相互融合等历史阶段，作为这种过程的见证者，茨中天主教堂其历史之悠久、文化内涵之丰富、建筑风格之独特，堪称中国境内天主教堂中的瑰宝。对茨中天主教堂遗留下来的建筑与装饰艺术进行仔细考察，可以发现当地天主教堂宗教艺术与文化象征的建构过程。[①]

茨中天主教堂是在法国天主教与当地藏传佛教发生激烈冲突，并由此爆发了驱逐洋教案之后建成的。清光绪三十一年（1905），位于茨中村南部

---

① 天主教堂文化象征的部分内容，收录于2012年5月清华大学出版社出版的《装饰》杂志。

的茨姑天主教堂在冲突中被焚毁，法国传教士与清政府多次谈判后，获得巨额赔款。清宣统二年（1910）二月二十一日法国传教士彭茂德、彭茂美兄弟由缅甸入滇，在茨中购得良田，修建了一座新教堂，历时四年竣工。法国传教士向茨中藏民买地的地契于1950年被德钦县公安局没收，现存德钦县档案馆。地契上书："德钦喇嘛寺于清宣统二年二月二十一日，与法国传教士彭司铎茂美立杜卖房基地契文书。"据此可确定茨中天主教堂于宣统二年动工兴建。经访问天主教在世老教友、瑞士天主教会尼古拉神父、云南大理天主教会陶志斌神父，确定兴建茨中天主教堂历时四年，于民国三年（1914）竣工。茨中天主教堂于1914年正式成为云南总铎区主教堂，也成为滇西北地区融合中西方建筑文化的天主教堂。[①]

一、教堂主体与外部设计

茨中天主教堂分为大门、前院、主体建筑等部分。教堂主体东西长31.2米，南北宽13.8米，以法式天主教堂风格为主，点缀着大量藏族、白族建筑元素。教堂外有围墙相隔，四周空地建有花坛，花草树木繁盛，相映成趣。茨中天主教堂俯视图为巴西利卡式十字平面式样，外观大致为哥特式教堂结构。教堂坐西向东，整体上体现了巴西利卡式教堂[②]与罗马式教堂相结合的特色。教堂正面入口为罗马拱券式门廊，上有三层高的钟楼，通钟楼顶层的砖木结构四角攒尖式亭阁飞檐深远、翼角升起，屋面的琉璃瓦颇有唐宋之风。教堂屋面为单双坡混合，正脊处和整座教堂端部皆竖有十字架标记。（见图9-1）

茨中天主教堂为中西结合的设计风格。外墙由罗马建筑线条与藏传佛教装饰图案构成，主要外观线条营造出独特的光影效果，既反映了古罗马教堂建筑风格与传教士的宗教信仰，又表现出了藏族、白族工匠在建造教堂时独具匠心的创作风格。拱窗分为墙面设计与木栏杆设计两种。墙面绘有藏式图案，大多以墨色手绘的藏八宝图案为主，兼有手绘的山水、花草纹样。在屋檐和塔尖下部装饰了具有佛教特征的雨搭。雨搭借鉴了藏族碉房雨搭结构，在墙身的梁下部用四层砖块做成。枋在上，椽在下，上下相扣逐层挑出，以便屋檐借助雨搭排水。茨中天主教堂外部设计的核心理念

---

① 冉光荣：《天主教"西康教区"述论》，《康定民族师专学报》1987年第2期。
② 巴西利卡（Basilica）是古罗马的一种公共建筑形式，其外形呈长方形，外侧有柱廊。后教堂建筑始源于巴西利卡。

为天主教文化，不但反映了传教士强烈的宗教理念，还融合了当地强烈的祖先崇拜和图腾情结。教堂大门外如意踏跺高1.3米，共七层，象征藏传佛教"七级浮屠"与"佛教七众"。

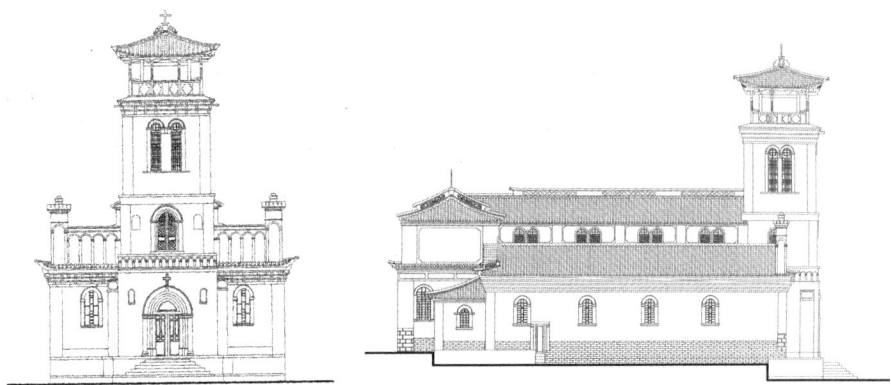

图9-1　茨中天主教堂顶部的白族钟楼

教堂的门窗设计具有古罗马的圆弧状风格，共同构成教堂明显的天主教特征。拱形门廊用条石砌成，长6米，宽3米，中顶部的每块砖石都略微倾斜嵌在下方砖石上，并旋转微小角度直到中间垂直位置。这种拱门和窗户的顶部由砖块围绕中心轴旋转一周实现，以提升结构强度。拱门与拱窗不需要借助内部结构支撑而实现较大空间跨度，成为茨中天主教堂的外部特征。以圆弧为主旋律的窗户线条贯穿教堂正面，从地面到塔尖窗户跨度越来越窄，体态越来越轻盈，呈现出不断向上、直达苍穹的态势。

教堂有两扇正门，向东而开。第一道门与第二道门均为后退八字内开式透视门，门廊层层缩进，宽0.74米，高2.72米，上有圆弧装饰为楣。教堂正殿长22米，宽12.7米，高12米。殿内由两排共八根正方形石柱承托教堂屋脊。教堂内外柱间砌有石栏杆，两侧设有净身、更衣侧室，经堂正前方有栏杆，为教友领受圣体之处。栏杆以内是圣坛，圣坛设厢房，东西厢房供神父做弥撒时存放和更换祭衣。圣坛正前方是祭台，中央设圣柜供奉耶稣圣体，祭台后面墙壁的上部中间供奉着耶稣圣像，祭台左边上面供奉着圣母像，右边供奉着圣父圣若瑟耶稣塑像。值得一提的是，经堂空间无严密间隔，外部光线透入后经墙面、柱子和栏杆间的反射与漫反射，形成斑驳参差、明暗交错的光影效果，营造出静谧肃穆的氛围。教堂内部设计有独特音场，神父做弥撒和教友念诵圣诗时，声音在教堂内部回响，直趋天际。

茨中天主教堂的外部设计之所以融合当地文化，是因为当时天主教与藏传佛教的冲突给天主教传播带来巨大的阻力。茨姑天主教堂采取法国典型双子星塔设计，明显的西式风格自然成为1905年教案中藏传佛教僧俗针对并焚毁的目标。有鉴于此，茨中天主教堂外部采用中西结合的设计方式，以缓解与本地宗教的矛盾，这才得以在后来历次冲突中幸存。此外，茨中村位于茶马古道边缘，气候温和，盛产青稞与高原稻谷，历来都是各教派必争之地。据考证，早期东巴教、苯教（又称黑教）在茨中村发生过一系列冲突，加之藏传佛教的红教、黄教与天主教相继介入，人烟稀少的茨中村便成为各教派争夺信徒的漩涡中心。茨中天主教堂融入多民族、多宗教文化，实际上是各宗教势力相互作用的结果。[①] 同时，20世纪初中原民众不断向西部迁徙，大量白族、汉族手工匠人进入藏族聚居地，为滇西北藏族聚居地建造中西结合式教堂提供了文化依托和建筑技术支持。（见图9-2）

图9-2　茨姑天主教堂双子星结构与茨中天主教堂白族钟楼结构

对教堂建筑与装饰艺术的研究，不但解释了两种文化融合的原因，或许还为重新审视天主教在滇西北地区从冲突到融合的传播过程提供了视角。马瑞斯提道：作为一个历史储存器，记忆保存了某种信息、情感、期待、价值的文本，后人可以将其作为线索，审视与了解当时保存的各种事物信息。[②] 茨中天主教堂正如一个历史储存器，把当地历史、现代、传统、族群等要素综合在一起，并融汇升华为一种独特的艺术形式。它不但继承了巴

---

① 茨中村目前还存在多种藏传佛教。据考证，茨中村南部燕门乡玉珠顶寺属红教、北部云岭乡红坡寺属黄教、西部属花教，与茨中藏族村民还保持密切联系，每年都有不同的喇嘛前来举办各种教派的法事。

② MAURICE B. Remembering, in social memory. Oxford：Blackwell, 1922：8-11.

西利卡式教堂与罗马式教堂的设计元素，还吸收了当地东巴教、藏传佛教以及白族与汉族等民族文化。

二、内部装饰与图案

教堂内部装饰也采取了"风格本土化"的做法。藻井图案把藏传佛教和东巴教对信仰、自然、祖先的图腾崇拜表现得极为明显。（见图9–3）不少藏传佛教的宗教物品如双鱼、宝瓶和法螺等得到广泛应用，有的还根据特殊情况做了变形处理，包括写实、抽象手法和等线描法，丰富了茨中天主教堂的视觉文化表现。维若拉认为，天主教堂在视觉艺术上运用几何学及透视法测量的主要目的并不完全是技法创新，而是通过艺术传递一个信息：借助远处参照物的独立角度，把部分圆形球面绘到一个平面之上。笔者在茨中天主教堂多次仔细观察，发现教堂的设计独具匠心，反映了当时法国传教士建筑艺术的精湛。教堂西边小窗透过来的阳光，在每年8月的下午四点，准时把一个直径30厘米的光影投射到祭坛的十字架上。强烈的光线使金色十字架折射出耀眼的光芒，与暗红色祭台绒布形成鲜明对比，十字架宛如浮在鲜红的血液上面。神父姚飞告诉笔者，茨中天主教堂还有很多神奇的设计，等待着我们进一步去研究和探讨。

图9–3　茨中天主教堂天花板上的图案

教堂内部装饰的另一个特点是，通过运用几何原理和透视学技法，将教堂纹样与天主教精神密切联系起来，让参加教堂弥撒的教友感受耶稣的力量与智慧。教堂东面有一幅描绘在教堂立柱上的关于澜沧江流域捕鱼情形的水墨画。画师采用透视画法来展现高山峡谷风貌，恰当的视点选取，精确的景深控制，颇得中国传统山水画中"高远、深远、平远"之妙。河流之上，一条飞流而下的瀑布恍如蛟龙入水。远处依稀可见山岭环亘，恰似神兽锁江。水之动，山之静，强烈的对比带来精神上的震撼。在远处，可见雪线以上的山峰覆盖着晶莹的白雪，高高的十字架矗立在雪峰之上，既写实，又传神，既合乎自然规律，又象征天主教之崇高与神圣。

教堂壁画主要通过干式和湿式两种画法完成。干式画法采用厚重矿物颜料直接绘制在廊柱的柱头石块和教堂天花板等吸水能力差的材料上，湿式画法采用数种当地植物提炼的粉末绘制在白灰内墙与教堂外墙，这些颜料配方来自纳西族东巴教。① 中山大学考古学与博物馆学硕士研究生李舒涵等运用微区拉曼光谱法、X射线荧光光谱法、X射线光电子能谱法对笔者采集的茨中天主教堂典型的彩绘颜料进行了综合分析，得出初步结论：在茨中天主教堂彩绘颜料中，白色颜料主要为方解石，黑色颜料为炭黑，红色颜料为赤铁矿，蓝色颜料为人工合成群青，绿色颜料为巴黎绿。人工合成群青与巴黎绿为进口颜料，很可能产自欧洲，或通过国内进口销售渠道而来，或由传教士带入；绿色颜料中的巴黎绿已开始发生部分化学转变，生成翠绿砷铜。②

李舒涵等根据考古实验室的分析结果认为："茨中天主教堂彩绘颜料，不仅采用中国传统彩绘颜料，而且使用了当时国外合成的进口颜料。教堂在营造风格上既保留了哥特式风格又融入了中国木结构建筑元素，装饰上还汇集了天主教、东巴教、藏传佛教的题材、工艺与表现手法，构成了西方天主教文化与茨中地方文化的奇妙融合。由此可以得出结论：天主教文化在茨中传播时，一方面坚持保有自我特色，一方面却在试图融入本土文化。"天主教堂的饰物造型和绘画图案，以自然蓝本为基础，结合各种几何图案，主要目的在于以有限寓无限，将无限的空间绘制在一个有限的空间之中，使色彩斑斓的自然景观与宏伟壮丽的天堂相结合，表现出自然与超自然、现实与超现实的意象，突出了"基督在我们身边，基督是光明象征"的核心内涵。

从茨中天主教堂半圆拱柱头保留较为完整的圣婴图案来看，图案源自早期基督教像中有翼的天使，但其面相与翅膀由东亚人种加以变形，并且采用软毛笔触来精心描绘。这些图案与罗布泊附近发现的圣婴图案极为相似。据考证，这些天使画像可能发端于古代希腊和罗马，又与古代东方基

---

① 根据迪庆地区访谈情况，东巴教经书使用颜料多为植物颜料，蓝色为 Ripie，红色为 Chehi，黄色为 Chike（苦黄连），纳西族画师认为白色颜料只能用羊骨烧制，不能用马骨制作。

② 李舒涵、魏乐平、朱铁权等：《茨中天主教堂彩绘颜料科技研究》（未刊发）。实验分析与图表制作由李舒涵完成，上述资料经李舒涵与朱铁权同意引用。

督教派有密切关系。此外，历史上在新疆、内蒙古、泉州等地也相继发现天使形象壁画。这些纹样与茨中天主教堂纹样相对照，皆可说明天主教在我国传播过程中西方艺术与本土文化融合的过程。1919年罗马教宗本笃十五世向全球天主教会发布通谕，呼吁各地传教士让天主教与本地的文化和社会相融合。

20世纪20年代初，中国天主教会推广"天主教艺术中国化"，茨中天主教堂内部装饰反映了这个时期天主教本土化运动的历程。天使在意大利各地的教堂、祭坛和壁画中屡见不鲜，在中国新疆、内蒙古、泉州等地相继发现类似天使形象壁画，似乎可以说明天主教在我国传播的过程中，西方艺术与本土文化逐渐融合。教堂内部八根半圆拱的柱头上精心绘制了四层佛教纹样，包括：墨线绘制莲花，灰色矿石颜料绘制唐草，白色、蓝色和黑色矿物颜料绘制蝙蝠纹样。教堂内部包括柱头等构件上还存留大量的莲花纹样。（见图9-4）天主教与佛教、十字架与莲花纹相互交融的历史，可以追溯到泉州秦代景教石碑等墓志，十字架与莲花纹相融合的图案在一定程度上反映了天主教东传过程中曾受到佛教文化的影响。有学者认为：云状的图案可能源于《圣经》。《旧约·约伯记》"上圣从云端降临"、《马可福音》"人子从云端来"[1]等记述都与上述说法有联系。茨中天主教堂的柱头绘制东方的传统莲花、莲座、漩涡云纹、蝙蝠纹、卷草纹等都与西方早期天主教——景教艺术有相似的关联，告解室门外的忏悔壁画与圣婴壁画也保留了景教的痕迹。教堂的井口天花与海墁天花是清代天花的两种主要形式。

图9-4　教堂天花圣心纹样与教堂柱头纹样

---

① 杨钦章、何高济：《对泉州天主教方济各会史迹的两点浅考》，《世界宗教研究》1983年第3期。

井口天花由枝条、天花板、椿儿梁等构件组成。斗口仿木条组成井字格作为天花骨架，每一方格内镶一块厚约一寸的木板。[1] 天主教堂井口天花所绘制的100多幅彩绘图案，其核心意蕴以传递天主教信念为主，以展现当地自然物像为辅。教堂左右廊单列为四个部分，每部分有图案27幅。井口天花底纹为蓝灰色矿物颜料，27幅图案用朱红木条间隔，中心为天主教徽标图案。各个设计单元均将与天主教精神密切相关的十字架、圣母圣心、"JHS"字体等图形符号置于各个方格中心或视觉中心点，体现了天主教对视觉研究的重视，其中圣母圣心图案视觉效果尤其明显。

圣母圣心图案源于19世纪初，教宗比约七世批准了"圣母至洁之心"提议，1945年教宗比约十二世将其更名为"圣母无玷圣心节"。传统圣母圣心图案由圣心、火焰、玫瑰花冠、利剑组成。圣心代表圣母的爱，火焰代表爱火，玫瑰花冠代表圣母忧苦，利剑代表西默盎的预言——"要有一把利剑刺透你的心灵，为叫许多人心中的思念显露出来"。天主教符号与本土图案融为一体，多彩而不紊乱，给人自然和谐的感觉。中心方格外一圈是十幅白族图案，以石榴、佛手、灵芝、菊花、蝙蝠为主；外二圈由十六幅白族、藏族彩画构成，图案增加了藏族的太极双鱼和妙莲等纹样。

三、文化表征的作用与意义

人类向来善于运用自身感知事物，并以此为蓝本，根据目的与精神诉求来赋予现实意义和思维能力。茨中天主教堂建筑与装饰纹样表达了天主教与当地及周边民族在文化上求同存异的取舍过程。它也是藏族、白族、怒族、纳西族等民族和近代西方艺术交汇融合的结果，是多元文化多姿多彩的完美结合。布罗克汉普顿万圣殿的设计师莱什比曾经指出：真正的现代建筑只能从传统中进化发展而来，而不能是一种革命性的办法。茨中天主教堂的建设正是这种理念的实践。

第一，体现了本土与西方宗教核心理念的融合。列维－斯特劳斯的《野性的思维》一书对"野蛮人"的逻辑进行分析，认为"野蛮人"能根据具体的历史情景对环境进行选择性塑造。他们如同修补匠运用工具和材料组织现成物品一样，把自己对现实的理解按照限定的文化法则赋予它们现实的意义

---

[1]　吴卫光：《中国古建筑的天花藻井技术与艺术》，《美术学报》2003年第2期。

与认同。① 茨中天主教堂建筑与纹样设计，体现了传教士以润物细无声的手法，借助天主教堂的建筑与纹样，把天主教精神理念与当地宗教理念有机地融合在一起，在藏族多民族地区实现天主教的传播过程。教堂建筑形式与纹样不但体现了当地历史、文化、艺术、信仰，还反映了法国传教士利用当地村民把花卉、神山、湖泊等存在物看作祖先加以崇拜的惯性思维，巧妙地结合西方天主教文化和早期景教文化并加以传播的精妙构思，同时也展现建筑师们运用西方先进的建筑语汇和方法，借助教堂设计展示两种文化融合与创新的能力。梵蒂冈教皇第一任驻华代表刚恒毅在《基督宗教艺术的普世性》中提到，将中国艺术应用到天主教传播中，意味着基督教艺术中国化行动的确定。该函件提出西方艺术除了要保留原有艺术，还应该采用当地的艺术，并由此产生丰富多彩的效果，促进天主教的繁荣。②

第二，揭示了中西方审美观念的融合。当地主流文化如藏传佛教和东巴教文化对自然界的天象、景观、生长着的万物有着深厚的情感，他们对宇宙间日月星辰默无声息的规律性运动、自然景色的宁静恬美、自然界中万物的生息繁衍都充满了发自内心的敬意。自然景象如山水、花卉、水果中众多的动植物图纹，自然景物与几何型图纹，集中反映了当地民族以反映自然美为基调的艺术特点。除了将存在于自然界中的动物植物、日月星辰等事物以自然形态的纹样反映在装饰图案中之外，天主教堂装饰还应用了高原峡谷地区丰富的鸟、树、花、果等题材。在设计题材中，涵盖了澜沧江河谷丰富的动植物，如鱼、蝶、蜂等，也包括高原雪山、丛林。这些题材在造型上都被巧妙地运用概括、夸张等手法加以表现，不但可以展现当地原有生态环境，还反映了原住民对当时人文社会的体验。茨中天主教堂的建筑与纹样，反映了艺术在现实生活中所扮演的主要角色是一种历史记忆的创造。历史记忆是特定群体认识、选择和理解历史的方法。王明珂曾经用历史记忆来分析人们的凝聚需要一个对历史回顾与记忆的过程，他指出了某一族群在既定资赋和特定情景下，能够通过情节删减再创造新的族群历史，③ 从而把自己的团体与周边更好地融合起来。

第三，表达了文化变迁的历史轨迹。茨中天主教堂建筑与纹样设计反映了传教士尊重当地民族审美的观点，对天主、神灵、物象以及某些动植

---

① ［法］克洛德·列维-斯特劳斯著，李幼蒸译：《野性的思维》，北京：中国人民大学出版社，2006年，第26页。

② 顾卫民：《基督宗教艺术在华发展史》，上海：上海书店出版社，2005年，第103页。

③ 王明珂：《华夏边缘：历史记忆与族群认同》，北京：社会科学文献出版社，2006年。

物的崇拜，构成教堂设计艺术的主要元素。从纹样来看，当地民族对龙、蝙蝠的崇拜也像崇尚藏八宝一样有其历史渊源。明清时期大批汉族人进入云南垦殖，造成许多地区多民族聚居的局面，多种多样的纹样设计，表达了各个民族崇拜自然的审美理念，折射出当地人民古朴的哲学思想及对理想生活的追求。茨中天主教堂建筑与纹样设计展现了茨中村的历史碰撞与文化交融。霍布斯鲍姆分析传统文化融合与文化再创造时指出，人们总是怀着一定的目的借助旧材料来建构一种新的传统。①

茨中天主教堂的建筑与纹样是教堂艺术中两种宗教、两种文化的融合与再创作。茨中天主教堂的各类自然图纹，展现了当地人崇拜自然的审美理念，折射出了当地多元宗教的核心理念和从中体现的哲学思想，也反映了宗教融合中人们对善良、勇敢、诚实的品质以及理想生活的追求。茨中天主教堂的设计集中反映了中西方在美学、宗教、习俗方面传统观念的融合。茨中天主教堂建筑与纹样给现代教堂设计带来了新的探索，它既是历史次序再现的一首时代交响乐，更是设计师面对文化差异所绘制的后现代画作。多种宗教共同生存、相互融合带来了独特的宗教艺术，给后人留下了珍贵丰厚的历史遗产。教堂所呈现的不同异质碎片，如同马赛克般展现出文化交融的各自组成过程。法国年鉴学派史学大师布罗代尔认为残存文化正是如此。他很简练地说："我最喜欢的历史版本是多声部的乐曲，一支拥有着许多声部的乐曲。"②

第二节　白汉洛天主教堂艺术

白汉洛天主教堂位于云南省怒江州北部贡山县丙中洛镇白汉洛村，教堂彩绘壁画既有典型天主教堂壁画特征，同时具有鲜明当地民族工艺特色。白汉洛天主教堂采用西方天主教与本地宗教相融合、教堂壁画与本地彩绘并取的理念来设计。在题材选取上既有传统的圣经故事，又有脍炙人口的本地神话故事。在创作手法上既吸收了教堂壁画注重色彩变化和光线明暗

---

① ［法］E. 霍布斯鲍姆、T. 兰格著，顾杭、庞冠群译：《传统的发明》，南京：译林出版社，2004 年，第 6 - 7 页。

② BARNARD A. History and theory in anthropology. Washington and London：Smithsonian Institution Press，1991：10.

的技法，又保留了滇西北地区彩绘色彩浓重、线条凌厉的特点，为探究天主教艺术在中国西北部乃至中亚地区的传播提供了重要的启示。

一、天主教在滇西北地区传播的历史沿革

白汉洛天主教堂彩绘壁画融汇多个地域及宗教的文化艺术，得益于独特的地理位置与悠久的历史。云南西北部位于云南澜沧江、怒江、金沙江三江合流区域，这里高山林立、峡谷纵横，历史上几经战乱，多个少数民族迁徙至此定居。早在唐代，吐蕃王朝就曾派兵在此屯粮驻守，并与南诏国联手抗击大唐帝国。长期战乱、频繁民间交往使滇西北地区成为多宗教、多民族汇聚交融的文化大熔炉。19世纪中叶，西方传教士沿着澜沧江南下，在滇西北少数民族地区先后修建了十多座天主教堂。早期教堂建筑与当地建筑在视觉上差异较大，加上天主教与当地宗教组织矛盾不断激化，最终引发系列流血冲突事件，导致茨姑等地的天主教堂相继被焚毁。①

宗教冲突结束后，传教士开始在滇西北地区建造白汉洛天主教堂等一批新的天主教堂。这些教堂进一步改变了以往的正统模式，外观上采用与当地住屋建筑近似的风格，在建筑材料上采用当地容易获取的物料，因而获得当地民众普遍认可。彩绘壁画将天主教教义与当地神话相结合，技法上既得西方壁画精髓，又有地方浓厚的民族彩绘特色。白汉洛天主教堂、茨中天主教堂等相继建立，标志着兼具中西方宗教艺术特征的滇西北地区天主教堂彩绘文化开始形成。

二、天主教堂彩绘壁画的艺术形式

白汉洛天主教堂大门的建筑结构与古牌楼类似。教堂建筑正面门廊采取白族传统民居三叠水模式建造，屋顶飞檐，一高二低。②（见图9-5、图9-6）教堂中厅顶层为白族民间方形阁楼，左右两侧立柱从教堂顶部阁楼直达地面。装饰上，正面门枋由半圆花格窗构成，绘有丰富的彩绘壁画纹样。教堂正面彩绘壁画的图案用动物胶、矿石与植物混合的特殊颜料绘制

---

① 多次流血冲突包括1887年德钦县阿墩子天主教堂被焚和传教士被逐事件、1905年维西县茨姑天主教堂等被焚和多名传教士被杀、1905年白汉洛天主教堂被焚和传教士被逐事件。参见刘鼎寅等：《云南天主教史》，昆明：云南大学出版社，2005年，第358-363页。

② 单军、吴艳、冯晓波：《滇西北偏远地区多民族聚居地天主教堂比较研究》，《华中建筑》2012年第6期，第157-161页。

而成，颜色鲜艳而浓重。墙面以粉白为底，用墨线勾勒出花草、几何图案等纹样，并敷以大面积的石青、石绿等颜料，笔简意周，耐人寻味。

图9-5　白汉洛天主教堂正面

图9-6　白汉洛天主教堂正门

白汉洛天主教堂正面壁画源于当地藏传佛教和原始宗教传统纹样，以花卉和几何图案为主。正门、窗户和立柱则以花青、石绿为主色调，饰以藏蓝、浅蓝、朱红等线条。教堂大门两侧立柱绘制两个身着青衣、双手合十的修女，大门正上方饰以大幅莲花线描图并装饰有云纹、卷草纹、条纹等几何纹样。（见图9-7、图9-8）

图9-7　白汉洛天主教堂正面圆拱

图9-8　白汉洛天主教堂正面人像

在色彩运用方面，白汉洛天主教堂彩绘注重冷暖色对比，图案纹样以冷色调为主。教堂正门以石青、石绿、藏蓝等为主色，并搭配朱砂、土红等颜色，营造出既肃穆又贴近自然的宗教气氛。从整体造型看，教堂天花为圆拱形，其上绘有六列方格图案。圆拱形天花彩绘采用透视手法，由远到近营造出了强烈的空间感。从彩绘布局看，天花彩绘以天主教徽标为视觉中心，配合当地植物图案绘制。徽标以十字架、圣母圣心、"JHS"、

"X"与"P"等圣号为主，并配合当地藏族、怒族、纳西族等民族传统图案组合而成，呈现出主题鲜明、相得益彰、颇为震撼的艺术效果。圆形单元内以白粉为底，重彩描绘天主教徽标、花草、瓜果及动物等纹样，画面中红绿、黄蓝等冷暖色调对比强烈，笔触多以写意和象征手法描绘。（见图9-9）

图9-9　白汉洛天主教堂内部天花彩绘

多民族地区天主教堂壁画与周边藏传佛教庙宇均具备一定的视觉教化功能。白汉洛村位于高山峡谷之中，交通不便，历来采取传统藏族聚居地政教合一的民间治理方式维持日常事务。宗教场所的彩绘壁画借助自然崇拜、祖先崇拜、民间巫术等传统手段维系社区、教化村民，还记载了丰富的大自然与本地传统文化信息，是维护民族文化与宗教信仰的重要载体。从教堂天花彩绘的图案来看，壁画采用藏族、怒族与纳西族等民间传统纹样，以对教友进行潜移默化的教诲。从崇尚自然和本真的藏传佛教传统纹样中，教堂彩绘壁画吸收了双鱼、宝瓶和花卉等藏八宝图案；从崖神崇拜、洞穴崇拜的怒族图案中吸纳了岩石、石斛等植物纹样；[①] 从以农耕为主的纳西族纹样中借鉴花草、果蔬形状进行精巧描绘。

白汉洛天主教堂天花彩绘选择天主教徽标与当地民间传统图案相结合的创作手法，与20世纪初天主教会在华推广"天主教艺术中国化"密切相关。据文献记载，天主教在滇西北遭到多次教堂被焚毁的挫折后，吸取在中国推广天主教失误的各种教训，随后在滇西北的边缘地区推广"天主教艺术中国化"策略，以避免再发生流血冲突。1922年，教宗庇护十一世派遣刚恒毅为驻华宗座时明确指出："本籍的艺术家，当然知道天主教会伟大的艺术传统，但是不可死板地临摹前人所描绘的人物形象。艺术家应该说明天主教画像的精神、认识教会的思想，然后用其本国的形象语言把这精神和思想表达出来。"[②] 白汉洛天主教堂天花彩绘不仅体现了天主教精神，而且还顾及了多民族地区传统文化的创作思路，是滇西北地区天主教吸取一系列流血冲突的教训以及对本土化运动的回应。

① 高志英：《多视角下丙中洛多元宗教的并存与交融》，《西北民族研究》2013年第3期，第67页。

② 陈耀林编：《中国天主教艺术》，石家庄：河北信德社，2003年，第95-97页。

除了教堂天花彩绘，教堂立柱顶端与构件绘画同样体现了天主教精神与当地传统文化的融合。教堂的立柱顶端与构件处的绘画均被精心地绘上莲花、唐草等纹样。根据现场拍摄的照片和传教士的笔记，可以证实传教士曾精心探究藏传佛教图形符号。传教士对藏传佛教莲花、唐草、回纹的详细记录，均可在白汉洛天主教堂壁画中找到对应纹样。（见图 9 - 10）

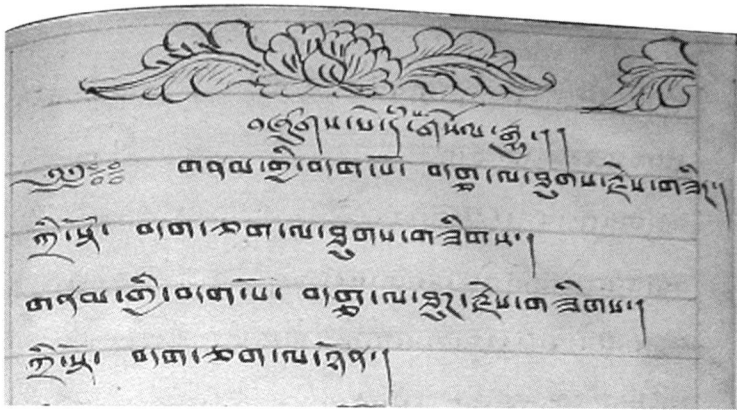

图 9 - 10　传教士笔记中手绘的莲花纹样

细致观察白汉洛天主教堂彩绘壁画还可以发现，当时画匠对传统云纹、回纹、十字纹等几何纹样作了不少演变，特别是对回纹采取了横竖直线绘制与螺旋弧线绘制等变化手法，使表现手法显得格外丰富。这既是传教士将西方艺术与本地传统艺术融会贯通的体现，又再现了早期天主教——景教在中国传播的本土化痕迹。①

三、天主教堂彩绘壁画的文化隐喻

作为天主教义传播的重要载体，教堂彩绘壁画不但色彩艳丽，而且还蕴含着丰富的文化隐喻。歌德曾经指出："艺术是立足于一种宗教感上的，它有着既深且固的虔诚。正因为这样，艺术才乐于与宗教携手而行。"② 白汉洛天主教堂的彩绘壁画将天主教徽标图案配上当地传统民间纹样，在视觉上隐晦融合，并形成了意念上的强烈对比，体现了传教士把天主教精神理念与当地宗教文化融合在一起的创作意图。（见图 9 - 11、图 9 - 12）

---

① 顾为民：《基督宗教艺术在华发展史》，上海：上海书店出版社，2005 年，第 73 - 75 页。
② ［德］歌德：《歌德格言和感想录》，北京：中国社会科学出版社，1982 年，第 92 页。

图 9 – 11　白汉洛天主教堂天主教徽标纹样

图 9 – 12　白汉洛天主教堂的花草果蔬纹样

首先，教堂彩绘壁画体现了天主教艺术在中国本土化的过程。壁画既传递了天主教的宗教义，又展现了滇西北多民族地区民众审美爱好，形成了独特的滇西北地区天主教堂彩绘壁画艺术。横向对照白汉洛村与滇西北地区几个教堂可以发现，这个时期的天主教堂彩绘壁画艺术已经改变了传统陈规俗套的创作模式，开始进行自身衍变与解构，以满足天主教在中国不同民族地区传教布道的需要。

其次，教堂彩绘壁画是两种宗教、两种地域文化与多种民族文化相融合与再创作的产物。白汉洛天主教堂的彩绘壁画既有西方壁画注重透视比例及几何结构的表现手法，又有云南白族线描图案、色彩浓重等本土特色，二者融为一体、相得益彰。彩绘既有西方天主教堂艺术的透视技法、色彩对比，又有当地传统湿式彩绘、纯色块涂抹等手法。天主教堂彩绘壁画的本土化体现了东西方文化艺术的交融贯通，也意味着其具有不断拓展的可能。

最后，教堂彩绘壁画具有利用宗教视觉艺术维护社区治理、教化村民的功能。怒族原始宗教、藏族藏传佛教等宗教图案在教堂彩绘壁画中被大量采用，所蕴含的文化内涵与历史表达极为丰富，一方面传递了当地传统文化的重要信息，另一方面也体现了民间艺术在维系当地权力、传统信仰中的重要作用。

四、结论

滇西北多民族地区的天主教堂彩绘壁画以传播天主教文化为核心，其图像蕴含着丰富的本土宗教内涵与文化特征，是滇西北多民族地区天主教本土化的体现。白汉洛天主教堂彩绘与壁画充分展现了东西方文化的有机结合。它既是东西方不同宗教文化冲突磨合的产物，也是西方教堂壁画艺术与当地民族彩绘交汇融合的结晶。滇西北多民族地区天主教堂彩绘壁画，为我们探索教堂艺术所蕴含的文化意义提供了极具价值的范本，更为日后深入研究中国西部乃至中亚地区的天主教艺术传播提供了重要的启示与翔实的案例。

第三节　葡萄酒文化的建构

近年来笔者先后访谈多位茨中葡萄种植与葡萄酒酿造的人员，整理了比较全面的关于传教士酿造葡萄酒的工艺技术。访谈人员包括：茨中村退休教师刘文高，茨中天主教会会长吴公底，茨中天主教原管家若瑟的女婿、茶马古道马帮头人杨哈生，迪庆州原州长李树芳，迪庆州人大常委会原主任刘文意，德钦县林业局原局长和强，德钦林管所赵毅丰。[①] 村民说，日前茨中保留的葡萄酒制作方法，是从法国传教士那里传承过来的，但是各家各户的酿造方法差别很大，主要的手工酿造方法有三种。

2000 年始，不少国内外的记者、学者都对茨中传教士带来的葡萄酒酿造工艺深感兴趣，在相关报纸和杂志发表了一系列关于茨中村酿造 "玫瑰蜜" 葡萄酒的报道，甚至云南电视台和云南省社科院白玛山地文化研究中心分别拍摄了两个关于茨中村天主教文化与葡萄酒酿制的电视节目。[②] 特别是 "云南红" 与 "香格里拉" 两大酒业集团，先后在广告中提到所酿造葡萄酒与茨中天主教的酿造技术有关。

茨中村的葡萄酒酿造方法来自法国，如今仍保留了部分当时的手工酿造工艺。茨中村的葡萄酒主要由各家各户手工制作，酿造工具主要为吸管、土罐、大盆等。葡萄汁液过滤器为家庭自制，用细竹片编成漏斗状过滤。茨中村各家各户根据传教士传授下来的酿酒工艺，创造出各自独特的酿酒秘方。

除茨中村村民争先恐后借用传教士和茨中天主教堂葡萄酒的声誉外，云南两家大型葡萄酒厂也对法国传教士和葡萄酒产生了浓厚的兴趣。最早与茨中葡萄酒建立联系的是一家港资葡萄酒厂——云南红酒业集团公司。2000 年云南红酒业集团公司在云南省红河哈尼族彝族自治州弥勒县成立，其是由具有国际财团背景的投资集团——通恒国际投资有限公司在云南投资的国际专业化葡萄酒酿造产业集团。自成立以来，该集团已成为拥有云

---

① 2010 年 7 月，笔者在茨中、昆明、米勒等地，对刘文高、刘文意、吴公底、赵毅丰、和强等进行访谈。

② 云南福特基金组织与云南电视台曾在茨中天主教堂拍摄圣母升天节等节目，并且制作光碟赠送村民。

南高原葡萄酒有限公司、昆明云南红酒业发展有限公司、云南红酒庄葡萄酒有限公司等子公司的产业集团，被誉为云南"红塔山后又一红"。当时，云南红的主要原料为当地人所谓的"紫葡萄"。经探究，"紫葡萄"与远在几百公里外的茨中村有着一定关联。云南红酒业集团公司将弥勒县的"紫葡萄"与茨中村的"玫瑰蜜"葡萄一同送往山东农业大学进行检验，并且请来法国波尔多酿酒世家第五代传人尼古拉·古瑞马（Nicolas Grima）加以甄别，最后证实这种"紫葡萄"同茨中天主教堂里的葡萄同属法国的酿酒品种——"玫瑰蜜"[①]。至于"玫瑰蜜"如何从远在德钦县的茨中来到云南南部的弥勒县南乡坝，这应从滇越铁路的修建说起。

当年签订的不平等条约——《中法新约》使法国人获得了在中国西南边界修筑铁路的权利，修建的"米轨"铁路一路北上，一直进入云南南部的弥勒县南乡坝。云南红酒业集团公司声称："1901 年开始修建从云南昆明至越南河内的滇越铁路，如今在其沿线的蒙自、个旧、芷村均发现了'玫瑰蜜'葡萄的枝藤，而成为葡萄从北至南的传播路线。"[②] 云南红酒业集团公司的广告明确写道：20 世纪初，几个法国人携带着《圣经》和葡萄藤，来到一个叫茨中的小山村，向当地土司头人买了一块地兴建教堂；在教堂后院里种下了来自法国的酿酒葡萄，自制酿酒器具，酿造葡萄酒。……在随后的几年里，刘加强率队八次进山，将大批法国葡萄优良种苗种植在茨中天主教堂葡萄园。云南红酒业集团公司在当年法国人种植葡萄的地方，建起一个微型云南红酒业集团公司葡萄基地，酿出了今天的"云南红"，茨中村葡萄酒也随之成为云南葡萄酒业中远近闻名的品牌。茨中天主教会会长吴公底曾经说过，原来茨中天主教堂不通过用手抓来破碎葡萄，而是用脚踩。后来，藏民觉得脚脏而改为手抓，不料，用脚破碎葡萄的方法却在云南弥勒得到传承。如今，每年 7 月，云南红酒业集团公司在葡萄节仪式上仍有十几个少女脚踩葡萄的活动。（见图 9 - 13）

---

① 郑向春：《景观意识："内""外"眼光的聚焦与融合——以云南迪庆州茨中村的葡萄园与葡萄酒酿制为例》，《青海民族研究》2011 年第 4 期。

② 参考云南红酒业集团公司提供的广告宣传材料，云南红酒业集团公司网站：http://www.yunnanhong.com/article.aspx? id = 213；郑向春：《景观意识："内""外"眼光的聚焦与融合——以云南迪庆州茨中村的葡萄园与葡萄酒酿制为例》，《青海民族研究》2011 年第 4 期。

图 9 – 13　当地少女在葡萄节表演赤脚踩葡萄

在粮食困难的时期，为了满足藏族好饮酒的习惯，茨中村在 20 世纪 60 年代开发了葡萄酒蒸馏法——"干白葡萄酒"蒸馏技术。传统的葡萄酒以自然酿造为主，"干白葡萄酒"蒸制方法则采取传统青稞酒的器具，以及青稞酒制作技术对发酵后的葡萄或葡萄残渣加以蒸馏，最后获得与酿制葡萄酒的口感完全不同的蒸馏白酒。这种制酒方法有点类似法国的白兰地制作方法。葡萄经过发酵后含有相当的酒精混合物，运用青稞酒的制作方法可以把酒提取出来，成为茨中人所谓的"干白葡萄酒"。干白葡萄酒的酒精含量比酿制葡萄酒高得多，能够产生较多热量和强烈口感，但味道与传统的青稞酒有一定差距。这种蒸馏酒，叫作"干白"，即把干红的余渣再蒸馏后提取的白酒，酒精含量较高。

第四节　民族文化村的发展出路

20 世纪初，滇西北地区多个天主教堂被毁，给外方教会留下深刻印象，致使天主教有意识地实行天主教本土化的策略，在当地推广科学技术和教育、医疗，以缓和与当地藏传佛教的正面冲突。传教士彭茂德、彭茂美兄弟二人进入云南后，在焚毁的茨姑天主教堂附近建造新的天主教堂——茨中天主教堂，并着手在茨中引入苹果、葡萄、桑树等经济作物。茨中天主教堂建成后，传教士向巴东、茨姑、茨中、维西、小维西等地发展，逐步组织信徒学习《圣经》、推广科学种植技术。最早传入茨中的葡萄品种为法国神父从法国带来的"玫瑰蜜"葡萄。德钦县林业局原局长和强20世纪中叶在茨中村从事林业工作十年，对茨中村的"玫瑰蜜"葡萄恢复做了许多工作。他说："天主教在弥撒祝圣时需要葡萄酒，加上茨中村成为云南天主教总铎区后要向附近天主教堂提供宗教用品，于是这里便成为在云南开辟种植葡萄的发源地，并采用传统人字形木架搭棚种植。"①

2000年，德钦县在全县展开核桃、葡萄等经济作物种植，政府希望用普及经济作物种植的方法来发展滇西北藏族聚居地农业。茨中村借助天主教堂种植葡萄的历史，率先在德钦县农田种植大量葡萄。燕门乡的葡萄种植技术员浦七二说："茨中葡萄名列前茅的原因是葡萄种植与天主教有关，当地农民有喜欢酿酒、喝酒的习惯。在德钦县，葡萄种植以佛山村最好，谷咋村的葡萄产量最高。燕门乡葡萄产量最高的是巴东村，第二是茨中村，第三是谷咋村，第四是佛山村。这边老百姓致富意识相当薄弱，因此公司对农户的葡萄收购不太多，外面收购的多些。公司做了很多工作，但全县7 000亩葡萄才有六七个技术员，不能保障葡萄的产量达到一定的规模。后来，茨中村规划拿出五亩葡萄地来做香格里拉品牌，县政府也答应每年拿资金给村民发展葡萄酒品牌，使茨中村开发出香格里拉有名的葡萄酒。"②

滇西北地区气候与法国相似，拥有种植与法国相似的葡萄的环境条件。除此之外，咖啡、葡萄等经济作物在滇西北的落户，无疑给远离家乡的法国传教士提供了一个思乡、怀旧的象征之物。云南至今保留的小粒咖啡、"玫瑰蜜"葡萄等，就是当时传教士在中国边远地区推广种植经济作物这种环境下发展起来的。不过，茨中天主教堂的葡萄来历却在葡萄研究领域特别是茨中村成为争议较大的话题，这从某个侧面反映了不同群体对葡萄品种的不同看法。

神父姚飞认为，茨中最早的葡萄品种是"玫瑰蜜"，是天主教堂神父伍许中从法国引进的。姚飞说："茨中天主教堂葡萄园有一百多年历史，采用的是传统的人字形木架搭棚种植。由于天主教做弥撒需要使用葡萄酒，以代表耶稣受难前祝圣的圣血，茨中村成为云南天主教总铎区后，担负起向

---

① 和强，香格里拉县城，2010年。
② 浦七二，德钦县政府，2009年。

附近天主教堂提供做弥撒必需的宗教用品的任务，因此，茨中天主教堂开始种植'玫瑰蜜'葡萄，生产葡萄酒并发放到各地教堂。"①

和强是德钦藏族马帮头人马长寿的女婿，20世纪60年代曾担任过德钦县林业局局长，现居住在香格里拉。早在20世纪90年代，和强就提出要大力发展茨中村传统文化，带动当地产业经济。他说："在这里工作这么长时间，我认为德钦文化是一种多元文化。除了具有藏族文化特征外，它还受其他民族如白族、纳西族的影响，多种文化融合在一起。茨中的藏族文化要精选，要延伸，同时与其他文化共同发展。旅游业是德钦发展经济的切入点，卡瓦格博雪山、冰川圣地开始成为旅游热点。旅游推动经济与文化发展，还引进了外资。"对于茨中村"玫瑰蜜"葡萄能够保留下来的原因，迪庆林业局原局长和强回忆，1965年，茨中天主教堂葡萄园里不仅种着葡萄，而且还种着蔬菜。1966年德钦县林业局就对葡萄园开始了管理，让云岭林管所的技术员刘云辉负责管理技术，但刘云辉走后就没人管理了。和强说："以前刘文增的父亲刘保罗是一个非常关键的人物，他当时是一名保长。刘保罗的去世带走了很多有关茨中的历史，其他人胡编乱造，情况都不真实。当时接收教堂的公安局民警也不在世了，了解情况的人都不在了。"因此，要真实准确地还原茨中葡萄种植的历史就不那么容易了。

20世纪60年代茨中村摘葡萄时，除了若瑟、和强和杨文汇外，还雇了两三个村民帮忙。和强说，茨中村葡萄酒保留下来与教堂管家若瑟密不可分。他是传教士的管家，之前一直在巴塘做杂役，后来才在茨中管理葡萄园。他多才多艺又勤快，对种植葡萄和酿葡萄酒都很有经验。若瑟的葡萄种植技术和管理方法是沙先生教的，他被传教士称为"出色的管理者"。和强说：

> 传教士为了考验若瑟是否忠诚，经常故意在他面前掉下钱或一些小玩意，看他会不会上交。洋人请厨师做饭打点生活时，被请的人都是他们相信的最忠诚的仆人，因为洋人害怕有些人会阻碍他们在此地传教。由于若瑟的忠诚和勤劳，神父到茨中传教时就带着他来到了茨中。若瑟到了茨中就主管葡萄园，酿酒和管理园地是外国人教他的，后来他便学会了。茨中天主教堂还有一位沙先生，也是既勤劳又多才多艺的人。沙先生来历不明，但他非常懂葡萄酒的酿制工艺，还非常

① 姚飞，茨中村，2011年7月。

会做装酒的桶子，他用栗树来做桶子。据说，沙先生一个人顶八个壮汉，饭量很大，力气也很大。[①]

天主教徒肖杰一对茨中天主教堂的葡萄充满深厚感情。他认为，教堂神父对植物有深入研究，除了辅导修女学习，还推广先进种植技术。他早年跟随传教士学过拉丁语和法语，对"玫瑰蜜"葡萄特别喜爱，回忆起来总是充满诗情画意：

> 每年2月间，"玫瑰蜜"葡萄树都会发出嫩绿的新芽；金秋时节，葡萄树结满果实，掩映在绿叶之间，成为一幅天主赐福的图景。茨中葡萄属于小粒品种，据说法国本土已经绝种，但是在偏僻的云南茨中却成为一方之特色而幸存下来。茨中村村民种植的葡萄新品种叫"赤霞珠"，这种葡萄产量高，但容易生病。葡萄每年刚发芽不久就染上霜霉病，要喷洒数次药水才会重新披上绿叶。有时候患上白斑病还会让我们颗粒无收。去年三波黑霉病接连而至，刚刚治好了又复发，村民要不停喷药直到葡萄成熟。
>
> 教堂的"玫瑰蜜"葡萄不会害病，堪称"无公害品种"。我们家种了0.3亩"白玫瑰"、2.6亩"红玫瑰"。这两个品种种在一块地里，两者之间距离只有一米左右，二三月间葡萄发芽后，两者之间的发芽情况大不一样。"玫瑰蜜"葡萄从冒芽到上架，不需要喷药。葡萄成熟时，架上的葡萄被嫩绿的叶瓣衬托着，一串串黑黝黝的葡萄真让人嘴馋。为什么"玫瑰蜜"葡萄具备如此强的抗菌能力呢？以天主教之见，是因为耶稣在受难前的晚上喝了"玫瑰蜜"葡萄酒。耶稣祝圣了它，让它始终如新，造福于人间。[②]

在茨中村村民率先种植葡萄的推动下，德钦县政府与云南红酒业集团公司双方再签约，并制订了共同推广葡萄的种植计划。云南红酒业集团公司负责种苗、基本设施等方面的援助，并对农民收获的葡萄进行稳定的收购。县政府落实国家发展林业的政策，对葡萄种植给予一定补贴，包括免费提供葡萄种植所需的一切物资，如铁丝、水泥柱和一定数量的化肥、农

---

① 和强，香格里拉县城，2010年。
② 肖杰一，茨中村，2010年。

药等。这些经费在 2000 年一步到位，因此在德钦县出现了全面种植葡萄的局面。刘文意是最早把葡萄引入茨中村的州级领导，时年 69 岁，早年在茨中小学读书，1990 年担任迪庆州委副书记，1996 年担任人大常委会主任，2003 年退休，他特别谈到茨中葡萄种植经验在县、州推广的情况。他说：

> 当时我就看好茨中村葡萄。据说，它来自法国的波尔多，是一百多年前由传教士带过来的。据我了解，茨中的葡萄品种有很多，如"华夫人""玫瑰蜜"等，不过目前这些品种变衰老了。有一次，法国人来茨中村采集标本，还拿回去研究了。[1]

除了葡萄种植外，茨中村对未来向多元化发展也极为重视。刘文意在 2009 年 8 月谈到，早在二十年前茨中村就有未来发展规划。针对茨中村的实际，他认为多元化产业发展是最好的选择。德钦县对茨中村产业结构调整先后提出了几种思路，尤其是应该向城镇化方向发展，向旅游业和民族村方向发展。他说，他在这里工作这么长时间，最深切的体会是，发展当地经济要借助德钦文化。德钦文化保持了藏族文化特色，又接受了其他民族文化，如白族、纳西族、天主教文化，是多种文化融合在一起的文化。迪庆州开发矿源，推动了经济，但破坏了生态。刘文意对茨中旅游开发的看法是：茨中景点少，唯一的景点是教堂，开发景点有点难。不过，茨中是寂静的地方，适合静心养性，开发景点需要很长时间。卡瓦格博雪山那里至少可以骑马，这里只是看建筑物而已。[2] 回顾茨中村在物质文化保护方面的工作流程可以看出，利用当地民族文化与外来文化相结合，是茨中村维系认同、增强自身记忆的举措，更是发展经济、传播村庄声誉的手段。

近期，茨中村村委会提出了一个比较切实可行的发展旅游业的整体规划。村委会根据本村的具体情况，着重发展生态旅游。村书记白追认为，茨中葡萄种植搞得特别好，还有一座天主教堂，这两样东西在云南乃至全国都有一定影响。茨中村下一步的发展主题是"生态旅游"。村委会计划利用"玫瑰蜜"葡萄、天主教堂，还有茨中村传统文化，打造一个"民族文化村"，这个想法得到了德钦县许多领导的支持。

德钦县近期先后开发了一系列经济项目，但是除了旅游业以外，其余

---

① 刘文意，茨中村，2010 年。
② 刘文意，云南昆明住所，2009 年。

都或多或少产生了一些不良后果。例如，在山区开发矿藏虽然推动了经济，也增加了藏族村民就业率，但不少学者反对意见很多，主要认为开矿破坏生态环境。相反，茨中村的旅游开发项目却得到许多领导和学者的支持。茨中虽然景点少，但是有教堂，又有藏传佛教和东巴教等历史，开发景点有发展前途。

茨中村村主任罗盛才对茨中村未来发展充满信心。他谈到未来向民族村发展时说："我们茨中村发展旅游业的前景非常好，我们首先从度假村入手。现在德钦县很多退休干部不愿意待在德钦县城，那些地方太冷太高，年纪大的人不适应，他们希望到茨中村这里来居住，他们可在这边买房，定居下来。茨中村，就是卫生条件差一点，但也在逐步改善。这样，退休干部就会愿意在这里住下去，不愿意走了，我们就会发展比较快。"罗盛才还说："茨中村将来会变成一个度假村，海南岛的变化就是这样的，从度假村再逐步变成一个旅游城市。现在州里退休干部像刘文意等经常来这边住，所以我们很有信心。"①

罗盛才当时还估计，澜沧江水电站建设动工后，燕门乡政府也准备迁移到茨中村，对茨中发展非常有利，旅游收入预期同比增加50%左右。现在旅游收入非常低，主要是没有整体规划，只有几个大户人家开客栈，像刘文高与和嫦妹的客栈收入太低，每户年收入只有两三万元。德钦县其他旅游村每户收入都有十几万元，茨中村应该可以达到这样的收入水平。罗盛才说："我们参考了雨崩村和明永冰川两个地方的旅游业，它们每户年收入达到四五万元。雨崩村的旅游收入主要是牵马，然后是吃和住。游客一到民族村肯定要吃和住，再就是到处玩一下。茨中村离德钦县城比较远，游客来了起码要住一宿。来的人多了，我们的收入自然就提高了。"②

茨中村村支书白追认为："茨中村首先必须稳定目前经济作物的规模，特别是葡萄种植业与酿酒业。茨中村需要控制常住人口数量，要推动旅游业和城镇化同步发展，这些都要有一个很好的规划。但是，我们高原区还要依靠养殖业和种植业的发展。近几年，我们江边沿线靠的主要是经济作物：第一是靠葡萄产业，第二是靠干果如核桃产业。茨中村目前在养殖业方面发展较慢，德钦县养猪基地在托拉村，有些地方也开始养鸡了，专门养土鸡。还有一些地方除了种植青稞外，还开始种植油菜。但是我们茨中

① 罗盛才，茨中村，2009年。
② 罗盛才，茨中村，2009年。

这方面没有优势，只有在葡萄种植上面做文章。我们有一个新想法，就是通过发展葡萄种植业带动旅游经济，利用茨中村酿葡萄酒的传统，把旅游业搞上去。"①

罗盛才说，茨中村酿酒是各家做各家的，几年以后，个别家庭酒的质量就下降了，直接影响整个村的声誉。2008 年 11 月，村委会向县科委提出申请，希望把德钦县的葡萄种植协会设置在茨中村。村委会还打算办一家酒厂，并考虑引进外资来发展酿酒业。不过，刚刚开始有思路，很多具体工作还没有开展。为了发展茨中村的旅游业，茨中村曾经组织村干部去石林做调研，发现那里就连房子都是同一个风格、同一种颜色。茨中村不少干部笑着说，石林旅游区很多家庭都一样，就连门前种的花都一样，缺乏新意。

村干部认为，茨中村是多民族聚居村，几乎每个家庭都有自己的特色，必须按照多民族的特色来开发茨中村。白追书记与燕门乡书记等就茨中村未来的发展交换了意见。燕门乡的藏族干部思路很开阔，一致认为茨中如果按照多民族聚居村来办民族文化村，将会体现出茨中的基本特色。白追书记说："我们茨中村的房子不能建成一个样。纳西族有纳西族的糍粑、饵块，藏族有他们的糌粑，多民族文化在饮食上也有鲜明的区别。我们一定要把这些文化传承下去，不仅要自己吃得好，还要把外面的客人吸引进来，要让他们吃得舒服，玩得愉快，花钱也花得值得。"②

近几年，茨中的家庭卫生已经有所改善，但是村委会认为，为了使旅游村更加有特色，发展要与周边村落有所不同，要体现天主教藏族村庄的特色，还要凸显多民族的特色。用白追书记的话来说就是，"我们要以茨中天主教堂为品牌，把茨中村建设成为一个具有滇西北多民族文化特色的旅游村，让游客感到进那家和进这家是不一样的，玩了几天都不愿意走，这样我们这个民族村才有出路"③。

① 白追，茨中村，2010 年。
② 白追，茨中村，2010 年。
③ 白追，茨中村，2010 年。

第五节 小 结

本章对文化象征在滇西北多民族地区的建构展开了一系列研究。其中，茨中天主教文化于 20 世纪 50 年代被取缔，80 年代开始恢复，90 年代末发力，充分展示了历史传承与文化再创造的历程。通过具体案例的分析与论述，我们可以看到这些社会记忆的传承与建构是一个漫长而又复杂的过程。

1986 年后，教徒逐渐恢复宗教信仰，随后借助政府的扶持，酒商与地方的大力推动，天主教堂得到保护和宣传，融合了葡萄酒与青稞酒工艺的"藏密酒"也被创造出来。村民开始通过销售自酿红酒、经营旅游客栈赚取利润；当地村委、政府试图引导广大村民共同打造一个具有多民族特色的民族文化村、度假村，发展特色旅游业。滇西北地区多民族村庄天主教文化的传承与建构，充分证明滇西北藏族聚居地的历史传承与文化再建构的成功。

第 十 章　结　语

　　人类学家露丝·本尼迪克特认为："人类文化具有不同的模式，这是因为人类行为方式是多种多样的，但一个种群只能选择其中的一部分，并演化成对自身社会有价值的风俗、礼仪、生产、生活方式，而这一系列的选择，便结合成这一族群的文化模式。"① 人的存在方式具有多样性，这就决定了人类必须采用多样性记忆来保存自己的文化，维系自身的认同，才不会形成过于单一的文化统一体。人类记忆的目的，正是保存自己族群已经选择的文化，借助生计、婚姻与文化表征等方式延续下去。本书以茨中村族群记忆为研究对象，讨论了生活在滇西北地区的藏族的族群认同与文化变迁历程，并指出多民族地区藏族群体的族群记忆与政治、经济和文化发展有着非常密切的关系。本书也正是期望能够借助揭示一个多民族地区藏族村庄的民族记忆与文化整合来展现中国边远地区少数民族族群的演变。

　　正如英国浪漫诗人威廉·布莱克的长诗《天真的预言》总序所述：从一颗沙粒看到一个世界，从一朵野花看到一个天堂，把握在你手心的就是无限，永恒也就消融于一个时辰。② 滇西北多民族地区原住民纳西族曾先后受东巴文化、藏族文化、汉文化、天主教文化的影响，除了保留大中华传统文化以外，还融入了外来文化与记忆。滇西北地区多民族村庄中，不同族群的记忆与文化犹如各种颜色的底片相叠加，呈现出丰富多彩的韵味。这些多民族村庄地处青藏高原横断山脉东部，长期以来一直是藏族、纳西族、傈僳族、怒族与汉族相互交错的地带，多个民族长期交往，相互联系频繁。纳西族先后与藏族、汉族等文化发生冲突与交融，其民族记忆多次被改写、被淡化。19 世纪下半叶天主教进入后，滇西北地区多民族村庄的文化变迁更加剧烈，其传统文化变化之快是滇西北多民族地区较为罕见的。总体来说，滇西北地区多民族村庄的传统文化与外来文化共同构成的复合记忆与复合文化，主要表现在生计、婚姻、组织与文化表征等几个方面。

---

① ［美］露丝·本尼迪克特著，何锡章、黄欢译：《文化模式》，北京：华夏出版社，1987 年。
② BLAKE W. The poems of William Blake. New York：Boni and Liveright，1920：45.

第一节　记忆、整合与文化变迁

社会发展与文化变迁是势不可挡的，这既是环境创造的结果，也是人们主动的选择。记忆选择与文化整合在文化变迁过程中起到了相当重要的作用。费孝通在《江村经济——中国农民的生活》中说："文化是物资设备和各种知识的结合体。人使用设备和知识以便生存。为了一定的目的人要改变文化。一个人如果扔掉某一件工具后又去获取一件新的，他这样做，是因为他相信新的工具对他更加适用。所以，任何变迁过程必定是一种综合体，那就是：他过去的经验、他对目前形势的了解以及他对未来结果的期望。"① 费孝通认为，只有建立在传统记忆与目前认识上的选择，才是正确的选择。（见图 10 - 1）

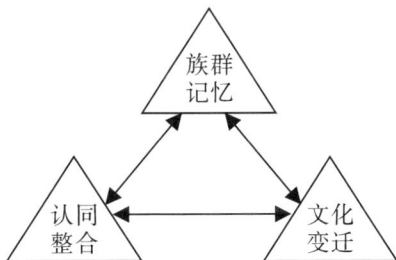

图 10 - 1　族群记忆、认同整合与文化变迁关系示意图

基于这种认识来分析茨中族群的文化变迁则可以看出，茨中村先后经历纳西族文化、藏族文化、汉族文化与天主教文化的洗礼，实际上是一种"文化整合"或者"复合文化"的过程。茨中族群对新的文化的选择，实际上是对部分原有记忆与文化的放弃，是对新的外来记忆与文化的吸纳与接受。无论是保持记忆还是忘却记忆，都是茨中村人借助记忆对认同选择的过程，它既是历史的必然，也是村民自身的选择。然而，面对一系列社会变迁，茨中村人没有完全否定自身的记忆与文化，他们选择采取"复合文化"策略面对社会变迁的挑战。在生计方面，他们采取"多种生计"的整合策略，一方面保

---

① 费孝通：《江村经济——中国农民的生活》，北京：商务印书馆，2001 年。

持原有游牧、农耕生计，另一方面大力发展经济作物与旅游业，从容面对周边一系列技术、文化变迁带来的挑战；在婚姻方面，采取多偶制与一夫一妻制并存的"复合婚姻"形式；在组织方面，采取属卡、教会、村委会构成的"复合组织"共同解决村庄大小问题；在文化方面，他们发明了"复合信仰"，协调了东巴教、藏传佛教与天主教三者之间的冲突，营造出一种"你中有我、我中有你"的"复合文化"局面。其历史记忆与文化变迁具体表现在以下几方面：

第一，在生计方面，保持传统的游牧、农耕等生产记忆，在此基础上融合现代园艺，形成"多种生计模式"。首先农耕经济取代了落后的狩猎、游牧经济，昔日"风吹草低见牛羊"的高原游牧，逐渐被纳西族精耕细作的农耕作业所代替，滇西北地区多民族村庄出现了比较完善的稻田灌溉系统，成为迪庆藏族聚居地唯一种植高原水稻的藏族村庄。随着人口增加、土地肥力下降，这些村庄再度面临生存与发展的压力。当地政府采取了一系列发展经济的举措，却先后遇到挫折。茶叶、水果、红豆杉等产业的失败，不但给村民带来经济损失，更带来精神上的挫折。但后来在葡萄种植过程中，政府、商家与社会共同参与，克服各种困难，最终形成了葡萄产业与传统产业繁荣共存的"多种生计"局面。

面对蜂拥而来的外来进步技术，原来习惯游牧、农耕的滇西北地区多民族村庄的村民只有两种选择：要么接受现实，改变传统落后观念，放弃原来的骡马运输，转为购买大型货车赚取不菲收入；要么逃避现实，保持原来农耕游牧等低收入生计，维持原来的生活水平。在始于 2000 年的西部大开发热潮中，借助国家开发公路、修建电站，不少滇西北地区多民族村庄村民不但利用难得机会大力发展运输业，还借机搞活具有本地特色的旅游业，甚至还大胆提出发展民族文化村的设想。[①] 其过程充分展现了滇西北多民族地区村民对传统生计记忆的保持和对外来生计的整合与扬弃。

第二，在语言方面，大部分滇西北地区多民族村庄普遍保留多个当地族群的传统，每个族群都保留了本民族语言与传统文化。不同族群之间语言各不相同，甚至同一民族内部也有不同方言。随着马帮贸易、天主教进入、与汉族的频繁交往，云南官话、迪庆藏语与汉语成为村民交际的三种主要语言。传教士进入滇西北多民族地区后，给天主教徒传授了相当多的法语、拉丁语。滇西北地区多民族村庄如茨中村、小维西村、白汉洛村……汉语、藏语与纳

---

① 参见第九章《文化象征的建构》相关内容。

西语等都在村民之间广泛应用，不少村民还能够讲流利的法语、英语和拉丁语。藏语、纳西语与英语的保留，给这些村庄的"复合传说"打下了基础。木天王的传说、卡瓦格博传说以及茨中村本地神灵的传说，共同建构了这些多民族村庄多个信仰共同参与的"复合信仰"。特别是传教士离去以后，滇西北多民族地区众多村庄的天主教徒还营造出独特的"传教士传说"。例如，茨中村天主教徒放弃了原来东巴教求雨祭祀仪式和藏传佛教祈雨仪式，建构出独特的"普神父祈雨仪式"，进一步丰富了茨中村"复合传说"的建构。各种语言、各种文化的交融，对当地"复合文化"的形成和滇西北多民族地区民族关系融合起着积极的作用。

　　不少人类学者对"复合传说"有过深入研究。人类学家埃文思·普里查德对东非土著记忆与族群认同做过研究，认为非洲土著也经常会下意识地"重构记忆"。他在《努尔人》的"结构性失忆"中指出，东非努尔族往往会忘却一些祖先记忆，但会保留另外一些记忆，其做法是功能性的。忘却记忆的行为与努尔人家族发展及团体分化、相互争取利益密切相关。[①] 罗正副博士所谓的"实践记忆"概念丰富了集体记忆对族群身份认同的作用。他认为，记忆是一种集体社会行为，人们从社会中获得记忆，也在社会中拾回、重组这些记忆。王明珂在研究羌族历史时也说："晚清以来的'羌族'与'羌族历史'建构，只是两千多年来'华夏'不断想象、建构其西方族群边缘过程的最新阶段……羌族不只是近代中国各族历史想象下的产物，也不只是两千年来'华夏边缘'变迁历史下的产物，他们也被自己所选择、创造与润饰的'历史'所塑造。"[②] 王明珂所谓的羌族"另类历史"——弟兄祖先故事的建构，与茨中村多种信仰和传说的建构过程是基本相似的。因此他认为，不少传统故事本身也是一种"英雄祖先"历史心性，它是本土族群在接触群体民族概念与以汉文传递的历史知识之后，在"弟兄祖先故事"与"英雄祖先历史"两种历史心性的转化糅合下，羌族知识分子选择、创造自己"历史"的过程。[③] 茨中村人正是为了自身利益的需要，建立起由中西文化记忆所建构的"复合传说"，借此建立与稳固自身群体的认同及获取更多的资源与利益。

　　第三，在婚姻形态方面，由于滇西北多民族地区众多的村庄与迪庆周边藏族、傈僳族、怒族等村庄长久以来一直保持着联姻的习俗，一些以藏族为主的村庄如茨中村的婚姻形态曾一度从原来纳西族一夫一妻制向多偶

　　① ［英］埃文思·普里查德著，褚建芳等译：《努尔人》，北京：华夏出版社，2002 年。
　　② 王明珂：《华夏边缘：历史记忆与族群认同》，北京：社会科学文献出版社，2006 年。
　　③ 王明珂：《华夏边缘：历史记忆与族群认同》，北京：社会科学文献出版社，2006 年。

制婚姻发展。天主教进入后，带来了西方文化观念，随着天主教组织的发展与教徒数量增加，原来藏族多偶制婚姻受到抑制。特别是在 20 世纪 50 年代汉文化进入后，原来一夫一妻的对偶婚姻习俗再度成为茨中村的婚姻主流。茨中村婚姻习俗上呈现"单偶制→多偶制→单偶制"婚姻模式的钟摆性变化，显示了古老的纳西族村庄受藏族文化、天主教文化和汉文化多次影响的过程。

第四，在组织制度方面，滇西北多民族地区众多的村庄原有的纳西族传统伙头制度在中华民国期间被迪庆藏族聚居地的属卡制度所取代。天主教组织势力进入后，其信徒曾经利用天主教势力与周边各个喇嘛寺相抗衡，发生了天主教群体抗租等事件。但是，正如本书《社会组织》一章所述，在各种经济利益的诱导下，茨中村各个组织之间的矛盾经常交织在一起，形成茨中村"复合组织"格局与之对应。各个组织之间往往根据不同的利益采取相应的联合或对抗措施，由此我们可以看到茨中村古老的组织结构正在发生改变，属卡制度、教会组织的"复合组织"功能在滇西北藏族聚居地体现了独特的存在魅力。

第五，在文化表征方面，"复合文化"存在于滇西北地区多民族村庄的方方面面。从村落布局到房屋设计，从村民服饰到宗教信仰，无不体现多民族聚居地区多元文化融合的情景，其中最典型的是天主教堂。如茨中天主教堂、白汉洛天主教堂、小维西天主教堂等，外观均表现出中西结合的设计风格。这些地区现存的多种宗教仪式也反映了滇西北多民族地区"复合信仰"这一特征。例如，茨中村的东巴教与迪庆高原噶玛噶举派有着密切的渊源，每年春节祈福仪式都可以看到噶玛噶举派的喇嘛与纳西族村民同台用餐的场面。特别是在更为边缘、交通不便的巴迪村村民葬礼上，藏传佛教喇嘛与东巴同时为死者念经、守灵。王明珂在《华夏边缘：历史记忆与族群认同》一书中提道："集体记忆（或社会记忆）与结构性失忆，不但可帮助我们理解人类社会结群如家庭、家族或民族的一些基本问题，更重要的是，这种理解使得我们重新思考在历史研究中我们所重建的'过去'本质如何。"[①]笔者认为，"复合文化"与"复合信仰"维系原有信仰，加强了各民族之间的和谐共存，体现出文化表征上"你中有我、我中有你"的意境。

对滇西北多民族地区两个天主教堂的建筑图案进行横向比较，可以发现，茨中天主教堂一方面透露出古罗马教堂建筑风格与传教士的宗教信仰，

---

① 王明珂：《华夏边缘：历史记忆与族群认同》，北京：社会科学文献出版社，2006 年。

另一方面也反映了藏族、白族工匠在建造教堂时独具匠心的创作风格。教堂内部装饰采取了法国建筑本土化的做法，藻井图案把藏传佛教和东巴教的信仰自然和图腾崇拜表现得极为明显，但又把藏族文化与天主教的视觉符号完美地融为一体。天主教堂壁画中的各个设计单元以及与天主教精神密切相关的十字架、"JHS"符号等图形，全部被置于画面中心或者重要视觉点，体现出天主教对自身视觉传达的重视。比较纳西族、藏族与傈僳族等多个滇西北多民族地区天主教堂建筑的纹样设计，并对滇西北多民族地区天主教堂艺术进行横向分析，展现了传教士对各个不同少数民族传统文化的尊重与灵活运用，这种润物细无声的手法使天主教精神理念与当地宗教理念有机地融合在一起，是在多民族村庄传播天主教过程中构建复合型文化的重要体现。(见图 10 - 2)

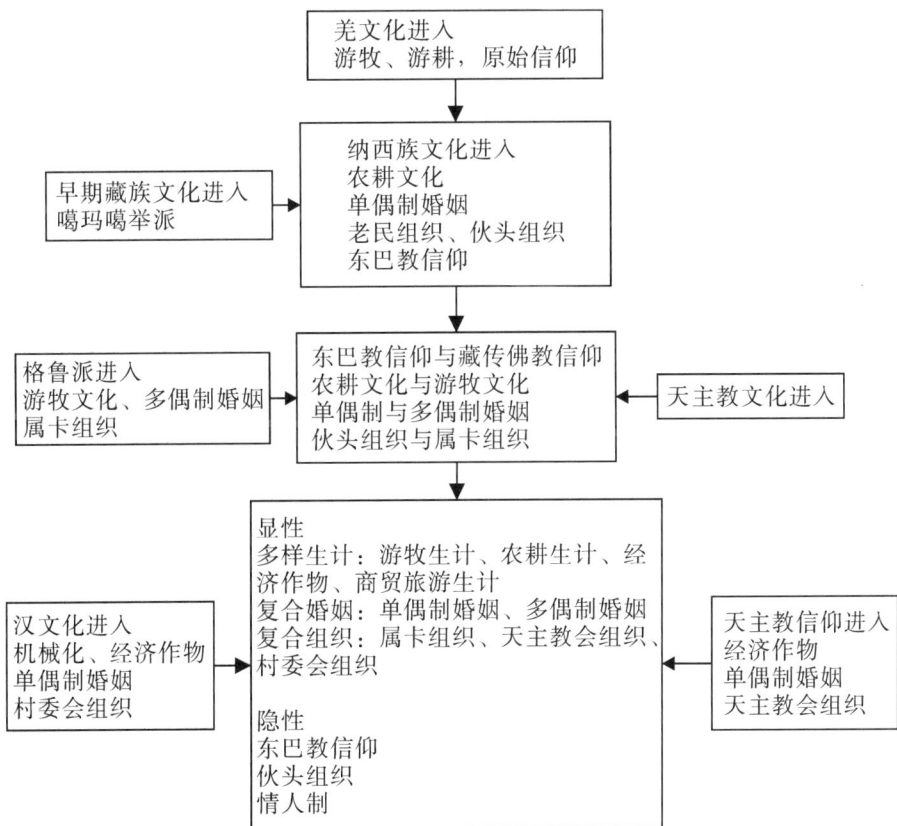

图 10 - 2　茨中村文化变迁图

总而言之，"复合文化"与"记忆整合"并不是简单的文化融合过程，而是一种"文化整合"的过程。美国人类学家露丝·本尼迪克特认为，在现代文明社会中，文化的差异性或特殊性更多地体现出一种文化的本质。她说："各种文化模式是不相同的。因此，每个社会都有自己区别于其他社会的显著文化特质，这些特质由该社会的所有成员不同程度地体现出来。"[①]罗康隆、黄贻修也认为，农业经济包含了狩猎与采集经济、斯威顿耕作经济、畜牧经济和农业经济四大类型及各类型中的多种经济样式……这些经济类型放置在某种历史顺序的时间链条中，还是把它们置于同一时间的空间上，都可以把它们视为人类在具体情境中对自然与社会的适应和创造。它们的这种选择与建立，是依存于自然，和谐于自然，与自然结成一种互惠的关系。[②]

滇西北多民族地区众多村民创造、拥有的各种记忆和文化，并不是仅仅用于人类转换生存环境和对付不测的生态环境。他们是顺应生态系统的要求，一方面按照自己的意志对生态系统进行改造以获得更多资源；另一方面，他们也考虑保持生态的持续发展，自觉地利用各种记忆和文化维系生态系统，使人与自然仍然按照生物规律正常延续。从生计、组织与文化符号等因素的变化中，可以看出导致滇西北多民族地区众多村庄记忆整合与文化变迁的主要原因分为客观和主观两方面。

第二节　记忆整合与文化变迁的客观原因

滇西北多民族地区族群记忆整合与文化变迁的客观原因是多方面的，其中自然、政治、经济与文化等因素起着非常重要的作用。具体来说，包括当地垂直气候形成的自然环境因素、国家政权因素、天主教传播与汉族文化进入等文化因素，以及澜沧江沿线开发的经济因素等。现从经济、政治、文化方面分别探讨如下：

第一，经济方面的影响。早在 20 世纪 30 年代，云南省就开始推广经济作物种植。在这个时期，翁之藏、张印堂先后对滇西北的作物经济展开了

---

① ［美］露丝·本尼迪克特著，何锡章、黄欢译：《文化模式》，北京：华夏出版社，1987 年。
② 罗康隆、黄贻修：《发展与代价——中国少数民族发展问题研究》，北京：民族出版社，2006 年，第 277 – 279 页。

系列调查，曾经设想在西康、滇西北等地发展经济作物，并将设想用书面形式提交给当时的云南省政府，这表明国内学者对云南藏族聚居地农作物选择问题早有研究。20世纪40年代，张印堂在《宁青经济地理之基础与问题》中建议种植四类经济作物发展滇西北地区经济：一是种植甘蔗可以榨糖；二是种植橡胶、咖啡，解决工业品原料进口问题；三是种植麻类植物，用于麻织业；四是栽桑养蚕，解决种植业单一和制丝业落后的问题。[①] 天主教进入后，茨中村种植业发生了一系列变化。传教士首次种植了三亩"玫瑰蜜"葡萄，以供云南总铎区天主教堂使用，随后又极力发展当地蚕桑业。茨中天主教堂修女的生活简朴，每天除了按照规定时间祈祷、学习外，还栽桑、养蚕。19世纪末，茨中天主教堂开始种植葡萄、茶叶等经济作物，对经济作物进行探索性尝试。20世纪80年代后，在政府推动下，茨中村先后种植过多种经济作物，但是大部分都以失败而告终。比如推行茶叶种植，中社和二社的村民在最好的水稻田种上茶树，由于没有做好市场调查，茶叶产供销脱节，大量堆积无法卖出；德钦县政府与中介公司合作，鼓励村民依照合同种植红豆杉树苗，不少刚富起来的村民加入了种植计划，后来由于收购公司卷款逃走，红豆杉收购成为泡影，给村民心理上带来极大的伤害。

滇西北多民族地区众多的村庄为什么没有完全放弃落后的传统农业而全盘接受经济作物种植呢？在茨中村进行生计模式调查期间，笔者对此不断反思，继而扩展对滇西北多个少数民族村庄的研究。肥沃的农田如果种植葡萄，每亩收入可以达到4 000元，而种植水稻只有1 000元，但为什么茨中村没有形成葡萄种植庄园？其实，仔细分析后可以发现，茨中村保持原有的农耕模式与经济作物并存的做法毫不奇怪，"多种生计"在高原藏族聚居地有其存在的合理性。

（1）刀耕火种的农耕效益并不低下。研究刀耕火种的生态学家尹绍亭认为，传统农耕与现代经济作物种植相比，前者收获更多。尹绍亭认为，粗放比集约省力，粗放耕作所需工数不到集约耕作的一半，省力的优越性是十分突出的。

（2）粗放比集约产量高，在正常情况下，滇南传统粗放的懒活地的陆稻产量，一般为600斤左右，有的甚至达到800～900斤。近年来改种杂交

---

① 张印堂：《宁青经济地理之基础与问题》，《边政公论》1942年第1卷第11—12期合刊，第11–17页。

稻，产量大部分上升到 600～700 斤，也不比山地民族粗放的懒活地高多少。① 茨中村原有的刀耕火种方式并不会在神山、坟山、水源林、护道林等由村委规定不得砍伐的土地上进行，借助当地纳西族农耕记忆，传统农业维系与保护了当地生态资源。原有稻作产量稳定，不像水稻新品种需要提供大量化肥、农药才能获得高产。传统稻作的生态种植方式，与近期大量使用化肥、农药来换取作物高产形成鲜明对比。葡萄种植虽然表面看来收入挺高，但是减去化肥、农药以及扣除密集劳动所消耗的大量工时后，几乎与村民种植水稻及兼作种植散工的收入相差无几。

（3）传统农耕比经济作物更适合茨中村村民的游牧习惯。在茨中村村民的记忆里，先民喜欢休闲，到处闲逛，不愿意被约束在地里。葡萄种植农户比传统作物农户要付出更多的劳动时间，从而减少了外出打工的机会，难怪很多村民都提出要恢复和普及传统稻种和种植方式。2000 年 4 月，茨中村葡萄感染霜霉病，导致全村种植葡萄的村民颗粒无收，给葡萄种植户带来空前打击，部分村民随后开始砍伐已经种植五年的葡萄树，改种原来的水稻、核桃与板栗。这说明，在发展过程中，茨中村人善于不断调整自己，一方面吸收外来技术与文化，另一方面保持传统记忆与认同，通过不断对比，最终实现最优配置。

（4）在西部大开发中，澜沧江公路的建设，给茨中村村民外出打散工提供了机会。虽然这些收入并不稳定，且村民的打工收入将随公路建设的结束而减少。但调查发现，外出打工和建设民族村等的确给村民带来扩展性的收入，打工、开客栈赚钱成了茨中村村民目前追求的目标，自然也就暂时不顾葡萄种植这种烦琐的田间劳作了。茨中村文化变迁受经济方面的影响，反映了茨中村村民在传统记忆与现代文明间的探索过程。

第二，政治方面的影响。如前所述，茨中村从游牧向农耕以及多元化经济发展是历史的必然。随着周边藏族、汉族等移民的大量涌入，茨中村人均占有土地面积不断减少，土地开发成为当地矛盾争端的触发点。早在吐蕃与南诏之争中，茨中村就多次卷入两大集团的土地纷争，茨中桥头至今保存的碉堡遗迹是历史上两大集团交战的明证。近代天主教用牛皮绳圈取教堂用地的做法，证明传教士的目的就是先购买土地，再推广现代种植技术，从而吸引村民入教。

茨中村向经济作物发展的过程反映了政府的支持与导向。德钦高原可

---

① 尹绍亭：《云南刀耕火种研究》，昆明：云南人民出版社，1991 年。

耕作土地本来就极为稀缺，随着人口增加与土地肥力下降，人均可灌溉土地面积不断减少，给当地政府带来了经济发展特别是社会维稳的难题。美国人类学家格尔茨曾经从政治角度解读荷兰政府引导爪哇土著种植甘蔗，并由此产生"农业内卷"所带来的文化变迁。对于爪哇地区从传统水稻种植改为甘蔗种植后的变化，格尔茨曾进行深入研究。他指出，当地原来从事水稻耕作的土著农民为了发展经济，在荷兰政府倡导下大量种植甘蔗，结果不但没有给村民增加收入，反而减少了收入。这就是爪哇地区农业"内卷化"共贫现象。台湾学者王远嘉认为，在殖民统治下，殖民政府对自然资源的控制和自然环境的支配，使爪哇农村失去一连串的发展机会。爪哇地区农民在"强迫种植制度"下仅能选择甘蔗这一单一作物种植。他们缺乏有效率的生产工具及生产方式，因而丧失进入市场的机会，这才是该地区"共贫化"的主因。在茨中村葡萄种植过程中，特别是红豆杉索赔案件中政府所起的作用，无不证明滇西北藏族聚居地宗教、政治与文化的激烈碰撞，也揭示了发展经济、保持当地文化和维系藏族聚居地稳定的重要性。

第三，文化方面的影响。东巴教最先在茨中村占有主要地位，但随后被藏传佛教所取代。周边藏传佛教喇嘛寺所形成的一系列影响，给茨中村藏族文化的发展营造了理想的环境，加入藏传佛教无疑意味着拥有了一种政治与经济优势，对于缓交、拒交地租等都有一定作用。天主教进入茨中村后，给当地原有的藏传佛教文化带来了不少的冲击，原始文化在拥有先进科技、完善伦理的宗教面前失去了发展的空间。传教士办起的教会小学给茨中村村民后来的发展带来了极大优势，不少天主教徒能够说拉丁语、会算术，后来成为当地民间精英。老教徒肖杰一回忆道："我父亲肖国恩是原西康省康定县打箭炉村莫西寨人。父母都是虔诚的天主教徒，从小就被送到小修会读书。父亲天资聪颖、成绩拔萃，十岁时被送入修院读书，十八岁就进入神学院深造。父亲能用法文、拉丁文翻译藏文，一心想长大以后当神父传教。后来，他被云南省德钦县茨中天主教堂代主教伍许中看重，选派去当秘书，掌管文书。"借助天主教带来的知识文化，茨中村在改革开放后率先成为迪庆州葡萄产业基地，也成为村民从事公务员、教师职业比例最高的村庄之一，这与天主教文化的作用与影响不无关系。

20世纪中叶，汉文化深入润泽茨中村。由于当时的宗教介入政治，传教士在一夜之间被驱逐出境，茨中天主教堂成为小学教室，天主教祭台和祭袍成为佛教徒调侃耶稣与天主教徒的工具。随着国家改革与建设的不断推进，茨中村的儿童纷纷改名换姓，把卓玛、鲁戎等藏族名字改成张红星、吴公底等汉族名字。村庄开始普及电视天线、天然气炉具、厕所，可以说，这些都是内地文化、汉族生活方式给迪庆藏族村民带来的福利。而葡萄种植优惠政策、藏族村民报考公务员可减免 5 分等待遇，是中央政府给予边疆藏区的直接支持，促使村民更积极地去接受内地文化。由此可见，内地文化对茨中村文化变迁的影响不是一蹴而就的，而是从中央到地方各级政府长期积累与发展的结果。

第三节　记忆整合与文化变迁的主观原因

茨中村的记忆整合与文化变迁有其特殊性。茨中村原来的纳西族文化最终为藏传佛教、天主教、汉族文化所取代，除客观上受到这几种文化的冲击外，纳西族群的内在因素即主观因素却起了决定性作用。这些主观因素归纳起来主要有以下几个方面：

第一，纳西族历来都有善于吸收、融合其他文化的优点，这是茨中村村民的心理特征。据文献记载，纳西族祖先一直摇摆在吐蕃与中原之间，特别是纳西族首领木增，他曾经放弃东巴教而改信藏传佛教。此外，茨中村移民众多，族群内部派系复杂，村内各族群风俗各异、各自为生，族群集体意识淡薄，传统文化没有形成合力，故在天主教文化的浸润下，容易被各个击破，随其他外来文化而发生改变。许多史料记载，茨中藏族人民热情好客，比比皆是的事例说明，迪庆藏族具有开放与善于接受外来文化的特点。云南省社科院研究员郭净认为，将迪庆藏族评价为"外来王者"的说法并不过分。率真、温和与包容是茨中藏族典型的民族性格，是造就今天茨中村多元文化繁荣发展的主要原因。

第二，茨中村族群放弃原有的游耕和狩猎生计，转而从事定耕结合游牧的混合型生产，从技术进步角度来说，既有合理性，又有必然性。游猎生产方式主要依赖大自然的赐予，存在更多不确定因素，严重地约束了村民的生存与发展。从国内外前人研究的案例来看，放弃落后的生产方式而接受先进的生产方式，在少数民族地区非常普遍。台湾学者黄应贵的《物的认识与创新：以东埔社布农人的新作物为例》谈到，台湾东埔社布农人的生产经历了原始刀耕火种到水稻耕作、茶树种植，直到日据时期开始种植蔬菜等经济作物。布农人对作物的选择反映了当地村民的土地空间、知识观念，以及生产、分配、交易与消费等观念的变化。[①] Michael R. Dove 对印度尼西亚婆罗洲橡胶种植业与刀耕火种、水稻种植业共存的农业作了比较。在大量调查实证的基础上，他认为：印度尼西亚婆罗洲人把橡胶种植业与刀耕火种农业相互结合有其必然性。其特别指出，传统的刀耕火种所种植的水稻在一定程度上缓解了橡胶种植业造成的土地和劳动力紧缺，两者结合不但没有带来冲突，反而出现相互促进和相互发展的态势。

茨中村的发展历程充分说明，人类在自身发展过程中不仅会受到客观因素的制约，而且会最大限度地发挥主观能动性，不断调整与吸收外来技术文化，最终实现资源的最优配置。2000 年 4 月，茨中村葡萄感染霜霉病导致村民歉收，部分村民随后砍伐了已经有五年树龄的葡萄，改种水稻、核桃与板栗。这个案例进一步说明，茨中村村民在保持传统与追求现代之间正在摇摆中过渡。

第三，茨中村村民自觉维护当地多元宗教的做法，主要出于保持自身民族记忆、维护族群认同的本能。迪庆是云南藏传佛教的重要地区，原始苯教，藏传佛教的宁玛派、格鲁派、噶玛噶举派等多个宗教对茨中村的多元生计和多元组织有着深远影响。外来天主教进入滇西北后，在茨中村一带形成新的宗教网络。茨中天主教会与中国天主教爱国会形成了新的密切联系，也带来了新的收益。茨中村天主教徒困难户每年都会得到教会相当金额的资助，就连茨中村在内的澜沧江沿岸村庄的电网铺设，云南天主教会也投资了二百多万元。

随着经济与旅游事业的发展，藏族文化与天主教文化相互融合，进一步给茨中村带来政治与经济上丰厚的利益。拥有多重身份的茨中村人，在接受以上多个强势文化的同时，也获得了这些文化带来的经济、政治利益。多元宗教使茨中村出现"复合信仰"文化。"复合信仰"的选择主要源于两个方面，一方面是村民心目中对传统历史记忆的整合与维系，另一方面是村民受到新文化带来收益的诱惑。茨中村最终出现天主教文化的结果表明，为了获取更多的资源利益，茨中村村民共同维护着天主教新的记忆与认同。

---

① 黄应贵：《物的认识与创新：以东埔社布农人的新作物为例》，《物与物质文化》，台北："中央研究院"民族学研究所，2004 年。

第四节 记忆与认同：文化变迁的动力

费孝通先生曾经说过"他过去的经验"，就是传统的记忆；"对目前形势的了解"，就是目前的认同。只有建立在传统记忆与目前记忆基础上的选择，才是正确的选择。基于这种认识来分析茨中族群的文化变迁，可以看到纳西族文化被藏传佛教文化、天主教文化及汉族文化所融合，这表明族群交往本身就是利用记忆来选择认同的过程，它既是一种历史必然，也是村民自身选择的结果。在现代话语的干预下，藏族天主教群体把原来的传统记忆融合于新的记忆，其混合体最终成为这个小村庄文化的主流。下面笔者借助族群记忆与认同理论来分析茨中村各种文化相互交替、相互作用的原因。

第一，生产技术的进步是滇西北地区多民族村庄文化发生变迁的基础。茨中村生产技术的进步，更多地体现为吸收藏族文化、纳西族文化、天主教文化和汉族文化带来的各种技术，借助这些先进技术、文化发展自己，壮大自己。其实，这不仅是藏族地区的做法，也是世界各地的做法。以中原为发祥地的华夏文明也是通过不断吸收、融合周边少数民族文化精华才形成今天博大精深的中华文化的。

第二，滇西北地区多民族村庄与周边少数民族和汉族一直保持通婚，是促成这些地区族群走向文化变迁的另一个重要因素。自明清始，茨中村、小维西村、白汉洛村等地纳西族、汉族与藏族之间的通婚即已存在，甚至形成了迪庆典型的藏族族群"古宗"等独特的族群部落。美国学者洛克在实地调查中，首先注意到滇西北地区多个民族之间的这种融合现象。洛克把迪庆藏族称为"摩些古宗""藏式纳西人"，并指出"藏式纳西人"与"摩些古宗"的出现，与明代木氏土司向藏族聚居地的扩张和移民有关。[①]滇西北多民族地区族群与周边族群无论是娶妻还是入赘，客观上都使得其他族群的生产方式随婚姻关系渗透到本地社会，由此形成当地族群独特的生活习俗、建筑风格、服饰设计等文化特色。

---

① ［美］J. F. 洛克著，刘宗岳等译：《中国西南古纳西王国》，昆明：云南美术出版社，1999年，第 198 – 223 页。

第三，外部文化有强大力量，这是为滇西北多民族地区族群所接受的重要原因。外部文化与这些村庄的原有文化相比，实力差距明显，当两种文化发生冲突时，弱势文化自然被淘汰。南诏与吐蕃的抗衡、天主教无孔不入的渗透、清政府的来势汹汹，无不影响滇西北多民族地区。清末，这些地区少数民族包括藏族、怒族与傈僳族等都曾经借助传教士的外来势力，不断与周边寺庙抗衡，除了拒缴地租外，还形成了自己独立的天主教组织，包括建立由国外军官集训的民团武装。多民族村庄建立起标识明显的天主教堂，创立别具特色的传教士神话，定期举行天主教弥撒仪式，都是天主教徒借助这些文化符号维系自身团体使之与当地强大势力相抗衡的手段。

滇西北多民族村庄的文化变迁是借助传统记忆，把一种文化融合于另一种文化的过程。悉妮·怀特曾经指出，西南纳西族被赋予传统价值和"族性"维护者的重要地位，其民族文化是经过官方引导和重构的"复合文化"，给当地带来一系列政治、经济收益，最终强化了纳西族的文化、政治、经济地位。云南省社科院研究员郭家骥也认为，云南以自然景观和人文景观的多样性吸引了大批游客，旅游业已发展成为少数民族地区新的经济增长点。德钦县 2008 年的政府工作报告指出：以旅游业为主的第三产业取得的年收入增长达到 62.63%。迪庆高原多元文化资源给当地带来了丰厚利润与不凡声誉。

露丝·本尼迪克特在《文化模式》中提出：在文化层面上，文化界线是可渗透的，不同群体不断地拥有他者的内涵……社会的本质是通过评价而使个体的行为趋于同化，协调各种冲突因素，从而整合出文化完形。[1] 费孝通也说过，"美美与共"是在天下大同的世界里不同人群在人文价值上取得共识，以促使不同的人文类型和平共处，这无疑是对保持人类文化记忆、恢复文化多样性现象的一种明达理性的态度。应对那些不适应的个体采取一种宽容的态度，这样，一种文化才能不断吸收新的东西，保持其生命力。[2] 面对天主教文化、汉族文化，滇西北多民族地区村民既有被动接受天主教文化的无奈，更有主动接受汉族文化的欣然。当地的传统文化演变为"复合型新文化"，其变迁道路并不平坦，但毕竟成了事实。笔者相信，在强势文化的影响下，滇西北多民族地区族群中的部分传统文化元素会逐渐

---

① ［美］露丝·本尼迪克特著，何锡章、黄欢译：《文化模式》，北京：华夏出版社，1987年，第2-4页。

② ［美］露丝·本尼迪克特著，何锡章、黄欢译：《文化模式》，北京：华夏出版社，1987年，第2-4页。

消失，但部分元素会得到发展，这是一个渐进式的扬弃过程。

滇西北地区多民族村庄在保留原来记忆与认同的同时，有选择地保持原有传统记忆与认同，一方面植根于中华传统文化，另一方面吸收新的文化元素，由此整合出自己独特的群体记忆与文化。借此，这些地区逐步摆脱落后，这既是环境与历史共同作用的必然结果，也是滇西北多民族地区村民对外界变迁作出的积极回应。

附录 茨中教堂的传教士

一、巴黎外方传教会①

余伯南（Jules Etienne Dubernard，1840—1905），当地档案记载其名为"余斯德望"和"杜贝尔纳"，法籍传教士。1840 年 8 月 8 日生于法国科雷兹（Correze）省蒂勒市，1864 年受圣职，同年 3 月 15 日离法，来华到康定，是最早被派入云南茨姑传教的传教士之一。云南总铎区设立后，茨姑天主教堂为铎区主教堂，余伯南任本堂神父，一直在茨姑村传教。余伯南是"维西教案"中被杀的两名外国传教士之一。1905 年"维西教案"发生后，余伯南于 7 月 26 日被杀于德钦县茨姑村附近劳麦洛（音译）。茨中村天主教徒对余伯南神父与蒲德元神父被杀事件有多种传说，有的甚至传说当时神父是在古都的水田中被砍头。余伯南被杀后被茨中村天主教徒奉为当地神灵，其墓地成为旱灾求雨时天主教徒必到之处。随之被杀的茨中村天主教徒，还有现任茨中天主教会会长吴公底的爷爷梁长寿父子三人，他们一同被埋葬于茨姑村附近的天主教墓地。②

蒲德元（Pierre Marie Bourdonnec，1859—1905），法籍传教士。1859 年 6 月生于法国北滨海省。1882 年 9 月 23 日受圣职，同年 11 月 8 日来华。蒲德元被派往西藏教区传教后，经常往返于西藏盐井、四川巴塘和云南德钦等地。1905 年 2 月，四川"巴塘教案"爆发，教难波及四川周围藏族聚居地的各个教堂。4 月 15 日蒲德元与魏雅丰一同被追杀，他们从盐井逃到阿墩子，并由此引发"维西教案"。7 月 23 日蒲德元被杀于德钦县茨姑村附近的那卡桶。

顾德尔（Jean Baptiste Goutelle，1821—1895），法籍传教士。1821 年 7 月 29 日生于法国卢瓦尔省，1845 年入会，1847 年 5 月 29 受圣职，同年 9 月 16 日来华。顾德尔首先进入四川，1850 年至福州，1858 年至打箭炉，1860 年至江卡及博木噶传教，1867 年至巴塘，1875 年至云南阿墩子传教，尔后一直在此同喇嘛们抗争。他曾经参加 1887 年阿墩子教案谈判，在谈判中多次提出巨额赔偿。1895 年 7 月 26 日在维西县保和镇病故，后迁葬于维西县的小维西村。茨中村早期的天主教徒大部分来自四川打箭炉教区，故有传说天主教是由顾德尔引入。

---

① 茨中天主教堂的传教士包括法国传教士与瑞士传教士。本部分内容来自云南省社科院宗教研究所《云南宗教研究》、杨学政《云南天主教史》以及笔者的田野调查材料。本部分在编写过程中先后得到云南省大理天主教会、茨中天主教会的大力支持，在此表示衷心感谢。

② 参见本书《宗教信仰与集体记忆》一章的"传教士的百年历史记忆"一节。

古若望（Jean Joseph Fenouil，1821—1907），法籍传教士。1847 年来华即入云南，在云南传教 60 年。1855 年前后在今大关县接任修院（即若瑟小修院）第二任院长。1863 年受命为云南教区副主教。1866 年，因云南回族杜文秀起义，时任副主教的古若望专程从昆明到贵阳，将新任总督劳崇光从贵阳接往昆明上任。为此，劳崇光将昆明平政街的一块地皮作为酬谢送给教会建主教府。1881 年 7 月 29 日就任云南教区主教，很快将主教府及主教座堂从盐津迁往昆明。在其任主教期间，云南发生多次教案，古若望为谋取教会利益多次与清政府辩驳。1900 年因年迈卸任，1907 年逝于昆明。

赖昭（Jean Marie Delavay，1834—1895），法籍传教士。1876 年来华后在广东传教，1881 年调往云南。他是一名植物学者，对中国植物，特别是云南高原植物有许多研究。1895 年逝于云南昆明，后迁葬于白龙潭。有文献记载："赖氏采集尤勤，虽老不倦，其范围亦较广……氏所采植物标本多至三万种。大抵皆得自滇东者，内有三千为中国新种。"

任安收（Annet Genestier，1856—1937），法籍传教士。1856 年 4 月 16 日生于法国多姆山省克莱蒙市，1885 年 7 月 5 日受圣职，同年来华后被派往西藏教区传教。1886 年在阿墩子、茨姑等地组织传教。1887 年"阿墩子教案"时曾一度逃离德钦县，后返回阿墩子。1896 年任安收到贡山丙中洛建堂传教，1905 年 7 月 20 日贡山"白汉洛教案"爆发，白汉洛天主教堂被焚前夕任安收闻讯逃离。任安收先逃至丽江，后又转往昆明向清政府告状。1906 年随法国驻滇领事罗图阁参与"维西教案议结恤款合同"谈判。1907 年，清政府因其办案"有功"，赏给"四品顶戴"官衔，成为云南省唯一有清廷官衔品级的传教士。随后任安收一直在贡山传教，1937 年逝于贡山县丙中洛乡重丁村，并葬于该村的重丁天主教堂旁。茨中村天主教徒对任安收神父的枪法有很多传说，据说任安收在喇嘛来犯时，多次用枪打掉喇嘛头上的帽子，成为远近闻名的"神枪手"。

魏雅丰（Andre Alphone Vignal，1874—?），法籍传教士。1874 年 9 月 3 日生于法国上卢瓦尔省，1899 年 6 月 25 日受圣职，同年来华并于 7 月 25 日抵达云南维西，之后被派往西藏盐井传教。1905 年 2 月"巴塘教案"爆发，4 月，在盐井被藏民追杀逃至阿墩子，引发"维西教案"。1906 年因其在德钦县纳姑村擅杀无辜报复，激起民愤，后逃往香港。

普神父（Jean Louis Leegourgues，1872—?），法籍传教士。1872 年 6 月18 日生于法国，1907 年 6 月受圣职，同年 8 月 13 日离法来华传教。常驻德钦县茨中村天主教堂。

彭茂德（Jean The Odore Monbeig, 1875—1914），法籍传教士。1875 年
生于法国下比利牛斯省（Basses – Pyrenee），1899 年 2 月 25 日受圣职，同年
7 月 26 日离法来华，先至打箭炉，后至云南阿墩子、白汉洛、小维西等地
传教，1914 年 6 月初在从巴塘赴理塘途中被射杀。彭茂德留下的著作有
《藏区行》和《西藏、打箭炉及维西之行》等。

彭茂美（Emile Cyprien Monbeig, 1876—?），法籍传教士，彭茂德之弟。
1876 年 12 月 22 日生于法国下比利牛斯省，1901 年 6 月 23 日受圣职，同年
7 月 31 日离法来华，先后在盐井、阿墩子、茨中、小维西等地传教。笔者
在茨中村访谈期间的资料显示，茨中天主教堂买地、建设过程与彭茂德两
兄弟有关。国外有文献记载彭茂美在 1910—1914 年间负责茨中村天主教堂
设计并主持建盖。1934—1937 年和 1940—1941 年两度在西藏盐井传教。

古纯仁（Francis Gore, 1880—1954），法籍传教士。1905 年前后来华，
1908 至康定，1930 年到茨中，继华朗廷之后成为最后一任康定教区副主
教兼云南总铎区总司铎。1936—1951 年在茨中天主教堂传教，1952 年 1 月
被驱逐出境，同年 3 月 12 日抵达香港后返回法国。1939 年，巴黎外方传教
会在香港刊载了其《旅居藏边三十年》一书。该书以维西为重点，叙述了
周围藏族聚居地天主教传播情况，共有 388 页，57 幅照片，43 张地图，内
容涉及古纯仁在迪庆的探险以及迪庆的历史及政教，包括 1900—1920 年迪
庆天主教史、赵尔丰事迹以及 1920 年后的迪庆天主教情况等内容，对开展
有关迪庆天主教传播的研究有相当重要的意义。古纯仁对茨中村天主教徒
的记录和部分笔记现存于德钦县图书馆和档案馆。古纯仁精通藏语，1953
年 2 月 5 日，在一场庄严仪式上，他用藏语向东方澜沧江及怒江天主教徒发
表了演说，并为远在他国的教友祈祷。1954 年这位在滇藏边境地区传教长
达四十五年、被教会誉为"西藏通"的传教士逝于法国。

伍许中（Jean Baptiste Pierre Victor Ouvrad, 1880—1930），法籍传教士。
1880 年 5 月 19 日生于法国旺岱省，1905 年 6 月 28 日受圣职，翌年 4 月 25
日离法来华，被派往西康教区云南总铎区传教。后长期驻德钦茨中天主教
堂，任康定教区副主教兼云南总铎区总司铎。1930 年伍许中病逝于茨中天
主教堂，后被埋葬在葡萄园内。当年在茨中小学学习的许多天主教徒至今
仍保留着伍许中任教会小学教师期间的许多真实资料。

二、瑞士伯尔纳铎会

杜仲贤（Maurice Tornay, 1910—1949），瑞士籍传教士。1910 年 8 月

31 日出生于瑞士罗西耶尔，1925 年 10 月进圣茂利斯修院公学，1931 年入圣伯尔纳多修会初学院，1935 年 9 月 7 日正式加入圣伯尔纳多修会。1936 年 2 月 26 日从法国马赛乘船来华，由越南河内入境，4 月 25 日到昆明，5 月 8 日抵达维西。先与赖昭等在维西县城保和镇天主教堂内开办拉丁语学校，后到维西花落坝筹建开办备修院。1938 年 4 月 24 日在越南河内晋铎。1940 年任花落坝备修院院长兼本堂。1945 年备修院停办，调盐井天主教堂任本堂。1948 年 3 月受古纯仁委托，到上海、南京晋见教廷驻华公使黎培理，之后返回阿墩子。1949 年 7 月 10 日离开阿墩子，同年 8 月 11 日，在去往西藏的途中被当地人射杀。

李自馨（Pierre Maric Melly），瑞士籍传教士。1930 年首次进入云南考察，先后到过维西、德钦、贡山等地。1933 年正式进入云南传教，常驻维西县城保和镇天主教堂。李自馨神父闲暇时天天到经堂里弹风琴，边弹边唱，从不厌倦。李自馨神父喜音乐，在茨中传教期间为藏族村民谱写多首藏文咏唱曲，至今为村民吟唱。李神父身体比较胖，每次到茨中天主教堂要八个人轮流抬着。1938 年因患心脏病而回国。传说 1953 年传教士相继离境后，澜沧江峡谷仅剩下李自馨神父留在云南与西藏边境地区。

赖昭（Gyell Lattion），瑞士籍传教士。1936 年与杜仲贤一同来华，先在维西县城保和镇天主教堂办拉丁文学校，1939 年任维西（保和镇）天主教堂本堂神父，并在教堂内主持施药点诊疗工作，后又被任命为维西吉岔天主教堂本堂。1952 年 2 月 16 日被驱逐出境。

罗维义（Angelin Lovey），瑞士籍传教士。1937 年（一说为 1939 年）到云南维西，在维西县城保和镇天主教堂学习汉语。1939 年到德钦县茨中村天主教堂协助本堂，其间在茨中天主教堂参与小学生教学。1944 年到阿墩子协助传教。1945 年 6 月 30 日与杜仲贤一同到西藏盐井，同年 8 月底，又返回阿墩子，再回茨中。1952 年 1 月出境，3 月 12 日至香港，接着转赴台湾宜兰传教。同年 10 月 15 日升任圣伯尔纳铎会总会长，1953 年 1 月初赴任。

沙维尔（Acphonse - Firmin Savioz，1919—?），瑞士籍传教士。在中国有多个中文名，如沙光勇、沙志勇、沙智勇、沙文荣等。1947 年 2 月 19 日抵达云南维西县城。学习一段时间汉语后，被派驻保和镇天主教堂协助赖昭传教。之后又被派到德钦阿墩子天主教堂传教，1952 年 1 月 16 日被驱逐出境。同年 3 月 2 日抵达香港，继而转至台湾宜兰传教。

沙伯雷（Robert Chappelet，罗伯特·夏普勒特），瑞士籍教友、志愿者。1933年1月随李自馨、国尊贤等传教士到维西协助传教，在茨中天主教堂负责保安工作，并协助茨中天主教堂的管家若瑟种植"玫瑰蜜"葡萄和酿制葡萄酒。据地方档案馆1950年的档案记载："沙伯雷，独身，木匠工人，一说是政治犯，跑来中国避难，到云南已有十八年，初住小维西，五六年前往来维西与贡山间跟马帮做生意，耕田种地，后迁菖蒲桶丙中洛。温神父到贡山后乃迁住中丁教堂，抗战时曾任美军翻译，战后向美军要了一大批药品，在贡山行医度日，与百姓相处很好。"1952年5月13日被驱逐出境。

参考文献

一、方志

1. 德钦县志编纂委员会编：《德钦县志》，昆明：云南民族出版社，1997 年。

2. 迪庆藏族自治州民族宗教事务委员会编：《迪庆州宗教志》，北京：中国藏学出版社，1994 年。

3. 《迪庆年鉴》编辑部编：《迪庆年鉴 2001》，昆明：云南美术出版社，2001 年。

4. 迪庆藏族自治州地方志编纂委员会编：《迪庆藏族自治州志》，昆明：云南民族出版社，2003 年。

5. （唐）樊绰撰，向达校注：《蛮书》，北京：中华书局，1962 年。

6. 黄举安：《云南德钦设治局社会调查报告》，德钦县志编纂委员会编：《德钦县志》，昆明：云南民族出版社，1997 年。

7. （明）刘文征撰，古永继校点，王云、尤中审订：《滇志·卷三十》，昆明：云南教育出版社，1991 年。

8. 任乃强：《羌族源流探索》，重庆：重庆出版社，1984 年。

9. 翁之藏：《西康之现实》，《中国边疆史志集成·西藏史志》（第二部卷十二），全国图书馆文献微缩复印中心，2003 年。

10. 周钟岳等编纂：《新纂云南通志》，昆明：云南人民出版社，2007 年。

11. （明）徐弘祖著，褚绍唐、吴应寿整理：《徐霞客游记》，上海：上海古籍出版社，1987 年。

12. （清）余庆远：《维西见闻纪》，方国瑜主编：《云南史料丛刊·卷十二》，昆明：云南大学出版社，2001 年。

13. 张印堂：《宁青经济地理之基础与问题》，《边政公论》1942 年第 1 卷第 11—12 期合刊。

14. 《中国少数民族社会历史调查资料丛刊》修订编辑委员会编：《云南少数民族社会历史调查资料汇编（一）》，昆明：云南人民出版社，

1986 年。

15. 云南省历史研究所：《清实录有关云南史料汇编》，昆明：云南人民出版社，1984 年。

二、中文学术专著

1. 陈志明：《迁徙、家乡与认同——文化比较视野下的海外华人研究》，北京：商务印书馆，2012 年。

2. 邓启耀：《民族服饰：一种文化符号——中国西南少数民族服饰文化研究》，昆明：云南人民出版社，1991 年。

3. 范稳：《水乳大地》，北京：北京十月文艺出版社，2011 年。

4. 方国瑜主编：《云南史料丛刊》，昆明：云南大学出版社，2001 年。

5. 费孝通：《江村经济——中国农民的生活》，北京：商务印书馆，2001 年。

6. 费孝通：《乡土中国　生育制度》，北京：北京大学出版社，1998 年。

7. 黄树民著，素兰、纳日碧力戈译：《林村的故事：一九四九年后的中国农村变革》，北京：生活·读书·新知三联书店，2002 年。

8. 顾卫民：《基督宗教艺术在华发展史》，上海：上海书店出版社，2005 年。

9. 郭大烈：《东巴文化论》，昆明：云南人民出版社，1991 年。

10. 郭家骥：《发展的反思——澜沧江流域少数民族变迁的人类学研究》，昆明：云南人民出版社，2008 年。

11. 和志武：《东巴经典选译》，昆明：云南人民出版社，1994 年。

12. 黄光成：《澜沧江怒江传》，保定：河北大学出版社，2004 年。

13. 蓝勇：《历史时期西南经济开发与生态变迁》，昆明：云南教育出版社，1992 年。

14. 李安宅：《李安宅藏学论文选》，北京：中国藏学出版社，1992 年。

15. 李根蟠、卢勋：《中国南方少数民族原始农业形态》，北京：农业出版社，1987 年。

16. 梁茂春：《跨越族群边界》，北京：社会科学文献出版社，2008 年。

17. 林耀华：《金翼——中国家族制度的社会学研究》，北京：生活·读书·新知三联书店，1989 年。

18. 刘志扬：《乡土西藏文化传统的选择与重构》，北京：民族出版社，2006 年。

19. 罗春寒：《台湾平埔族群文化变迁之研究》，北京：民族出版社，2008 年。

20. 罗康隆、黄贻修：《发展与代价——中国少数民族发展问题研究》，北京：民族出版社，2006 年。

21. 麻国庆：《走进他者的世界》，北京：学苑出版社，2001 年。

22. 麻国庆：《永远的家——传统惯性与社会结合》，北京：北京大学出版社，2009 年。

23. 任乃强：《康藏史地大纲》，拉萨：西藏古籍出版社，2000 年。

24. 石硕：《藏彝走廊：历史与文化》，成都：四川人民出版社，2005 年。

25. 汪宁生：《云南考古》，昆明：云南人民出版社，1980 年。

26. 王恒杰：《迪庆藏族社会史》，北京：中国藏学出版社，1995 年。

27. 王恒杰：《云南藏族社会史》，北京：中国藏学出版社，1995 年。

28. 王明达、张锡禄：《马帮文化》，昆明：云南人民出版社，1993 年。

29. 王明柯：《华夏边缘：历史记忆与族群认同》，北京：社会科学文献出版社，2006 年。

30. 王明珂：《羌在汉藏之间：川西羌族的历史人类学研究》，北京：中华书局，2008 年。

31. 吴飞：《麦芒上的圣言——一个乡村天主教群体中的信仰和生活》，香港：道风书社，2001 年。

32. 许宝强：《发展的幻象》，北京：中央编译出版社，2001 年。

33. 徐嘉瑞：《大理古代文化史》，昆明：云南人民出版社，2005 年。

34. 徐惟诚：《不列颠百科全书》，北京：中国大百科全书出版社，1999 年。

35. 杨懋春著，张雄、沈炜、秦美珠译：《一个中国村庄——山东台头》，南京：江苏人民出版社，2001 年。

36. 杨学政等：《云南境内的世界三大宗教》，昆明：云南人民出版社，1993 年。

37. 尹绍亭：《云南刀耕火种研究》，昆明：云南人民出版社，1991 年。

38. 游修龄：《农史研究文集》，北京：中国农业出版社，1999 年。

39. 尤中：《云南民族史》，昆明：云南大学出版社，1994 年。

40. 尤中：《中国西南民族史》，昆明：云南人民出版社，1985 年。

41. 袁晓文、李锦：《藏彝走廊东部边缘族群互动与发展》，北京：民族出版社，2006 年。

42. 张坦：《"窄门"前的石门坎》，贵阳：贵州大学出版社，2009 年。

43. 章忠云：《藏族志　聆听乡音：云南藏族的生活与文化》，昆明：云南大学出版社，2006 年。

44. 郑晓云：《文化认同与文化变迁》，北京：中国社会科学出版社，1992 年。

45. 周大鸣：《凤凰村的变迁》，北京：社会科学文献出版社，2006 年。

46. 庄孔韶：《人类学概论》，北京：中国人民大学出版社，2006 年。

47. 庄孔韶：《人类学通论》，太原：山西教育出版社，2002 年。

三、外文学术专著

1. ［英］埃德蒙·利奇著，张恭启、黄道琳译：《上缅甸诸政治体制：克钦社会结构之研究》，台北：唐山出版社，1999 年。

2. ［法］爱弥尔·涂尔干著，渠东、汲喆译：《宗教生活的基本形式》，上海：上海人民出版社，2006 年。

3. ［英］布罗尼斯拉夫·马林诺夫斯基著，梁永佳、李绍明译：《西太平洋的航海者》，北京：华夏出版社，2002 年。

4. ［英］保罗·康纳顿著，纳日碧力戈译：《社会如何记忆》，上海：上海人民出版社，2000 年。

5. ［美］本尼迪克特·安德森著，吴叡人译：《想象的共同体：民族主义的起源与散布》，上海：上海世纪出版集团，2000 年。

6. ［英］E. 霍布斯鲍姆、T. 兰格著，顾杭、庞冠群译：《传统的发明》，南京：译林出版社，2004 年。

7. ［挪威］费雷德里克·巴特著，黄建生译：《斯瓦特巴坦人的政治过程——一个社会人类学研究的范例》，上海：上海人民出版社，2005 年。

8. ［德］格罗塞著，蔡慕晖译：《艺术的起源》，北京：商务印书馆，1984 年。

9. ［德］黑格尔著，朱光潜译：《美学》（第一卷），北京：商务印书馆，1979 年。

10. ［美］韩丁著，韩倞等译：《翻身——中国一个村庄的革命纪实》，北京：北京出版社，1980 年。

11. ［美］乔纳森·费里德曼著，郭建如译：《文化认同与全球化过程》，北京：商务印书馆，2003 年。

12. ［美］J. F. 洛克著，刘宗岳等译：《中国西南古纳西王国》，昆明：云南美术出版社，1999 年。

13. ［美］詹姆斯·克利福德、乔治·E. 马库斯编，高丙中、吴晓黎、李霞等译：《写文化——民族志的诗学与政治学》，北京：商务印书馆，2006 年。

14. ［美］克利福德·格尔茨著，韩莉译：《文化的解释》，南京：译林出版社，1999 年。

15. ［美］克利福德·格尔茨著，王海龙、张家瑄译：《地方性知识——阐释人类学论文集》，北京：中央编译出版社，2000 年。

16. ［法］克洛德·列维 – 斯特劳斯著，张祖建译：《结构人类学（2）》，北京：中国人民大学出版社，2006 年。

17. ［奥地利］勒内·德·内贝斯基·沃杰维茨著，谢继胜译：《西藏的神灵和鬼怪》，拉萨：西藏人民出版社，2000 年。

18. ［法］克洛德·列维 – 斯特劳斯著，李幼蒸译：《野性的思维》，北京：中国人民大学出版社，2006 年。

19. ［美］露丝·本尼迪克特著，何锡章、黄欢译：《文化模式》，北京：华夏出版社，1987 年。

20. ［德］马克斯·韦伯著，韩水法、莫茜译：《社会科学方法论》，北京：中央编译出版社，2002 年。

21. 中共中央马克思恩格斯列宁斯大林著作编译局编译：《马克思恩格斯选集》，北京：人民出版社，1995 年。

22. ［美］马歇尔·萨林斯著，蓝达居等译：《历史之岛》，上海：上海人民出版社，2003 年。

23. ［美］马歇尔·萨林斯著，张经纬等译：《石器时代的经济学》，北京：生活·读书·新知三联书店，2009 年。

24. ［美］马歇尔·萨林斯著，张宏明译：《"土著"如何思考：以库克船长为例》，上海：上海人民出版社，2003 年。

25. ［罗马尼亚］米尔恰·伊利亚德著，王建光译：《神圣与世俗》，北京：华夏出版社，2002 年。

26. ［法］莫里斯·哈布瓦赫著，毕然、郭金华译：《论集体记忆》，上海：上海人民出版社，2002 年。

27. ［法］皮埃尔·布尔迪厄著，包亚明译：《文化资本与社会炼金术——布尔迪厄访谈录》，上海：上海人民出版社，1997 年。

28. ［法］皮埃尔·布迪厄、［美］华康德著，李猛、李康译：《实践与反思——反思社会学导引》，北京：中央编译出版社，1998年。

29. ［美］乔治·E. 马尔库斯、米开尔·M. J. 费彻尔著，王铭铭、蓝达居译：《作为文化批评的人类学：一个人文学科的实验时代》，北京：生活·读书·新知三联书店，1998年。

30. ［英］斯图尔特·霍尔著，徐亮译：《表征：文化表象与意指实践》，北京：商务印书馆，2003年。

31. ［法］石泰安著，耿昇译：《西藏的文明》，北京：中国藏学出版社，2005年。

32. ［美］史宗主编著，金泽、宋立道、徐大建等译：《20世纪西方宗教人类学文选》（上、下），上海：上海三联书店，1995年。

四、中文学术论文

1. 崔景明：《试论云南采集渔猎经济》，《农村展望》2000年第1期。

2. 定宜庄、胡鸿保：《浅论福建满族的民族意识》，《中央民族学院学报》1993年第1期。

3. 方克立：《费孝通与"和而不同"文化观》，《中国社会科学院研究生院学报》2006年第11期。

4. 费孝通：《关于我国民族的识别问题》，《中国社会科学》1980年第1期。

5. 费孝通：《中华民族的多元一体格局》，《北京大学学报》1989年第4期。

6. 冯智：《明至清初滇藏政教关系管窥》，《中甸县志通讯》1990年第3期。

7. 坚赞才旦：《西藏真曲河谷一妻多夫家庭组织探微》，《西藏研究》2001年第3期。

8. 坚赞才旦：《论兄弟型限制性一妻多夫家庭组织与生态动因：以真曲河谷为案例的实证分析》，《西藏研究》2000年第3期。

9. 高萍：《社会记忆理论研究综述》，《西北民族大学学报（哲学社会科学版）》2011年第3期。

10. 刘豪兴：《费孝通江村研究50年》，《社会学研究》1989年第3期。

11. 罗开玉：《川滇西部及藏东石棺墓研究》，《考古学报》1992年第4期。

12. 罗康隆：《论民族生计方式与生存环境的关系》，《中央民族大学学报（哲学社会科学版）》2004 年第 5 期。

13. 罗正副：《实践记忆论》，《世界民族》2010 年第 2 期。

14. 马戎：《试论藏族的"一妻多夫"婚姻》，《民族研究》2000 年第 6 期。

15. 潘建生：《浅析迪庆藏区的政教关系》，《迪庆方志》1992 年第 2 期。

16. 秦和平：《清代中叶四川天主教传播方式之认识》，《世界宗教研究》2002 年第 1 期。

17. 秦和平、张晓红：《近代天主教在川滇藏交界地区传播——以"藏彝走廊"为视角》，《西南民族大学学报（人文社科版）》2009 年第 2 期。

18. 冉光荣：《天主教"西康教区"述论》，《康定民族师专学报》1987 年第 2 期。

19. 石硕：《藏彝走廊地区新石器文化的区域类型及其与甘青地区的联系》，《中华文化论坛》2006 年第 2 期。

20. 王文光、翟国强：《试论中国西南新石器文化的地位》，《云南民族大学学报（哲学社会科学版）》2006 年第 5 期。

21. 王恒杰：《迪庆藏区的历史传统与自然因素》，《中国藏学》1992 年第 1 期。

22. 王明珂：《青稞、荞麦与玉米——一个对羌族"物质文化"的文本与表征分析》，《西北民族研究》2009 年第 2 期。

23. 王远嘉：《农业内卷化理论与强迫种植制度关系之新研究：以爪哇地区为例》，《亚太研究论坛》2004 年第 24 期。

24. 王晓松：《迪庆藏族历史文化简述》，《西藏研究》1993 年第 4 期。

25. 孙九霞：《试论族群与族群认同》，《中山大学学报》1998 年第 2 期。

26. 张新宁：《云南德钦县纳古石棺墓》，《考古》1983 年第 3 期。

27. 曾现江：《吐蕃东渐与藏彝走廊的族群互动及族群分布格局演变》，《西藏大学学报》2010 年第 4 期。

28. 周大鸣：《族群与文化论》，《广西民族学院学报（哲学社会科学版）》1997 年第 2 期。

29. 高微茗：《上帝在藏族村庄中》，中山大学硕士学位论文，2009 年。

30. 郭净：《卡瓦格博澜沧江峡谷的藏族》，云南大学博士学位论文，

2001 年。

31. 姜娜：《日本酒的传承与社会记忆——以京都招德酒厂为中心》，中山大学博士学位论文，2011 年。

32. 刘锦春：《仪式、象征与秩序——对民俗活动"旺火"的研究》，南开大学博士学位论文，2005 年。

33. 赖国栋：《历史记忆研究——基于 20 世纪西方历史理论的反思》，复旦大学博士学位论文，2009 年。

34. 孙峰：《从集体记忆到社会记忆》，华东师范大学硕士学位论文，2008 年。

35. 汪丹：《文化的自然：山神支配下的白马藏族文化感知体系》，中山大学博士学位论文，2011 年。

36. 王天玉：《论多偶婚制度下藏族妇女的角色与地位：以滇西北德钦县尼村为例》，中山大学博士学位论文，2012 年。

37. 温士贤：《怒族社会的生计模式——以怒江峡谷秋那桶为例》，中山大学硕士学位论文，2010 年。

38. 西饶云贞：《迪庆藏族百年社会发展简论》，云南大学博士学位论文，2003 年。

39. 许韶明：《动因与差异——青藏高原东部三江并流地区兄弟型一妻多夫制研究》，中山大学博士学位论文，2009 年。

40. 岳小国：《金沙江上游三岩峡谷丧葬文化研究》，中山大学博士学位论文，2010 年。

41. 张艳：《文化的记忆与重构：环大明山龙母信仰探析——以广西上林县塘红乡石门村为例》，广西民族大学硕士学位论文，2008 年。

五、外文学术论文

1. BARNARD A. History and theory in anthropology. Washington and London：Smithsonian Institution Press，1991.

2. CLIFFORD J. Power and dialogue in ethnography：Marcel Griaule's initiation//STOCKING G W. Observers observed：essay on ethnographic fieldwork. Madison：University of Wisconsin Press，1983.

3. MAJUMDA D N. Himalayan polyandry：structure, functioning and culture change：a field – study of Jaunsar – Bawar . New York：Asia Publishing House，1962.

4. GLADNEY D C. Ethnic identity in China: the making of a Muslim minority nationality. Orlando: Hardcourt Brace & Company, 1998.

5. GLADNEY D C. Muslim Chinese: ethnic nationalism in the people's republic. Cambridge: Harvard University Press, 1991.

6. GLADNEY D C . Clashed civilization? Muslim and Chinese identities in the PRC in making majorities. Stanford: Stanford University Press, 1998.

7. FURER – HAIMENDORF C V . The sherpas of Nepal: buddhist highlanders. Harmonds Worth: Pelican, 1964.

8. BERREMAN G. Himalayan polyandry and the domestic cycle. American ethnologist, 1975, 2 (1) .

9. GEERTZ C. Agricultural involution: the process of ecological change in Indonesia. Berkeley: University of California Press, 1963.

10. LEVINE N E. The dynamics of polyandry: kinship, domesticity, and population on the Tibetan border. Chicago: University of Chicago Press, 1988.

11. MADSEN R. China's catholics tragedy and hope in an emerging civil society. Berkeley: University of California Press, 1998.

12. ROBERT C U. Vintages and traditions—an ethnohistory of southwest French wine cooperatives. Ethnohistory, 1998, 45 (2) .

13. SCHULER S R. The other side of polyandry: property, stratification and nonmarriage in the Nepal Himalaya. Boulder: Westview Press, 1987.

14. COLE S. Women of Praia: work and lives in a Portuguese coastal community. Princeton: Princeton University Press, 1991.

后　记

　　研究文化人类学的一个根本目的，就是展现丰富多彩的世界文化。人类学家或者民族学工作者的光荣使命，就是要积极探讨各种文化间的共性与差异，从而获得对文化深层次的理解与洞察出自身文化的奥秘。作为一个艺术教育者，笔者曾于2008年暂时离开艺术之舟而投身于人类文化探索之旅，渴望的是拥有一把探索人类文化的利器——民族志分析方法。民族志是对一个小型社会的具体描述，是人类学家或民族学工作者深入田野调查的超凡结晶。只有将一个民族的周边环境、经济模式、社会组织、政治制度、宗教仪式及其信仰等素材汇集起来深入研究，才能探索人类社会的种种奥秘，才能帮助人类学工作者发掘与深描文化背后的社会意义。

　　云南藏族聚居地的生计样式、社会组织与文化艺术，无疑是人类学研究的重要对象，是最值得发掘的、最吸引人的人文主题。十年前，笔者首次面对云南藏族聚居地卡瓦格博神山时，就已对这座神山暗许，如果有一天能够在神山脚下开展民俗研究，那将是自己一生中最大的幸运。

　　2004年笔者借助华南农业大学双语教学项目基金资助，前往伦敦艺术大学传播学院从事学术交流，结识了许多从事人类学研究和视觉人类学研究的英国专家。这些专家在非洲和东亚从事过多年田野调查，他们的学术成果让笔者羡慕不已，也让笔者认识到人类学研究的魅力所在。2008年笔者进入中山大学人类学系攻读人类学博士学位，由此开始了滇西北多民族地区的人类学探索。

　　导师何国强教授自笔者受业以来给予了许多额外辅导，从严谨治学到言传身教，从田野调查、文献研究到译著翻译与论文写作，无不身体力行，倾注了无数心血，特别是何先生对笔者的调查与写作一直给予悉心指导，并推荐本书申报2019年国家出版基金项目。中山大学人类学系麻国庆教授与周大鸣教授对本书给予了多次辅导，他们的批评让笔者深刻反思研究框架之不足，从而在原博士学位论文基础上建立起更为明晰的著作写作框架；邓启耀教授把笔者从一个人类学门外汉引入深奥的人类学研究殿堂，并在笔者就读期间多次对本书天主教堂彩绘壁画的视觉人类学研究给予精心指导；刘志扬教授把多年来在藏族聚居地研究的方法与经验无私地分享给笔者，让笔者进一步清晰了藏族、纳西族与天主教三个群体的内在联系与互动关系；王建新教授、谭同学教授也在藏族聚居地研究和写作框架方面提出了诸多的修改意见；张应强教授、张振江教授、张铁权教授也给了笔者许多有益的启示。感谢云南藏族聚居地的人类学研究同仁，他们是云南省社科院研究员郭净、副研究员章中云，云南作家协会副主席范稳。感谢云南大学陈庆德教授、台湾清华大学人类学研究所马腾岳博士、厦门大学张先清教授、中南民族大学田敏教授，以及中山大学黎熙元教授。

感谢迪庆州人大常委会原主任刘文意，德钦县宣传部部长鲁戎丁巴，云南省社科院郭净研究员与章中云研究员，燕门乡副乡长陈文丽，茨中村村主任罗盛才，茨中村村书记白追、大学生村官于江波。感谢中国天主教主教团主席马英林、云南天主教会神父陶志斌、茨中天主教堂神父姚飞、小维西天主教堂神父刘志斌、瑞士天主教会神父尼古拉、迪庆州大东巴和志本。

特别感谢茨中村天主教徒肖杰一、曹嘎正，藏传佛教徒刘文高、鲍金汉、和士贵、取勇，东巴教徒和青云等在调查期间给予的大力支持。感谢著名农史学家华南农业大学周肇基教授与云南大学尹绍亭教授。周肇基老师是笔者父亲多年的邻居与老朋友，对笔者前期农业生计研究提出了许多有益的建议；尹绍亭教授关于云南农业粗放生计模式比集约生计模式产量更高的独特见解，给笔者的田野调查提供了崭新的视野。感谢暨南大学艺术学院美术系谢光辉教授和华南农业大学人文与法学学院历史系杨品优教授，对法国传教士彭司铎茂美立杜卖房基地契文书原件给予精心解释与校对，本书中提及的《德钦喇嘛寺与法国传教士彭司铎茂美立杜卖房基地契文书》包含了许多重要信息，有待日后进一步解读研究。感谢《江西日报》丁俭主编在本书编写与修改过程中给予的大力支持，从文句润色到章节框架调整无不渗透着丁俭老师的心血与汗水。

感谢师兄许韶明博士、周云水博士，师妹朱嫦巧博士、王天玉博士、姜娜博士对笔者写作上的提点，师弟叶远飘、张劲夫、罗波、李何春、李亚峰、王晓等博士除了提供了大量参考书籍外，还经常给予笔者鼓励与支持。感谢暨南大学经济学院与华南农业大学动画系、服装系、历史系、外语系的同学，对本书手绘插图、纪录片摄制、文献核对与英文翻译等给予的帮助与支持，他们是研究生罗光凡，本科生陈嘉荣、谢燕玉、蔡盛鹏、谢璇、张展、李博等。感谢佳能（中国）有限公司广州分公司多年来提供摄影器材，借助性能优异的设备，笔者在高原顺利完成了许多影像记录工作。最后感谢教育部人文社科基金与国家出版基金的大力支持，使本书能够顺利出版。

2022 年 2 月于华南农业大学茶山苑